**Estudos sobre o novo
CÓDIGO DE PROCESSO CIVIL**

Conselho Editorial
André Luís Callegari
Carlos Alberto Molinaro
Daniel Francisco Mitidiero
Darci Guimarães Ribeiro
Draiton Gonzaga de Souza
Elaine Harzheim Macedo
Eugênio Facchini Neto
Giovani Agostini Saavedra
Ingo Wolfgang Sarlet
Jose Luis Bolzan de Morais
José Maria Rosa Tesheiner
Leandro Paulsen
Lenio Luiz Streck
Paulo Antônio Caliendo Velloso da Silveira

Dados Internacionais de Catalogação na Publicação (CIP)

E82   Estudos sobre o novo Código de Processo Civil / Fabrício Dani de Boeckel, Karin Regina Rick Rosa, Eduardo Scarparo (organizadores); Darci Guimarães Ribeiro ... [et al.]. – Porto Alegre : Livraria do Advogado Editora, 2015.
245 p. ; 23 cm.
Inclui bibliografia.
ISBN 978-85-7348-998-9

1. Processo civil - Brasil. 2. Brasil. Código de Processo civil. 3. Direitos fundamentais. 4. Amici curiae. 5. Recursos (Direito). 6. Personalidade (Direito). I. Boeckel, Fabrício Dani de. II. Rosa, Karin Regina Rick. III. Scarparo, Eduardo. IV. Ribeiro, Darci Guimarães.

CDU 347.91/.95(81)
CDD 347.8105

Índice para catálogo sistemático:
1. Processo civil : Brasil   347.91/.95(81)

(Bibliotecária responsável: Sabrina Leal Araujo – CRB 10/1507)

Fabrício Dani de Boeckel
Karin Regina Rick Rosa
Eduardo Scarparo
(organizadores)

Estudos sobre o novo
CÓDIGO DE PROCESSO CIVIL

Darci Guimarães Ribeiro
Eduardo Scarparo
Fabrício Dani de Boeckel
Gustavo Bohrer Paim
Karin Regina Rick Rosa
Laís Machado Lucas
Lenio Luiz Streck
Maurício Martins Reis
Miriam Helena Schaeffer
Rodolfo Wild
Wilson Engelmann

Porto Alegre, 2015

©
Darci Guimarães Ribeiro
Eduardo Scarparo
Fabrício Dani de Boeckel
Gustavo Bohrer Paim
Karin Regina Rick Rosa
Laís Machado Lucas
Lenio Luiz Streck
Maurício Martins Reis
Miriam Helena Schaeffer
Rodolfo Wild
Wilson Engelmann
2015

Capa, projeto gráfico e diagramação
Livraria do Advogado Editora

Revisão
Rosane Marques Borba

Imagem da capa
Stockphoto.com

Direitos desta edição reservados por
Livraria do Advogado Editora Ltda.
Rua Riachuelo, 1300
90010-273 Porto Alegre RS
Fone: 0800-51-7522
editora@livrariadoadvogado.com.br
www.doadvogado.com.br

Impresso no Brasil / Printed in Brazil

Prefácio

Os eminentes processualistas Fabrício Dani de Boeckel, Karin Rick Rosa e Eduardo Scarparo honraram-me com o convite para prefaciar o livro que coordenaram, *Estudos sobre o novo Código de Processo Civil*, que coleta trabalhos sobre a nova legislação processual escritos por eminentes juristas ligados à tradicional e respeitada Universidade do Vale do Rio dos Sinos (UNISINOS/RS).

Dos inúmeros juristas cujos trabalhos integram esta coletânea, não posso deixar de fazer, desde logo, referência a dois. E isto em razão não só da importância de seus trabalhos, mas também pela amizade que há muito tempo nos une.

Lenio Luiz Streck, um dos mais importantes pensadores da Teoria do Direito da atualidade, é um antigo companheiro de batalhas. Lutamos juntos pela construção de um Direito Democrático desde os gloriosos tempos do IEJ e do ID, capitaneados pela figura ímpar de James Tubenchlak. Estamos, pois, juntos no campo de batalhas desde a primeira metade dos anos 1990, época em que lançamos nossos primeiros artigos e livros e começamos a rodar o Brasil (juntos, muitas vezes) proferindo conferências. Pois agora Lenio – que, como eu, tem dedicado grande parte de seu tempo à defesa de um Direito íntegro e coerente e lutado contra a discricionariedade judicial, ainda que estejamos, parcialmente pelo menos, em trincheiras diferentes, ele no Ministério Público e posteriormente na advocacia; eu na advocacia e posteriormente na magistratura – nos brinda com um belo estudo sobre como coerência e integridade poderão trazer uma nova era para o Direito brasileiro.

O outro é Darci Guimarães Ribeiro, um dos mais talentosos processualistas que conheço, além de ser um sujeito excepcional e ótima companhia de garfo e copo (o que faz dele, na minha maneira de ver o mundo, alguém especial). Darci é daqueles raros juristas brasileiros que são mais conhecidos no exterior do que aqui. Sua obra é conhecida e respeitada em todos os quadrantes, e disso sou testemunha, já que com ele tenho a honra de integrar o Instituto Ibero-Americano de Direito Processual e a *International Association of Procedural Law*, instituições voltadas ao estudo do Direito Processual, em cujos congressos internacionais Darci é sempre lembrado. Pois neste livro se encontra mais uma fundamental contribuição do notável processualista e querido amigo a respeito de tema de sua predileção, sobre o qual tem produzido muito e com imensa qualidade: as provas.

Além deles, outros processualistas apresentam importantes trabalhos, os quais se destacam inclusive pela escolha dos temas, tão relevantes neste difícil momento em que somos todos obrigados a reestudar e a reaprender direito processual civil.

Temas como direito intertemporal, princípios dos recursos, precedentes, ata notarial, duração razoável do processo, participação do *amicus curiae*, o desaparecimento do processo cautelar autônomo e o incidente de desconsideração da personalidade jurídica, precisavam mesmo ser tratados com tanta profundidade em um momento como este, de tantas e tão profundas mudanças.

Confesso que ao ler os artigos – o que tive a honra de fazer antes que o livro fosse para o prelo – tive ganas de escrever um prefácio que apresentasse minha visão sobre alguns dos temas tratados na obra. Afinal, é quase irresistível debater com Eduardo Scarparo, por exemplo, acerca da necessidade de distinguir entre provisoriedade e temporariedade como características distintivas das tutelas sumárias de urgência (satisfativas ou cautelares). Ou compartilhar com Karin Rick Rosa suas reflexões sobre a importância da ata notarial como meio típico de prova. Ou, ainda, associar-se aos elogios feitos por Laís Machado Lucas à iniciativa do novo Código de prever um incidente para desconsideração da personalidade jurídica.

Não é papel do prefaciador, porém, debater com os autores da obra prefaciada. Nem mesmo indicar pontos de concordância. Sua única função é apresentar o livro, cuja importância é por demais destacada para que o prefácio funcione como um grande biombo, capaz de esconder o livro de seus leitores.

Apresso-me, assim, a apresentar meus efusivos cumprimentos aos autores do livro, e minhas congratulações aos coordenadores da obra, a qual será certamente fundamental para as reflexões que todos deveremos realizar acerca da nova legislação processual, a qual deve ser o marco inaugural de uma nova era do processo civil brasileiro: a de um processo comprometido com o Estado Constitucional Democrático de Direito, em que todos os sujeitos do processo, de forma coparticipativa, cooperativa, atuam para construir o resultado correto para cada uma das causas deduzidas em juízo. Oxalá seja este livro capaz de somar-se aos esforços que a doutrina brasileira já começa a empreender para que o novo CPC, sancionado em 2015 para vigorar a partir de março de 2016, seja capaz de permitir que a comunidade jurídica brasileira dê um passo à frente na construção da Democracia.

Alexandre Freitas Câmara

Desembargador (TJRJ). Professor Emérito e Coordenador de Direito Processual Civil da EMERJ (Escola da Magistratura do Estado do Rio de Janeiro). Membro do IBDP, do Instituto Ibero-Americano de Direito Processual e da *International Association of Procedural Law*. Presidente do ICPC (Instituto Carioca de Processo Civil).

Sumário

Nota dos organizadores..9

1. Diretrizes gerais do novo Código de Processo Civil
   Fabrício Dani de Boeckel..11

2. A lei processual e sua vigência temporal: aportes para uma teoria geral da (ir)retroatividade
   Wilson Engelmann..43

3. O direito fundamental à duração razoável do processo e o novo Código de Processo Civil
   Gustavo Bohrer Paim...73

4. A ampliação da participação do *amicus curiae* no novo Código de Processo Civil
   Miriam Helena Schaeffer...91

5. A supressão do processo cautelar como *tertium genus* no Código de Processo Civil de 2015
   Eduardo Scarparo..107

6. Questões relevantes da prova no novo Código de Processo Civil
   Darci Guimarães Ribeiro...133

7. O novo CPC: a derrota do livre convencimento e a adoção do integracionismo dworkiniano
   Lenio Luiz Streck..149

8. Os princípios dos recursos à luz do novo Código de Processo Civil
   Rodolfo Wild..167

9. A força ontológica dos precedentes jurisprudenciais: reflexões sobre o novo diploma processual civil
   Mauricio Martins Reis...187

10. A ata notarial no novo Código de Processo Civil
    Karin Regina Rick Rosa..213

11. A pertinência ou não da regulação da desconsideração da personalidade pelo Código de Processo Civil
    Laís Machado Lucas...231

Nota dos organizadores

A publicação de um novo Código de Processo Civil traz inúmeras repercussões não só ao desenvolvimento teórico do processo civil, mas também para as práticas jurídicas do cotidiano forense. Esperado é que a nova legislação cobre o preço da novidade, com questionamentos, debates e divergências. Justamente nesse momento o papel da doutrina e das universidades perfaz-se especialmente importante, para fins de que a compreensão e aplicação da nova legislação aproximem-se tanto quanto possível do utópico ideal de haver o melhor no novo processo civil brasileiro.

Esse livro reúne 11 (onze) ensaios germinados na Universidade do Vale dos Sinos (UNISINOS), por seus professores de graduação e pós-graduação, que se propuseram a debater temas centrais e significativos da nova lei. Um livro, portanto, escrito por professores e fruto de debates e considerações havidas nessa universidade.

Tendo-se um livro sobre o processo civil, os textos de professores processualistas ganham relevo, como o produzido pelo Prof. Me. Fabrício Dani de Boeckel ao tecer importantes considerações sobre aspectos gerais e estruturais na nova legislação. Por sua vez, o Prof. Dr. Gustavo Bohrer Paim contribuiu ao tratar do direito fundamental à duração razoável do processo, em especial pela pesquisa também em direito comparado e atento aos critérios para a sua significação concreta. A Prof[a]. Dra. Miriam Helena Schäeffer, valendo-se de suas pesquisas acadêmicas em direito comparado, trata do *amicus curiae*, que ingressa como intervenção de terceiros na regulação do novo diploma. Indispensável é a contribuição do Prof. Dr. Darci Guimarães Ribeiro, acerca do direito probatório, com a qualidade e aprofundamento que marcam seus escritos. O Prof. Dtdo. Rodolfo Wild debruça-se no âmbito de princípios atinentes aos recursos, capítulo esse de significativa repercussão diante da nova legislação. Também merece nota o texto do Prof. Dr. Eduardo Scarparo acerca da estrutura do novo Código que não mais incorpora a ideia de serem as cautelares um *tertium genus* ao lado dos processos de conhecimento e execução.

Certo também que o enfoque prioritário é nas alterações que acontecerão no sistema processual brasileiro, com a abordagem crítica sobre a evolução ou retrocesso com a nova legislação. Todavia, há artigos que relacionam os preceitos do CPC/2015 a normas de outros campos do Direito.

Assim a pertinente elaboração da Prof³. Dtda. Lais Machado Lucas, tratando de tema relativo ao direito empresarial, mais especificamente o incidente de desconsideração da personalidade jurídica. Destaca-se também a pesquisa da Prof³. Me. Karin Rick Rosa, que avança significativamente ao aproximar o direito notarial das consequências advindas com a nova lei. Há contribuições da filosofia e teoria geral do direito no pensar do Prof. Dtdo. Maurício Martins Reis, quando trata da consolidação de precedentes e do Prof. Dr. Wilson Engelmann, em notável estudo de direito intertemporal, cuja importância em tempos de novos referenciais legais é inegável. Sem esquecer do sempre crítico, pertinente e atual pensamento do constitucionalista Prof. Dr. Lenio Streck, sobre ativismo judicial no novo diploma processual.

Prestigiando a total liberdade acadêmica de seus autores, os organizadores não censuraram em absoluto os posicionamentos eventualmente colidentes entre os articulistas. Por isso é de ressaltar que a opinião expressa por cada autor retrata seu entendimento pessoal, competindo tão somente a cada qual os elogios e as críticas correspondentes. O importante é que justamente as diferenças permitam, ao leitor, o manejo do novo Código de Processo Civil a partir de uma reflexão de alto nível. Esta, aliás, é uma das finalidades da academia: a promoção do debate leal, sério e heterogêneo para os fins do desenvolvimento científico.

Os organizadores,

Fabrício Dani de Boeckel
Karin Regina Rick Rosa
Eduardo Scarparo

— 1 —

Diretrizes gerais do novo Código de Processo Civil

FABRÍCIO DANI DE BOECKEL[1]

Sumário: 1. Introdução; 2. Em busca de celeridade; 3. Estímulo à solução autocompositiva; 4. O atendimento de históricas reivindicações classistas e sua relação com a cooperação processual; 5. A qualidade da prestação jurisdicional; 6. Considerações finais; Referências.

1. Introdução

Mudanças trazem sempre certa desconfiança, algum temor. No processo civil não é diferente, e, por mais que o Código de 1973 estivesse nitidamente superado em vários aspectos, a verdade é que doutrina, jurisprudência e operadores do Direito em geral ao menos já conheciam os defeitos dessa lei com a qual se habituaram a trabalhar, tendo ao longo dos anos consolidado entendimentos acerca de muitos pontos que antes provocavam enorme celeuma. Dito de outra forma, a publicação de um novo CPC retira da zona de conforto aqueles que se acostumaram a interpretar a lei de uma maneira que, a essa altura, de tão repetida, quase já parecia a única correta. E não se pense que existe aqui o propósito de tecer alguma crítica a essa tendência de sedimentação, pois a segurança jurídica muito tem a ganhar com a procura de soluções processuais adequadas que resultem da confluência das mais diversas posições sustentadas, em razão disso oferecendo um caminho processual menos incerto.

De outra parte, o Direito não pode deixar de evoluir, procurando se manter conectado a uma realidade social em permanente mudança, sendo que o processo civil sofre intensos reflexos dessas variações, na medida em que demandas com novas configurações ganham relevo, a rapidez das relações interpessoais impõe tramitação mais célere do processo, novos direitos materiais exigem uma readaptação do mecanismo

---

[1] Advogado. Mestre em Direito pela UFRGS. Graduado e Laureado em Ciências Jurídicas e Sociais pela UFRGS. Professor do Curso de Direito da UNISINOS, nos níveis de graduação e pós-graduação *lato sensu*. Palestrante da Escola Superior da Advocacia do Rio Grande do Sul. Associado do Instituto Brasileiro de Direito de Família. Autor de livros e artigos. E-mail: fabricioboeckel@via-rs.net.

processual disponível, dentre tantas outras influências sentidas. A situação anterior, de conforto e tranquilidade pela consolidação de entendimentos no plano processual, aos poucos se transforma em inquietação e mais adiante até mesmo em revolta, especialmente quando se percebe que determinados posicionamentos se mantêm com amparo em ideias já ultrapassadas, não mais compatíveis com o mundo atual.

A promulgação de um novo Código de Processo Civil, portanto, inevitavelmente encontra certo grau de resistência, mas por outro lado nutre a esperança de um futuro melhor, de uma correção de rumos. Não se trata de uma alteração mágica, que aconteça do dia para a noite, pela simples aprovação de um novo Diploma. A mudança exige imenso trabalho construtivo à sua volta, seja para evitar injustificáveis retrocessos, seja para tornar menos tortuoso o novo caminho em busca dos necessários avanços. E, vale dizer, a barreira do conservadorismo será sempre um obstáculo significativo,[2] como aconteceu, a título meramente ilustrativo, com a Lei n. 11.232/2005, criada para agilizar as execuções de sentenças, mas que por interpretações arraigadas às normas jurídicas pretéritas acabou não alcançando o grau de efetividade desejado.[3] O êxito da reforma legal agora implementada depende fundamentalmente de mudanças culturais, tanto dos jurisdicionados quanto daqueles que profissionalmente militam no dia a dia forense, e que agora precisam rever sua forma de agir (ou decidir) no processo.

Dentro dessa linha, o presente ensaio procura antes de tudo alertar para importantes alterações trazidas pelo novo CPC, sem a preocupação de examiná-las com a máxima profundidade no âmbito desse enxuto trabalho, e sim com a intenção de identificar os traços comuns a várias dessas modificações, permitindo assim que o leitor perceba de maneira

---

[2] Nas palavras de Kazuo Watanabe, ao se referir à procura de inovadoras estratégias de tratamento dos conflitos de interesses: "*as tentativas de busca de novas alternativas esbarram em vários obstáculos – dos quais os mais sérios são o imobilismo e a estrutura mental marcada pelo excessivo conservadorismo, que se traduz no apego irracional às formulas do passado, de um lado, e à inexistência, por outro, de qualquer pesquisa interdisciplinar sobre os conflitos de interesses (...)*" (WATANABE, Kazuo. *Da Cognição no Processo Civil*. 3 ed. rev. e atual. São Paulo: Perfil, 2005, p. 33).

[3] Exemplificando: a ameaça de multa prevista no art. 475-J do CPC/1973, cujo nítido objetivo era incentivar o imediato cumprimento espontâneo da obrigação em juízo reconhecida, sem necessidade de nova atuação judicial, passou a ser antecedida de expressa intimação concedendo prazo para pagamento, de modo que em realidade se estimulou o vencido a não adimplir sua obrigação logo após o trânsito em julgado, mas sim apenas quando o Judiciário comunicasse que a sentença deveria ser efetivamente cumprida, como se isso não fosse já do conhecimento de quem era parte no processo; ademais, o prazo anterior de vinte e quatro horas para pagamento, contado de quando o devedor tomasse ciência da execução, transformou-se num prazo de quinze dias, e não se percebeu modificação alguma quanto ao termo inicial, repita-se; a incidência de honorários advocatícios na hipótese em que se fazia necessária a propositura do antigo "processo de execução" deu lugar, para muitos, a um novo sistema segundo o qual honorários somente seriam devidos se houvesse impugnação ao cumprimento de sentença, com o que o anterior acréscimo no débito, que em regra variava de 10% a 20%, se instaurada a execução, restou substituído por multa fixa de 10%, assim também reduzindo a força coercitiva do art. 475-J.

mais abrangente algumas das principais diretrizes traçadas pelo novo Diploma. Evidente que não seria possível exaurir, num simples artigo, a análise de todas as mudanças previstas, nem mesmo compendiar a totalidade das diretrizes que se consegue observar no novo CPC, em razão do que o presente estudo se limita a expor uma visão panorâmica, geral, muitas vezes simplesmente exemplificativa, para disso extrair algumas ideias básicas que nitidamente iluminam o processo civil contemporâneo, definindo a conformação do instrumento processual que se deseja, com especial atenção para os objetivos a serem alcançados.

Assim, serão na sequência examinados (e inter-relacionados) quatro pontos centrais para que o processo civil desempenhe a contento sua função: a preocupação em adotar medidas que atenuem a excessiva demora na concessão de tutela jurisdicional; a tentativa de reversão de um quadro de constante aumento da litigiosidade; a cooperação entre os personagens atuantes no processo, que para tanto devem se manter em situação de equilíbrio, cada qual valorizado no exercício de suas funções e compreendido quanto às dificuldades peculiares que enfrenta; e, ao final, o anseio de se atingir maior qualidade na prestação jurisdicional.

2. Em busca de celeridade

O principal foco das atenções dos processualistas nas últimas décadas sem dúvida reside na perseguição de um ideal de celeridade. Essa busca, todavia, encontra significativos obstáculos, pois a rapidez naturalmente não é um fim único a ser alcançado, e muitos são os valores que orientam a complexa estruturação do processo. Dentre os valores a serem considerados, dois merecem especial referência e serão abordados a seguir, quais sejam, a efetividade da jurisdição e a segurança jurídica.[4]

Desde logo cumpre ressaltar que a efetividade da jurisdição não será aqui tratada como mero sinônimo de celeridade, por se entender que a rapidez dos trâmites processuais (ou mesmo da concessão da tutela) é apenas um dos aspectos, e não o único, para que um processo possa ser tido como efetivo. Num sentido mais amplo, a efetividade leva em conta essa agilidade no andamento do processo, é claro, mas também o grau de adequação/identidade entre o resultado que a jurisdição proporciona de fato e o que o direito material prevê. Noutras palavras: *"Processo efetivo é aquele que, observado o equilíbrio entre os valores segurança e celeridade, propor-*

---

[4] Nesse sentido, salienta José Roberto Bedaque: *"A celeridade é apenas mais uma das garantias que compõem a idéia de devido processo legal, não a única. A morosidade excessiva não pode servir de desculpa para o sacrifício de valores também fundamentais, pois ligados à segurança do processo."* (BEDAQUE, José Roberto dos Santos. *Efetividade do Processo e Técnica Processual*. São Paulo: Malheiros, 2006, p. 49).

ciona às partes o resultado desejado pelo direito material".[5] Afinal, não se pode considerar efetivo um processo que oferece "uma resposta qualquer", descompromissada com a ordem jurídica substancial, simplesmente porque os trâmites foram céleres. Seria necessário que a isso se agregasse um componente qualitativo, representado pela análise da congruência entre o resultado proporcionado pelo instrumento processual e o ideal que se esperava fosse por ele buscado, em respeito ao direito material.

Feita preliminarmente essa observação para evitar que se cometa o reducionismo de pensar na efetividade da jurisdição apenas na perspectiva temporal, insta salientar que no presente momento a prioridade das atenções ficará mais voltada para o aspecto *celeridade*, porque a *qualidade* da prestação jurisdicional (principalmente no que tange aos resultados que o processo consegue alcançar) será objeto de exame específico na parte final deste trabalho. Assim, por ora basta analisar a preocupação recorrente de que o processo tenha uma duração *adequada*, nessa expressão já suavizando o anseio de ligeireza a partir da constatação de que não se busca uma rapidez a qualquer custo, mas sim com atenção também a certos valores, como é o caso típico da segurança jurídica. Isso porque bem se sabe que o fator "tempo" desencadeia um conflito entre os valores efetividade e segurança, na medida em que de forma apressada dificilmente se chega a uma solução segura e justa, assim como demoradamente não se alcança o desejável nível de efetividade,[6] por vezes sendo o retardamento na concessão da tutela inclusive causador de uma completa inutilidade prática do provimento jurisdicional.

Pois bem, na época em que foi elaborado o CPC de 1973, o sistema processual civil brasileiro era muito mais fortemente influenciado pelo valor segurança jurídica do que pela preocupação com a efetividade. O tempo passou e aos poucos surgiram importantes reformas tentando equilibrar esses dois valores, servindo talvez como o melhor exemplo disso a Lei n. 8.952/1994, que regulou a antecipação de tutela para casos em geral (art. 273 do CPC/1973), não mais a restringindo ao âmbito de determinados ritos especiais. Muitos outros Diplomas poderiam ser mencionados para ilustrar essa tendência nos últimos anos,[7] porém maior

---

[5] BEDAQUE, José Roberto dos Santos. *Efetividade do Processo e Técnica Processual*. São Paulo: Malheiros, 2006, p. 49.

[6] Ensina Alexandre Câmara: *"Pode-se comparar o processo a um automóvel trafegando por uma estrada. Automóveis excessivamente lentos são tremendamente perigosos, podendo causar acidentes. Mas tão perigosos quanto eles são os automóveis que trafegam em velocidade excessivamente alta. Muitas vezes, os acidentes por estes causados são ainda mais graves. Processo excessivamente lento é incapaz de promover justiça, pois justiça que tarda falha. De outro lado, porém, o processo excessivamente rápido gera insegurança, sendo quase impossível que produza resultados justos."* (CÂMARA, Alexandre Freitas. *Lições de Direito Processual Civil*: volume 1. 24. ed. São Paulo: Atlas, 2013, p. 67-68).

[7] Um apanhado geral sobre essa "onda reformadora" em prol da efetividade, iniciada em 1994, é analisada com bastante objetividade por Teori Zavascki no seguinte artigo: ZAVASCKI, Teori Albi-

destaque merece a Emenda Constitucional n. 45/2004, ao acrescentar no art. 5º da Constituição Federal o inciso LXXVIII, com expressa referência à *"razoável duração do processo"* e ainda aos *"meios que garantam a celeridade de sua tramitação"*. A despeito dessa flagrante evolução, os baixos índices de satisfação com a duração dos feitos continuam atormentando os processualistas, que na grande maioria se mostram engajados na procura de alternativas que viabilizem uma maior celeridade processual, tentando não perder de vista a segurança que também se espera em decorrência das garantias de *ampla defesa, contraditório, igualdade de tratamento, devido processo legal*, etc.

Essa linha evolutiva não se rompeu com a edição do novo CPC, muito pelo contrário. Óbvio, não se trata de algo simples equacionar (e bem) o conflito permanente entre a efetividade da jurisdição e a segurança jurídica, ainda mais por corresponderem a dois valores de índole constitucional, sem superioridade hierárquica de qualquer deles.[8] Ao que se pode perceber, no novo CPC o legislador mostrou-se extremamente sensível aos pleitos relacionados à celeridade do processo, buscando agilizar a atividade jurisdicional de variadas maneiras, muito embora se possam perceber no referido Diploma também algumas normas que em tese aumentam a segurança em detrimento da rapidez processual, do que é exemplo a exigência agora imposta expressamente pelo art. 489, no sentido de que o(s) julgador(es) fundamente(m) suas decisões de modo mais detido e aprofundado do que na prática (muitas vezes) se costumava ver sob a égide do CPC/1973. Todavia, é evidente o prestígio conferido à celeridade pelo novo CPC,[9] situação que não desequilibra os valores efetividade e segurança (já que o primeiro vinha de uma defasagem histórica), buscando isto sim criar uma verdadeira harmonia entre elementos tão importantes para o processo.

Diante de tais circunstâncias, cabe agora analisar ilustrativamente algumas mudanças advindas do novo CPC com o intuito de demonstrar essa especial preocupação do legislador com a agilidade processual. As primeiras menções a respeito do assunto surgem logo nos arts. 4º e 6º, inseridas em Capítulo atinente às "normas fundamentais do processo

---

no. Reforma do sistema processual civil brasileiro e reclassificação da tutela jurisdicional. In: *Revista de Processo*, n. 88, outubro-dezembro de 1997, p. 173-178.

[8] Nesse sentido: ZAVASCKI, Teori Albino. *Antecipação da Tutela*. 2 ed. São Paulo: Saraiva, 1999, p. 61-63. Também sobre o assunto: BOECKEL, Fabrício Dani de. Espécies de Tutela Jurisdicional. In: *Genesis – Revista de Direito Processual Civil*, Curitiba, n. 37, julho-setembro de 2005, p. 432-469.

[9] A propósito, o Presidente da Comissão de Juristas encarregada de elaborar o Anteprojeto de novo CPC, Luiz Fux, admite expressamente que tal Colegiado *"teve como ideologia norteadora dos trabalhos a de conferir maior celeridade à prestação da justiça, no afã de cumprir a promessa constitucional de 'duração razoável dos processos'."* [FUX, Luiz. O novo processo civil. In: FUX, Luiz (coord.). *O novo Processo Civil Brasileiro: direito em expectativa (reflexões acerca do Projeto do novo Código de Processo Civil)*. Rio de Janeiro: Forense, 2011, p. 1].

civil", destacando a importância de o processo viabilizar uma real solução do mérito em prazo razoável.

Mais adiante se encontra uma regra de dificílima aplicação prática, e por isso bastante criticada, porém que no fundo igualmente denota uma atenção especial à duração razoável dos processos: trata-se do art. 12 no novo CPC, a impor que os juízes e tribunais obedeçam à *"ordem cronológica de conclusão para proferir sentença ou acórdão"*, norma essa que possui estreita ligação com o disposto no art. 153, o qual acrescenta como destinatário desse dever de respeito à cronologia o escrivão (ou o chefe de secretaria). O legislador, ao enfrentar esse tema, assumiu um significativo risco, por gerar um óbice praticamente intransponível ao julgamento rápido de causas simples, que não exijam uma reflexão mais minuciosa por parte do julgador. Isso realmente alimenta a crítica que é dirigida ao art. 12 (e também ao art. 153),[10] contudo não se pode olvidar que por outro lado o primeiro preceito em questão assegura que os casos difíceis não terão seus julgamentos constantemente protelados pela natural prioridade que usualmente é concedida aos feitos que podem ser decididos de forma mais simples, assim como se evita o privilégio a alguma parte ou advogado em detrimento de outros.[11] Como enfatiza Cassio Scarpinella Bueno, a norma em tela *"quer criar condições objetivas de controle do tempo do processo nos gabinetes judiciais"*.[12] É cedo ainda para tirar conclusões sobre os impactos benéficos ou maléficos que esse novo regramento trará, podendo-se apenas por ora vislumbrar uma imensa dificuldade para sua implementação prática e, de outra banda, uma possível saída para quem há anos ou décadas aguarda pelo término da relação processual que integra, vendo a cada instância a solução de sua demanda ser relegada em prol da análise de outros processos de julgamento menos tormentoso.

Não se pode deixar de também examinar a tentativa de aceleração dos procedimentos partir da simplificação de seus atos e formas. Ilus-

---

[10] Dentre os críticos encontra-se Lúcio Delfino, que entende o art. 153 do novo CPC como uma norma que representa *"ação avessa ao advogado diligente"*, inviabilizando que o procurador cobre do Cartório a movimentação do processo com certa brevidade, sem necessariamente aguardar as diligências atinentes a outros feitos em que possivelmente nem mesmo exista vontade das partes em obter grande agilidade, quiçá inclusive um absoluto descaso (DELFINO, Lúcio. Artigo 153 do novo CPC vai contra o advogado diligente. In: *Revista Consultor Jurídico*. Disponível em: http://www.conjur.com.br/2014-ago-01/lucio-delfino-artigo-153-cpc-advogado-diligente. Acesso em 27.04.2015).

[11] Marco Félix Jobim e Elaine Harzheim Macedo elogiam a nova regra: *"Por fim, de aplausos a iniciativa de finalmente regrar os julgamentos obedecendo a uma ordem cronológica e informar, pormenorizadamente, como ela deve ser. Note-se que a evidência já existia previsão para tanto, de forma um pouco diferenciada, mas, elencando como normatividade fundamental, podem aqueles privilégios concedidos de forma desarrazoada, finalmente, estar perto do fim, o que somente ocorrerá com o controle do Poder Judiciário também, pela própria pessoa humana, alvo maior da prestação jurisdicional."* (JOBIM, Marco Félix; MACEDO, Elaine Harzheim. Das normas fundamentais do processo e o projeto de novo Código de Processo Civil brasileiro: repetições e inovações. In: RIBEIRO, Darci Guimarães; JOBIM, Marco Félix. *Desvendando o novo CPC*. Porto Alegre: Livraria do Advogado, 2015, p. 55)

[12] BUENO, Cassio Scarpinella. *Novo Código de Processo Civil Anotado*. São Paulo: Saraiva, 2015, p. 50.

trativamente, o novo CPC determina que a incompetência de qualquer espécie (absoluta ou relativa) passa a ser alegável na própria contestação (art. 64), assim como impugnação ao valor da causa ou à concessão de benefício da gratuidade judiciária, dentre outras preliminares ao mérito (art. 337). A reconvenção igualmente deixa de ser oferecida por meio de peça processual autônoma, vindo agora para o bojo da contestação (art. 343). Esses são apenas alguns exemplos da perseguição da celeridade pela concentração de várias alegações distintas num mesmo momento e peça processual. Trata-se, segundo Luiz Fux, de uma *"desformalização cuidadosa dos processos"*,[13] que tende a levar a um andamento mais célere do feito, por tornar desnecessária outra autuação ou ao menos outro cadastramento processual pela Distribuição do Foro, a elaboração de notas de expediente e decisões em separado, etc., porém claro que há uma contrapartida: quando diferentes assuntos são trazidos de maneira concomitante para uma apreciação abrangente (e não tão focada) existe o significativo risco de alguma(s) das questões não receber a devida atenção, nem sendo notada(s), o que muitas vezes até pode ser corrigido via recurso (ou independentemente disso), mas nesses casos não se poderá dizer que a concentração das alegações necessariamente trouxe verdadeiro proveito para a celeridade processual.

Outra nítida defesa da celeridade pelo novo CPC consiste no afastamento peremptório da tese de "intempestividade prematura", acolhida por parte da jurisprudência com o velado propósito de tornar inadmissíveis especialmente recursos interpostos antes da intimação formal acerca da decisão recorrida. O que se percebia desde o surgimento de tal tese, porém, era um total desprestígio à parte diligente, que fazia o que estava ao seu alcance para apressar o andamento do feito. Ademais, a teoria da intempestividade prematura desprezava o que logicamente estava implícito quando da interposição do recurso, ou seja, que a parte recorrente tomara ciência previamente do decidido, sob pena de sua fundamentação não conter uma crítica suficiente e, em tal hipótese, outro seria o motivo para que o recurso não tivesse seu mérito analisado. Enfim, com a previsão de que *"Será considerado tempestivo o ato praticado antes do termo inicial do prazo"* (art. 218, § 4º) o novo CPC pretende ao menos não desestimular quem está disposto a praticar os atos processuais que lhe competem com a maior brevidade possível. A isso se soma, inclusive, o disposto no art. 269, § 1º, do novo Texto Legal, permitindo que o advogado de uma das partes se encarregue de promover a intimação do(s) procurador(es) dos demais sujeitos parciais do processo, por intermédio do correio, sem depender da prática de qualquer ato cartorário, de modo que o interessado

---

[13] FUX, Luiz. O novo processo civil. In: FUX, Luiz (coord.). *O novo Processo Civil Brasileiro: direito em expectativa (reflexões acerca do Projeto do novo Código de Processo Civil)*. Rio de Janeiro: Forense, 2011, p. 8.

em agilizar os trâmites processuais terá efetiva oportunidade de fazê-lo, para o bem da razoável duração do processo.

No que tange aos entes públicos que sabidamente são em grande parte responsáveis pela avalanche de processos que sobrecarrega o Judiciário brasileiro e por isso torna mais morosa a prestação jurisdicional como um todo, o novo CPC manteve o prazo em dobro para suas manifestações (art. 183), mas retirou o anacrônico prazo em quádruplo especificamente para contestar, o que em regra era responsável por uma demora de dois meses apenas para oferecimento da defesa. Portanto, ainda que tímido, houve um avanço.[14] Aliás, evoluiu-se também um pouco quanto ao tema do reexame necessário em proveito da União, dos Estados, dos Municípios e suas respectivas autarquias e fundações de direito público: pelo art. 496 do novo CPC foram significativamente elevados os valores de condenação (ou de "proveito econômico" de quem litiga com o Poder Público, nos casos em que não haja "condenação" propriamente dita) que acarretam o duplo grau obrigatório, isentando desse reexame necessário as condenações inferiores aos patamares agora fixados.[15] É o mínimo que se poderia fazer para reduzir a disparidade anterior, que premiava o ente público com prazo em dobro para recorrer e ainda, cumulativamente, com a necessidade de um segundo julgamento independentemente da interposição desse recurso, sendo que a sentença não produziria seus normais efeitos caso não fosse reapreciada pelo Tribunal. Considerando que os entes públicos em questão são os mais usuais litigantes chamados à presença do Estado-Juiz, e portanto os principais responsáveis pelo invencível acúmulo de processos, difícil concordar com a prerrogativa em pauta, embora a jurisprudência tenha há muito fixado o posicionamento de que os benefícios processuais dos entes públicos seriam compatíveis com o princípio da igualdade processual, por entender que a estrutura lenta e burocrática do Estado criaria uma situação peculiar a exigir um tratamento mais protetivo frente ao Judiciário (ou seja: perante um dos Poderes que o compõe). De qualquer maneira, o importante de fato é verificar que a elevação do valor mínimo de condenação que obriga o duplo grau de jurisdição já atenua sensivelmente o privilégio estatal e torna mais aceitável o argumento de que em tese o Estado (*lato sensu*) poderia sofrer grandes prejuízos pela inércia de seus representantes, em última análise afetando a população como um todo.

---

[14] O posicionamento do autor sobre o abrangente e controvertido assunto relativo a prerrogativas e privilégios processuais da Fazenda Pública sob a égide do CPC/1973 pode ser encontrado em: BOECKEL, Fabrício Dani de. Reflexões sobre a Compatibilidade das Prerrogativas e Privilégios Processuais da Fazenda Pública com o Princípio da Igualdade. In: *Juris Plenum*, Caxias do Sul, ed. 92, v. 1, janeiro de 2007, 2 CD-ROM.

[15] Os mesmos valores são também aplicáveis como parâmetros para definir se a procedência de embargos à execução fiscal gera ou não a necessária subida para apreciação pelo órgão jurisdicional imediatamente superior, hipótese em que naturalmente não cabe falar em "condenação".

Afinal, agora se começa verdadeiramente a aplicar o reexame necessário apenas para condenações de maior vulto: superiores a um mil salários-mínimos para a União e as respectivas autarquias e fundações de direito público; quinhentos salários-mínimos para os Estados, o Distrito Federal, as respectivas autarquias e fundações de direito público, aplicando-se idêntico limite para qualquer Município que seja capital de Estado; cem salários-mínimos para os demais Municípios, suas autarquias e fundações de direito público.

Outra novidade do novo Texto Legal é o que dispõe o seu art. 497, explicitamente afirmando a possibilidade de ser concedida tutela inibitória de ilícito independente da caracterização de dano e mesmo da existência de dolo/culpa. Não se trata de um tema inédito, longe disso.[16] Contudo, embora a doutrina há bastante tempo pregasse a viabilidade de o Judiciário atuar antes da caracterização do dano, inibindo a prática do mero ilícito de maneira efetiva, no CPC/1973 não se encontrava uma previsão expressa e clara o suficiente para alterar o posicionamento arraigado de que, diante de uma situação na qual a ocorrência danosa não estivesse plenamente configurada, o Juiz ainda não estaria autorizado a prestar qualquer tutela. Evidente que construções doutrinárias indicavam as bases para uma atuação diferente dessa, porém é sabido que o acréscimo de um preceito legal expresso é de grande valia para consolidar essa evolução, alçando ao mais alto nível a tutela preventiva que, no art. 5º, inciso XXXV, da Constituição Federal, o Estado se comprometeu a fornecer, de modo que a perspectiva prioritária não mais resida na reparação do dano já caracterizado, mas sim numa atuação anterior que impeça a própria ocorrência da lesão.[17]

No plano executivo também ocorreram ou se consolidaram avanços com o objetivo de conferir maior celeridade, como a previsão expressa acerca da possibilidade de protesto da sentença transitada em julgado, após expirado o prazo para pagamento voluntário (art. 517),[18] protesto esse que pode exercer relevante função coercitiva sobre a vontade do obrigado, levando-o a cumprir a decisão.

Em relação à execução de alimentos, foram suprimidas algumas limitações com as quais se deparavam os alimentandos ao percorrerem

---

[16] Na doutrina pátria, destaca-se a obra de Luiz Guilherme Marinoni, autor que se dedicou de forma abnegada ao estudo da tutela inibitória, demonstrando que *"o dano não é uma consequência necessária do ato ilícito"*, que *"o dano não pode estar dentre os pressupostos da inibitória"* e que *"a inibitória é uma tutela voltada para o futuro e genuinamente preventiva"* (MARINONI, Luiz Guilherme. Tutela Inibitória: individual e coletiva. 3 ed. rev., atual. e ampl. São Paulo: Editora Revista dos Tribunais, 2003, p. 46).

[17] Sobre a preferência por uma tutela preventiva, se comparada à sancionatória, indica-se a leitura de: BARBOSA MOREIRA, José Carlos. Tutela Sancionatória e Tutela Preventiva. In: *Revista Brasileira de Direito Processual*, São Paulo, v. 18, 1979, p. 123-132.

[18] Especificamente em matéria alimentar a previsão de protesto do pronunciamento judicial vem regulada no art. 528, § 1º, do novo CPC.

a via executiva, assim como foram consagradas posições já reiteradamente sustentadas antes da edição do novo CPC[19]: a) acolheu-se na lei o posicionamento que antes era apenas jurisprudencial e doutrinário no sentido de que a execução com ameaça de prisão só é possível para cobrança das pensões recentes, assim entendidas as três últimas anteriores à propositura da execução, mais aquelas que se vencerem no curso do processo (art. 528, § 7º, do novo CPC); b) afastou-se a necessidade de a ameaça de prisão ter como fonte uma "decisão judicial" (como previsto no art. 733 do CPC/1973), ampliando a utilização desse forte mecanismo coercitivo para abarcar também crédito alimentar que se ampare em título executivo extrajudicial (art. 911, combinado com art. 528, ambos do novo CPC), alteração de suma importância quando se pensa na abertura para a desjudicialização de diversas situações resultantes de vínculo familiar, como nos casos de divórcio extrajudicial, sendo que por óbvio a anterior restrição ao uso do rito executivo de coerção pessoal nesses casos servia como desestímulo à pactuação por escritura pública quando se imaginasse existir uma chance concreta de descumprimento da avença e, principalmente, quando o executado não possuísse bens para oportuna penhora, assim como não tivesse renda formal (de salário, aluguel, etc.) que viabilizasse um desconto direto; c) quanto ao desconto de rendimentos ou rendas do executado, o novo CPC supera a divergência jurisprudencial que persistia sobre o valor máximo que poderia ser atingido para o adimplemento direto da verba alimentar vincenda cumulada com o que será amortizado por conta das quantias em atraso, fixando em 50% dos ganhos líquidos do alimentante esse teto passível de desconto (art. 529, § 3º).

As modificações listadas acima evidentemente são meros exemplos de uma tentativa do novo CPC de transformar o processo num instrumento mais célere e efetivo para julgamento e realização fática do direito material. Só o tempo dirá se as mudanças trouxeram benefícios práticos, mas por ora duas constatações precisam ser feitas: a primeira no sentido de que não se podia mais manter o CPC/1973 na sua concepção original, tanto que ao longo dos anos inúmeras reformas ocorreram em busca da atualização/modernização do processo civil, em especial para dar celeridade aos procedimentos, chegando-se a um ponto em que a coerência desse Diploma ficava bastante prejudicada pela soma de retalhos que o compunham, estando além de tudo superado em vários aspectos o posicionamento anterior; o novo CPC procura garantir de forma mais incisiva a razoável duração do processo, em obediência ao comando

---

[19] A respeito das limitações executivas outrora existentes, em especial acerca da restrição ao uso do procedimento com ameaça de prisão para compelir o alimentante a satisfazer o que devia, remete-se o leitor à seguinte obra: BOECKEL, Fabrício Dani de. *Tutela Jurisdicional do Direito a Alimentos*. Porto Alegre: Livraria do Advogado, 2007, p. 133-144.

constitucional previsto no art. 5º, inciso LXXVIII, propósito esse que é louvável e constitui uma verdadeira estrada sem volta, pois o fracasso do modelo anterior no que tange à celeridade e ainda uma tendência de piora devido ao aumento da população impunham que providências fossem tomadas para evitar que a situação alcançasse níveis insuportáveis.

3. Estímulo à solução autocompositiva

Seguindo uma tendência já esboçada anteriormente, e com maior aplicação em determinados ramos do direito, em especial nas ações de família, o novo CPC traz consigo um forte incentivo a que as causas sejam resolvidas preferencialmente de forma amigável. Para tanto, não se cansou o legislador de, nos mais variados momentos, frisar a importância da utilização de mecanismos voltados à celebração de ajustes entre as partes,[20] a começar pelo art. 3º que refere a possibilidade de arbitragem (§ 1º) e logo adiante estabelece o compromisso do Estado no sentido de perseguir uma solução consensual (§ 2º), por isso mesmo mais aceitável para quem está envolvido no conflito de interesses, impondo também a todos os operadores do Direito participantes do processo (juízes, advogados, defensores públicos e membros do Ministério Público) que estimulem a adoção dessa alternativa amigável (§ 3º). Vale destacar que o legislador mencionou expressamente a conciliação e a mediação, porém evidenciou se tratar de um rol meramente ilustrativo, abrindo espaço para outros métodos que possam ser usados para atingir o objetivo traçado.

A simples previsão legal por óbvio não resolve todos os males, uma vez que ao Judiciário não cabe "impor" a via consensual,[21] sob pena de estar em verdade abdicando de seu "poder" (e ao mesmo tempo se isentando do "dever" que lhe é atribuído) de julgar os litígios que cheguem a seu conhecimento pela via processual, o que é terminantemente vedado pelo inciso XXXV do art. 5º da CF, como também estabelecido no *caput* do art. 3º do novo CPC. Por outro lado, não se pode dizer de maneira peremptória que a boa vontade em conciliar não existisse na sociedade

---

[20] Mauro Capelletti e Bryant Garth, além de mencionarem as vantagens para as partes e para o sistema jurídico com uma resolução do conflito sem necessidade de julgamento (a começar pela redução das despesas, pela economia de tempo e por aliviar a sobrecarga dos tribunais), acrescentam: *"Ademais, parece que tais decisões são mais facilmente aceitas do que decretos judiciais unilaterais, uma vez que eles se fundam em acordo já estabelecido entre as partes. É significativo que um processo dirigido para a conciliação – ao contrário do processo judicial, que geralmente declara uma parte 'vencedora' e a outra 'vencida' – ofereça a possibilidade de que as causas mais profundas de um litígio sejam examinadas e restaurado um relacionamento complexo e prolongado"* (CAPELLETTI, Mauro; GARTH, Bryant. Acesso à Justiça. Trad. Ellen Gracie Northfleet. Porto Alegre: Sergio Antonio Fabris Editor, 1988, p. 83-84).

[21] A respeito disso, convém frisar que o § 2º do art. 165 do novo CPC explicitamente proibiu *"a utilização de qualquer tipo de constrangimento ou intimidação para que as partes conciliem"*, impedindo que as partes fossem conduzidas de maneira forçada a um acordo contrário a sua vontade.

brasileira, especialmente quando observados os males que o processo judicial lamentavelmente traz para os litigantes, em razão da demora, do custo, da indefinição sobre critérios que possam nortear novas condutas das partes noutros casos semelhantes, etc. Talvez faltasse, isto sim, um aparato realmente apto a produzir os resultados práticos esperados nas tentativas conciliatórias, algo que precisa ser estruturado urgentemente e de forma adequada para viabilizar que o novo Diploma alcance esse seu intento, com a efetiva preparação dos mais variados personagens do processo para que compreendam as vantagens de uma solução amigável e tenham condições de, na medida da atuação de cada um, contribuir para o atingimento de um consenso. A propósito, no art. 165 do novo CPC está prevista a criação de centros de solução consensual, indicando hipóteses em que se dá preferência a atuação de conciliador ou então de mediador,[22] tudo com o desiderato de oferecer aos sujeitos parciais do processo o mecanismo mais apto possível para que se alcance um acordo de vontades, sendo imprescindível um treinamento especial daqueles que pretendam exercer as funções de conciliador e/ou mediador.

Nessa mesma esteira de redução ou suavização do conflito é possível encontrar o art. 154 do novo CPC, segundo o qual ao oficial de justiça é atribuída a tarefa de certificar eventual proposta de acordo que alguma das partes na sua presença tenha formulado. A providência em pauta não poderia ser mais singela, mas convém pensar um pouco sobre quantas causas podem ter seguido um rumo bastante acirrado e cada vez mais belicoso pela mera circunstância de a vontade de conciliar de uma das partes não ter chegado ao conhecimento de seu adversário com brevidade, por falta de comunicação.

Outra providência tomada pelo novo CPC com o objetivo de estimular o acordo foi a previsão, no art. 90, de que as partes ficam dispensadas do pagamento de custas remanescentes na hipótese de transacionarem antes da sentença. Trata-se de uma vantagem pecuniária proporcionada pelo Estado a quem colabora com a diminuição da litigiosidade e, por consequência, ajuda a reduzir o número de processos em tramitação, assim desafogando o assoberbado Poder Judiciário.

O novo CPC ainda cria um requisito a mais para a petição inicial, ordenando que o demandante informe desde logo se tem ou não interesse de que seja designada audiência de conciliação ou mediação (art. 319). O réu, por sua vez, deverá peticionar, manifestando seu desinteresse em

---

[22] Segundo os termos do referido art. 165, será cabível preferencialmente a atuação de conciliador nos casos em que entre as partes não haja um vínculo anterior (§ 2º), ao passo que a figura do mediador terá prioridade quando já exista uma ligação pretérita entre os litigantes, incumbindo a esse terceiro imparcial a função de ajudar os interessados a compreender o conflito existente, restabelecendo a comunicação entre as partes a fim de que elas próprias consigam encontrar um caminho consensual que as satisfaça (§ 3º).

conciliar com a antecedência mínima de dez dias em relação à audiência marcada para esse fim, sob pena de seu não comparecimento à solenidade ser considerado ato atentatório à dignidade da justiça, com aplicação de multa em favor da União ou do Estado (art. 334). Idêntica sanção é aplicável ao autor que, não tendo se manifestado desfavoravelmente à tentativa de autocomposição, deixe de comparecer à audiência em questão. Com isso, pretendeu o legislador evitar que audiências restassem frustradas, e por conseguinte a designação de audiência conciliatória ou de mediação acabasse por gerar delonga no andamento do feito, sem utilidade prática alguma.

O mesmo art. 334, em seu § 12, traz outra interessante novidade, que é a garantia de um tempo mínimo de vinte minutos destinado a cada audiência de conciliação ou mediação, sabidamente com o propósito de viabilizar uma tranquila (e não apressada) discussão sobre a melhor forma de solucionar o conflito.

Importante também destacar que o novo Diploma Processual criou um procedimento especial destinado genericamente às "ações de família" (art. 693 e seguintes),[23] sendo que no Capítulo alusivo a esse assunto praticamente se limitou a mencionar as técnicas a serem empregadas em busca de uma solução amigável para a controvérsia,[24] seja a partir de uma atuação multidisciplinar, com auxílio de profissionais de outras áreas do conhecimento (psicólogos, assistentes sociais, etc.), seja viabilizando a suspensão do processo pelo prazo que se mostre necessário às tratativas amigáveis, ou mesmo determinando que o mandado de citação se restrinja a informar os dados indispensáveis concernentes à au-

---

[23] Ao contrário do que é mais habitual, ou seja, da previsão de rito especial com a finalidade de regular a sequência de atos processuais a ser obedecida especificamente para um único direito material perfeitamente individualizado (e assim por diante no que diz com cada direito substancial que por suas peculiaridades exija um tratamento processual diferente do comum), o que agora se percebe no novo Código é a aplicação de um mesmo procedimento especial para uma série de demandas de naturezas diversas, unidas apenas pela circunstância de terem como origem uma relação familiar. Insta referir, todavia, que algumas "ações de família" ficaram excluídas desse rito, como é o caso das ações de alimentos e daquelas que versem sobre interesse de criança ou adolescente, hipóteses em que incidirá a regulação procedimental estabelecida por leis específicas (Lei n. 5.478/68 e Estatuto da Criança e do Adolescente, respectivamente), sem prejuízo da incidência, porém em caráter *subsidiário*, dos preceitos constantes a partir do art. 693 do novo CPC. Ainda, cumpre consignar a estranheza causada pela previsão de que o rito das "ações de família" é adequado para processos de "separação", pois grande parte da doutrina e da jurisprudência pátrias, desde a edição da Emenda Constitucional nº 66/2010, tem sustentado o término da mera "separação", afirmando que atualmente restaria apenas a possibilidade do divórcio, dissolvendo não apenas a sociedade conjugal, mas também o próprio vínculo matrimonial. Nesse sentido: FARIAS, Cristiano Chaves de; ROSENVALD, Nelson. *Curso de Direito Civil*: volume 6. 4 ed. rev., ampl. e atual. Salvador: JusPODIVM, 2012, p. 406-415.

[24] Inclusive o novo CPC estabelece que, se forem inexitosas as tratativas amigáveis, passam então a incidir as normas atinentes ao procedimento comum, dessa forma admitindo que a diferença/peculiaridade desse rito especial das "ações de família" consiste basicamente numa incessante busca inicial de consenso, e uma vez superado isso o rito deixa de merecer um tratamento diferenciado.

diência designada, sem ser acompanhado de cópia da exordial. Se por um lado esta última providência protege o sigilo da causa, por outro lado a medida em pauta não deixa de também procurar impedir que os ânimos restem acirrados. Afinal, é cediço que em demandas envolvendo entidade familiar há uma grande probabilidade de as mágoas e rancores pessoais serem externados de forma um tanto quanto agressiva, causando sensível desagrado ao réu que lê as afirmações naturalmente parciais lançadas na peça vestibular, muitas vezes gerando uma indignação de grande monta, prejudicando um (imediato ou mesmo futuro) acordo.

Enfim, como o objetivo do presente trabalho não é exaurir a análise de qualquer ponto em específico, e sim apresentar algumas das diretrizes gerais que norteiam o novo CPC, não há necessidade de apresentar outros exemplos além dos supramencionados para demonstrar que sem dúvida a nova Lei conferiu particular atenção e estímulo às tentativas consensuais de resolução de conflitos. Aliás, mais do que isso, o novo CPC surge num momento histórico em que é facilmente perceptível o esgotamento de um sistema processual estruturado numa ideia contenciosa, belicosa, tornando-se imprescindível não apenas a busca de soluções amigáveis, como também alternativas extrajudiciais sempre que possível,[25] obviamente sem com isso pretender inviabilizar o acesso ao Judiciário quando tal se mostre de fato necessário.

4. O atendimento de históricas reivindicações classistas e sua relação com a cooperação processual

Fica flagrante no novo CPC, quando comparado à legislação anterior, que se pretendeu dar resposta a uma série de reivindicações tradicionais de determinadas categorias de operadores do Direito, quiçá com o propósito de angariar aplausos das instituições envolvidas e com isso diminuir sensivelmente a chance de rejeição ao texto durante o processo legislativo, embora se possa também imaginar uma causa mais nobre e inclusive mais consentânea com um dos principais elementos norteadores do Diploma há pouco sancionado, isto é, permitir que haja efetiva *colaboração* entre sujeitos do processo que realmente se achem em pé de igualdade, porém naturalmente cada um no cumprimento de sua função

---

[25] A respeito da desjudicialização de determinadas matérias, veja-se que o novo Diploma repetiu a lógica da Lei 11.441/2007, que autorizou o Inventário, a Partilha, a Separação e o Divórcio extrajudicialmente, por escritura pública, e ainda acrescentou outras normas tendentes a deslocar para a via notarial o que antes obrigatoriamente acontecia em juízo, como é o caso da homologação do penhor legal tratada no art. 703, § 2º, e da relevante possibilidade de formulação extrajudicial de pedido de reconhecimento da usucapião, que tramitará diretamente junto ao Ofício de Registro Imobiliário (art. 1071 do novo CPC, que acrescentou o art. 216-A à Lei dos Registros Públicos, que leva o nº 6.015/1973).

específica, que não se confunde com a dos outros.[26] Afinal, a ótica *cooperativa* que explicitamente passa a iluminar o processo civil seria enfraquecida se cada personagem que dele participa tivesse dificuldade de ver outros atuantes no litígio como colaboradores em busca de um fim até certo ponto comum, todos devidamente respeitados e valorizados quanto ao exercício de suas atribuições.

A Advocacia, por exemplo, comemora atualmente várias conquistas da classe a partir do regramento posto no novo Código, sentindo-se valorizada e atendida quanto a pleitos históricos. Exemplificativamente, foi estabelecida a impossibilidade de compensação entre as verbas honorárias em caso de sucumbência parcial, reconhecendo que o direito aos honorários pertence ao advogado e tem caráter alimentar (§ 14 do art. 85), e, mesmo mantida uma distinção no que tange aos honorários sucumbenciais para a hipótese de a Fazenda Pública ser parte no processo, os patamares agora fixados (art. 85, § 3º) em geral são mais benéficos aos advogados do que na prática vinham sendo aplicados, além do que a ideia de variação do percentual devido a título de honorários dependendo do maior ou menor vulto da condenação ou do proveito econômico obtido parece bastante razoável. Mais do que isso, não pode passar despercebida uma sutil diferença da regra do novo CPC quando confrontada com o art. 20, §§ 3º e 4º, do CPC/1973: o Diploma antigo previa critérios usuais para arbitramento dos honorários no § 3º, excepcionando essa regra, dentre outros casos, quando fosse "*vencida a Fazenda Pública*" (§ 4º); a nova Lei é mais igualitária, na medida em que confere tratamento equânime aos advogados particulares e aos procuradores da Fazenda, pois os percentuais aplicáveis, embora variáveis de acordo com a repercussão econômica do feito, seguirão os mesmos critérios no caso de sucumbência de qualquer das partes, ou seja, tanto quando a Fazenda Pública for *vencida* quanto na hipótese de ser *vencedora*. Era, aliás, absolutamente violadora do princípio constitucional da igualdade a adoção de margens diferenciadas para arbitramento de honorários em favor do procurador de um ou do outro litigante,[27] dependendo apenas da natureza pública

---

[26] Nicola Picardi frisa que "*além das características próprias do procedimento, no processo se vislumbra – ainda que de formas vez por outra diversas, tanto do ponto de vista qualitativo quanto quantitativo – uma efetiva correspondência e equivalência entre os vários participantes, realizada por meio da distribuição de posições simetricamente iguais e mutuamente implicadas entre si*" (PICARDI, Nicola. *Jurisdição e Processo*. Organizador e revisor técnico da tradução Carlos Alberto Alvaro de Oliveira. Rio de Janeiro: Forense, 2008, p. 141).

[27] Para que dúvidas não subsistam, convém esclarecer não se estar sustentando que a melhor interpretação fosse a de que o CPC/1973 estipulava parâmetros diversos para a fixação de honorários quando houvesse a peculiaridade de a Fazenda Pública restar vencida, porque no próprio Texto Legal era possível visualizar uma menção de que a verba honorária em tal caso seria fixada de maneira "equitativa" pelo juiz. Essa alusão à *equidade* já seria o bastante para viabilizar a utilização dos mesmos critérios que correspondiam à regra geral, embora isso não apague a falta de razoabilidade do tratamento em separado, que podia ser erroneamente interpretado como se representasse uma

ou privada de quem por ele fosse representado, salvo evidentemente o que se justificasse a partir de distinções concretas acerca do grau de zelo profissional, da qualidade do trabalho desempenhado, etc.

Ainda quanto ao tema dos honorários, o mesmo art. 85 do novo CPC termina com a discussão existente desde o início da vigência da Lei n. 11.232, editada cerca de dez anos antes. O trabalho extra desenvolvido pelo procurador ao necessitar promover o cumprimento de sentença, devido à resistência do vencido em adimplir de maneira espontanea a sua obrigação, naturalmente não fora levado em conta na decisão descumprida, em que os ônus da sucumbência restaram arbitrados de acordo com a atividade até então realizada. Portanto, a clara estipulação do novo Diploma acerca da incidência de honorários advocatícios no cumprimento de sentença (definitivo ou provisório) é extremamente acertada, não apenas para majorar a remuneração a que faz jus o advogado cuja atividade foi estendida, mas também a fim de estimular o vencido a adimplir sua obrigação de modo espontâneo para evitar o aumento da dívida, paralelamente *cooperando* com a efetividade jurisdicional em virtude do encerramento mais precoce da relação processual.

Na mesma linha, interessante a elevação dos honorários em sede recursal, servindo em grande medida como fator de desestímulo à interposição de recurso sabidamente infundado, com intuito protelatório, já que em tal hipótese os ônus da sucumbência assumem maior vulto, como contrapartida à demora causada e também ao trabalho acrescido para o procurador da parte adversa. Em suma, mais uma vez se percebe no novo Texto de Lei a intenção de buscar solução célere para o conflito, atingindo grau mais alto de efetividade (no seu viés *temporal*). Luiz Guilherme Marinoni e Daniel Mitidiero, porém, ainda ao tempo em que tramitava o simples Projeto de CPC, posicionavam-se no sentido de que *"o fato objetivo da sucumbência recursal, por si só, não pode funcionar como critério que autoriza o avultamento da verba honorária"*. Sustentavam tais autores que seria *"mais apropriado aludir a recurso 'manifestamente inadmissível', recurso 'contrário à jurisprudência pacífica' e que não veicule qualquer fundamentação séria o bastante (...) para levar à alteração da jurisprudência"*.[28] A ideia em pauta não foi acolhida no texto final do novo CPC, quiçá porque a referida elevação da verba honorária não esteja atrelada apenas ao estímulo à não interposição de recurso, mas também leva em conta o maior trabalho desenvolvido pelo advogado da parte vencedora, que passa a acompanhar também os desdobramentos recursais.

---

exceção à regra comum. Sobre o assunto: BOECKEL, Fabrício Dani de. Reflexões sobre a Compatibilidade das Prerrogativas e Privilégios Processuais da Fazenda Pública com o Princípio da Igualdade. In: *Juris Plenum*, Caxias do Sul, ed. 92, v. 1, janeiro de 2007, 2 CD-ROM.

[28] MARINONI, Luiz Guilherme; MITIDIERO, Daniel. *O Projeto do CPC: críticas e propostas*. São Paulo: Editora Revista dos Tribunais, 2010, p. 82.

Outra insatisfação rotineira dos advogados dizia respeito às pautas de audiências, elaboradas muitas vezes prevendo tempo ínfimo de intervalo entre o início de uma e o começo da próxima, com o que na prática partes e procuradores eram compelidos a aguardar longamente para que fossem apregoados. E mais, não raramente ao serem chamados à sala de audiência se deparavam com a pressa de um ou outro magistrado, que tentava açodadamente (mesmo que bem intencionado) encerrar a solenidade para evitar um atraso ainda maior na pauta, com o que por óbvio esse importante momento de contato direto entre juiz e partes era esvaziado, não produzindo os resultados visados, de modo que o processo seguia *rapidamente* para um caminho mais *moroso*. Conciliações em determinadas oportunidades não ocorriam em virtude do escasso tempo para as tratativas, testemunhas não eram inquiridas de forma completa e perguntas oportunas por vezes eram indeferidas pelo Juízo em nome de uma suposta celeridade, ao passo que a possível "retaliação" do advogado vinha em forma de requerimento para que a indagação fosse consignada no termo de audiência, o que em verdade causava demora maior do que a direta formulação da pergunta e a própria resposta. Pois bem, pelo novo CPC foi previsto, ao regular o saneamento e a organização do processo (art. 357, § 9º), um intervalo mínimo de uma hora na pauta entre o começo de uma audiência e o horário de início da próxima, ao passo que para audiências de conciliação ou mediação é reservado um tempo mínimo de duração equivalente a vinte minutos (art. 334, § 12).

Mais uma marcante conquista fruto de reivindicação da OAB com o advento do novo Diploma foi a previsão de que os prazos contados "em dias" devem levar em consideração apenas aqueles que forem "úteis" (art. 219), de maneira que o profissional destinatário de prazos "próprios", durante seu tempo que originariamente seria voltado ao repouso, não veja seu prazo se aproximando do fim.[29] O mesmo se diga quanto ao art. 220, que estabelece a suspensão de prazos processuais entre os dias vinte de dezembro e vinte de janeiro do ano seguinte (inclusive), antigo pleito da Advocacia para garantir um mês de repouso ou lazer aos profissionais dessa classe. O que inicialmente pode parecer estranho é a diferença de tratamento conferida pelo § 1º desse dispositivo a juízes, promotores de justiça, defensores públicos, etc., porém insta lembrar que esses últimos operadores do Direito possuem o direito a férias regula-

---

[29] A experiência forense demonstra que o motivo da demora na tramitação dos feitos está longe de ter relação com a extensão dos prazos conferidos às partes. Um prazo de cinco dias iniciado em quinta-feira, por exemplo, não sofrerá radical alteração pela simples não contagem durante o final de semana, na medida em que os dois dias a mais em nada obstaculizarão a efetividade da tutela a ser oportunamente prestada. Muito mais grave é a demora (normalmente resultante da falta de estrutura cartorária) para expedição de intimações, dentre outras providências de mero impulso processual, ou mesmo o problema do descumprimento dos prazos pelas partes, por vezes com retenção dos autos em carga por tempo excessivo.

res e inclusive remuneradas, ao contrário dos advogados autônomos, de maneira que o trabalho daqueles porventura exercido durante o período de suspensão de prazos será compensado com o descanso noutra época (isto é, se a suspensão dos prazos e as férias não coincidirem). Portanto, há de fato razão para o tratamento diverso, tendo em vista as diferenças naturais entre cada uma dessas profissões, não cabendo falar em quebra da isonomia em sentido material.

Como demonstrado acima (em caráter meramente ilustrativo), a Advocacia teve grande número de seus pleitos mais tradicionais atendidos pela nova Lei, mas não se pode esquecer de algumas contrapartidas que aos advogados foram impostas, ainda que não pareça ter havido uma equivalência entre as vantagens e as desvantagens de tal classe incorporadas ao Texto Legal, com clara proeminência das primeiras. Um mero exemplo de nova atribuição que agora passa a ser do advogado é a necessidade de informar ou intimar a testemunha que arrolou acerca da audiência marcada, devendo ainda juntar aos autos, até três dias antes da solenidade, a prova dessa cientificação, sob pena de perda da oportunidade de ouvir a testemunha (art. 455 do novo CPC). Vale ressaltar que o Ministério Público e a Defensoria Pública estão expressamente dispensados dessa incumbência, estabelecendo a Lei ainda situações outras em que é possível fazer a intimação da testemunha por intermédio do Judiciário.

A propósito, a Defensoria Pública mereceu igualmente uma atenção especial do legislador, até porque inadmissível que uma Instituição atualmente de tamanha importância continuasse muitas vezes nem tendo as suas peculiaridades referidas e consideradas de forma expressa pela Lei Processual Civil, como ocorria por motivos óbvios quanto às normas editadas antes mesmo de ser prevista tal Instituição, a partir da Constituição Federal de 1988 e da Lei Complementar n. 80/1994. Agora os defensores públicos passam a receber tratamento específico no CPC, por vezes de forma idêntica e noutras ocasiões com diferenças em relação ao previsto para a Advocacia ou mesmo para o Ministério Público. É bem verdade que certas prerrogativas dos defensores públicos estabelecidas no novo Código não representam real inovação, como é o caso da intimação pessoal e da contagem em dobro dos prazos (art. 186), porque tais prerrogativas já eram asseguradas pela própria Lei Complementar n. 80/1994. De qualquer maneira, não se pode negar o avanço de incluir no CPC explícitas menções à Defensoria Pública, que nos termos do art. 134 da Carta Magna *"é instituição essencial à função jurisdicional do Estado, incumbindo-lhe a orientação jurídica e a defesa, em todos os graus, dos necessitados, na forma do art. 5º, LXXIV".*

O novo Diploma Processual, contudo, não se limitou somente à repetição de prerrogativas já reconhecidas em favor dos defensores públicos pela legislação anterior, mas também consolidou entendimento jurisprudencial até então não pacificado e que é de extrema relevância para o desempenho das atividades desses operadores do Direito, diante das peculiaridades da missão constitucional que lhes foi atribuída: foi explicitamente determinado que, a requerimento da Defensoria Pública, o juiz ordenará a intimação da parte que seja assistida por tal Instituição quando o ato processual a ser praticado dependa de informação ou providência que só pelo beneficiário do serviço gratuito possa ser prestada ou realizada (art. 186, § 2º). Considerando que a Defensoria em regra atende pessoas das camadas mais pobres da sociedade, na prática inúmeros são os casos em que a parte assistida não tem endereço duradouro, às vezes residindo em áreas invadidas que logo mais adiante precisam ser desocupadas, noutras ocasiões morando de favor temporariamente com um ou outro familiar que lhe dê abrigo, seguidamente não tendo condições de manter o pagamento de aluguel de um imóvel por muito tempo ou simplesmente se mudando com habitualidade em busca de trabalho. Enfim, por mais detalhado que seja o cadastro inicial feito pela Defensoria Pública quando inicia um atendimento, quem trabalha na área bem sabe a imensa dificuldade que surge na hora de realizar um contato com a parte, ainda mais que números de telefone são frequentemente alterados, dentre outros problemas sociais que são de conhecimento público e notório.

Por tais razões, aliás, o legislador ao fixar a maneira pela qual ocorreria a intimação para cumprimento da sentença (execução), com abertura de prazo para adimplemento da obrigação sob pena de incidência de multa, corretamente abordou em separado a situação em que o executado corresponda a sujeito assistido pela Defensoria Pública. Em tal hipótese, a intimação não será realizada mediante simples publicação no Diário da Justiça,[30] nem mesmo será efetuada pessoalmente junto ao Defensor Público, e sim deverá ser feita por carta com aviso de recebimento dirigida ao próprio executado (art. 513, § 2º, inciso II, do novo CPC).

Cumpre salientar que o legislador teve o cuidado de conferir tratamento igualitário, no que tange ao prazo dobrado, aos escritórios de prática jurídica mantidos por Faculdades de Direito e às entidades que prestam assistência judiciária gratuita com base em convênio(s) junto à Defensoria Pública firmado(s) para esse fim específico,[31] todos eles natu-

---

[30] A intimação publicada no Diário aplica-se apenas aos *advogados* constituídos nos autos (inciso I do § 2º do art. 513 do novo Código), embora de modo salutar a Nova Lei tenha determinado que essa forma de intimação por intermédio do procurador somente será utilizada quando o requerimento executivo restar formulado em até um ano a contar do trânsito em julgado (§ 4º do mesmo dispositivo), assim também se passando a presumir a dificuldade de contato do advogado com seu cliente quando o tempo passou, por inércia do vencedor/exequente.

[31] Conforme refere Cassio Scapinella Bueno, no Projeto de novo CPC existia originariamente a previsão de convênios poderem ser firmados com a Ordem dos Advogados do Brasil para essa mesma

ralmente sofrendo as mesmas dificuldades enfrentadas pela Defensoria, pois desempenham função equivalente/complementar (art. 186, § 3º, do novo CPC). A concessão desse prazo em dobro facilitará sobremaneira a organização interna desses escritórios e demais entidades assemelhadas, convindo ressaltar que infelizmente não são poucas as comarcas do País nas quais inexiste defensor público classificado ou mesmo designado, também sendo muitos os casos em que ambas as partes litigantes necessitariam da assistência em pauta mas o defensor na localidade é um só, sem contar o invencível volume de processos acompanhados pela Defensoria nos grandes centros urbanos, mostrando-se essencial essa atuação paralela/complementar de outras entidades com o objetivo de oferecer assistência jurídica gratuita ao maior número possível de indivíduos que dela necessite.

De outra banda, agora quanto ao Ministério Público, conforme já vinha sendo reiteradamente afirmado pelo mesmo, sua interveniência em ações de família só será cabível se envolver interesse de incapaz, devendo ser ouvido antes da homologação de acordo. A orientação nesse sentido já era cada vez mais corrente no âmbito de tal Instituição,[32] e a nova Lei veio para chancelar essa posição, permitindo que o Ministério Público direcione sua atenção para situações em que sua intervenção ou participação seja mais relevante.

Por fim, quanto aos juízes, é verdade que em linhas gerais houve um regramento mais detalhado de certos deveres, do que é exemplo claríssimo a necessidade de fundamentação concreta e individualizada das decisões (art. 489, § 1º, do novo CPC, a ser analisado mais adiante), que, embora não corresponda a um *novo dever*, e sim imposição constitucional,[33] ao longo do tempo foi sendo diminuída por práticas nefastas, até

---

finalidade, mas na última etapa dos trabalhos legislativos tal possibilidade foi eliminada (BUENO, Cassio Scarpinella. *Novo Código de Processo Civil Anotado*. São Paulo: Saraiva, 2015, p. 160).

[32] Nesse sentido, por exemplo, o art. 1º da Recomendação n. 01/2010, da Procuradoria-Geral de Justiça do Estado do Rio Grande do Sul: "*Art. 1º. O Membro do Ministério Público, em matéria cível, intimado a se manifestar como órgão interveniente, perfeitamente identificado o objeto da demanda, ao verificar não se tratar de causa que justifique a intervenção, poderá limitar-se a consignar concisamente a sua conclusão, apresentando, nesse caso, os respectivos fundamentos, especialmente nas seguintes hipóteses: a) separação judicial ou divórcio em que não houver interesse de menores ou incapazes; b) ação declaratória de união estável e respectiva partilha de bens em que não houver interesse de menores ou incapazes; c) ação ordinária de partilha de bens entre partes maiores e capazes; d) ação de alimentos e revisional de alimentos (excetuadas as hipóteses das ações ajuizadas em favor do idoso que esteja em situação de risco ou hipossuficiência, de acordo com o artigo 74, incisos II e III, do Estatuto do Idoso), bem como ação executiva de alimentos, entre partes capazes; e) ação relativa às disposições de última vontade, sem interesse de menores e incapazes, excetuada ainda a aprovação, o cumprimento e o registro de testamento, ou que envolver reconhecimento de paternidade ou legado de alimentos; (...)*".

[33] Vale citar a lição de Teresa Arruda Alvim Wambier: "*O § 1º com certeza é inovação bem-vinda e interessante, que demonstra o quanto esteve presente nas comissões que se ocuparam do NCPC, a preocupação de 'constitucionalizar' o processo, ou seja, de deixar bem claro que o CPC se insere num contexto normativo mais amplo, em cujo topo está a Constituição Federal*". E complementa: "*não é possível se entender que esta regra já não exista no sistema. O que o NCPC faz não é senão deixá-la absolutamente clara...*" (WAMBIER, Tere-

certo ponto usadas como um escudo ou como a alternativa mais simples de superar as dificuldades enfrentadas em razão do volume de processos que aumenta em proporções gigantescas. Outra norma não vista com bons olhos por uma parte da Magistratura foi a que exige julgamentos por ordem cronológica de conclusão (art. 12), imposição que por um lado realmente restringe a liberdade do juiz de organizar seu trabalho segundo critérios que lhe pareçam mais racionais e adequados, todavia representa uma garantia ao cidadão (principal interessado na reforma processual) no sentido de que o julgamento de sua causa não será postergado em demasia, criando verdadeiro privilégio a quem "fura a fila" e tem sua demanda apreciada mais rapidamente.

Os aspectos mencionados acima (dentre outros) geraram resistência da Magistratura,[34] ao menos de forma pontual, quanto ao texto do novo CPC. Porém, ainda que o foco das atenções tenha se dirigido para esses assuntos quando da tramitação do Projeto de Lei no âmbito do Congresso Nacional, e mesmo na fase imediatamente anterior à sanção do novo Diploma, não se pode olvidar que em contrapartida também houve um aumento dos poderes do juiz, sendo natural que diante disso o controle da atividade jurisdicional se tornasse mais intenso. Ilustrativamente, perceba-se que o art. 139 do novo CPC autoriza o juiz a alterar ordem normal das provas para adequação às necessidades do conflito e para dar maior efetividade. A insegurança seria geral se a quebra da ordem habitual de produção de provas ocorresse com base em decisões genéricas sem detida análise das peculiaridades do caso concreto, em que, por exemplo, o juiz se limitasse a determinar que o depoimento do autor fosse tomado apenas ao final da instrução, *"para atender às necessidades do conflito apresentado"*. Observe-se ainda, como outro exemplo, a possibilidade explicitamente consagrada na nova Lei de a distribuição do ônus da prova ocorrer de modo diferente do normal,[35] permitindo que o

---

sa Arruda Alvim. Peculiaridades da fundamentação das decisões judiciais no Brasil – a nova regra nem é assim tão nova... In: RIBEIRO, Darci Guimarães; JOBIM, Marco Félix. *Desvendando o novo CPC*. Porto Alegre: Livraria do Advogado, 2015, p. 159 e 162, respectivamente).

[34] Note-se que três associações nacionais de magistrados (Associação dos Magistrados Brasileiros, Associação dos Juízes Federais do Brasil e Associação Nacional dos Magistrados da Justiça do Trabalho) pediram abertamente que o art. 12 e o art. 489, § 1º, dentre outras normas aprovadas pelo Congresso, fossem vetadas pela Presidência da República, como se nota da seguinte reportagem, publicada na Revista Consultor Jurídico: VASCONCELLOS, Marcos de; ROVER, Tadeu. Juízes pedem veto a artigo que traz regras para fundamentação de decisões. In: *Revista Consultor Jurídico*. Disponível em: http://www.conjur.com.br/2015-mar-04/juizes-pedem-veto-artigo-cpc-exige-fundamentacao. Acesso em 28.04.2015.

[35] Importante salientar que o legislador não utilizou, no art. 373 do novo Diploma, a palavra "inversão" do ônus da prova, como ocorrera no Código de Defesa do Consumidor. A expressão em pauta já vinha sendo objeto de crítica na doutrina, em especial por designar uma *"transferência integral dos ônus probatórios de uma parte à outra"*, não representando uma verdadeira *"flexibilização do esquema estático para permitir a transferência do ônus da prova relativamente apenas a alguma ou algumas circunstâncias de fato que, por razões de índole técnica ou da sua respectiva natureza, enseja a vedação do direito*

magistrado atribua esse ônus levando em conta a maior dificuldade que autor ou réu teria para produzi-la, ou tendo em vista a impossibilidade de provar experimentada por uma das partes, ou mesmo de acordo com a maior facilidade que um dos litigantes teria para obtenção da prova da alegação fática contrária (art. 373 do novo CPC). Veja-se o quão ampla é a margem para decidir a respeito dessa distribuição do ônus probatório, e em tal medida a exigência de fundamentação mais detalhada e perfeitamente conectada ao caso concreto é imprescindível para evitar desvios.[36]

Enfim, o objetivo aqui não é propriamente mensurar os prós e contras gerados a cada categoria de operadores do Direito, mas sim frisar que as modificações não podem ser encaradas de forma deveras pessimista, devendo-se procurar entender o aumento ou diminuição de poderes, faculdades, ônus, deveres, etc. dentro de um contexto mais amplo, e não somente com fulcro numa análise pontual. O que mais importa para avaliar a chance de sucesso da nova Lei Processual é a constatação de que os operadores do Direito foram efetivamente ouvidos nas diversas audiências públicas realizadas enquanto era elaborado o texto que mais tarde seria encaminhado ao Congresso Nacional e depois se transformaria no novo CPC, disso resultando a satisfação de diversos anseios manifestados pelas categorias/entidades que participaram desse debate, embora se saiba que algumas reivindicações não foram contempladas, mas isso não é o bastante para imaginar que o novo Diploma cause, em termos gerais, um retrocesso, muito pelo contrário.

Finalizando, há de se convir, muito mais fácil é atingir uma verdadeira postura *cooperativa* por parte dos profissionais envolvidos no processo quando seus poderes, prerrogativas, direitos e faculdades são claramen-

---

fundamental à igualdade substancial das partes e do direito fundamental à prova". (CARPES, Artur. *Ônus Dinâmico da Prova*. Porto Alegre: Livraria do Advogado, 2010, p. 117).

[36] José Rogério Cruz e Tucci chama a atenção para a aparente redundância do legislador de 2015 no que tange ao dever de fundamentação de determinadas decisões: não bastasse o art. 93, IX, da Constituição Federal, e ainda a expressa listagem no novo Código de critérios a serem seguidos na motivação das decisões judiciais em geral (art. 489, § 1º), o legislador por vezes ainda repetiu para atos decisórios em específico uma explícita menção à necessidade de fundamentar, como acontece nos casos de flexibilização ou dinamização dos ônus da prova (art. 373, § 1º), dentre outros. O referido autor, contudo, posiciona-se favoravelmente a essa reiteração, por entender que há situações excepcionais que exigem *"motivação mais elaborada"*, de modo que o reforço do legislador salienta o especial cuidado que deve existir ao explicitar as razões de decidir em tais casos (CRUZ E TUCCI, José Rogério. Garantias constitucionais da publicidade dos atos processuais e da motivação das decisões no novo CPC. In: RIBEIRO, Darci Guimarães; JOBIM, Marco Félix. *Desvendando o novo CPC*. Porto Alegre: Livraria do Advogado, 2015, p. 106-107). De outra parte, sobre a mudança do modo de legislar nos últimos tempos, com o emprego crescente de *"regras menos minuciosas, mais abrangentes, cujos limites não são muito claros"*, e a consequente necessidade de uma fundamentação mais densa, recomenda-se a leitura de: WAMBIER, Teresa Arruda Alvim. Peculiaridades da fundamentação das decisões judiciais no Brasil – a nova regra nem é assim tão nova... In: RIBEIRO, Darci Guimarães; JOBIM, Marco Félix. *Desvendando o novo CPC*. Porto Alegre: Livraria do Advogado, 2015, p. 160 e seguintes.

te definidos de maneira equilibrada em relação aos demais participantes, sentindo-se todos respeitados e importantes para o atingimento do fim almejado, evitando-se o ciúme ou a tentativa de intromissão nas tarefas alheias como verdadeiro instrumento para disputa de poder. E, como se verá adiante, a colaboração processual é fator altamente relevante para proporcionar uma maior qualidade no serviço jurisdicional.

5. A qualidade da prestação jurisdicional

No início do presente texto, falou-se no conflito entre segurança jurídica e efetividade da jurisdição, esclarecendo que a contraposição em pauta se dá basicamente em função do fator "tempo". Portanto, o aspecto da efetividade jurisdicional especificamente relacionado com a *celeridade* é que se choca com o valor segurança, na medida em que o outro elemento integrante da efetividade, ou seja, a busca de uma tutela jurisdicional o mais próxima possível daquilo que o direito material prevê, em realidade vem ao encontro do que a segurança jurídica procura. Afinal, que grau de segurança jurídica ofereceria um ordenamento que estabelecesse os mais variados direitos materiais e, por outro lado, não se preocupasse em tutelá-los em perfeita obediência ao que estava previsto, de maneira que o resultado proporcionado pelo processo não coincidisse e talvez nem se aproximasse do que legitimamente se esperava? A surpresa representada por essa quebra de uma justa expectativa fulminaria por completo a segurança jurídica, e nem por isso a efetividade jurisdicional teria algum ganho, a não ser eventualmente no que diz com o limitado e insuficiente aspecto temporal.[37]

No presente instante o enfoque do estudo sobre o novo Diploma será direcionado para a análise do resultado viabilizado pelo processo, naturalmente a partir dos meios que estão à disposição para tanto. A propósito, veja-se que a nova Lei tentou garantir a qualidade da prestação jurisdicional pela associação de variadas técnicas, complementares entre si, o que agora se passa a examinar.

De início merece destaque a tentativa de completa abolição, na relação jurídica processual, do inconveniente fator "surpresa", conforme disposto já na Parte Geral do novo Código, nos arts. 9º e 10.[38] O mesmo se

---

[37] Oportuno transcrever aqui a lição de Carlos Alberto Alvaro de Oliveira e Daniel Mitidiero: "*a justa preocupação com a celeridade não pode acarretar drástica perda de qualidade, a constituir igualmente denegação de justiça. A efetividade virtuosa não pode ser substituída por uma efetividade pernicioso, símbolo de uma mentalidade tecnoburocrática, preocupada mais como a performance, com a estatística, do que com os valores fundamentais do processo.*" (ALVARO DE OLIVEIRA, Carlos Alberto; MITIDIERO, Daniel. *Curso de Processo Civil*: volume 1. São Paulo: Atlas, 2010, p. 31).

[38] Trata-se, aliás, de algo que há muito a doutrina enfatizava, e que mais recentemente começou a ganhar eco, ainda que tímido, na jurisprudência. Como exposto por Carlos Alberto Alvaro de Oli-

repete especificamente quanto à análise de prescrição e decadência, que deve ser antecedida de chance para que as partes se manifestem sobre a questão se ainda não aventada nos autos (art. 487), com o nítido objetivo de viabilizar que o procedimento realizado em pleno contraditório ajude a iluminar o caminho correto, evitando ou no mínimo diminuindo significativamente o risco de erro que decorreria de uma unilateral visão do tema, sem a contribuição de outros sujeitos envolvidos no desenrolar do processo e que poderiam ressaltar diferentes argumentos a serem necessariamente enfrentados para que a decisão se considerasse verdadeiro fruto de um processo em contraditório. Ademais, também no art. 492 há reiteração de que a decisão *surpreendente* não se coaduna com o ideal a ser buscado pelo processo, impondo que sobre o fato novo trazido aos autos por uma das partes o adversário deva obrigatoriamente ser ouvido, qualificando o processo decisório a partir da abertura para uma ampla discussão da causa quanto a todos os aspectos relevantes, para que do exercício do efetivo contraditório e da ampla defesa se vislumbre a solução mais adequada ao caso concreto *sub judice*.

A proibição de tomada de decisões inesperadas/surpreendentes, portanto, tem relação estreita com as garantias constitucionais do processo, principalmente as estampadas no art. 5º, inciso LV. Assim, mais do que impedir a simples frustração do interesse de um dos litigantes mais desavisado, ou que tenha menor capacidade de antever os rumos que em tese o processo pode tomar, em realidade a preocupação central do legislador ao criar essas normas vedando a "decisão surpresa" foi proporcionar ao magistrado a avaliação de pontos que eventualmente nem tenha imaginado, sendo que diante da exposição de argumentos robustos em sentido contrário pode haver uma reversão da tendência preconcebida de julgamento que se avizinhava.

Em termos mais abrangentes, o acima examinado é também um importante ponto de sustentação de um processo que se pretende seja desenvolvido com base na mútua colaboração entre os diversos sujeitos que dele participam.[39] O posicionamento mais correto não é atingido a partir de visões mediúnicas, ou simplesmente com amparo em reflexões

---

veira, "*inadmissível sejam os litigantes surpreendidos por decisão que se apoie, em ponto fundamental, numa visão jurídica de que não se tenham apercebido. O tribunal deve, portanto, dar conhecimento prévio de em qual direção o direito subjetivo corre perigo, permitindo-se o aproveitamento na sentença apenas dos fatos sobre os quais as partes tenham tomado posição, possibilitando-lhes assim melhor defender seu direito e influenciar a decisão judicial.*" (ALVARO DE OLIVEIRA, Carlos Alberto. A garantia do contraditório. In: ALVARO DE OLIVEIRA, Carlos Alberto. *Do Formalismo no Processo Civil* (apêndice). 2 ed. rev. e ampl. São Paulo: Saraiva, 2003, p. 237).

[39] Fredie Didier Jr. vislumbra nisso um terceiro modelo de organização do processo, ao lado dos modelos *adversarial* e *inquisitorial*. É o "processo cooperativo", destinado a concretizar o princípio do contraditório, que por sua vez garantirá às partes o poder de influenciar na solução da controvérsia (DIDIER JR., Fredie. Curso de Direito Processual Civil: volume 1. 12 ed. rev., ampl. e atual. Salvador: JusPODIVM, 2010, p. 77 e seguintes).

solitárias de um único agente, e sim decorre da verificação exercida sobre o maior número de alternativas de solução propostas, da realização de contraponto, de modo que o julgador não se isole para decidir com esteio em suas puras preconcepções.

A ideia de cooperação entre os sujeitos do processo é algo claramente perseguido pelo novo CPC, devido à crença de que o modelo litigioso ao extremo vigorante até então não produz os resultados esperados. A intensa procura por soluções autocompositivas e a colaboração mútua por parte dos personagens processuais são vias que se entrelaçam, a fim de suavizar o conflito de interesses e permitir que o(s) integrante(s) de cada um dos polos do processo consiga(m) entender a posição do(s) outro(s), com base nisso participando de um *contraditório útil*, em que cada um exerça papel influente sobre o oportuno julgamento da causa.

Observe-se que na abertura do novo Código, mais especificamente nos seus arts. 5º e 6º, já é salientada a necessidade de as condutas processuais serem calcadas na boa-fé e na cooperação entre os sujeitos (parciais ou não) do processo, acreditando que o cumprimento dessas exigências proporcionará uma razoável duração do feito. Está plenamente de acordo com as normas gerais em pauta, por conseguinte, o dever de o juiz facultar às partes prévia manifestação acerca de matéria ou questão ainda não debatida no processo que tende a ser examinada de ofício, podendo sua análise se caracterizar como determinante para o julgamento. A vedação à surpresa judicial, portanto, é uma consequência prática da imposição de uma postura colaborativa do magistrado frente ao jurisdicionado e seu procurador, mas também algo que contribui significativamente para um frutífero desenvolvimento da discussão argumentativa que busca trazer à tona a decisão mais adequada ao caso.

Insta referir que não foram poucas as menções no novo CPC ao assunto em comento, e no presente ensaio não se conseguiria exaurir a temática, todavia importa trazer mais alguns exemplos a fim de confirmar que a cooperação entre os sujeitos processuais consiste realmente numa fundamental diretriz do novo Diploma: ao estabelecer que o juiz ordenará a emenda ou complementação da exordial quando de início não estiverem preenchidos seus requisitos básicos, o legislador impôs ao magistrado a tarefa de indicar precisamente o que deve ser corrigido ou completado (art. 321), obviamente com o intuito de conferir clareza ao comando judicial para facilitar o respectivo cumprimento, o que só tem a beneficiar a escorreita tramitação do feito; no art. 357 outra vez se encontra a previsão de uma atuação colaborativa dos vários personagens processuais, a começar por quem tem o poder e também a responsabilidade de presidir os trâmites destinados a atingir uma solução apropriada ao conflito de interesses, prevendo o direito das partes no sentido de pedirem que sejam esclarecidos aspectos atinentes ao saneamento do processo, ou mesmo sejam realizados ajustes na decisão (§ 1º), sem contar a possibilidade de restar designada audiência especificamente para efeito de debate e decisão sobre a atividade saneadora quando a matéria objeto da causa for complexa (§ 3º), hipótese em que o juiz pode convidar as partes a *"integrar ou esclarecer suas alegações"*; a mais significativa e também controvertida norma a respeito da colaboração entre julgador e partes/procuradores, porém, é sem dúvida a constante do art. 489 do novo CPC, exigindo fundamentação concreta e específica de qualquer decisão judicial, dentro de parâmetros compatíveis com o contraditório desenvolvido no seio do processo. Mesmo sem ter a intenção de aprofundar esse ponto, que daria ensejo a mais do que todo um ensaio científico próprio (ou ainda a formulação de variadas teses), aqui se deve frisar ao menos que o dispositivo em questão é verdadeira garantia de que o contraditório seja pleno, e não uma simples farsa destinada a conferir aparência de legitimidade ao que for decidido. Partes que não influenciam eficazmente no resultado do processo não são "participantes", e sim meras "expectadoras" de um procedimento que se torna estranho a elas, a não ser pela circunstância de ficarem vinculadas ao decidido. E a consequência desse ineficiente método decisório lastimavelmente verificado com certa frequência na realidade forense anterior ao início da vigência do novo Código (de "copiar e colar" precedentes jurisprudenciais que se basearam em fatos diversos, motivar o julgamento com amparo em regras cuja aplicabilidade à situação concreta não é demonstrada de modo específico, proferir decisões embasadas em fundamentos que se prestariam a justificar qualquer outra decisão,[40] não enfrentar argumentos deduzidos no processo que pudessem infirmar a conclusão adotada pela autoridade julgadora, dentre outras hipóteses expressamente referidas nos vários incisos do § 1º do art. 489) é o total desprezo a princípios processuais que correspondem a cláusulas pétreas da Carta Maior (contraditório, ampla defesa, etc.) e à própria norma consagrada no inciso IX do art. 93 da Constituição Federal, que para bom entendedor nem precisaria ser esmiuçada pela lei infraconstitucional, como agora ocorreu para esclarecer o óbvio. O processo não é e nem pode ser um monólogo ou ainda a soma de três monólogos paralelos: um do juiz, outro do autor e um último do réu, cada um deles seguindo livremente um caminho dissociado dos demais. Isso poderia receber qualquer rótulo, menos o de um procedimento marcado substancialmente pela dialeticidade e pelo contraditório.[41]

---

[40] Trata-se daquilo que Teresa Arruda Alvim Wambier chama de decisão *"vestidinho preto"*, traje feminino que serviria em qualquer ocasião... (WAMBIER, Teresa Arruda Alvim. Peculiaridades da fundamentação das decisões judiciais no Brasil – a nova regra nem é assim tão nova... In: RIBEIRO, Darci Guimarães; JOBIM, Marco Félix. *Desvendando o novo CPC*. Porto Alegre: Livraria do Advogado, 2015, p. 162).

[41] Nesse sentido: ALVARO DE OLIVEIRA, Carlos Alberto; MITIDIERO, Daniel. Curso de Processo Civil: volume 1. São Paulo: Atlas, 2010, p. 36-37.

O novo Diploma busca uma maior qualidade da prestação jurisdicional também por intermédio de normas flexibilizadoras do(s) rito(s), de acordo com as necessidades concretas que o direito material litigioso apresentar. No art. 139, por exemplo, é atribuído ao juiz o poder de alterar a ordem de produção das provas quando essa providência se mostre adequada às peculiaridades do conflito de interesses, de maneira que se alcance uma maior efetividade. É cediço que a sequência de atos processuais deve ser organizada com atenção voltada para as características do direito material carente de tutela,[42] mas não é viável nem apropriada a criação de um rito especial para cada tipo de conflito que possa ser levado a conhecimento do Judiciário, sob pena de o sistema processual se tornar extremamente complexo e de difícil aplicação. Por tais razões, assim como no CPC/1973, a nova Lei Processual Civil estabeleceu uma série limitada de procedimentos especiais, regulando ainda o rito comum aplicável à grande maioria dos feitos (agora não mais subdividido em ordinário e sumário, devido ao fracasso deste último na rotina forense).[43] A grande diferença, porém, está na expressa autorização para que, se as partes forem capazes e os direitos discutidos disponíveis, o procedimento possa ser alterado para um melhor ajuste às peculiaridades do caso (art. 190).[44]

Ademais, ao mencionar a possibilidade de cumulação de pedidos que na hipótese de formulação em separado seguiriam ritos distintos, da mesma forma como ocorria no CPC/1973 foi estipulado que se obedeça ao procedimento comum, porém com um relevante acréscimo: essa adoção do rito comum não prejudicará o emprego incidental das técnicas processuais diferenciadas disponíveis no(s) procedimento(s) especial(is) que seria(m) aplicável(eis) se inexistente a cumulação de pedidos (art. 327). Exemplificativamente, sendo cumulado pedido de adjudicação compul-

---

[42] A propósito do assunto, Leonardo Ribeiro ressalta: *"a tutela jurisdicional diferenciada pode ser entendida de duas maneiras diversas: (i) a existência de procedimentos específicos, de cognição plena e exauriente, elaborados em função de especificidades da relação material; ou (ii) a regulamentação de tutelas sumárias, com cognição sumária, visando a evitar o periculum in mora"*. Em sequência, conclui que *"a tutela jurisdicional diferenciada está intimamente ligada à efetividade do processo, na medida em que deve ser assegurada à parte a espécie de tutela mais adequada à efetiva e real proteção do direito invocado."* (RIBEIRO, Leonardo Ferres da Silva. Prestação jurisdicional efetiva: uma garantia constitucional. In: *Processo e Constituição: estudos em homenagem ao Professor José Carlos Barbosa Moreira*. Coordenadores Luiz Fux, Nelson Nery Jr. e Teresa Arruda Alvim Wambier. São Paulo: Editora Revista dos Tribunais, 2006, p. 163).

[43] Fundamental a leitura da obra de Luiz Guilherme Marinoni, a respeito do "mito da uniformidade procedimental", propugnado pela escola sistemática e há muito superado: MARINONI, Luiz Guilherme. *Técnica Processual e Tutela dos Direitos*. 4 ed. rev. e atual. São Paulo: Editora Revista dos Tribunais, 2013, p. 55-65.

[44] Gustavo Menezes com clareza explica a importância dessa margem deixada para a adequação do rito frente à situação concreta: *"nem sempre as formas de antemão estipuladas na lei são as melhores para atender o caso concreto, quer por ser o conflito dotado de características não previstas – ou até inexistentes – ao tempo da formulação legislativa do procedimento, quer por serem capazes as partes ou o magistrado de elaborar uma forma viável de proteger com mais sucesso o bem jurídico."* [MENEZES, Gustavo Quintanilha Telles de. A atuação do juiz na direção do processo. In: FUX, Luiz (coord.). *O novo Processo Civil Brasileiro: direito em expectativa (reflexões acerca do Projeto do novo Código de Processo Civil)*. Rio de Janeiro: Forense, 2011, p. 179-229].

sória de um imóvel prometido à venda com pleito de consignação em pagamento do saldo do preço convencionado, evidente que a observância do rito comum não poderia impedir a prática de ato característico da ação de consignação, qual seja, a antecipação do pagamento, depositando à ordem do Juízo o numerário devido cujo adimplemento é condição normalmente indispensável para que o promissário comprador exija a transmissão da propriedade para o seu nome. Não se poderia conceber que a simples adoção do procedimento comum em virtude da cumulação de tais pedidos empurrasse para um momento final do processo a satisfação do crédito admitido pelo devedor, pois nesse caso está invertida a lógica mais tradicional de se ter no polo ativo alguém que se diz credor e no passivo o suposto devedor, este último pretendendo antes esgotar o exercício da ampla defesa e do contraditório para só depois ver sua esfera jurídica atingida (se desacolhidos seus argumentos). Quando invertidos os ocupantes desses polos processuais, de modo que como autor se tenha o sujeito que deseja satisfazer o débito e consequentemente se liberar da obrigação, inaceitável que o rito comum fosse seguido à risca, sem adaptação a essa situação concreta.

O que se nota, a partir do ora exposto, é um conjunto de alterações voltadas a qualificar a atividade jurisdicional, por maior que seja a já examinada preocupação paralela com a demora no andamento dos feitos. Essas mudanças, ao que tudo indica, felizmente parecem benéficas à busca de um processo que verdadeiramente sirva como instrumento de efetiva realização de direitos, e não como um obstáculo a isso. A questão é saber de que forma a celeridade poderá ser afetada por essa perseguição de tutela jurisdicional mais qualificada, até porque mesmo disposições que num primeiro momento podem parecer protetoras da perfeição técnica e potenciais causadoras de demora, por outro lado talvez acabem responsáveis por uma agilização processual, como prenuncia Teresa Arruda Alvim Wambier ao tratar do tão discutido art. 489, § 1º, do novo CPC: *"Espera-se que (...) esse dispositivo seja levado a sério, e não banalizado. Com certeza, o respeito às regras que contém é capaz de gerar prestação jurisdicional de melhor qualidade. Pode até ser que a quantidade de decisões reformadas diminua, assim como a quantidade de recursos"*.[45]

6. Considerações finais

Um dos maiores problemas enfrentados pela ciência processual sempre foi (e continuará sendo) encontrar um ponto de equilíbrio, em que se

---

[45] WAMBIER, Teresa Arruda Alvim. Peculiaridades da fundamentação das decisões judiciais no Brasil – a nova regra nem é assim tão nova... In: RIBEIRO, Darci Guimarães; JOBIM, Marco Félix. *Desvendando o novo CPC*. Porto Alegre: Livraria do Advogado, 2015, p. 165-166.

alcance prestação jurisdicional com qualidade, garantindo ao titular do direito material a obtenção de resultado justo e adequado a sua tutela, mas tudo isso num prazo razoável, sem morosidade, proporcionando a pacificação social que também é uma importante meta do processo. Nesse sentido, salta aos olhos que o novo CPC procurou implementar modificações tendentes a viabilizar real harmonia entre os valores segurança jurídica, efetividade da jurisdição, justiça e paz social.

O êxito ou não das alterações, por óbvio, só com o tempo se poderá concretamente sentir, mas nem por isso se deixará de registrar aqui, com todos os riscos de erro que são naturais à emissão de um posicionamento prematuro, a crença em que a nova Lei é melhor do que a anterior, abrindo-se um cenário de esperança quanto à evolução do processo civil. Chega-se a essa conclusão basicamente a partir da percepção de que o novo CPC não representa uma ruptura radical, e sim consagra no âmbito da própria lei inúmeros entendimentos que já estavam consolidados fora dela. Contudo, não se limita a isso, propondo soluções inovadoras para antigos problemas, sem medo da mudança e com um cuidado especial na adoção de "medidas compensatórias" que permitam manter padrões adequados (ou ao menos razoáveis) de segurança, celeridade e justiça, no intuito de o processo ser um instrumento de pacificação social, e não de guerra.

Enfim, a alteração do *status quo* era necessária e veio em boa hora. Ademais, no novo CPC foram estabelecidas diretrizes apropriadas ao momento atual, diretrizes essas que se entrelaçam e, devidamente associadas, tendem a produzir melhoras concretas. Inconcebível nos dias atuais que o processo continuasse com a já tradicional lentidão, ou ainda que seguisse estruturado como campo para o "regular desenvolvimento" de um embate, não como lugar adequado para atenuar o conflito e realmente solucioná-lo, preferencialmente com a efetiva participação dos envolvidos. Tampouco se poderia admitir que a correção desses antigos problemas se desse a partir da redução da qualidade da prestação jurisdicional. Por todos esses aspectos, bem sopesados no novo Código, é que a esperança ressurgiu.

Referências

ALVARO DE OLIVEIRA, Carlos Alberto. A garantia do contraditório. In: ALVARO DE OLIVEIRA, Carlos Alberto. *Do Formalismo no Processo Civil* (apêndice). 2 ed. rev. e ampl. São Paulo: Saraiva, 2003.

——; MITIDIERO, Daniel. *Curso de Processo Civil*: volume 1. São Paulo: Atlas, 2010.

BARBOSA MOREIRA, José Carlos. Tutela Sancionatória e Tutela Preventiva. In: *Revista Brasileira de Direito Processual*, São Paulo, v. 18, 1979, p. 123-132.

BEDAQUE, José Roberto dos Santos. *Efetividade do Processo e Técnica Processual*. São Paulo: Malheiros, 2006.

BOECKEL, Fabrício Dani de. Espécies de Tutela Jurisdicional. In: *Genesis – Revista de Direito Processual Civil*, Curitiba, n. 37, julho-setembro de 2005, p. 432-469.

——. Reflexões sobre a Compatibilidade das Prerrogativas e Privilégios Processuais da Fazenda Pública com o Princípio da Igualdade. In: *Juris Plenum*, Caxias do Sul, ed. 92, v. 1, janeiro de 2007, 2 CD-ROM.

——. *Tutela Jurisdicional do Direito a Alimentos*. Porto Alegre: Livraria do Advogado, 2007.

BUENO, Cassio Scarpinella. *Novo Código de Processo Civil Anotado*. São Paulo: Saraiva, 2015.

CÂMARA, Alexandre Freitas. *Lições de Direito Processual Civil*: volume 1. 24 ed. São Paulo: Atlas, 2013.

CAPELLETTI, Mauro; GARTH, Bryant. *Acesso à Justiça*. Trad. Ellen Gracie Northfleet. Porto Alegre: Sergio Antonio Fabris Editor, 1988.

CARPES, Artur. *Ônus Dinâmico da Prova*. Porto Alegre: Livraria do Advogado, 2010.

CRUZ E TUCCI, José Rogério. Garantias constitucionais da publicidade dos atos processuais e da motivação das decisões no novo CPC. In: RIBEIRO, Darci Guimarães; JOBIM, Marco Félix. *Desvendando o novo CPC*. Porto Alegre: Livraria do Advogado, 2015, p. 99-109.

DELFINO, Lúcio. Artigo 153 do novo CPC vai contra o advogado diligente. In: *Revista Consultor Jurídico*. Disponível em: http://www.conjur.com.br/2014-ago-01/lucio-delfino-artigo-153-cpc-advogado-diligente. Acesso em 27.04.2015.

DIDIER JR., Fredie. *Curso de Direito Processual Civil*: volume 1. 12 ed. rev., ampl. e atual. Salvador: JusPODIVM, 2010.

FARIAS, Cristiano Chaves de; ROSENVALD, Nelson. *Curso de Direito Civil*: volume 6. – 4 ed. rev., ampl. e atual. – Salvador: JusPODIVM, 2012.

FUX, Luiz. O novo processo civil. In: FUX, Luiz (coord.). *O novo Processo Civil Brasileiro: direito em expectativa* (reflexões acerca do Projeto do novo Código de Processo Civil). Rio de Janeiro: Forense, 2011, p. 1-24.

JOBIM, Marco Félix; MACEDO, Elaine Harzheim. Das normas fundamentais do processo e o projeto de novo Código de Processo Civil brasileiro: repetições e inovações. In: RIBEIRO, Darci Guimarães; JOBIM, Marco Félix. *Desvendando o novo CPC*. Porto Alegre: Livraria do Advogado, 2015, p. 43-57.

MARINONI, Luiz Guilherme. *Técnica Processual e Tutela dos Direitos*. 4 ed. rev. e atual. São Paulo: Editora Revista dos Tribunais, 2013.

——. *Tutela Inibitória: individual e coletiva*. 3 ed. rev., atual. e ampl. São Paulo: Editora Revista dos Tribunais, 2003.

——; MITIDIERO, Daniel. *O Projeto do CPC: críticas e propostas*. São Paulo: Editora Revista dos Tribunais, 2010.

MENEZES, Gustavo Quintanilha Telles de. A atuação do juiz na direção do processo. In: FUX, Luiz (coord.). *O novo Processo Civil Brasileiro: direito em expectativa (reflexões acerca do Projeto do novo Código de Processo Civil)*. Rio de Janeiro: Forense, 2011, p. 179-229.

PICARDI, Nicola. *Jurisdição e Processo*. Organizador e revisor técnico da tradução Carlos Alberto Alvaro de Oliveira. Rio de Janeiro: Forense, 2008.

RIBEIRO, Leonardo Ferres da Silva. Prestação jurisdicional efetiva: uma garantia constitucional. In: *Processo e Constituição: estudos em homenagem ao Professor José Carlos Barbosa Moreira*. Coordenadores Luiz Fux, Nelson Nery Jr. e Teresa Arruda Alvim Wambier. São Paulo: Editora Revista dos Tribunais, 2006, p. 153-166.

VASCONCELLOS, Marcos de; ROVER, Tadeu. Juízes pedem veto a artigo que traz regras para fundamentação de decisões. In: *Revista Consultor Jurídico*. Disponível em: http://www.conjur.com.br/2015-mar-04/juizes-pedem-veto-artigo-cpc-exige-fundamentacao. Acesso em 28.04.2015.

WAMBIER, Teresa Arruda Alvim. Peculiaridades da fundamentação das decisões judiciais no Brasil – a nova regra nem é assim tão nova... In: RIBEIRO, Darci Guimarães; JOBIM, Marco Félix. *Desvendando o novo CPC*. Porto Alegre: Livraria do Advogado, 2015, p. 157-166.

WATANABE, Kazuo. *Da Cognição no Processo Civil*. 3 ed. rev. e atual. São Paulo: Perfil, 2005.

ZAVASCKI, Teori Albino. *Antecipação da Tutela*. 2 ed. São Paulo: Saraiva, 1999.

——. Reforma do sistema processual civil brasileiro e reclassificação da tutela jurisdicional. In: *Revista de Processo*, n. 88, outubro-dezembro de 1997, p. 173-178.

— 2 —

A lei processual e sua vigência temporal: aportes para uma teoria geral da (ir)retroatividade[1][2]

WILSON ENGELMANN[3]

Sumário: 1. O tempo e seus reflexos no (novo Código de) Processo Civil; 2. A lei de introdução às normas do Direito brasileiro e a validade da norma jurídica; 3. A nova lei processual e sua vigência no tempo: desafios e possibilidades para os feitos pendentes; Referências.

1. O tempo e seus reflexos no (novo Código de) Processo Civil

A questão relativa ao tempo proporciona diversas formas de abordagem, complementares e não excludentes – podendo ser, por exemplo, hermenêutica ou sistêmica – projetando assim reflexões acerca dos seus efeitos no/do Direito, no caso deste texto, no tocante ao Processual Civil e suas interações com o novo Código de Processo Civil. Especialmente em relação à vigência das novas regras jurídicas, as quais surgem num determinado tempo que difere do tempo da produção dos atos processuais em andamento nos mais variados níveis da jurisdição brasileira. Se

---

[1] Resultado parcial da pesquisa desenvolvida pelo autor no âmbito do projeto de pesquisa intitulado "As transformações jurídicas das relações privadas: a construção de marcos regulatórios e a revisão de categorias tradicionais do Direito como condição de possibilidade para atender aos desafios das mutações jurídicas contemporâneas geradas pelas novas tecnologias" (UNISINOS).

[2] Um agradecimento especial aos doutorandos do Programa de Pós-Graduação em Direito da Unisinos Paulo Júnior Trindade dos Santos e Raquel Von Hohendorff pela leitura atenta do original e as sugestões pontuais para a qualificação do texto.

[3] Doutor e Mestre em Direito Público pelo Programa de Pós-Graduação em Direito (Mestrado e Doutorado) da Universidade do Vale do Rio dos Sinos – UNISINOS/RS/Brasil; Coordenador Adjunto deste Programa e Professor das atividades: "Transformações Jurídicas das Relações Privadas" (Mestrado) e "Os Desafios das Transformações Contemporâneas do Direito Privado" (Doutorado); Professor do Mestrado Profissional em Gestão e Negócios da UNISINOS; Professor de Metodologia da Pesquisa Jurídica em diversos Cursos de Especialização em Direito da UNISINOS; Professor de Teoria Geral do Direito e Introdução ao Estudo do Direito do Curso de Graduação em Direito da UNISINOS; Líder do Grupo de Pesquisa *JUSNANO* (CNPq); Bolsista de Produtividade em Pesquisa do CNPq. e-mail: wengelmann@unisinos.br.

fosse possível um gráfico com todo este conjunto, perceber-se-ia quantos "tempos" simultâneos, mas diferentes estão sobrepostos. Daí emerge a importância da hermenêutica criativa e atenta exigida pela contemporaneidade por este momento, verificando-se que "a hermenêutica tem a tarefa de fazer o existir próprio de cada momento acessível em seu caráter de ser ao existir mesmo, de comunicá-lo, de tratar de esclarecer essa alienação de si mesmo de que está afetado o existir. Na hermenêutica se configura para o existir uma possibilidade de chegar a entender-se e de ser esse entender" (HEIDEGGER, 2000, p. 25).

Pois, é a partir da hermenêutica[4] que surge a possibilidade do homem de acessar e compreender a sua própria existência. Assim, a própria hermenêutica é uma espécie de caminho que viabiliza a percepção sobre esse entendimento do viver fático de cada momento.[5] Aí se tem uma poderosa ferramenta para aproximar e interligar o "mundo do Direito e do Processo" com o "mundo dos fatos e da vida", um dos objetivos do novo Código de Processo Civil, caracterizando a emergência de um (re)novado Processo Civil que procura adotar uma dinâmica sintonizada com a velocidade das transformações das relações sociais.

É por isso que a hermenêutica não poderá partir de uma representação objetiva do mundo, como se fosse mera abstração ou uma construção artificial. Haja vista que

> a hermenêutica entendida como filosofia não é outra coisa que a execução consequente do esclarecimento de si mesma de uma hermenêutica que toda existência pratica por princípio; porém, desde um ponto de vista crítico, isto significa expulsar a existência de suas tranquilizadoras concepções de si mesma (GRONDIN, 2000, p. 19).

Assim, a filosofia hermenêutica de Heidegger não parte do pressuposto de que existe um objeto inanimado e acabado que é colocado diante do intérprete, esperando pela sua iniciativa interpretativa. A concepção parte de outro ângulo, ou seja, da existência de situações produzidas pelo próprio homem que buscam ser compreendidas e interpretadas como acontecimentos peculiares, inseridos na sua vivência cotidiana. Não se trata de fatos estáticos, mas essencialmente dinâmicos. Eis o cerne da necessária relação em o Processo e a vida cotidiana que lhe serve de "matéria-prima" para decisão. Dessa feita, a hermenêutica não poderá

---

[4] Neste sentido, justifica-se o trabalho: "no homem que é um animal hermenêutico, porque fala, e por isso mesmo a filosofia hermenêutica reencontra a unidade do homem consigo mesmo e com o mundo." (D'AGOSTINO, Francesco. *Interpretación y Hermenéutica*. Depósito Acadêmico Digital Universidad de Navarra. Disponível em: < http://dspace.unav.es/dspace/bitstream/10171/12899/1/PD_35_02.pdf. Acessado em: 08 mar. 2015. p. 43-44.)

[5] Para aprofundar, consultar: ENGELMANN, Wilson. Da fundamentação à proteção dos direitos humanos: a tradição e a linguagem como condição de possibilidade para a sua perspectiva universal e multicultural. IN: STRECK, Lenio Luiz; MORAIS, José Luís Bolzan de (Orgs.). *Constituição, Sistemas Sociais e Hermenêutica:* Programa de Pós-Graduação em Direito – Mestrado e Doutorado – da UNISINOS, Porto Alegre: Livraria do Advogado, n. 5, p. 71-88, 2008.

ser um simples método, pois, caso seja essa a visão, estará incapacitada para dar conta das diversas possibilidades projetadas pela vida do ente homem. Amparado nessas constatações, Heidegger sublinha que a interpretação não poderá ser considerada como um mecanismo que atribuirá qualquer sentido a um determinado acontecimento. Vale dizer, como se a situação se apresentasse despida de sentido, e a interpretação apresentasse uma "capa de sentido". Pelo contrário,

> ela não lança, por assim dizer, um "significado" sobre a nudez de algo simplesmente dado, nem cola sobre ele um valor. O que acontece é que, no que vem ao encontro dentro do mundo como tal, a compreensão já abriu uma conjuntura que a interpretação expõe (HEIDEGGER, 2002a, p. 206).

Este aspecto deverá ser percebido pela comunidade jurídica ao se aplicar o novo Código de Processo Civil. O novo CPC é apenas um texto que deverá ser individualizado – criando-se a norma – a partir do seu confronto com as características do caso concreto, observando os valores e princípios que orientam a sua estrutura constitutiva. Aqui se insere a proposta heideggeriana sobre o tempo, considerado como "o ponto de partida do qual o 'Dasein'[6] sempre compreende e interpreta implicita-

---

[6] El término alemán para designar "existencia" es *Dasein*, literalmente "ser o estar aquí o ahí". El término expresa bien el hecho de que la existencia no se define sólo como rebasamiento que trasciende la realidad dada en dirección de la posibilidad, sino que este sobrepasamiento es siempre sobrepasamiento de *algo*, está siempre situado, está *aquí*. Existencia, *Dasein*, ser en el mundo, son pues sinónimos. Los tres conceptos indican el hecho de que el hombre está "situado" de manera dinámica, es decir, en el modo del poder ser o también, como dirá Heidegger poco después, en la forma del "proyecto". De conformidad con el uso de los términos que hace Heidegger en *Ser y tiempo*, también en nuestra exposición llamaremos al hombre sencillamente el *Dasein* entendiendo este término en el sentido de existencia (trascendencia) situada (en el mundo), sentido que, por lo demás, se irá precisando y profundizando ulteriormente. Si el *Dasein* se define como ser en el mundo, habrá que definir más precisamente la noción de mundo. Sólo en un segundo tiempo, una vez desembarazado el campo de los equívocos que nacen de una elaboración imprecisa de este concepto, podremos abordar una determinación positiva de las estructuras existenciales del *Dasein*.En efecto se lle alude la existencia como siendo plena realidad, e asi se supera para com una existencia que vuelvese a lo Dasein ser-aí. Así mejor detenese *VATTIMO* que: " *El poder ser es, en efecto, el sentido mismo del concepto de existencia*. Descubrir que el hombre es ese ente, que es en cuanto está referido a su propio ser como a su posibilidad propia, a saber, que *es* sólo en cuanto *puede ser*, significa descubrir que el carácter más general y específico del hombre, su "naturaleza" o "esencia" es el existir. La "esencia" del hombre es la "existencia". Términos como naturaleza y esencia se han escrito entre comillas, y lo mismo existencia, porque a partir de aquí se revela que el uso de esas nociones, que sin embargo son centrales en toda filosofía, está plagado de equívocos que pueden comprometer desde el principio el resultado de la indagación. En efecto, si decimos que el hombre está definido por su poder ser, es decir, por el hecho de que está referido al propio ser como a la propia posibilidad, ¿qué sentido tiene hablar en este caso de esencia y de naturaleza? Tradicionalmente, cuando se habla de la naturaleza de un ente se entiende el conjunto de los caracteres constitutivos que el ente posee y sin los cuales no es aquello que es. Pero decir que la naturaleza del hombre es *poder ser* equivale a decir que su naturaleza consiste en no tener una naturaleza o una esencia. Aún más complejo es el uso del término "existencia". Algo existente es generalmente entendido como algo "real", y, según se ha dicho, algo simplemente presente, pero si el hombre es poder ser, su modo de ser es el de la *posibilidad* y no el de la *realidad*; el hombre no es un existente en el sentido de la *Vorhandenheit*. Decir que el hombre existe no puede pues significar que el hombre sea algo "dado", porque lo que el hombre tiene de específico y lo que lo distingue de las cosas es justamente el hecho de estar referido a posibilidades y, por lo tanto, de no existir como realidad simplemente presente. El término existencia, en el caso del hombre, ha de

mente o ser. Por isso, deve-se mostrar e esclarecer, de modo genuíno, o tempo como horizonte de toda compreensão e interpretação do ser". Este entendimento pressupõe, necessariamente, "uma explicitação originária do tempo enquanto horizonte da compreensão do ser a partir da temporalidade, como ser do 'Dasein', que se perfaz no movimento de compreensão do ser" (HEIDEGGER, 2002a, p. 45). A temporalidade (temporal + idade = a idade do tempo) surge como a forma de expressão da faticidade do ser do ser-aí, demonstrando como o viver do ser do ente poderá justificar as diversas possibilidades apresentadas pelo processo da compreensão: não há "a" resposta correta, mas uma resposta adequada a partir do mencionado confronto. De certo modo, poderá ser dito que a temporalidade apresenta-se como um fenômeno fundamental da faticidade, que expressa um demorar-se, vislumbrando todas as possibilidades de compreensão de um determinado fenômeno, a fim de dar sentido a algo como algo (HEIDEGGER, 2000, p. 51 e 112). Aqui se tem um ponto central para que a proposta dos "idealizadores-pais" do novo CPC possa ganhar vida e interagir com ela, produzindo resultados justos, equilibrados e temporalmente sintonizados.

Por conta destes aspectos, a "instalação" de um novo Processo Civil deverá trabalhar nos três compassos de tempo estudados por Heidegger (2002b, § 65, p. 119): a) o futuro: o "Zukunft", o "porvir", aquilo que vem ao encontro da comunidade jurídica brasileira ao mesmo tempo em que inicia a vigência do novo CPC; b) o passado: "Gewesenheit", "o vigor de ter sido", algo que já ocorreu, mas continua projetando efeitos. Este

---

entenderse en el sentido etimológico de *exsistere*, estar afuera, sobrepasar la realidad simplemente presente en dirección de la posibilidad. Si entendemos el término existencia en este sentido, habrá de reservárselo sólo para el hombre; la existencia tal como la entiende la ontología tradicional (que no puede aplicarse al hombre) es la simple presencia, la *Vorhandenheit*. De conformidad con esto, los caracteres que el análisis del ser del hombre pondrá de manifiesto no podrán entenderse como el conjunto de "propiedades" que determinan la realidad del hombre, sino sólo como posibles maneras de ser. Si llamamos, con la tradición filosófica, "categorías" a los modos más generales en que se determina el ser de las cosas simplemente presentes (esto es, los modos muy generales de estructurarse la realidad como *Vorhandenheit*), los modos (posibles) de ser del hombre que se pondrán de manifiesto por obra del análisis de la existencia (lo que Heidegger llama "analítica existenciaria") se llamarán en cambio "existenciarios" (*Existenzialien*). La diferencia radical entre el modo de ser del hombre y el modo de ser de las cosas es sólo el punto de partida; en cambio, los filósofos siempre se detuvieron aquí y se limitaron a caracterizar negativamente el ser del hombre respecto del ser de las cosas (el sujeto es el no objeto); pero a Heidegger le interesa elaborar una definición positiva de la existencia y desarrolla hasta el final las implicaciones de estos primeros resultados. En ese desarrollo, la noción de simple presencia se revelará no sólo insuficiente para describir el modo de ser propio del hombre sino también inapropiada para definir el ser de las cosas diferentes del hombre. El primer paso de la analítica existenciaria consiste, pues, en definir la esencia del hombre como existencia, esto es, como poder ser. Si procuramos avanzar más allá de este primer "concepto formal de existencia", encontramos en primer lugar la noción de "ser en el mundo". El ser del hombre consiste en estar referido a posibilidades; pero concretamente este referirse se efectúa no en un coloquio abstracto consigo mismo, sino como existir concretamente en un mundo de cosas y de otras personas. El modo de ser medio y cotidiano del hombre, del cual decidimos partir, se presenta ante todo como ser en el mundo." (VATTIMO, 1989, p. 17-19).

aspecto será importante para a questão relativa à conjugação do tempo e da lei processual a ser aplicada em determinado processo em fase de tramitação; c) o presente: "Gegenwart", a "atualidade", percepção das ações que estão em andamento e onde a comunidade jurídica está inserida desde sempre.

Estes três movimentos do tempo serão responsáveis pela conformação da experiência, a partir de Hans Georg-Gadamer, ingrediente substancial para a modulação edificatória do processo de compreensão:

> O tempo não é um precipício que devamos transpor para recuperarmos o passado; é, na realidade, o solo que mantém o devir e onde o presente cria raízes. [...] Trata-se, na verdade, de considerar a "distância temporal" como fundamento de uma possibilidade positiva e produtiva de compreensão. Não é uma distância a percorrer, mas uma continuidade viva de elementos que se acumulam formando a tradição, isto é, uma luz à qual tudo o que trazemos conosco de nosso passado, tudo o que nos é transmitido faz a sua aparição (GADAMER, 1998, p. 67-8).

Resta sublinhada a importância do passado para a construção da compreensão, que na sua constituição procura resgatar os caminhos anteriormente percorridos, que formam a sua condição de possibilidade. Este passado é o responsável pela formação dos preconceitos, alimentando-os e condicionando-os. No caso, será necessário buscar aprendizado na tradição do processo civil brasileiro, pois o desafio do novo CPC é grande e pode ser assim resumido: "[...] a extraordinária litigiosidade que caracteriza o nosso tempo, obriga os magistrados a padronizarem suas decisões, praticando – com maior ou menor vocação para o *normativismo* abstrato – uma jurisdição 'pasteurizada', sem compromisso com o 'caso'" (SILVA, 2008, p. 94). O "caso" carrega a vida e o tempo e exige uma apreciação em tempo adequado. A vida do caso é única, exclusiva. Assim, a decisão que será produzida para ele deverá ter as mesmas características. A relação teórico-prática do tempo com o processo trará à tona estas questões, não resolvíveis simplesmente pela troca de um texto por outro, será fundamental uma ousadia intelectual e hermenêutica comprometidas e responsáveis em harmonizar a relação entre a estrutura e o funcionamento (SILVA, 2008) do Poder Judiciário.

Não restam dúvidas de que somente se compreenderá o presente mediante os legados oriundos do passado. Gadamer quer destacar o seguinte aspecto: as situações componentes do passado não formam um conjunto que se torna objeto da consciência. Pelo contrário, é uma bagagem na qual cada pessoa se move e participa; não se recebe ela acabada. "A tradição não se coloca, pois contra nós; ela é algo em que nos situamos e pelo qual existimos; em grande parte é um meio tão transparente que nos é invisível – tão invisível como a água o é para o peixe" (PALMER, 1996, p. 180). É por isso que Gadamer afirma que se pertence à história, se está imerso na tradição e dela se busca subsídios para a compreensão do mundo circundante. Este será o espaço que Gadamer chama de "fusão de horizontes". Para a sua corporificação deve-se evitar uma "assimilação precipitada do passado com as próprias expectativas de sentido". É necessário que muitas vezes os participantes do mundo jurídico-processual sejam testados na absorção da tradição, de modo que "estamos obrigados a pôr à prova constantemente todos os nossos preconceitos. Parte dessa prova é o encontro com o passado e a compreensão da tradição da qual nós mesmos procedemos". Desta forma, "compreender é sempre o processo de fusão desses horizontes presumivelmente dados por si mesmos". A fusão de horizontes, portanto, é o meio articulador onde o novo e o velho se encontram num constante valorizar da tradição, favorecendo o crescimento de ambos, "sem que um e outro cheguem a se destacar explicitamente por si mesmos" (GADAMER, 2002, p. 456-7). Este é o movimento que deverá ser operado entre o CPC de 1973 e o novo CPC, permeado pela abertura suficiente e necessária para o aprendizado por parte de toda a comunidade jurídica.

A par desses contornos, não se deve esquecer: a impossibilidade de pretender eternizar determinada interpretação, posto que esta necessariamente se corporifique com a compreensão e a aplicação a uma realidade social que não está congelada, mas em constante ebulição e transformação. Para tanto, o Direito Processual deverá estar atento a essa particularidade, a fim de buscar nestas lições as orientações para o imprescindível movimento de aproximação das suas normas e decisões com as necessidades sociais de efetividade e adequação. As possibilidades assim delineadas apresentam-se como uma alternativa para retirar o Direito Processual do seu mundo conceitual, trazendo-o para o mundo onde os fatos acontecem e esperam uma solução razoável. Uma leitura atual das interfaces do tempo e do Direito é realizada por François Ost, em sua obra intitulada *O Tempo do Direito*, onde o passado, o presente e o futuro surgem com novas propostas para a análise da validade e vigência das regras do novo Código de Processo Civil.

A memória – por ligar o passado, a fim de descobrir as suas contribuições para a realização da tarefa de compreensão dos fatos da vida do presente, corresponde ao primeiro degrau da temporalização de Ost – está constituída pela interface de quatro paradoxos. O primeiro deles aponta para o seu caráter social, em vez de uma simples consideração individual. Esta é a característica de todo texto legal, como o Código de Processo Civil. A memória de cada ser humano passa a fazer sentido na medida em que vem associada ao contexto social (OST, 1999, p. 60). Assim, não é a memória desta ou daquela pessoa, mas a memória do grupo social, formada pela conjugação das vivências de cada um dos seus integrantes. E mais: o conjunto do material preparatório do novo texto de lei processual. O segundo paradoxo aponta para o presente como o meio de operação do passado. Isso ocorre, pois

> a recordação não só é social, como ainda resulta, em larga medida, de uma reelaboração com a ajuda dos dados retirados do presente e do passado próximo, isto é, das reconstruções intermediárias que já reinterpretaram consideravelmente o material original, por meio de sedimentações sucessivas (OST, 1999, p. 60).

A memória por si só não existe, mas ela será sempre fruto da reinterpretação que se faz a partir do presente olhando para uma circunstância já ocorrida. Aí se encontra um ponto fundamental para a construção do processo interpretativo do novo texto processual. Todos os debates, as diversas redações, emendas representam subsídios fundamentais para a atribuição de sentido a cada um dos artigos planejados pelo legislador.

O terceiro paradoxo da memória aponta para a sua capacidade ativa, até voluntária, e não simplesmente uma faculdade passiva e espontânea. As contribuições da memória buscam fazer releituras do passado, mediante a seleção de situações consideradas importantes para a consolidação de fatos presentes.[7]

O quarto paradoxo da memória também aponta para a necessidade do esquecimento. Vale dizer, torna-se necessária uma seleção, pois "não há memorização sem triagem seletiva, não há comemoração sem invenção retrospectiva" (OST, 1999, p. 63). A cada momento torna-se necessária uma releitura da memória, dada a variabilidade dos fatos que ocorrem no presente. Abre-se, nesse particular, uma brecha para a inclusão da hermenêutica criativa e não reprodutiva: "o enigma e a força da tradição é renovar sempre o fio da continuidade, ao mesmo tempo em que incorpora a inovação e reinterpretação que o presente exige: a herança é incessantemente modificada e, contudo, é da mesma herança que se trata" (OST, 1999, p. 67). A cada novo caso da vida será necessário renovar o processo de compreensão-interpretação-aplicação do texto processual, notadamente a questão relativa à validade e vigência das diversas situações que se encontram em variados estágios de constituição quando da entrada em vigor do novo Código.

Além da tradição, o costume e os precedentes judiciais são apontados como fontes do Direito diretamente vinculadas ao passado. Essas

---

[7] Esta construção temporal pode-se ler no Relatório Final da Comissão Especial destinada a proferir parecer ao Projeto de Lei nº 6.025, de 2005, ao Projeto de Lei nº 8.046, de 2010, ambos do Senado Federal, e outros, que tratam do "Código de Processo Civil" (revogam a Lei nº 5.869, de 1973): "Em primeiro lugar, o CPC/1973 passou por tantas revisões (mais de sessenta leis o modificaram), tão substanciais algumas delas, que o atual CPC teve grande perda sistemática – o principal atributo que um código deve ter. Mas o que realmente impõe um novo CPC é um motivo de outra natureza. Nestas quase quatro décadas, o país e o mundo passaram por tantas transformações, que não seria incorreto dizer que praticamente todos os paradigmas que inspiraram o CPC de 1973 foram revistos ou superados. As mudanças se deram nos planos normativo, científico, tecnológico e social, conforme sistematização feita por Fredie Didier Jr." (p. 8).

formas de expressão do Direito, catalogadas como "máquinas de remontar no tempo", são, na verdade, mecanismos para "reconstruir ('remontar') um passado a partir do presente e das suas questões" (OST, 1999, p. 104). Surge novamente a questão relativa à necessidade de constante reinterpretação dos dados fornecidos pelo passado, incluindo as mencionadas fontes do Direito. O perigo do imobilismo, da preservação e da repetição sempre espreita a atividade do jurista, que facilmente poderá ser surpreendido pelo conservadorismo, se não se der conta da necessidade de uma hermenêutica criadora a partir dos legados dessas fontes. A mera reprodução do conteúdo das citadas fontes, carregadas de memória histórica, provoca o dogmatismo, que impede a revisão dos postulados, congelando determinada interpretação, como se o tempo e a vida humana pudessem ficar fechados sobre si e estáticos. A valorização de outras fontes do Direito que passam a ganhar destaque ao lado da lei – foi uma preocupação efetiva do Poder Legislativo ao conceber o novo CPC[8] – e o fluxo delas opera-se por meio do chamado diálogo entre as Fontes do Direito.

Este caminho para a construção das respostas jurídicas é uma característica do novo CPC, considerando a técnica legislativa adotada pelo legislador de utilizar cláusulas gerais e conceitos jurídicos indeterminados: "[...] com o advento do Estado Constitucional ocorreu significativa renovação da técnica legislativa. Isto em grande parte é fruto da característica de centralidade das codificações contemporâneas e da necessidade de se encontrarem no centro de um diálogo entre diversas fontes normativas" (MARINONI; MITIDIERO, 2010, p. 53). O diálogo entre as fontes do Direito pode ser classificado como uma metodologia para promover a interligação das diversas unidades temporais que estão sendo objeto de estudo.

O perdão como um meio para desligar o passado, é o segundo momento da especificação do tempo na perspectiva de François Ost, que

---

[8] O texto do mencionado Relatório Final (especificado na nota 3) aponta uma Revolução Científica: "a ciência jurídica passou, também, por sensíveis transformações nos últimos anos. A ciência jurídica brasileira evoluiu muito neste período. Basta mencionar o fato de que, há quarenta anos, praticamente não havia no Brasil cursos de pós-graduação em sentido estrito (mestrado e doutorado) em Direito. Atualmente, temos possivelmente o maior programa de formação de mestres e doutores em Direito do mundo." (p. 9-10). A preocupação dos autores da proposta do novo CPC no tocante ao pluralismo das fontes de Direito se verifica claramente: "Alguns exemplos desta transformação científica: hoje, diferentemente de outrora, há o generalizado reconhecimento da força normativa dos princípios jurídicos e do papel criativo e também normativo da função jurisdicional – as decisões recentes do Supremo Tribunal Federal confirmam isso. [...]. Além disso, a Câmara dos Deputados tem discutido a possibilidade de consagrar, em enunciados expressos, princípios processuais imprescindíveis para a construção de um modelo de processo civil adequado à Constituição Federal, como os princípios da boa-fé processual e da eficiência. É preciso, ainda, criar uma disciplina jurídica minuciosa para a interpretação, aplicação e superação dos precedentes judiciais: estabelecendo regras que auxiliem na identificação, na interpretação e na superação de um precedente". (p. 10).

busca trazer para o contexto jurídico as inovações. Trata-se do momento vivenciado com o projeto do novo CPC.[9]

É interessante observar, nesse momento, a necessidade de distinguir o passado da tradição, apesar das suas íntimas relações. O passado forma um dado externo, composto pela massa inerte dos fatos que se passaram; já a tradição é apresentada como um dado interior, permitindo uma constante reinterpretação. A tradição apresenta, assim, *"um peso normativo"*, ausente no passado. Esse peso normativo olhará para trás buscando encontrar o elo de continuidade fática, ou, pelo contrário, lançará os olhos para frente "na busca de uma reconfiguração de uma identidade problematizada" (OST, 1999, p. 161). É nesse cruzamento de olhares para frente e para trás que reside a possibilidade de releitura das interpretações já lançadas, pelo simples fato de que a tradição vem ao encontro do intérprete, mediante a pré-compreensão, em formatos cada vez inéditos. O projeto de novo CPC percebeu este movimento: "[...] procurou-se manter o que seria aproveitável do Código vigente e incorporar novidades tendo em vista uma resposta mais atual aos problemas que afligem os operadores do Direito":[10] o projeto procurou "imprimir maior organicidade e simplicidade à normativa Processual Civil e ao Processo"; houve o deslocamento do "foco da atenção do julgador para o direito material"; grande cautela na "manutenção da segurança jurídica e na estabilidade da jurisprudência". Constata-se um incentivo à "uniformidade da jurisprudência e sua estabilidade, e, ao mesmo tempo, conferir maior rendimento (i.e., efetividade) a cada processo, individualmente considerado" (ALVIM, 2011, p. 300). Estes movimentos consagram o valor da tradição no desenho do novo (Código de) Processo Civil adequado à sociedade do Século XXI.[11]

---

[9] O Relatório Final aponta diversos exemplos de abertura do novo CPC para o radical movimento de inovação tecnológica em curso na sociedade. Tal movimento acaba refletindo, inevitavelmente, no Direito Processual Civil e no seu Código. O legislador conseguiu perceber esta transformação: "O processo em autos eletrônicos é uma realidade inevitável. Pode-se afirmar, inclusive, que o Brasil é um dos países mais avançados no mundo neste tipo de tecnologia. Em poucos anos, a documentação de toda tramitação processual no Brasil será eletrônica. Um novo Código de Processo Civil deve ser pensado para regular esta realidade, total e justificadamente ignorada pelo CC 1973." (p. 10). São exemplos: a introdução de uma Parte Geral, contendo as diretrizes que norteiam o novo CPC; a possibilidade de o processo ser parcial ou totalmente eletrônico; a conciliação como uma forma de resolução dos conflitos; a consagração da chamada tutela de evidência; a explicitação do princípio da boa-fé processual e da cooperação; mudanças também em relação ao exercício da advocacia.

[10] Será preciso modificar a nomenclatura: de "operador jurídico" (passivo e reprodutor manualesco do conhecimento jurídico) a "transformador jurídico" (um profissional ativo, com vontade, iniciativa e curiosidade de construir novos conhecimentos jurídicos, por meio da transdisciplinaridade).

[11] A análise que se faz, e de que apesar de retirados os artigos do novo CPC que regulavam os Precedentes manteve-se a ideologia de tal temática, pois o texto menciona que as decisões das Supremas Cortes (ou melhor, Cortes Superiores) devem ser obedecidas pelas inferiores. Tem-se o objetivo fulcral para que venha se manter a harmonização e estabilidade das decisões tomadas pelo Judiciário.

A grande questão que se desenha é a (ir)retroatividade da nova Lei. Como fazer o tempo retroceder ao passado, a partir de um olhar do presente? Aí se tem o problema central que este capítulo pretende enfrentar, pois se relaciona à vigência temporal da nova lei processual. O certo é que a lei, como previsão teórico-hipotética, sempre dispõe para o futuro. Isso pelo menos ocorre como regra geral. O julgamento ditado pelo juiz inevitavelmente decidirá sobre o passado, até porque aquele pressupõe a ocorrência de fato na vida social. Desse modo, surge uma certeza:

> A retroatividade do julgamento, longe de ser uma anomalia como no caso da lei, é pelo contrário da própria essência da decisão. O legislador prepara o futuro, cabe-lhe reescrever o passado; o juiz, ao contrário, diz o direito para o passado (desligando assim aquilo que havia sido desajeitado ou injustamente ligado), e é com problemas que se pronuncia por via de regra geral válida para o futuro (OST, 1999, p. 191).

O modo hermenêutico de atribuir sentido à tradição dos princípios processuais relativos à vigência do novo CPC será fundamental para se estabelecer orientações intertemporais adequadas constitucional e convencionalmente. Com estas diretrizes "se procura, por vias mais ou menos harmoniosas, o difícil equilíbrio entre manutenção do passado e abertura do presente" (OST, 1999, p. 196). Esse é o desafio que atinge especialmente o legislador e o juiz, quando captam no presente – *locus* onde o passado é atualizado – o vigor dos fatos já ocorridos, a fim de projetá-los para o futuro.

Com relação a ele é planejada a "promessa", que desencadeia o movimento de ligar o futuro. O homem, como não domina o futuro, projeta promessas e pontes para frente, para o desconhecido, abrindo novos desafios. O Direito, ao trabalhar com a finitude da existência humana, procura conjugar e encontrar o ponto de equilíbrio entre "a emancipação dos homens com o estabelecimento da lei" (OST, 1999, p. 203). Aqui se abrem diversos caminhos a partir da vigência do novo CPC, especialmente a partir do momento em que incorpora toda a carga principiológica e valorativa inscrita e incipiente na Constituição Federal de 1988. Com isto, o novo CPC acaba sendo um caminho para a implantação de uma sociedade justa e solidária, que assim projeta-se peculiarmente com o rompimento de muitos dos velhos preceitos na busca pela Cooperação e pela Democracia, os quais ambos são erigidos como bases elementares do novo Código, tal como planejada pelo legislador constituinte assentando-se ao elaborado pelo legislador ordinário.

As diversas provocações desenhadas pelas interconexões das temporalidades apontam para a inadequação do Direito como sendo exclusivamente norma escrita organizada em processos formalmente concebidos. O Direito toma antes "a forma de uma Constituição material, soma dos valores, das representações e das práticas normativas em vigor na comunidade" (OST, 1999, p. 265). O material jurídico vai muito além do mero texto escrito de uma lei. Para tentar captar e adequar-se a todas as facetas que a vida social provoca, o Direito deverá ser um conjunto de regras e princípios, hermeneuticamente adaptáveis. Portanto, para a análise da vigência das novas regras estatuídas do novo CPC, apresenta-se peculiar a contribuição do art. 5º, XXXVI, da Constituição Federal, quando indica que se deverá respeitar o direito adquirido, o ato jurídico perfeito e a coisa julgada, como princípios basilares para a aferição da (ir)retroatividade da nova lei. Resta claro, o fenômeno da Constitucionalização do Direito, que assim fez com que se exige-se

> [...] nuevas soluciones jurídicas capaces de atender de forma adecuada a las nuevas realidades. La imperiosa necesidad de cambio obliga a los procesalistas a ir evolucionando en sus concepciones y huir del mayor número de reglas que, presuntamente, tengan un carácter inmutable (RIBEIRO, 2004, p. 15).

Aí também se terá o cenário perfeito à promoção do diálogo entre as fontes do Direito para buscar, segundo Mireille Delmas-Marty, a "recomposição de uma paisagem" (2004, p. 1). Tradicionalmente imerso na dificuldade de revisar os seus pressupostos, a área jurídica se encontra numa encruzilhada vital trazida pelos desafios da modernidade: "[...] a paisagem ainda inscrita em nossas memórias não desapareceu, mas seus componentes se dispersaram. [...]" (DELMAS-MARTY, 2004, p. 4). As "promessas e os dissabores do positivismo jurídico" ainda estão presentes na tradição e na atuação jurídica de muitos juristas. Desvencilhar-se deles é uma tarefa difícil, pois, embora muitas das suas características já tenham demonstrado as suas fragilidades, verifica-se uma resistência no seu abandono e sua substituição. A referida dispersão deste modelo pode ser atribuída a um fenômeno tríplice:

> [...] de *retirada de marcos*, de *surgimento de fontes* novas que acabariam relegando o Estado e a lei à categoria de acessórios e de *deslocamento das linhas* que modificam o plano de composição, de modo que as pirâmides, ainda inacabadas, fiquem como que cercadas de anéis estranhos que escarnecem do velho princípio de hierarquia (DELMAS-MARTY, 2004, p. 4. O grifo está no original.).

Estes três movimentos do fenômeno de dispersão da fundamentação teórica da concepção do jurídico estão intimamente relacionados à estrutura piramidal fechada e hierarquizada das normas jurídicas, tendo o Estado como um de seus principais polos de produção. Com isso, também a lei não ocupa mais o papel de soberana das fontes do Direito, devendo aceitar a emergência de outras fontes.

A proposta para a concretização da promessa que promove a ligação com o futuro pode ser assim alinhavada: "entre o passado fictício do acordo inicial e o futuro indefinidamente aberto de uma renegociação permanente, há lugar para um futuro confiante – o do crédito – baseado numa promessa de colaboração" (OST, 1999, p. 315). A partir da regra básica de que é necessário rever para durar, deverá surgir a preocupação de aproximar o chamado "passado fictício do acordo inicial", tendo aí a caracterização do texto da norma jurídica, e o "futuro indefinidamente aberto", como a riqueza da vida dos homens e mulheres na sociedade. A confiança na promessa de organização da sociedade deverá ser fertilizada pela reinterpretação constante das normas jurídicas processuais que sempre estabelecem, do passado, para o futuro.

O fechamento e a abertura paradoxal do tempo também promovem o chamado requestionamento, por meio do qual se desliga o futuro para "adaptar o texto às circunstâncias variáveis, submetê-lo regularmente à avaliação, enriquecê-lo com precisões jurisprudenciais e doutrinais" (OST, 1999, p. 319). O plural das fontes do Direito é justamente uma das características do novo CPC. Como um modo para enfrentar a constante desvalorização do passado e do futuro, considerado demasiadamente incerto e afastado, Ost propõe uma processualização do Direito, justamente para lançar uma capa protetora contra os caprichos da urgência (OST, 1999, p. 354-8). Assim, em vez de uma interpretação criativa calcada nas contribuições fornecidas pela tradição, mediante a valorização da pré-compreensão, parece ser mais cômodo desenvolver outros textos jurídicos, como foi o caso das sucessivas reformas do CPC. Com isso, resta esquecida muitas vezes a riqueza do conjunto jurídico já existente, pensando-se em reformas que, na maior parte das vezes, não conseguem atingir o objetivo anteriormente pensado. Isso ocorre principalmente pelo fato de serem esquecidos todos os acontecimentos históricos que acompanham a evolução do Direito. O descontrole na produção legislativa, longe de produzir segurança jurídica, é o responsável pela insegurança jurídica, ou seja, "um mal endógeno produzido pelo próprio sistema, efeito perverso de um processo legislativo mal dominado" (OST, 1999, p. 370). Espera-se que a edição de um novo Código, como é o caso do CPC, possa remediar esses problemas.

A insegurança jurídica provocada pela precarização do tempo é responsável por duas consequências: as relações sociais passam a ser cada vez mais individualizadas, pois as medidas de urgência são sempre *pedidos individuais*, quando, muitas vezes, representam demandas coletivas, ou pelo menos que atingem muitas pessoas. Além disso, ocorre uma sucessiva perda de confiança nas instituições, notadamente no Poder Judiciário, provocando o perigo do regresso à justiça pelas próprias mãos, pois muitos não conseguem manejar as medidas de urgência que são oportunizadas (OST, 1999, p. 374-6), como decorrência de uma série de fatores sociais.

Por conta destes aspectos, surge a importância da valorização do tempo presente como o "palco" em "que se toca o compasso em quatro tempos do Direito" (OST, 1999, p. 425): o presente será responsável por equacionar e harmonizar a memória, o perdão, a promessa e o requestionamento.[12] Dito de outro modo, o presente somente tem sentido a partir do momento em que o sujeito toma consciência dele "e que, a partir dele, organiza todos os acontecimentos em passados, contemporâneos e futuros" (OST, 1999, p. 430). É no enlaçamento dos mencionados quatro compassos do tempo que emerge a faticidade da existência humana. Assim como a hermenêutica é um meio para acessar o viver fático do homem, também servirá de instrumento potente para compreender e valorar os compassos do tempo. O encadeamento dos compassos referidos forma os sentidos das coisas trabalhadas pela compreensão-interpretação-aplicação. Com isso fica sublinhado que o tempo é o horizonte de compreensão do ser do ente homem.

2. A lei de introdução às normas do Direito brasileiro e a validade da norma jurídica

A análise da validade de uma norma jurídica poderá ser desenvolvida a partir de diversos ângulos: validade formal ou vigência; validade fática ou eficácia e validade ética ou fundamento axiológico. Para os objetivos deste capítulo do livro, será estudada apenas a validade formal ou vigência, podendo dizer-se, também, validade formal e vigência, considerando que são dois momentos diferentes na vida de uma norma jurídica. Os diversos estágios do tempo examinados no item anterior apresentam-se com especial repercussão para avaliar os desdobramentos referentes ao novo CPC. A validade formal (ou simplesmente, validade) corresponde ao aspecto interno, de criação da norma jurídica legal, e a vigência representa o aspecto externo, à medida que se busca saber a partir de que momento temporal – o dia – a nova norma (o novo CPC) deverá ser aplicada aos fatos da vida.

A partir de Hans Kelsen, a validade é aferida por meio da estrutura supra-infra-ordenada que dá suporte ao escalonamento de normas. Uma norma jurídica só será válida se puder ser subsumida a outra – de nível superior – que lhe ofereça um fundamento de validade: "[...] dado o caráter dinâmico do Direito, uma norma somente é válida porque e na medida em que foi produzida por uma determinada maneira, isto é, pela maneira determinada por outra norma, esta outra norma representa o fundamento imediato de validade daquela" (KELSEN, 1996, p. 246). Este modo de conferir a validade sinaliza a estrutura escalonada e hierarquizada das normas jurídicas e destaca o delineamento positivista de Kelsen, pois "[...] a validade não tem nenhuma relação com o conteúdo

---

[12] Na perspectiva gadameriana, o presente somente pode ser compreendido mediante os legados do passado.

da lei. Uma lei (ou uma norma, segundo ele) é válida porque foi criada mediante um processo determinado." Isto gera uma "dupla purificação: exclui elementos alheios como a sociologia de sua teoria e exclui a moral da pergunta sobre a validade jurídica" (RIDDALL, 2008, p. 164). Considerando esta linha de raciocínio, pode-se identificar, no contexto do Direito brasileiro, os seguintes requisitos para se aferir a validade formal do novo CPC: a) elaboração por um órgão competente definido pela Constituição Federal: no caso, o Poder Legislativo Federal (artigo 44 e seguintes); b) competência do órgão legislativo relacionada à matéria objeto da norma (CF/88, art. 49 (competência do Congresso Nacional); art. 51 (competência da Câmara dos Deputados); art. 52 (competência do Senado Federal); c) observância dos processos ou procedimentos estabelecidos na Constituição Federal para sua produção. Aqui fica acentuada a questão formal da validade, na medida em que uma lei – no caso, o novo CPC – precisa observar as diversas etapas que integram o processo legislativo, definidas a partir do artigo 61 da Constituição Federal.

Dentro dos contornos definidos por Hans Kelsen, estes elementos seriam suficientes para se avaliar a validade do novo CPC. No entanto, no contexto do Estado Democrático de Direito e de revisão dos pressupostos positivistas para a construção do Direito, busca-se destacar que, além dos aspectos formais, deverá haver uma preocupação com o conteúdo da norma a ser considerada válida. A primeira avaliação, neste particular, se faz a partir da aproximação do novo texto com os princípios e as normas inscritos na Constituição Federal. O novo CPC moderniza quanto a esta peculiaridade, corroborando a preocupação com a constitucionalização do Direito Processual Civil, no bojo do movimento de constitucionalização do Direito,[13] ao estatuir no seu art. 1º: "O processo civil será ordenado, disciplinado e interpretado conforme os valores e os princípios fundamentais estabelecidos na Constituição da República Federativa do Brasil, observando-se as disposições deste Código". Esta preocupação substancial não havia no CPC anterior. Portanto, a colocação do fenômeno jurídico não pode ser realizada fora de um contexto de legitimação democrática, caracterizando-se uma cooriginariedade entre validade e legitimidade, tal qual há entre Direito e Moral. A validade do novo CPC, portanto, precisará ser delineada a partir de um controle

---

[13] Em síntese, GUILLÉN colaciona as justificantes da relação entre Constituição e Processo: *a)* Recogiendo en su seno, principios y regias procesales, supremas para la orientación y aún para la práctica de tal instituto. *b)* Pero la Constitución, *debe poder actuar directamente sobre el proceso.* cuando alguno de sus principios aún no haya sido desarrollado por la correspondiente ley; este principio de "la Constitución como norma de aplicación directa". *c)* El proceso tiene un íntimo punto de contacto con la Constitución, no sólo en lo ya expuesto, sino en el retorno a crear un tribunal constitucional; es él, quien resolverá las "cuestiones de inconstitucionalidad" suscitadas por jueces o tribunales cuando "consideren que una norma con rango de ley aplicable al caso y de cuya validez depende el fallo, puede ser contraria a la Constitución", antes de dictar su sentencia. (GUILLÉN, 1992. p. 55 e segs.)

substancial de constitucionalidade, não bastará apenas a sua adequação formal.

O conjunto das regras do novo CPC evidencia que "a essência do jurídico é o processo, ou a troca regulamentada dos argumentos com vista à produção do justo" (OST, 1999, p. 409). Nessa passagem encontra-se uma nítida aproximação entre o processo e o conteúdo: a forma desencadeada serve para a produção do justo, relembrando um pouco a noção de Direito legada pelos romanos, como a ação humana objetivamente justa.[14] Aí se encontra uma resposta para a seguinte encruzilhada: "quando o passado já não constitui autoridade e o futuro já não mobiliza as energias, a fonte do valor (validade) concentra-se na troca presente" (OST, 1999, p. 409). Parece que estaria sendo desenhada, com isso, uma das possibilidades para o desligamento do futuro, ou seja, o regresso ao presente, como um espaço privilegiado de compreensão dos legados do passado, e o orientador da avaliação da constitucionalidade da validade da nova lei processual.

Aliás, quanto a este aspecto cabe destacar que "o processo justo conducente a julgamento ético inspirado nos princípios constitucionais suscita esperanças e apreensões" (THEODORO JÚNIOR, 2011, p. 259-60), encaminhamento que exigirá uma postura criativa por parte do juiz, pois "[...] existindo, então, lei válida [a questão da validade será examinada a seguir], o juízo de equidade lastreado nos princípios constitucionais tem de ser exercido com cautela e adequação, visando apenas interpretá-la da forma que melhor corresponda à sua necessária harmonização com a ordem constitucional" (THEODORO JÚNIOR, 2011, p. 260). Isto gera um retorno ao benefício coletivo do justo e do jurídico, em vez de um olhar simplesmente particular: a regra que sustenta uma sociedade democrática é aquela que garante a todos um espaço para tomar parte nas decisões públicas, conforme definido pela Constituição Federal. E mais. Gera a responsabilidade ético-jurídica de todos os atores envolvidos na relação processual, que sempre existiu, mas que ganha um relevo distinto no novo CPC. "Mas essa deliberação incide sobre o justo e o bem, e não sobre os interesses particulares, pois todos os receberam em partilha. Assim, o tempo do requestionamento, próprio da deliberação sempre recomeça, firma-se no tempo das promessas, que é o da intuição da lei" (OST, 1999, p. 423). Apesar desta relação com a lei, o novo CPC "mantém-se fiel ao padrão europeu de instrumentalidade segundo o qual, no Velho Mundo, se vem plasmando o processo justo, que é aquele que não só se ocupa da legalidade, mas também da eticidade valorizada pelo mo-

---

[14] O processo como um espaço privilegiado para a construção do justo, preocupado com a realização dos direitos fundamentais. Tal cenário é permeado pela linguagem, que acaba fazendo a conexão dialética dos quatro compassos de tempo, como *"medium universal"*, que é segundo Gadamer.

derno Estado Democrático de Direito" (THEODORO JÚNIOR, 2011, p. 261). Estes são os pressupostos para o delineamento da validade do novo CPC, a partir do viés do controle de constitucionalidade.[15]

Quanto ao Processo Justo (*Es la garantía misma del derecho justo*) (COUTURE, 1963, p. 57-8), este em sua dinâmica combina em uma dimensão concreta e factual (TROCKER, 2001, p. 49 e ss) uma ampla reformulação das questões relativas a realização do processo, com todas as suas garantias e direitos fundamentais, isso faz com que se tenham grandes consequências práticas.[16]

Considerando a importância do tema dos Direitos Humanos para a sustentação ética do conteúdo e das respostas jurídicas e, especialmente, a ratificação desta matéria na Constituição Federal, a partir do acréscimo do § 3º,[17] ao artigo 5º, verificam-se as condições jurídico-políticas de acrescer ao controle de constitucionalidade também o controle de convencionalidade, para se aferir a validade de uma norma jurídica no Sistema Jurídico Brasileiro. No caso do novo CPC, a sua validade também estará sujeita ao respeito da Convenção Americana de Direitos Humanos, embora a ratificação a este documento internacional tenha se dado em 25/09/1992, portanto, muito antes da aprovação do conteúdo do mencionado § 3º do art. 5º da Constituição. Trata-se de destacar que a preocupação com os Direitos (dos) Humanos está no centro da avaliação da validade de qualquer norma brasileira, como sinal da "[...] crescente transcendência da intersecção do direito nacional e o direito internacional dos direitos humanos [que] exige uma articulação de tal binômio de

---

[15] Il valori del giusto proceso non sono solo quelli di eficiente composizione di una controversia, attaverso la dichiarizione del diritto preesistente al termine di un processo a cui possono partecipare in condizione di paritá, per dire un processo a cui possono participare in condizione di paritá, per dire a contraddire, i destinatari degli effetti dellátto finale. I valorei del giusto processo sono diventati anche quelli di affidare a un terzo inndipendente, imparziale e disinteressato la giusta ed efficiente composizione di una controversia, attaverso la dichiarazione del diritto preesistente al termine di un processo a cui possono. Questi sviluppi sono passati da una fase di orgogliosa chiusura nazionalista, sigillata da un assolutismo giuridico che coglieva nella legge statale tutto il diritto, a fasi sucessive, che hanno visto la moltiplicazione dei gradi di legalità (oltre a quella ordinaria, si stagliano quella costituzionale e quella sovranazionale, affidata al controlo di Corti giudiziarie). (CAPONI, 2012. p. 110-111.)

[16] Éste es el camino que ha tenido trascendencia constitucional, por cuanto se ha reconocido en las modernas Constituciones el derecho a la tutela judicial o el derecho a la jurisdicción, con base en el que se han replanteado todas las cuestiones de acceso a la justicia, de la *realización del proceso con todas sus garantías*, de la resolución sobre el fondo del asunto, de la motivación de la misma, de la prohibición de la indefensión, de la ejecución de lo juzgado y aun del derecho a los recursos. Buena parte de lo que viene denominándose derecho constitucional procesal se ha centrado en el estudio de este derecho de acción y con grandes consecuencias prácticas relativas a declaraciones como contrarias a la Constitución de algunas de las norma de los correspondientes Códigos Procesales Civiles. (AROCA, 1998, p. 461).

[17] O § 3º, do artigo 5º, da Constituição Federal, estabelece: "Os tratados e convenções internacionais sobre direitos humanos que aprovados, em cada Casa do Congresso Nacional, em dois turnos, por três quintos dos votos dos respectivos membros, serão equivalentes às emendas constitucionais". Este parágrafo foi acrescentado por meio da Emenda Constitucional nº 45, de 08/12/2004.

fontes mediante sua retroalimentação e complementariedade em termos de afiançamento real e não somente declarado do sistema de direitos e garantias" (BAZÁN, 2012, p. 19). Esta forma de análise da produção jurídica mostra-se em consonância com os compromissos assumidos pelo Estado ao ratificar uma Convenção Internacional. Portanto, caracteriza um "princípio de adequação normativa [que] supõe a obrigação geral de cada Estado parte adaptar seu direito interno às disposições da Convenção Americana dos Direitos Humanos. [...] o controle de convencionalidade é um mecanismo pensado para promover uma aplicação harmoniosa das regras, princípios e valores atinentes aos direitos essenciais" (BAZÁN, 2012, p. 53). Esta avaliação não se planeja apenas em termos regionais, mas poderá ser desenvolvida no plano global, notadamente por meio da luz fornecida pela Declaração Universal dos Direitos Humanos e das decisões da Corte Internacional de Justiça da ONU. Aqui se tem o arcabouço do neoconstitucionalismo, na medida em que promove conexões dialógicas entre o principal texto interno (a Constituição Federal) e os documentos internacionais relativos aos Direitos (dos) Humanos para avaliar a validade de qualquer norma jurídica interna.

O novo CPC consagra explicitamente a realização do controle de convencionalidade ao preceituar: "A jurisdição civil será regida pelas normas processuais brasileiras, ressalvadas as disposições específicas previstas em tratados, convenções ou acordos internacionais de que o Brasil seja parte" (art. 13). É um texto que está na parte relativa à aplicação do CPC e indica uma tendência de se aferir conjuntamente a aderência constitucional e convencional das decisões judiciais.

Para a estruturação dos aspectos externos da validade da norma jurídica, ou seja, a vigência devem ser considerados os seguintes aspectos: o artigo 1º da Lei de Introdução de Normas do Direito Brasileiro (LINDB), menciona a regra geral relativo ao início da vigência (obrigatoriedade) da norma jurídica: a nova norma poderá ter *vacatio legis*, que é um período temporal que medeia entre a publicação no Diário Oficial da União (DOU) e o dia de início da vigência; ou a vigência da norma coincide com a sua publicação no DOU.

No tocante ao novo CPC, verifica-se no Livro Complementar, onde se localizam as Disposições Finais e Transitórias, o art. 1.045, que estabelece: "Este Código entra em vigor decorrido um ano da data de sua publicação oficial". Para esta forma de indicação do período de *vacatio legis*, aplica-se subsidiariamente a metodologia constante no § 3º, do artigo 132, do Código Civil: "Os prazos de meses e anos expiram no dia de igual número do de início, ou no imediato, se faltar exata correspondência". Portanto, o dia e o mês de publicação do novo CPC servirão para indicar o mesmo dia e mês do ano subsequente para o início da vigência.

No tocante ao artigo 2º da LINDB, cabe sublinhar que a vigência do novo CPC será por prazo indeterminado, até que outra lei o modifique ou revogue. O que é o caso do novo CPC.

O artigo 4º da LINDB[18] estava inserido na redação do artigo 126 do CPC/1973.[19] O legislador do novo CPC promoveu uma abertura significativa para o leque de fontes que poderão ser acessadas para trabalhar a lacuna na lei. Este tema foi disciplinado pelo artigo 140: "O juiz não se exime de decidir sob a alegação de lacuna ou obscuridade do ordenamento jurídico". A discussão sobre o modo como o juiz resolverá o caso de lacunas não foi enfrentada pelo legislador. O que evidencia uma abertura para o poder discricionário do juiz, viabilizando a prática do diálogo entre as fontes do Direito.[20]

---

[18] "Quando a lei for omissa, o juiz decidirá o caso de acordo com a analogia, os costumes e os princípios gerais de direito".

[19] "O juiz não se exime de sentenciar ou despachar alegando lacuna ou obscuridade da lei. No julgamento da lide caber-lhe-á aplicar as normas legais; não as havendo, recorrerá à analogia, aos costumes e aos princípios gerais de direito".

[20] O Relator-Parcial Deputado Efraim Filho opinou nos seguintes termos: "Há diversas imprecisões no texto do dispositivo. Princípio é norma, e não fonte de integração de lacuna. Princípios gerais do direito, a que se refere o enunciado, é expressão que ora é apreendida como os princípios gerais do direito romano (não lesar alguém; a cada um o que é seu; viver honestamente), fundamentos de normas, ora é vista como *standard* retórico jusnaturalista. De todo modo, é expressão obsoleta. Não deve ser mais utilizada. Os princípios são normas de direito positivo e, nessa qualidade, devem ser aplicados diretamente. O recurso à analogia (técnica) e aos costumes (normas), para suprir lacunas legais, nada mais é do que a concretização dos princípios da igualdade e da segurança jurídica. Não há necessidade de remissão específica a ele em texto de lei, que de resto pode levar ao equivocado entendimento de que um costume somente pode ser aplicado diante da lacuna legal ou se não for possível a analogia. Pode acontecer de o costume ser exatamente a norma aplicável ao caso concreto. Cabe à ciência jurídica explicitar os métodos de interpretação e aplicação do Direito; não se trata de tarefa legislativa. A proposta ainda dispõe que, no julgamento da causa, o juiz deve aplicar os – princípios constitucionais e as – regras legais. A redação é, neste ponto, melhor do que a proposta originária, que determinava a aplicação dos – princípios constitucionais e das – normas legais. Dava a entender que princípios não são normas, pois haveria os – princípios constitucionais e as – normas legais. Utilizavam-se dois substantivos (princípio e norma) desnecessariamente, já que a relação entre eles é a de espécie (princípio) para gênero (norma). Agora, ao referir a – princípios e – regras, em vez de – normas, corrige-se essa imprecisão. Mas ainda há problemas: a) a Constituição é um conjunto de normas: princípios e regras. Não há só princípios na Constituição. Rigorosamente, a Constituição possui muito mais regras do que princípios Assim, não há qualquer sentido jurídico em restringir a tarefa do órgão jurisdicional à aplicação dos – princípios constitucionais. O órgão jurisdicional também deve aplicar as – regras constitucionais, tão ou mais importantes do que as normas constitucionais principiológicas; b) ao determinar, que, diante da lacuna, o órgão jurisdicional deve aplicar, primeiramente, os – princípios constitucionais, a proposta recai em erro comum: o de considerar que os princípios são normas que devem ser observadas antes das demais, como se fossem normas hierarquicamente superiores. Não é bem assim, ao contrário: as regras, se houver, são normas que devem ser observadas em primeiro lugar, exatamente porque, ao revelarem mais claramente a opção legislativa, preservam a segurança jurídica; c) a redação também induz à incompreensão de que só há princípios na Constituição. Não haveria princípios – legais. Não é bem assim, porém. Princípio é tipo de norma que pode ser extraída de enunciados normativos de qualquer espécie, constitucionais ou legais. Há muitos princípios legais (princípio da boa-fé processual, art. 14, II, CPC; princípio da menor onerosidade da execução, art. 620 do CPC etc.). Assim como da Constituição, da lei extraem-se princípios e regras".

O artigo 5º da LINDB, dirigido ao juiz, sinaliza que ele deveria atender, ao aplicar a lei, "[...] aos fins sociais a que ela se dirige e às exigências do bem comum". É uma regra de grande valia, pois permite a flexibilização dos textos legais, com a valorização de características substanciais de elevada importância para a resolução do caso concreto. Este artigo acabou inspirando o legislador do novo CPC, originando o art. 8º, que estabelece: "Ao aplicar o ordenamento jurídico, o juiz atenderá aos fins sociais e às exigências do bem comum, resguardando e promovendo a dignidade da pessoa humana e observando a proporcionalidade, a razoabilidade, a legalidade, a publicidade e a eficiência". A redação deste artigo corrobora um dos aspectos levantados anteriormente, qual seja, a concepção de CPC deverá sempre ser compreendida, interpretada e aplicada tendo em vista o ordenamento jurídico onde está inserido, servindo para a consolidação do diálogo entre as fontes do Direito.[21] Também guarda uma sintonia com um dos fundamentos do Estado Democrático de Direito do Brasil que é a dignidade da pessoa humana (Constituição Federal, art. 1º, III) e com uma série de princípios fundadores da sociedade livre, justa e solidária planejada pelo legislador constituinte.

3. A nova lei processual e sua vigência no tempo: desafios e possibilidades para os feitos pendentes[22]

A Constituição Federal estabelece um parâmetro relacionado à vigência temporal das normas jurídicas, quando enfatiza: "a lei não prejudicará o direito adquirido, o ato jurídico perfeito e a coisa julgada"

---

[21] Para aprofundar o estudo relativo ao diálogo entre as fontes do Direito, consultar: ENGELMANN, Wilson. O diálogo entre as fontes do Direito e a gestão do risco empresarial gerado pelas nanotecnologias: construindo as bases à juridicização do risco. IN: STRECK, Lenio Luiz; ROCHA, Leonel Severo; ENGELMANN, Wilson. *Constituição, Sistemas Sociais e Hermenêutica:* anuário do Programa de Pós-Graduação em Direito da Unisinos. Porto Alegre: Livraria do Advogado, 2012, n. 9, p. 319-344.

[22] L´entrée em vigueur d´une loi nouvelle, phénomène fréquent à l´époque contemporanie, soulève – inévitablement – la question de savoir dans quelles conditios va s´opérer as substituition à la loi antèrieure. Il faut bien comprendre à cet égard qu´il ne suffit pas – même si c´est assurèment nécessaire – de fixer le moment où ele a vocation à produire affet – ce moment ù ele entre em vigueur. Il faut encore déterminier son domaine d´application précis dans le temps. [...] En bref, il convient, dans chaque cas, de savoir quelle est l´ètendue exacte de l´aplication de la loi nouvelle, et de rechercher si la loi antérieure ne conserve pas un ertain empire, qu´il est nécessaire de dèterminer prècisément,le cas èchèant. C´est le problème des conflits de lois dans le temps ou, dit autrement, du droit transitoire. Il est vrai que, de plus en plus souvent, le problème est résolu par le législateur luimême qui insère, dams quelles conditions va s´opérer le passage – la transition – du régime juridique antérieur au régime nouveau, et donc de préciser le champ d´aplication de la loi nouvelle per rapport à la loi ancienne. Mais, forcé est bien de onstater que les lois ne protent pas toutes de telles indications et que lors même qu´elles existente, elles ne résolvent pas toujours toutes les difficultés. Il rest donc nécessaire de definir selon quelles règles doivent être résolus, em general, les conflits de lois dans le temps. Pour y parvenir, et en simplifiant beaucoup, il faut faire appel à différents, qui supportent diverses derogations. (AUBERT, 2000, p. 88-89.)

(art. 5º, XXXVI). Como uma garantia de segurança jurídica, que assegura a estabilidade dos atos praticados sob a égide de uma lei revogada ou para os casos de modificação de determinado instituto, pela vigência de nova lei. O art. 6º da LINDB, consagrando o mesmo princípio albergado pelo texto constitucional, estabelece: "a lei em vigor terá efeito imediato e geral, respeitados o ato jurídico perfeito, o direito adquirido e a coisa julgada". Quer dizer, a regra geral é a nova lei ter vigência desde logo, ou seja, após o transcurso do período do *vacatio legis*, caso esteja presente, mas assegurando-se a garantia e o respeito às finalizações jurídicas realizadas pela lei velha.

Trata-se de estabelecer as diferenças entre a retroatividade e a irretroatividade de uma norma: uma norma é retroativa quando atinge situações que ocorreram antes da sua vigência. É uma exceção e que deverá ser explicitada no texto da nova lei, indicando que haverá efeito retroativo e especificando a data, no passado, a partir da qual iniciará a obrigatoriedade e a produção dos efeitos. Por outro lado, uma norma é irretroativa, quando ela será obrigatória apenas a partir do início da sua vigência, o que é a regra geral, considerando que uma nova lei sempre é projetada para frente, ou seja, do presente em direção ao futuro.

O contexto da promessa – vinculada à caracterização do futuro – aponta para a necessidade de adaptação das normas jurídicas aos inéditos contornos da vida. Vale dizer, é preciso trabalhar na perspectiva de um "tempo da metamorfose", ou seja, "mudança gradual de um organismo cuja identidade permanece, no entanto, inalterada" (OST, 1999, p. 248). O positivismo jurídico, ainda muito presente no horizonte histórico do CPC de 1973, trabalha com um tempo estagnado; entretanto, o tempo da sociedade é dinâmico. Assim, o novo CPC carrega evidências de estar com olhos postos nessa dinamicidade,[23] para dar conta dos novos desafios, mas, ao mesmo tempo, preservar a essência, oriunda da tradição.

A formatação de um Estado, pelo viés Democrático de Direito, como é o caso do Brasil, deve expressar um ordenamento jurídico com diversos itens, sendo o primeiro deles: "suas regras são prospectivas, não retroativas" (FINNIS, 2011, p. 264). O passado inspira, orienta e justifica, mas a produção normativa sempre deverá olhar para os eventos humanos que ainda estão "porvir" ("Zukunft").

A validade e a vigência do novo CPC provocarão um grande conjunto de situações relacionadas às temporalidades dos atos processuais

---

[23] São exemplos: um livro dedicado à Parte Geral; a criação da ordem cronológica de julgamentos; as modificações relativas aos prazos; a reconvenção é eliminada, passando a admitir-se o pedido contraposto; a distribuição dinâmica do ônus da prova; a remodelação do sistema de fraude à execução; a modulação de efeitos como forma de minimizar os resultados nefastos das reviravoltas da jurisprudência; a criação do incidente de resolução de demandas repetitivas. (CAMARGO, 2011).

praticadas e em andamento um ano após a sua publicação no DOU. Nasce o chamado "direito intertemporal", normalmente explicitado pelo legislador em capítulo específico de "Disposições Transitórias", com vigência por tempo determinado e com a principal função de aproximar os dois tempos: o da velha lei e o da nova lei, minimizando os impactos de transição de um sistema jurídico para um novo texto legal. O direito intertemporal "designa a disciplina jurídica que deve ser observada ao fato que está pendente no período de modificação normativa". Caracteriza o "conflito entre normas" na medida em que o texto que vigorava no período da ação não preexiste mais no procedimento interpretativo. A situação deste conflito destaca que o ordenamento jurídico circunscreve-se como "experiência", "colocando-se como um fluxo contínuo não somente dos fatos, de acontecimentos humanos e sociais, mas também de regras, de preceitos" (LIPARI, 2012, p. 369-72).

Este será um momento peculiar do trabalho de colaboração dos atores envolvidos com o processo civil, por meio da consagração expressa do princípio da cooperação,[24] conforme redação do art. 5º do novo CPC. Para a verificação desse objetivo, necessariamente deverá ser concedida uma margem de discricionariedade ao juiz, para poder "decidir" e desenvolver uma decisão justa para o caso concreto. É nesse contexto que se insere o alerta de Karl Engisch:

> As leis, porém, são hoje, em todos os domínios jurídicos, elaboradas por tal forma que os juízes e os funcionários da administração não descobrem e fundamentam as suas decisões tão-somente através da subsunção a conceitos jurídicos fixos, a conceitos cujo conteúdo seja explicitado com segurança através da interpretação, mas antes são chamados a valorar autonomamente e, por vezes, a decidir e a agir de um modo semelhante ao do legislador (ENGISCH, 1996, p. 207).

Esta é a margem de discricionariedade que se pensa para o juiz, com o auxílio criativo das partes, outorgando-lhes a credibilidade e a responsabilidade necessárias para trabalhar com o texto normativo (decidir) numa perspectiva flexível, focada no atendimento das características pe-

---

[24] "O processo há, enfim, de ser cooperativo. É preciso deixar isso expresso. Daí a previsão, no presente relatório, da inserção de novo dispositivo tratando especificamente do princípio da cooperação. A necessidade de participação, que está presente na democracia contemporânea, constitui o fundamento do princípio da cooperação. Além de princípio, a cooperação é um modelo de processo, plenamente coerente e ajustado aos valores do Estado Democrático de Direito. Além da vedação de decisão-surpresa, o processo cooperativo impõe que o pronunciamento jurisdicional seja devidamente fundamentado, contendo apreciação completa das razões invocadas por cada uma das partes para a defesa de seus respectivos interesses. É didática e pedagógica a função de um dispositivo que preveja expressamente a cooperação no processo, constituindo um importante dispositivo a ser inserido no novo Código de Processo Civil" (Relatório Final da Comissão Especial destinada a proferir parecer ao Projeto de Lei nº 6.025, de 2005, ao Projeto de Lei nº 8.046, de 2010, ambos do Senado Federal, e outros, que tratam do "Código de Processo Civil" (revogam a Lei nº 5.869, de 1973), p. 23).

culiares da situação da vida, iluminado pelos princípios e valores constitucionais e aqueles trazidos pelo legislador para o texto do novo CPC.[25]

A construção jurídica para a implementação do novo Processo Civil – mediante a valorização do diálogo entre as fontes do Direito e o respeito aos princípios consagrados expressamente no novo CPC, sem que o fantasma do formalismo avalorativo e descomprometido de aplicação dos princípios intertemporais possa ser trazido para o cotidiano do processo civil – deverá dar-se conta do seguinte aspecto: "a investigação jurídica não é nunca um mero trabalho de subsunção, pelo que inclusive quando consiste em aplicar a lei dentro dos limites do texto, necessita de princípios positivos superiores que facilitem os critérios para entender os textos à luz dos fins ou segundo o sistema" (ESSER, 1961, p. 323).

O primeiro passo para que a atividade processual civil realmente consiga enfrentar determinadas "imposições" do movimento histórico, especialmente para trazer à prática o planejamento delineado pelo legislador do novo CPC é trabalhar com o conceito de Direito como um conjunto de normas, onde estão incluídos as regras e os princípios. Estes últimos, deverão ser considerados com força normativa especial, pois incluídos expressamente em diversos artigos do novo texto legal. É preciso ter presente que "a interpretação jurídica não é uma reflexão sobre o anteriormente pensado, mas um pensar até o fim algo que é pensado universalmente" (ESSER, 1961, p. 331). Abre-se espaço, com isso, para as contribuições de Heidegger e Gadamer, especialmente na valorização da pré-compreensão, como um fator fundamental para a projeção da hermenêutica, caracterizada como universal pela interferência da linguagem, formando o fio condutor que liga o passado ao presente e prospecta as possibilidades para o futuro. Tais constatações sublinham a importância do Direito Processual e a sua concepção acerca do processo, pois "o processo é, então, um dos caminhos por onde os direitos nascem e se desenvolvem, germinam e transmudam, com variações ou não; e igualmente desaparecem, quer dizer, se extinguem ou frustram" (MORELLO, 1998, p. 10). Os processualistas devem dar-se conta deste desafio e perigo, pois o processo deverá ser um caminho para o pleno desenvolvimento dos direitos fundamentais. Ou, pelo contrário, um caminho para evitar o seu desaparecimento. Nesse passo, apresentam-se a encruzilhada atual e a necessidade de agregar novas possibilidades ao Direito Processual, onde o novo CPC projeta-se como uma ferramenta de muita relevância.

---

[25] Qualquer modelo de intervenção procedimental da autoridade jurisdicional resulta de uma opção de matriz ideológica que decida sobre a amplitude da capacidade interventiva do Tribunal quer a indagação dos factos quer na própria marcha do processo. Reflectindo as actuais encruzilhadas nesta temática, assume-se a defesa de uma intervenção activa de quem julga, estruturando-se, depois, um sistema que surja equilibrado e harmónio por força de um exigente controlo da atividade do juiz, num contexto de reforçada exigência ética. (MATOS, 2010, p. 11).

O estudo relativo ao direito intertemporal é permeado pela seguinte característica: "no processo se desenvolvem atividades públicas e atividades privadas coordenadas às públicas e, por isto, não podem estar reguladas por mais de uma lei, a não ser a do tempo e do lugar em que se desenvolvem" (CHIOVENDA, 1922, tomo I, p. 140). O jurista italiano destaca a necessidade de se escolher a lei a ser aplicada, não sendo admissível a disciplina de um fato por um múltiplo feixe normativo-legal. Esta situação deverá ser mensurada a partir de dois estágios: se o feito estiver findo ou se o feito estiver pendente, a tramitação ainda não está concluída. No primeiro caso, por força do limite trazido pela coisa julgada, impede qualquer modificação por força da nova lei.

Situação bem diferente se coloca em relação aos feitos pendentes por ocasião do início da vigência de uma nova lei. Segundo Chiovenda, teoricamente são aceitáveis duas soluções extremas: a) "aplicar a lei antiga até o término do processo (solução sugerida para evitar perturbações e complicações)"; ou b) "aplicar a nova lei aos atos sucessivos (aplicação rigorosa da autonomia das fases do processo)". Entre estas duas soluções, pode-se formular uma solução alternativa: c) "a divisão do feito em períodos: até o término de um período (= ato processual) se aplica a lei antiga e depois, a nova. Em todo caso, devem respeitar-se os atos já realizados e mediante a observância das regras estatuídas sob o título de 'disposições transitórias'" (CHIOVENDA, 1922, tomo I, p. 147-8). Considerando-se estas três alternativas para a recepção da nova lei, constata-se que o CPC de 1973 acolhia o "sistema do isolamento dos atos processuais", a partir da redação do art. 1.211: "Este Código regerá o processo civil em todo o território brasileiro. Ao entrar em vigor, suas disposições aplicar-se-ão desde logo aos processos pendentes".

Uma das disposições transitórias que comporão o novo CPC se inspira nesta redação, mas com modificações: "A norma processual não retroagirá e será aplicável imediatamente aos processos em curso, respeitados os atos processuais praticados e as situações jurídicas consolidadas sob a vigência da norma revogada" (art. 14). Há uma clara opção do legislador, ao definir o direito intertemporal, pelos limites constitucionais do direito adquirido, do ato jurídico perfeito e da coisa julgada. A irretroatividade foi expressamente assegurada, com aplicação aos processos em curso, numa nítida opção pelo "sistema do isolamento dos atos processuais". As vantagens desta opção legislativa são: a) "[...] o praticante do ato não pode prever quais as mudanças normativas advirão"; b) "não é coerente determinar a repetição ou complementação dos atos praticados regularmente no passado para suprir um requisito futuro"; c) aplica-se uma máxima presente no processo civil: "O tempo rege o ato"; d) "a análise de validade deve retroagir ao sistema legal vigente no momento de sua constituição, salvo se a lei posterior determinar expressamente o contrário" (SCARPARO, 2013, p. 80). Embora se evidencie a adoção do mencionado sistema de isolamento dos atos processuais, na prática, ele exige certa dose de razoabilidade: "a lei processual nova deve respeitar os atos processuais já realizados, bem como os seus efeitos, aplicando-se aos que houverem de realizar-se, salvo se estes, ainda que não tenham sido praticados, possuam nexo imediato e inafastável com ato praticado sob a égide da lei antiga ou com os efeitos deste, determinando que devam ser praticados, também, na forma da lei antiga" (AMARAL, 2007, p. 22). Aqui se tem uma orientação prática de direito intertemporal, a ser aplicada às situações dos feitos pendentes e de atos processuais praticados integralmente ou apenas em parte, mas conexos com os anteriores. Não será possível criar-se uma regra sobre estas situações, peculiares de cada feito, surgindo um espaço fértil para a aplicação do diálogo entre as fontes do ordenamento jurídico brasileiro (considerando as normas e fontes nacionais e também as internacionais) permeado pelo atendimento dos seus fins sociais e das suas exigências do bem comum, resguardando e promovendo a dignidade da pessoa humana e observando a proporcionalidade, a razoabilidade, a legalidade, a publicidade e a eficiência.

A redação dada pelo legislador do novo CPC continua a tradição do Direito Brasileiro no sentido de que "a lei dispõe para o futuro; ela não prejudicará o direito adquirido", atendendo ao disposto no mencionado art. 6º da LINDB: "este diploma (LINDB) realizou a simbiose entre o art. 3º da Lei de Introdução de 1916, vazado nos moldes da Doutrina Clássica, e o art. 6º originário da Lei de 1942, assentado sobre a teoria de Roubier, na parte em que alude ao efeito imediato das leis" (LIMONGI FRANÇA, 1968, p. 541).

O novo CPC atende ao requisito formal indicado por Chiovenda, pois assegura um grupo de artigos para as disposições transitórias, buscando construir os alicerces do direito intertemporal onde o novo CPC está assentado em dois momentos: o primeiro deles se encontra nos artigos 13 a 15, e o segundo grupo está nos artigos 1.045 a 1.071, embora apenas este último conjunto de artigos esteja sob o título de disposições transitórias, o primeiro aglomerado de artigos também deverá ser considerado com contornos de intertemporalidade. O artigo 1.046 representa um típico texto intertemporal, ratificando parte do já citado art. 14, ao estabelecer: "Ao entrar em vigor este Código, suas disposições se aplicarão desde logo aos processos pendentes, ficando revogado o Código de Processo Civil instituído pela Lei nº 5.869, de 11 de janeiro de 1973". O texto a ser aplicado aos feitos pendentes foi examinado anteriormente. Este artigo também explicita a cláusula de revogação geral do CPC de 1973.

O § 1º do art. 1.046 é de importância fundamental para a prática do processo civil, pois determina: "As disposições da Lei 5.869, de 11 de janeiro de 1973, relativas ao procedimento sumário e aos procedimentos especiais que forem revogados aplicar-se-ão às ações propostas e não sentenciadas até o início da vigência deste código". Aqui se têm indicações legislativas para o procedimento sumário e também os procedimentos especiais não mantidos pelo novo CPC, para os quais se mantém a vigência da lei processual velha, com um limite temporal: desde que não proferida sentença irrecorrível. Neste caso, "argumenta-se que os atos processuais, ainda que se destinem a fazer valer as situações jurídicas definitivamente constituídas, os atos jurídicos perfeitos, os direitos adquiridos, são estranhos a eles e não constituem efeitos jurídicos seus". Isto acaba gerando o seguinte princípio: "[...] não existe um direito adquirido às formas processuais, porque o Estado, na tutela dos direitos, é sempre autorizado a estabelecer as formas, medidas e garantias, que se afigurem mais idôneas e oportunas" (ESPINOLA e ESPINOLA FILHO, vol. 1º, 1999, p. 370). Desenha-se aqui uma distinção entre o direito material e o direito à ação, sendo que a limitação constitucional examinada se aplica apenas ao primeiro.

O § 2º do art. 1.046 mantém a vigência das disposições especiais dos procedimentos regulados em leis esparsas, aplicando-se, de qualquer maneira, o novo CPC supletivamente. Já o § 3º do art. 1.046 determina aplicação do procedimento comum previsto no novo CPC, aos procedimentos mencionados no revogado art. 1.218 ainda não incorporados por lei específica.

O art. 1047 estabelece que "as disposições de direito probatório adotadas neste Código aplicam-se apenas às provas requeridas ou determinadas de ofício a partir da data de início da sua vigência". A matéria probatória requerida ou determinada na vigência do CPC de 1973 continua sendo disciplinada por ele: "[...] normalmente, as novas leis sobre a matéria se aplicam imediatamente, sem que se possa invocar situação jurídica definitivamente constituída, ou direito adquirido, em relação a determinados meios probatórios, de acordo com a lei vigente ao tempo em que se constituiu o ato, cuja prova se pretende" (ESPINOLA e ESPINOLA FILHO, vol. 1º, 1999, p. 376).

Sobre a matéria recursal surgem duas situações: a) "recursos interpostos pela lei antiga, mas ainda não julgados" e b) "recursos ainda não interpostos contra decisões proferidas na vigência" do CPC de 1973. Nesta matéria, deve observar-se o seguinte princípio: "a lei do recurso é a lei do dia da sentença". Galeno Lacerda, amparado na doutrina de Paul Roubier e Carlos Francesco Gabba, menciona: "os recursos não podem ser definidos senão pela lei em vigor no dia do julgamento: nenhum recurso novo pode resultar de lei posterior e, inversamente, nenhum recurso existente contra uma decisão poderá ser suprimido, sem retroatividade, por lei posterior" (1974, p. 68). Quanto a esta matéria se constata que "o direito ao recurso é autorizado pela lei vigente no momento em que a decisão é proferida". Que data é esta? Quando se tratar de decisões de primeiro grau, "[...] têm-se como proferidas em audiência, para as sentenças de mérito e interlocutórias aí lançadas, ou, nos demais casos, no dia em que a parte for intimada". Já quando se tratar de segundo grau, onde as decisões colegiadas são proferidas na sessão de julgamento, no momento em que o presidente anuncia a decisão. Convém destacar, também, "[...] que os recursos interpostos pela lei antiga, e ainda não julgados, deverão sê-lo, consoante as regras desta, embora abolidos ou modificados pelo novo CPC" (LACERDA, 1974, p. 69).

De qualquer modo, "a publicação na imprensa oficial representa, apenas, a condição ou termo inicial de exercício de um direito – o de impugnar – que preexiste, nascido no dia em que se proferiu a decisão" (LACERDA, 1974, 68 e 71). Aqui se tem a solução para diversas modificações que envolvem recursos e também a questão relativa ao cumprimento da sentença, que será regida pela lei antiga, considerando-se a data do trânsito em julgado da decisão a ser requerido o cumprimento, pois o cumprimento da sentença nasce a partir deste momento, e não do momento em que o requerimento for formulado. "Os recursos, que podem ser interpostos, obedecem igualmente à lei do tempo, em que foi decretada a decisão de que se recorre. [...] Cumpre observar, porém, que daí não resulte seja o processo, a seguir no recurso, determinado pela mesma lei; aplica-se a lei nova, segundo a regra geral que – as novas leis processuais têm aplicação imediata" (ESPINOLA e ESPINOLA FILHO, vol. 1º, 1999, p. 376-7). Observe-se, ainda, a seguinte orientação doutrinária: "a sentença já constante dos autos, devidamente firmada pelo juiz competente segundo a lei antiga, existe como ato jurídico válido perante essa lei, embora ainda não eficaz, pela falta de publicação em audiência" (LACERDA, 1974, p. 20).

Outro aspecto importante relaciona-se com a alteração dos requisitos para a prática de determinado ato: "os fatos que não integram a constituição (ou extinção) de uma situação jurídica segundo a lei em vigor no dia em que se verificaram, não podem, pela lei nova, sob pena de retroatividade, ser considerados como elementos causadores desta constituição (ou extinção)" (LACERDA, 1974, p. 30). Um exemplo desta situação é a criação de novos requisitos para o requerimento do cumprimento de sentença ou, ainda, o novo CPC não exige mais a penhora prévia para a impugnação ao cumprimento de sentença (artigos 523 e 525). Os pedidos já formulados na vigência do CPC de 1973 deverão ser processados segundo os requisitos nele previstos. Aqui incide uma regra transitória que assegura: "as condições da ação e a capacidade processual se regem pela lei da data da ação".

O novo CPC também traz novidades relacionadas aos prazos: todos os prazos passam a ser contados apenas nos dias úteis (art. 219), de modo a assegurar aos advogados o descanso em finais de semana e feriados (CAMARGO, 2011, p. 319). Na prática, esta modificação caracteriza um alongamento dos prazos. Assim, "contam-se desde logo, aproveitando--se o lapso já decorrido sob a lei antiga". Aqui estão excluídos os prazos já escoados integralmente. A estes casos se aplica a regra do novo CPC, "[...] somando-se o lapso já fluído sob a lei revogada ao saldo dilatado" em contagem dos dias úteis.

Também há situações no novo CPC em que os prazos foram reduzidos. Está nesta situação o fim do prazo quádruplo para a Fazenda Pública apresentar defesa. "A União, os Estados, o Distrito Federal, os Municípios e suas respectivas autarquias e fundações terão o prazo em dobro, seja para recorrer, seja para apresentar defesa, seja para qualquer manifestação nos autos" (CAMARGO, 2011, p. 319). Segundo Galeno Lacerda "a regra para os prazos diminuídos é inversa da vigorante para os dilatados. [...] não se podem misturar períodos regidos por leis diferentes: ou se conta o prazo, todo ele, pela lei antiga, ou todo, pela regra nova, a partir, porém, da vigência desta". Para se fazer esta identificação da lei a ser aplicada, observe-se o saldo a fluir pela lei antiga: "Se ele for inferior à totalidade do prazo da nova lei, continua-se a contar dito saldo pela regra antiga. Se superior, despreza-se o período já decorrido, para computar-se, exclusivamente, o prazo da lei nova, na sua totalidade, a partir da entrada em vigor desta" (LACERDA, 1974, p. 100). Portanto, em cada caso será necessário realizar este cálculo, a fim de se escolher (de modo não aleatório) a regra de prazo a ser aplicada.

O novo CPC se cataloga como um texto que procura mesclar as necessidades de uma resposta jurisdicional em tempo razoável e compatível com os desafios temporais trazidos pela globalização e, por outro lado, garantir segurança e previsibilidade dos mecanismos processuais eleitos para garantir eficácia ao projeto constitucional do Estado Democrático Brasileiro. Por conta disto:

> As novas exigências da consciência jurídica contemporânea, que busca, cada vez com maior veemência, a 'efetividade' fática do ordenamento jurídico, de tal modo que os direitos – antes apenas retoricamente proclamados pelo legislador – passem a ser observados e rigorosamente cumpridos (SILVA, 2000, p. 343).

Não basta mais apenas uma declaração judicial da existência do direito; espera-se que a decisão seja capaz (portanto, produza efeitos) de operar as transformações no mundo dos fatos, da vida real, onde vigora o tempo real e não o tempo diferido.[26] O novo Direito Processual Civil,

---

[26] "O que se espera da legislação processual civil é que ela permita uma rápida realização do direito material através dos tribunais e, quando for o caso, uma adequada solução dos litígios e um pronto restabelecimento da paz jurídica. Por isso, uma reforma do processo civil nos tempos actuais deve orientar-se essencialmente pelos seguintes objetivos gerais: – a efectividade da justiça administrada pelos tribunais através de uma decisao rápida, oportuna e legitimada pelo consenso das partes e do

inaugurado com o novo CPC, parece estar preocupado com tais aspectos, desenvolvidos a partir da escuta e observação dos estágios temporais delineados a partir de François Ost.

O art. 1052 traz um aspecto importante relativo às execuções contra devedor insolvente, ao preconizar: "até a edição de lei específica, as execuções contra devedor insolvente, em curso ou que venham a ser propostas, permanecem reguladas pelo Livro II, Título IV, da Lei 5.869, de 11/01/1973". Aqui se encontra um caso em que o antigo (e revogado) CPC continuará com vigência e por tempo indeterminado, na prática. Além destas situações o "Livro Complementar", no qual se encontram as "Disposições Finais e Transitórias", traz outras questões em que se verifica a temporalidade interferindo no andamento processual e, na maioria das vezes, determinando-se como solução a continuidade da aplicação do antigo CPC, até que todos os processos iniciados sob o império do CPC de 1973 estejam finalizados.

Apesar da evolução histórica e de variadas circunstâncias terem tentado desligar o passado, mediante a valorização das características formais do processo, ocorreu um equívoco: a necessidade de respeitar a memória que, como visto, é a própria condição de um perdão sensato. É nessa linha que vai o quarto compasso do tempo projetado por François Ost, quando refere a necessidade de requestionamento como um ato de desligar o futuro: à individualização das relações sociais – no caso, a individualização dos efeitos da tutela processual, poderá ser alargada pela concepção de obrigação como dever legal, onde muitos poderão obter os benefícios – apresenta-se a (re)descoberta do caráter social da atividade jurisdicional, que deverá transcender a perspectiva meramente individualista. O novo CPC estará dando uma contribuição significativa para a reintrodução do conteúdo – as relações humanas e sociais – no seio do processo, deslocando o papel da forma para um plano secundário, importante na questão processual, mas coadjuvante das questões substanciais que envolvem o ser humano.

Referências

ALVIM, Arruda. Notas sobre o Projeto de Novo Código de Processo Civil. *Revista de Processo*, São Paulo, RT, ano 36, n. 191, p. 299-318, jan./ 2011.

AMARAL, Guilherme Rizzo. *Estudos de Direito Intertemporal e Processo*. Porto Alegre: Livraria do Advogado, 2007.

---

público em geral sobre a sua adequação à composição do litígio concreto: – aumento da operacionalidade dos sujeitos processuais através da subordinação da atividade processual das partes e do tribunal a um princípio de colaboração ou de cooperação" (SOUSA, p. 354).

AROCA, Juan Montero. El Derecho Procesal en el Siglo XX. In: *La ciencia del derecho durante el siglo XX*. Institutos de Investigaciones Jurídicas. Serie G: Estudios Doctrinales, n. 198. México: Universidad Nacional Autonóma de México, 1998.

AUBERT, Jean-Luc. *Introduction au Droit:* et thèmes fondamentaux du Droit Civil. 8ª édition. Paris: Dalloz, 2000.

BAZÁN, Víctor. El Control de Convencionalidad: incógnitas, desafios y perspectivas. IN: BAZÁN, Víctor; NASH, Claudio. *Justicia Constitucional y Derechos Fundamentales:* el Control de Convencionalidad 2011. Bogotá: Fundación Konrad Adenauer, 2012.

CAMARGO, Luiz Henrique Volpe. Cem novidades do novo Código de Processo Civil. IN: *Revista de Informação Legislativa*, Brasília, ano 48, n. 190, tomo I, p. 315-29, abr./jun 2011.

CAPONI, Remo. Diritti Sociali e Giustizia Civile: Eredità Storica e Prospettive di Tutela Colletiva. In: *Rivista Giuridica del Lavoro e dela Previdenza Sociale*. Anno LXII, 202, n. 1. Trimestrale, gernnaio-marzo 2012.

CHIOVENDA, José. *Principios de Derecho Procesal Civil*. Tradução espanhola da terceira edição italiana por José Casáis y Santaló. Madrid: Editorial Reus, 1922, tomo I.

COUTURE, Eduardo J. *Estudios de Derecho Procesal Civil*. Tomo I. Buenos Aires: Soc. Anón. Editores, 1963.

D'AGOSTINO, Francesco. *Interpretación y Hermenéutica*. Depósito Académico Digital Universidad de Navarra. Disponível em: < http://dspace.unav.es/dspace/bitstream/10171/12899/1/PD_35_02.pdf Acessado em: 08 mar. 2015

DELMAS-MARTY, Mireille. *Por um Direito comum*. Tradução de Maria Ermantina de Almeida Prado Galvão. São Paulo: Martins Fontes, 2004.

ENGELMANN, Wilson. Da fundamentação à proteção dos direitos humanos: a tradição e a linguagem como condição de possibilidade para a sua perspectiva universal e multicultural. IN: STRECK, Lenio Luiz; MORAIS, José Luís Bolzan de (Orgs.). *Constituição, Sistemas Sociais e Hermenêutica:* Programa de Pós-Graduação em Direito – Mestrado e Doutorado – da UNISINOS, Porto Alegre: Livraria do Advogado, n. 5, 2008, p. 71-88.

——. O diálogo entre as fontes do Direito e a gestão do risco empresarial gerado pelas nanotecnologias: construindo as bases à juridicização do risco. IN: STRECK, Lenio Luiz; ROCHA, Leonel Severo; ENGELMANN, Wilson. *Constituição, Sistemas Sociais e Hermenêutica:* anuário do Programa de Pós-Graduação em Direito da Unisinos. Porto Alegre: Livraria do Advogado, 2012, n. 9, p. 319-344.

ENGISCH, Karl. *Introdução ao pensamento jurídico*. Traduzido por João Baptista Machado. 7. ed. Lisboa: Fundação Calouste Gulbenkian, 1996.

ESPINOLA, Eduardo; ESPINOLA FILHO, Eduardo. *A Lei de Introdução ao Código Civil Brasileiro*. 3. ed. Atualizada por Silva Pacheco. Rio de Janeiro: Renovar, 1999, vol. 1º.

ESSER, Josef. *Principio y norma en la elaboración jurisprudencial del derecho privado*. Traduzido por Eduardo Valentí Fiol. Barcelona: Bosch, 1961.

FINNIS, John Mitchel. *Natural Law & Natural Rights*. Second Edition. Oxford: Oxford University Press, 2011.

GADAMER, Hans-Georg. Esboço dos fundamentos de uma hermenêutica. In: *O problema da consciência histórica*. Pierre Fruchon (org.). Traduzido por Paulo Cesar Duque Estrada. Rio de Janeiro: Fundação Getúlio Vargas, 1998.

——. *Verdade e método I:* traços fundamentais de uma hermenêutica filosófica. Traduzido por Flávio Paulo Meurer; revisão da tradução de Ênio Paulo Giachini. 4. ed. Petrópolis: Vozes, 2002.

GUILLÉN, Victor Fairén. *Teoría General del Derecho Procesal*. Primera Edición. México: Universidad Nacional Autónoma de México, 1992.

GRONDIN, Jean. *Hans-Georg Gadamer:* Una biografía. Tradução de Angela Ackermann Pilári, Roberto Bernet e Eva Martín-Mora. Barcelona: Herder, 2000.

HEIDEGGER, Martin. *Ontología:* hermenéutica de la facticidad. Versão de Jaime Aspiunza. Madrid: Alianza Editorial, 2000.

——. *Ser e tempo.* Traduzido por Marcia Sá Cavalcante Schuback. 12. ed. Petrópolis: Vozes. Parte I, 2002a.

——. *Ser e tempo.* Traduzido por Marcia Sá Cavalcante Schuback. 10. ed. Petrópolis: Vozes. Parte II, 2002b.

KELSEN, Hans. *Teoria Pura do Direito.* Tradução de João Baptista Machado. 5. ed. São Paulo: Martins Fontes, 1996.

LACERDA, Galeno. *O Novo Direito Processual Civil e os feitos pendentes.* Rio de Janeiro: Forense, 1974.

LIMONGI FRANÇA, Rubens. *Direito Intertemporal Brasileiro:* doutrina da irretroatividade das Leis e do Direito Adquirido. 2. ed. rev. e atual. São Paulo: Revista dos Tribunais, 1968.

LIPARI, Nicolò. Per un ripensamento del diritto intertemporale. IN: *Rivista Trimestrale di Diritto e Procedura Civile,* Bologna, v. 66, n. 2, p. 369-378, jun. 2012.

MARINONI, Luiz Guilherme; MITIDIERO, Daniel. *O Projeto do CPC:* crítica e propostas. São Paulo: Revista dos Tribunais, 2010.

MATOS, José Igreja. *Um Modelo de Juiz para o Processo Civil Actual.* Coimbra: Coimbra Editora, 2010.

MORELLO, Augusto M. *Estudios de derecho procesal:* Nuevas demandas, nuevas respuestas. Buenos Aires: Abeledo-Perrot. v. I, 1998.

OST, François. *O tempo do Direito.* Traduzido por Maria Fernanda Oliveira. Lisboa: Instituto Piaget, 1999.

PALMER, Richard E. *Hermenêutica.* Traduzido por Maria Luísa Ribeiro Ferreira. Lisboa: Edições 70, 1996.

RIBEIRO, Darci Guimarães. *La pretensión Procesal y la Tutela Judicial Efectiva.* Barcelona: J.M. Bosch Editor, 2004.

RIDDALL, J. G. La gran pirámide. IN: *Teoría del Derecho.* 3. ed. Barcelona: Gedisa, 2008.

SCARPARO, Eduardo. As Invalidades Processuais Civis na Perspectiva do Formalismo-Valorativo. Porto Alegre: Livraria do Advogado, 2013.

SILVA, Ovídio A. Baptista da. Da função à estrutura. IN: STRECK, Lenio Luiz; MORAIS, Jose Luís Bolzan de (Orgs.). *Constituição, Sistemas Sociais e Hermenêutica:* Programa de Pós-Graduação em Direito – Mestrado e Doutorado – da UNISINOS, Porto Alegre: Livraria do Advogado, n. 5, p. 89-99, 2008.

——. *Curso de processo civil:* execução obrigacional, execução real, ações mandamentais. 4. ed. rev. e atual. São Paulo: RT. v. 2, 2000.

SOUSA, Miguel Teixeira de. Apreciação de Alguns Aspectos da Revisão do Processo Civil Projecto. *Revista da Ordem dos Advogados.* Lisboa, ano 55, julho 1995.

THEODORO JÚNIOR, Humberto. O compromisso do Projeto de Novo Código de Processo Civil com o processo justo. IN: *Revista de Informação Legislativa,* Brasília, ano 48, n. 190, tomo 1, p. 237-263, abr./jun. 2011.

TROCKER, N. Il valore costituzionale del "giusto processo", in Aa.Vv., *Il nuovo articolo 111 della Costituzione e il giusto processo civile,* a cura di M.G. Civinini e C.M. Verardi, Milano, 2001, 49 ss.; *Apud* MEOLI, Chiara. *Il principio del giusto processo. Osservazioni di diritto comparato europeo.* . Disponível em: www.europeanrights.eu/.../Meoli_giusto_processo. Acessado em 08 mar. 2015.

VATTIMO, Gianni. *Textos sobre Martin Heidegger.* Lisboa: Edições 70. 1989.

— 3 —

O direito fundamental à duração razoável do processo e o novo Código de Processo Civil

GUSTAVO BOHRER PAIM[1]

Sumário: 1. Introdução; 2. O tempo e o direito; 3. Direito fundamental à duração razoável do processo; 3.1. Conteúdo mínimo e destinatários; 3.2. Duração razoável e celeridade; 3.3. Duração razoável e a Corte Europeia dos Direitos do Homem; 3.4. Duração razoável e o novo Código de Processo Civil; 4. Considerações finais; Referências.

1. Introdução

Um dos grandes tormentos do Direito, indubitavelmente, é o tempo de duração dos processos, via de regra, muito superior ao que se poderia entender por uma ideia de razoabilidade.

Inúmeras são as causas da exagerada duração da tramitação dos processos no ordenamento jurídico brasileiro, que acabam por trazer consequências nefastas aos jurisdicionados, dissociando-se, muitas vezes, da urgência que o direito material em jogo demanda.

Nesse contexto, essencial, dentro de um direito ao processo justo, o direito fundamental à duração razoável do processo, ou o direito a um processo sem dilações indevidas.

Não por outra razão, o direito à duração razoável do processo encontra-se consagrado em inúmeros ordenamentos alienígenas, tanto de âmbito nacional, quanto supranacional.

Não poderia ser diferente com o ordenamento jurídico brasileiro, razão pela qual o direito fundamental à duração razoável do processo restou consagrado, por força da Emenda Constitucional 45, na Constitui-

---

[1] Professor de Direito Civil, Direito Processual Civil e Direito Eleitoral da Universidade do Vale do Rio dos Sinos – UNISINOS. Mestre em Direito Processual Civil pela PUC/RS e Doutor em Direito Processual Civil pela UFRGS. Especialista em gestão pública pela UFRGS. Advogado em Porto Alegre/RS.

ção Federal, em seu art. 5º, LXXVIII, bem como está previsto no art. 4º do novo Código de Processo Civil submetido à sanção presidencial.

2. O tempo e o direito

Em que pese a dificuldade de domínio de seu conteúdo, pode-se dizer que o tempo possui uma relação indissociável com a vida de cada um de nós, com a nossa história, até mesmo porque sem tempo não haveria vida ou história. Não é diferente com o Direito, que é indissociável do tempo.

O tempo tem sido um dos grandes dramas do direito, tendo em vista as necessidades prementes, que não se coadunam com os longos e morosos procedimentos que regram o dia a dia jurídico.

Inegável a desarmonia entre a dilação temporal dos procedimentos jurídicos pátrios e as imperiosas demandas por uma prestação jurisdicional mais célere e efetiva, capaz de salvaguardar o direito posto em causa. Tal desajustamento não é um fenômeno recente, embora tenha ocorrido um drástico agravamento nos últimos anos. Inseparáveis são, pois, direito e tempo, sofrendo aquele os inevitáveis influxos das contingências deste.

Uma grande demonstração da insatisfação em relação ao descompasso existente entre o tempo e o direito transparece da Emenda Constitucional n. 45, que acrescentou aos direitos fundamentais a duração razoável do processo, esculpida no art. 5º, LXXVIII, da Constituição Federal. Nesse sentido, igualmente o novo Código de Processo Civil consagra, em seu art. 4º, a duração razoável do processo.

Torna-se imperiosa a busca pela atenuação dos nefastos efeitos do tempo para a concretização do direito material em jogo. A dificuldade está em permitir a aceleração procedimental com respeito aos direitos fundamentais das partes envolvidas, repartindo-se o ônus do tempo do processo.

Há substanciais diferenças entre os muitos conflitos submetidos ao crivo do Poder Judiciário. Ademais, vivemos em uma sociedade de massas, em que os direitos antigamente de mera natureza privada passam a conviver com direitos sociais, coletivos, difusos que "no soportan el transcurso del tiempo del proceso".[2]

---

[2] MONROY GÁLVEZ, Juan; MONROY PALACIOS, Juan. Del mito del proceso ordinario a la tutela diferenciada. Apuntes iniciales. *Revista de Processo*, n. 109, São Paulo, 2003, p. 195-196. "Además de nuevos, estos derechos requieren una cobertura judicial urgente, porque si van ser resueltos una vez concluido un proceso ordinario – por citar un ejemplo – el agravio a su titular se convertiría en definitivo y el proceso habría significado una actividad infructuosa. El tiempo – esa "cueva de ladrones" como lo llamó Benedetti – se va a tragar a todos los nuevos derechos si se pretende que su eficacia se

De qualquer sorte, os extremos não são recomendáveis, tanto no sentido da universalização da ordinariedade, com uma consequente cognição plena e exauriente, quanto da sumarização absoluta dos procedimentos, visto que há situações em que se faz importante ter paciência para acalmar os ânimos das partes envolvidas, a fim de que não haja uma *discronia*[3] decorrente da exacerbada utilização das "tutelas de urgência". Assim, deve haver um equilíbrio capaz de propiciar condições harmônicas tanto para as situações que exigem uma celeridade maior como para aquelas que demandam uma salutar meditação do julgador.

Nesse diapasão, percebe-se a indissociável relação entre o tempo e o direito, em que se faz relevante o respeito à complexidade das relações sociais, com procedimentos mais céleres e aptos a preservar o direito material em discussão, mas sem jamais perder de vista o respeito aos direitos fundamentais existentes.

Impõe-se salientar que o Estado, ao vedar o direito à autotutela, comprometeu-se com a proteção jurisdicional a ser prestada ao cidadão, como a contrapartida inevitável da vedação ao uso da justiça privada. Assim, em uma sociedade "civilizada", o ato de proibir alguém de fazer justiça a si mesmo tem como corolário indispensável a faculdade reconhecida a todos, sem qualquer discriminação, de ir ao Judiciário para buscar a prestação jurisdicional.

Contudo, o jurisdicionado, ao consentir com a mediação institucional, concordando em submeter ao Poder Judiciário a satisfação de suas pretensões, acaba admitindo a existência de um obstáculo ao imediatismo temporal. Ao abdicar de fazer justiça de mão própria, o cidadão também renuncia a obter a justiça imediatamente, visto que tempo e processo estão intimamente ligados. A própria noção de "processo", do latim *procedere*, "avançar", "andar", implica a ideia de evolução e de maturação. O processo "não esgota o seu ciclo de vida em um único momento, mas destina-se a se desdobrar ao longo do tempo, tendo uma duração própria, irredutível porque fisiológica".[4]

---

concrete a través de un proceso con cognición plena. Digamos que los nuevos derechos le plantean al procesalista un reto de supervivencia: o se cambia sustancialmente el proceso a fin de adecuarlo a las nuevas exigencias de la sociedad, o se le hace perecer. En este contexto, resulta indispensable que surja una alternativa a la *tutela jurisdiccional ordinaria*".

[3] OST, François. *O tempo do direito*. Lisboa: Piaget, 1999, p. 37-41. Para François Ost, discronia seria, juntamente com a eternidade, a entropia e o determinismo, uma patologia temporal, que significaria o risco de não se atentar à pluralidade do tempo, visto existirem "ritmos específicos, durações particulares, ciclos singulares, velocidades diferenciadas". Dever-se-ia atentar ao "direito ao seu tempo, direito ao seu ritmo", com diferentes tempos sociais, cada um a demandar sua própria cadência. Dessa forma, far-se-ia necessário ter cuidado para não banalizar o uso das tutelas de urgência.

[4] CHAINAIS, Cécile. *La protection juridictionnelle provisoire dans le procès civil en droit français et italien*. Paris: Dalloz, 2007, p. 08-09 : « Or la médiation institutionnelle à laquelle consent le citoyen en acceptant de recourir à un tribunal fait obstacle, d'un même mouvement, à l'immédiateté temporelle. En renonçant à se faire justice lui-même, le citoyen renonce également à obtenir justice instantanément:

Conforme salienta Marco Jobim,

> (...) o processo necessita de um tempo de maturação para que seja julgado e efetivado, sendo que este tempo é um passivo necessário a qualquer processo que seja apreciado pelo Poder Judiciário sem, contudo, torná-lo excessivo, sendo este o grande enfoque a ser perseguido pela doutrina na atualidade.[5]

O direito coloca-se ao lado da reflexão e, portanto, de certa lentidão. O Estado de Direito não organiza somente a possibilidade de recorrer a um juiz; ele também deve fornecer algumas garantias necessárias para a realização prática do direito, cujo exercício exige alguma duração. Esta certamente não é uma condição suficiente para garantir uma boa justiça, mas é uma condição indispensável.[6]

Assim, o direito processual possui sua parcela de culpa frente à demora da prestação jurisdicional, aparecendo como o grande vilão nessa ausência de sintonia entre o tempo e o direito, muito embora não sejam as regras processuais responsáveis exclusivas, nem primordiais, pela morosidade do Poder Judiciário.

Paulatinamente, têm sido realizadas reformas processuais visando à redução da penosa duração processual, especialmente no que diz respeito à disciplina dos recursos em que, por exemplo, se tornou o agravo retido, regra, e o de instrumento, exceção, evitando frequentes paralisações quando da discussão de decisões interlocutórias.

A justiça exige serenidade do juiz para a sua realização, pois qualquer julgamento sobre o mérito requer certa duração.

O tempo do processo traz consequências diversas às partes, sendo que a plenariedade e a ordinariedade, próprias de uma suposta neutralidade do legislador e do julgador, acabam por sujeitar o autor ao elevado custo da espera da longa duração processual. *A contrario sensu*, decisões tomadas liminarmente acabam por, em inúmeros casos, inviabilizar a realização de um salutar diálogo, podendo violar garantias constitucionais do réu.

Deve-se ter em conta que o deferimento de uma liminar *inaudita altera parte* poderá trazer a violação de um direito do demandado, enquanto o indeferimento do pedido talvez ofenda uma garantia do demandante.

---

temps et procès sont intimement liés. La notion même de «procès», du latin «procedere», «avancer», «marcher», implique l'idée d'évolution et de maturation. Le procès «n'épuise pas son cycle vital en un seul instant, mais est destiné à se dérouler dans le temps, ayant pour cela une durée propre, irréductible parce que physiologique».

[5] JOBIM, Marco Félix. *O direito à duração razoável do processo*: responsabilidade civil do Estado em decorrência da intempestividade processual, 2. ed., rev. e ampl. Porto Alegre: Livraria do Advogado, 2012, p. 112.

[6] CHAINAIS, Cécile. *La protection juridictionnelle provisoire dans le procès civil en droit français et italien*. Paris: Dalloz, 2007, p. 09.

Importante, pois, ter-se em mente que o direito processual não pode estar totalmente desvinculado do direito material, visto que a satisfação deste depende da razoável duração daquele. O direito processual não pode ser alheio às vicissitudes fáticas, a demonstrar que o caso concreto poderá vir a influenciar no rito processual a ser adotado.

3. Direito fundamental à duração razoável do processo

Por mais que as partes, em uma contenda judicial, tenham o interesse em obter êxito em suas pretensões, certamente os jurisdicionados não desejam que o resultado dessa lide se prolongue indefinidamente, sendo que o natural inconformismo com um resultado adverso é, nos dizeres de José Rogério Cruz e Tucci, "mais tênue do que o excessivo e intolerável prolongamento da luta processual".[7]

Assim,

um julgamento tardio irá perdendo progressivamente seu sentido reparador, na medida em que se postergue o momento do reconhecimento judicial dos direitos; e, transcorrido o tempo razoável para resolver a causa, qualquer solução será, de modo inexorável, injusta, por maior que seja o mérito científico do conteúdo da decisão.[8]

A bem da verdade, o julgamento final de uma ação deve-se dar de forma harmoniosa com o direito material posto em contenda, sob pena de a decisão se tornar injusta, independentemente de sua fundamentação.

Aliás, o julgamento tempestivo da lide é elemento indispensável para a segurança jurídica, havendo a necessidade de respeito à razoável duração do processo, levando-se em conta o tempo fisiológico de tramitação, mas impondo-se, em razão da efetividade, que não se postergue em demasia o feito, evitando-se o tempo patológico.

Não há como negar o direito fundamental à tutela adequada, efetiva e tempestiva, a demonstrar a relevância do direito fundamental à duração razoável do processo, que foi expressamente introduzido, em nosso ordenamento jurídico, pela Emenda Constitucional n. 45, que inseriu o inciso LXXVIII ao art. 5º da Constituição Federal.

Cumpre salientar, no entanto, que tal direito fundamental não é nenhuma novidade, visto que é corriqueiro em ordenamentos alienígenas.[9]

---

[7] CRUZ E TUCCI, José Rogério. Sobre a duração razoável do processo na Europa comunitária. *Revista Magister de Direito Civil e Processual Civil*, v. 44, 2011, p. 89.

[8] Idem, p. 90.

[9] Como exemplos, dentre outros, temos a Convenção Europeia para a Salvaguarda dos Direitos do Homem e das Liberdades Fundamentais, de 1950, a Constituição Espanhola de 1978, e a Carta Canadense dos Direitos e Liberdades, de 1982. A Constituição italiana, igualmente, em seu art. 111,

Aliás, entende-se, inclusive, que tal direito já estava presente no ordenamento jurídico pátrio, mesmo antes do advento da Emenda Constitucional n. 45.

Assim, poder-se-ia argumentar que o direito fundamental ao processo justo, previsto no art. 5º, LIV, da Constituição Federal, já traria ínsito um dever de que as controvérsias fossem dirimidas em um tempo razoável.

Como se não bastasse, por meio do Pacto de São José da Costa Rica já se afirmava presente o direito fundamental à duração razoável do processo em nosso sistema processual.[10]

A bem da verdade, o catálogo de direitos fundamentais expressos em nossa Constituição Federal constitui-se um rol materialmente aberto, visto que o § 2º do art. 5º afirma que "os direitos e garantias expressos nesta Constituição não excluem outros decorrentes do regime e dos princípios por ela adotados, ou dos tratados internacionais em que a República Federativa do Brasil seja parte". Nesse sentido, as garantias do art. 5º da Constituição Federal não exaurem os direitos fundamentais de nosso ordenamento jurídico.

Ocorre que o Brasil é signatário do Pacto de São José da Costa Rica, que expressamente previu um processo *dentro de um prazo razoável*, razão pela qual se pode entender que, mesmo antes da Emenda Constitucional n. 45, já havia, no direito brasileiro, um direito à duração razoável dos processos.

Deve-se ressaltar, no entanto, que tal regra não pode servir apenas para que se gere um direito subjetivo às partes de demandarem o Estado pelas delongas processuais, mas sim deve servir de norte para o legislador e para os operadores do direito, no sentido de procurarem, dentro das limitações existentes, formas de tornar mais efetiva a prestação jurisdicional.

Nesse diapasão, inclusive, Luiz Guilherme Marinoni expressa que

o inciso LXXVIII do art. 5º, ao falar em direito aos meios que garantam a celeridade da tramitação do processo ao lado do direito à duração razoável, apenas sublinha a incidência do direito fundamental à duração razoável sobre o Executivo e o Legislativo, tendo o obje-

---

positiva a duração razoável do processo. CRUZ E TUCCI, José Rogério. *Tempo e processo*, São Paulo: Revista dos Tribunais, 1997, p. 66-79.

[10] O art. 8º, I, da Convenção Americana sobre Direitos Humanos, firmada em San José, Costa Rica, em 22.11.1969, estabelecia que "toda pessoa tem direito de ser ouvida com as devidas garantias e dentro de um prazo razoável por um juiz ou tribunal competente, independente e imparcial, estabelecido por lei anterior, na defesa de qualquer acusação penal contra ela formulada, ou para a determinação de seus direitos e obrigações de ordem civil, trabalhista, fiscal ou de qualquer outra natureza". Trata-se de norma supranacional, que estabelece direitos fundamentais, tendo o Brasil como país signatário. Texto foi aprovado no Congresso Nacional em 1992. Publicação do Decreto 678 em 1992.

tivo de deixar claro que a duração razoável do processo não é algo que depende apenas do Poder Judiciário, mas também requer prestações do executivo e do Legislativo.[11]

Impõe-se, pois, a análise do conteúdo mínimo e dos destinatários do direito fundamental à duração razoável do processo.

3.1. Conteúdo mínimo e destinatários

O direito fundamental à duração razoável do processo, em seu âmbito de incidência, deve ser respeitado em toda e qualquer espécie de processo, seja jurisdicional, seja administrativo.[12]

Trata-se de um princípio redigido como cláusula geral, possuindo em seu suporte fático um termo indeterminado, a duração razoável, e não prevendo a cominação de consequência jurídica para a hipótese de descumprimento. Trata-se de um princípio que impõe um estado de coisas que deve ser promovido pelo Estado, seu destinatário.[13]

Hodiernamente, deve-se entender o direito de ação como o direito à tutela adequada, efetiva e tempestiva, evidenciando-se a importância da tempestividade para a obtenção da tutela do direito material.[14]

De suma importância para a densificação dos direitos fundamentais é o estudo do seu conteúdo mínimo e de seus destinatários. Assim, para Sarlet, Marinoni e Mitidiero, o conteúdo mínimo do direito fundamental à duração razoável do processo está em vincular tanto o legislador, como o administrador e o juiz.[15] O direito à duração razoável exige prestações positivas do legislador, do administrador e do juiz, devendo o Estado dar tempestividade à tutela jurisdicional.[16]

Nesse contexto, passa-se a analisar o legislador como destinatário do direito ao fundamental à duração razoável, em seu dever de proteção normativa.

Conforme destacam Sarlet, Marinoni e Mitidiero, o direito fundamental à duração razoável do processo vincula o legislador no sentido de que ele deve viabilizar técnicas processuais que permitam a prestação

---

[11] MARINONI, Luiz Guilherme. *Abuso de defesa e parte incontroversa da demanda*. São Paulo: Revista dos Tribunais, 2007, p. 34.

[12] MARINONI, Luiz Guilherme. Direito fundamental à duração razoável do processo. *Revista Jurídica*, n. 379, 2009, p. 24.

[13] SARLET, Ingo Wolfgang; MARINONI, Luiz Guilherme; e MITIDIERO, Daniel. *Curso de direito constitucional*. São Paulo: RT, 2012, p. 678.

[14] MARINONI, Luiz Guilherme. Direito fundamental à duração razoável do processo. *Revista Jurídica*, n. 379, 2009, p. 12.

[15] SARLET, Ingo Wolfgang; MARINONI, Luiz Guilherme; e MITIDIERO, Daniel. *Curso de direito constitucional*. São Paulo: RT, 2012, p. 678.

[16] MARINONI, Luiz Guilherme. Direito fundamental à duração razoável do processo. *Revista Jurídica*, n. 379, 2009, p. 12-13.

tempestiva da tutela jurisdicional, normas que reprimam comportamentos atentatórios à duração razoável, e deve estabelecer a previsão de responsabilidade civil do Estado pelo descumprimento do referido direito fundamental.[17]

No mesmo sentido, Marinoni assevera que o legislador é obrigado a dar proteção normativa à duração razoável do processo em três dimensões, (1) devendo editar normas com o fim de regular a prática dos atos processuais em prazo razoável, estabelecer prazos que realmente permitam a prática dos atos processuais, e fixar sanções preclusivas diante da não observância dos prazos; (2) devendo "dar às partes meios de controle das decisões judiciais que violem as normas processuais destinadas a dar proteção ao direito fundamental à duração razoável, assim como formas de controle das decisões que, sem atentar contra regras infraconstitucionais, neguem diretamente o direito fundamental à duração razoável"; e (3) devendo "instituir meios processuais capazes de permitir o exercício da pretensão à tutela ressarcitória contra o Estado".[18]

No que tange à primeira dimensão, no que diz respeito à viabilização de técnicas processuais capazes de viabilizar a tutela tempestiva, podem-se destacar, dentre outras normas, as hipóteses atinentes à antecipação de tutela, que viabilizam uma melhor distribuição do ônus do tempo do processo, como a antecipação de tutela decorrente da urgência, do art. 273, I, do CPC, a antecipação de tutela em razão da evidência da parcela incontroversa, do art. 273, § 6º, do CPC, e a antecipação de tutela pela evidência diante do abuso do direito de defesa ou manifesto propósito protelatório do réu, do art. 273, II, do CPC.

Conforme Luiz Guilherme Marinoni, deve o legislador traçar os procedimentos e as técnicas processuais idôneas a dar duração razoável ao processo, devendo estabelecer procedimentos especiais em razão do direito material em jogo, bem como deve instituir regras que permitam a construção do procedimento adequado ao caso concreto.[19]

Ademais, impõe-se ao legislador viabilizar normas legais que reprimam, mediante previsão de sanções, a atuação protelatória das partes, desincentivando e sancionando condutas que exasperem o tempo patológico do processo, tendo-se como exemplo o art. 14, II, IV, V e parágrafo único, e o art. 17, IV e VII, e art. 18, todos do Código de Processo Civil.[20]

---

[17] SARLET, Ingo Wolfgang; MARINONI, Luiz Guilherme; e MITIDIERO, Daniel. *Curso de direito constitucional*. São Paulo: RT, 2012, p. 678.

[18] MARINONI, Luiz Guilherme. Direito fundamental à duração razoável do processo. *Revista Jurídica*, n. 379, 2009, p. 13-17.

[19] Idem, p. 15.

[20] Idem, p. 14.

Por fim, impõe-se ao legislador a edição de normas que regulamentem a responsabilidade civil do Estado pelo descumprimento do direito fundamental à duração razoável do processo, fixando critérios e parâmetros que permitam aferir, no caso concreto, a violação, ou não, da duração razoável, bem como estabelecendo a competência para o julgamento da demanda, visto que não seria racional que o próprio órgão jurisdicional que apreciou a ação em que teria ocorrido violação ao direito fundamental pudesse julgar a ação ressarcitória.[21]

Assim como o Legislativo, o Executivo também é destinatário do direito fundamental à duração razoável do processo, em seu dever de dotação.

Nesse diapasão, o administrador igualmente está vinculado ao direito fundamental, devendo adotar técnicas gerenciais aptas a viabilizá-lo, organizando de forma idônea os órgãos jurisdicionais.[22]

Inegavelmente, para que se preste a jurisdição de forma efetiva e tempestiva, há a necessidade de que se tenha uma estrutura administrativa compatível, com pessoal qualificado, com tecnologia adequada e com estrutura material idônea.[23]

Para garantir a estrutura adequada para a prestação jurisdicional, o Poder Judiciário necessita de um orçamento que contemple suas necessidades, razão pela qual o direito fundamental à razoável duração do processo impõe ao Poder Executivo uma prestação de caráter econômico, uma dotação orçamentária adequada.[24]

Não há como negar, pois, que o Poder Executivo é destinatário do direito fundamental à duração razoável do processo, visto que sem uma estrutura compatível com a demanda existente, sem mão de obra qualificada e em quantidade adequada, sem tecnologia da informação apta a otimizar a prestação dos serviços pelo Poder Judiciário, não há como se prestar uma tutela jurisdicional tempestiva.

E, como não poderia ser diferente, o Poder Judiciário também é destinatário do direito fundamental à duração razoável do processo, impondo-se ao julgador o dever de prestar a tutela jurisdicional de forma

---

[21] MARINONI, Luiz Guilherme. Direito fundamental à duração razoável do processo. *Revista Jurídica*, n. 379, 2009, p. 17.
[22] SARLET, Ingo Wolfgang; MARINONI, Luiz Guilherme; e MITIDIERO, Daniel. *Curso de direito constitucional*. São Paulo: RT, 2012, p. 678.
[23] MARINONI, Luiz Guilherme. Direito fundamental à duração razoável do processo. *Revista Jurídica*, n. 379, 2009, p. 19.
[24] Idem, p. 19-20.

tempestiva, vinculando-se o juiz na condução do processo em respeito à duração razoável.[25]

Impõe-se salientar que a prestação jurisdicional tempestiva não se dá apenas para tutelar o direito do autor, mas também para garantir ao demandado um processo justo, sem submetê-lo a uma pendência processual que exceda a razoabilidade.[26]

Nesse sentido, tendo o juiz como destinatário, impõe-se uma condução do processo que contemple o direito fundamental à duração razoável, combatendo-se atos judiciais que dilatem de forma indevida o feito, sejam atos omissivos, sejam atos comissivos.[27]

Pode-se destacar, como omissão do julgador na condução do processo, capaz de causar dilação indevida e violar o direito fundamental à duração razoável, a não análise de um pedido de tutela antecipatória ou a não repressão de atos abusivos das partes, deixando de conduzir o processo de forma a assegurar a tempestividade da tutela jurisdicional.[28] Da mesma forma, a violação do direito à duração razoável do processo pode-se dar por uma conduta comissiva do julgador, ao determinar a produção de prova sobre fato incontrovertido ou impertinente, ou ao se equivocar na escolha de uma técnica processual idônea à tempestividade da tutela jurisdicional.[29]

Percebe-se, por conseguinte, que o direito fundamental à duração razoável do processo vincula os três Poderes estatais, Judiciário, Legislativo e Executivo, que possuem deveres para densificá-lo.

3.2. *Duração razoável e celeridade*

Impõe-se referir que, por duração razoável, não se deve entender uma duração determinada, sob pena de se falar em "duração legal". Não há um prazo certo, determinado pelo legislador para que seja cumprido, razão pela qual se deve levar em consideração o caso concreto, não se admitindo a prática de atos dilatórios injustificados. Não se tem como

---

[25] SARLET, Ingo Wolfgang; MARINONI, Luiz Guilherme; e MITIDIERO, Daniel. *Curso de direito constitucional*. São Paulo: RT, 2012, p. 678.

[26] MARINONI, Luiz Guilherme. Direito fundamental à duração razoável do processo. *Revista Jurídica*, n. 379, 2009, p. 17.

[27] Idem, p. 17-18.

[28] SARLET, Ingo Wolfgang; MARINONI, Luiz Guilherme; e MITIDIERO, Daniel. *Curso de direito constitucional*. São Paulo: RT, 2012, p. 680. Conforme salientam os autores, "se a parte se comporta de forma inaceitável, gerando incidentes procrastinatórios, por exemplo, há responsabilidade do Estado. *É preciso perceber que o juiz tem o dever de velar pela rápida solução do litígio, tendo de conduzir o processo de modo a assegurar a tempestividade da tutela jurisdicional*. Daí que o juiz que se omite na repressão do ato abusivo da parte *contribui* para dilação indevida, dando azo à responsabilidade estatal".

[29] MARINONI, Luiz Guilherme. Direito fundamental à duração razoável do processo. *Revista Jurídica*, n. 379, 2009, p. 18.

cogitar uma duração razoável sem que as partes possam, adequadamente, participar do feito, exercendo seus direitos fundamentais de natureza processual e podendo influenciar o convencimento do julgador.[30]

Deve-se entender o direito fundamental à duração razoável do processo tanto na perspectiva do autor, que não quer ver o reconhecimento do seu direito submetido a um tempo patológico, quanto do réu, de ver respeitado o tempo fisiológico do processo que lhe permita exercer seu direito de defesa e suas garantias fundamentais.

Para Francisco Rosito,

> o processo deve demorar exatamente o tempo necessário para atender a sua finalidade de resolver o conflito com justiça, outorgando-se o direito material a quem efetivamente o tem, sem deixar de respeitar o contraditório, a ampla defesa, a igualdade entre as partes e o dever de adequada fundamentação, sob pena de violarmos garantias transcendentais de nosso sistema.[31]

Nesse contexto, Luiz Guilherme Marinoni salienta que "o direito à duração razoável confere direito à tutela jurisdicional tempestiva, direito ao prazo adequado para a prática dos atos processuais e direito de não ter a esfera jurídica restringida por tempo superior ao devido", razão pela qual "não há como confundir direito à duração razoável com direito à celeridade do processo".[32]

O direito à duração razoável do processo não pode ser confundido com celeridade processual, não se tratando de expressões sinônimas, visto que o processo demanda certa dilação, sendo o tempo fisiológico inerente ao processo.

Assim, deve-se analisar se o tempo processual foi proporcional ou não em relação à tutela do direito material em conflito. Para Sarlet, Marinoni e Mitidiero,

> A natureza necessariamente *temporal* do processo constitui imposição *democrática*, oriunda do direito das partes de nele *participarem* de forma adequada, donde o direito ao contraditório e os demais direitos que confluem para organização do processo justo *ceifam qualquer possibilidade de compreensão do direito ao processo com duração razoável simplesmente como direito a um processo célere*. O que a Constituição determina é a eliminação do *tempo patológico* – a *desproporcionalidade* entre duração do processo e a complexidade do debate da causa que nele tem lugar.[33]

---

[30] MARINONI, Luiz Guilherme. Direito fundamental à duração razoável do processo. *Revista Jurídica*, n. 379, 2009, p. 19-20.

[31] ROSITO, Francisco. O princípio da duração razoável do processo sob a perspectiva axiológica. *Revista de Processo*, n. 161, 2008, p. 36.

[32] MARINONI, Luiz Guilherme. Direito fundamental à duração razoável do processo. *Revista Jurídica*, n. 379, 2009, p. 21.

[33] SARLET, Ingo Wolfgang; MARINONI, Luiz Guilherme; e MITIDIERO, Daniel. *Curso de direito constitucional*. São Paulo: RT, 2012, p. 678-679.

Para considerar se a duração do processo foi proporcional ou não, deve-se levar em conta seu *spatium temporis*, o desenvolvimento temporal que se dá entre o *dies a quo* e o *dies ad quem*.[34]

Percebe-se, pois, que por duração razoável do processo não se deve entender processo célere, tendo em vista a necessidade de respeito ao tempo fisiológico do processo, buscando-se evitar o seu tempo patológico. E para se aferir a proporcionalidade da duração temporal, necessário levar em consideração alguns critérios.

3.3. Duração razoável e a Corte Europeia dos Direitos do Homem

A Convenção Europeia para Salvaguarda dos Direitos dos Homens e das Liberdades Fundamentais, firmada em Roma, em 1950, assegurou, em seu art. 6º, 1, que "toda pessoa tem direito a que sua causa seja examinada equitativa e publicamente num prazo razoável".

Conforme José Rogério Cruz e Tucci,

> foi, sem dúvida, a partir da edição desse diploma legal supranacional que o *direito ao processo sem dilações indevidas* passou a ser concebido como um direito subjetivo constitucional, de caráter autônomo, de todos os membros da coletividade (incluídas as pessoas jurídicas) à *tutela jurisdicional dentro de um prazo razoável*.[35]

Como se não bastasse o caráter histórico, é notória e efetiva a atuação da Corte Europeia dos Direitos do Homem no que tange ao direito fundamental à duração razoável dos processos.

Com a evolução dos seus julgados, a Corte Europeia dos Direitos do homem foi paulatinamente consolidando critérios para aferir se a tramitação processual atendeu ao direito fundamental à duração razoável.

Nesse sentido, não havendo um tempo legal, predeterminado em lei, há a necessidade de se analisar as circunstâncias do caso concreto para que se verifique a razoabilidade da duração do processo, se o processo cumpriu apenas com o seu tempo fisiológico ou se teve um tempo patológico, decorrente de dilações indevidas.

Acerca das dilações indevidas, José Rogério Cruz e Tucci esclarece que são

> os atrasos ou delongas que se produzem no processo por inobservância dos prazos estabelecidos, por injustificados prolongamentos das etapas mortas que separam a realização de um ato processual de outro, sem subordinação a um lapso temporal previamente fixa-

---

[34] SANA, Cecilia. *La durata ragionevole dei processi nel dialogo tra giudici italiani ed europei*. Milano: Giuffrè, 2008, p. 83.

[35] CRUZ E TUCCI, José Rogério. Sobre a duração razoável do processo na Europa comunitária. *Revista Magister de Direito Civil e Processual Civil*, n. 44, 2011, p. 91.

do, e, sempre, sem que aludidas dilações dependam da vontade das partes ou de seus mandatários.[36]

Assim, não há como se fixar em abstrato, *a priori*, um tempo que se considere razoável para a duração de um processo, tendo em vista as particularidades do caso concreto, que são levadas em consideração nos critérios consolidados pela Corte Europeia.

Atribui-se ao Caso Neumeister contra Áustria,[37] de 1963, o precedente em que a Corte Europeia primeiramente alinhavou os critérios para a aferição da duração razoável do processo.

Em que pese a natureza penal do processo, e das particularidades que por si só suscitam em relação ao processo civil, pode-se destacar que a Corte Europeia fixou sete critérios para a análise da razoabilidade da duração da prisão provisória de Neumeister, quais sejam (1) a duração efetiva da detenção, (2) a duração da detenção preventiva em comparação com a natureza da infração, (3) os efeitos de ordem material, moral ou outra causados pela detenção, (4) a conduta do acusado, levando-se em consideração (a) se ele contribuiu para retardar ou acelerar a instrução, (b) se ele retardou por demandas de liberdade, recursos, (c) se ele demandou sua liberdade mediante caução ou se ofereceu outras garantias), (5) as dificuldades de instrução do caso (complexidade quanto aos fatos, número de testemunhas), (6) a maneira como a instrução foi conduzida (sistema de instrução e a condução da instrução), e (7) a conduta das autoridades judiciárias (no exame dos pedidos de liberdade e no julgamento do caso).

A relevância desse caso decorre do fato de que a Corte Europeia levou em consideração alguns desses critérios para a análise do direito fundamental à duração razoável do processo, destacando-se a duração efetiva, a conduta do acusado, as dificuldades de instrução do caso, a forma como a instrução foi conduzida e a conduta das autoridades judiciárias, na análise dos pedidos e no julgamento do caso.

Após esse precedente, os critérios para análise da razoabilidade da duração foram sistematizados e consagrados nos casos Konig contra Alemanha (processo nº 6232/73), Buchholz contra Alemanha (processo

---

[36] CRUZ E TUCCI, José Rogério. Sobre a duração razoável do processo na Europa comunitária. *Revista Magister de Direito Civil e Processual Civil*, n. 44, 2011, p. 92.

[37] Processo 1936/63. No caso em comento, o diretor de uma empresa de transportes compareceu pela primeira vez como suspeito em 21/01/1960, tendo sido preso provisoriamente por fraude fiscal (pena de 5 a 10 anos) em 23/02/1961. Posteriormente, foi colocado em liberdade em 12/05/1961. Em 12/07/1962, foi preso pela segunda vez, tendo efetuado vários pedidos de liberdade e oferecimento de caução, todos recusados. Em 08/01/1964, uma decisão permitiu a liberdade mediante pagamento de 2 milhões de schilings, sendo que Neumeister ofereceu um milhão de schillings e foi posto em liberdade em 16/09/64.

nº 7759/77), Zimmermann e Steiner contra Suíça (processo n. 8737/79), entre outros.[38]

Os critérios, consolidados pela Corte Europeia, levariam em conta, basicamente, em análise ao caso concreto, (a) a complexidade da causa, (b) o comportamento dos litigantes e de seus procuradores, e (c) a atuação do órgão jurisdicional (autoridades competentes).

Posteriormente, além dos três critérios clássicos referidos, a Corte Europeia passou a levar em consideração um quarto critério, atinente à pessoa do jurisdicionado e à relevância do direito em jogo para a vida do litigante prejudicado pela duração não razoável do processo. Nesse sentido, podem-se destacar os casos H contra Reino Unido, de 1987, X contra França, de 1992, Commissione contra Dinamarca, de 1996, entre outros.[39]

Percebe-se, por conseguinte, que a Corte Europeia analisa o caso em concreto, o direito posto em jogo, sua complexidade, o comportamento das partes e seus procuradores, bem como a atuação das autoridades competentes para aferir se a duração processual foi ou não proporcional.

Ressalta Cruz e Tucci que a Corte Europeia demanda uma "diligência normal" da parte demandante, "não lhe sendo imputável a demora decorrente do exercício de direitos ou poderes processuais, como o de recorrer ou de suscitar incidentes". Assim, não serão "indevidas" as dilações decorrentes do esforço das partes, a utilização das regras processuais previstas e que causam uma natural delonga processual.[40]

Em que pese não haja um termo legal, convém salientar que existem decisões da Corte Europeia que consideram excessivo, como regra, em que pese a necessidade da análise da complexidade do caso concreto, o prazo superior a 05 anos, por considerar que seria razoável a tramitação

---

[38] CRUZ E TUCCI, José Rogério. Sobre a duração razoável do processo na Europa comunitária. *Revista Magister de Direito Civil e Processual Civil*, n. 44, 2011, p. 92, aponta o caso Capuano contra Itália (processo n. 9381/81) como precedente, em que pese seja posterior aos julgados anteriormente referidos.

[39] DALMOTTO, Eugenio. Diritto all'equa riparazione per l'eccessiva durata del processo, *in* CHIARLONI, Sergio (a cura di). *Misure acceleratorie e riparatorie contro l'irragionevole durata dei processi*. Torino : Giappichelli, 2002, p. 68-225. Conforme Eugenio Dalmotto, à p. 176, o critério da *posta in gioco* foi introduzido pela Corte de Estrasburgo em causas envolvendo portadores do vírus HIV, em que havia uma necessidade de levar em consideração a complexidade do caso concreto, suas peculiaridades de fato e de direito, impondo-se a condução do processo com uma excepcional diligência, a fim de assegurar a rapidez de um julgamento em que a decisão é de crucial importância para o jurisdicionado. Também é analisado, no critério da *posta in gioco*, o status pessoal, a importância da controvérsia para o jurisdicionado, destacando-se, por exemplo, o direito de visitas a menor, a adoção, bem como a liberdade da pessoa, em processos penais.

[40] CRUZ E TUCCI, José Rogério. Sobre a duração razoável do processo na Europa comunitária. *Revista Magister de Direito Civil e Processual Civil*, n. 44, 2011, p. 93. Continua o autor aduzindo que "é necessário, pois, que a morosidade, para ser reputada realmente inaceitável, decorra do comportamento doloso de um dos litigantes, ou, ainda, da inércia, pura e simples, do órgão jurisdicional encarregado de dirigir as diversas etapas do processo".

de 03 anos do processo em primeiro grau e de 02 anos para o procedimento recursal.[41]

Em relação ao valor indenizatório, não há um valor prefixado, mas o *quantum* arbitrado, como regra, é fixado entre 1000 e 1500 Euros para cada ano excedente ao *spatium temporis* considerado fisiológico e, por consequência, aceitável, podendo variar em razão das circunstâncias peculiares do caso concreto.[42]

Tendo em vista o grande número de demandas propostas contra Estados-Membros pelo descumprimento do direito fundamental à duração razoável, a Corte Europeia impõe a necessidade de os países da Europa comunitária adotarem mecanismos legais internos que solucionem a desproporcional duração processual, adaptando-se às orientações da Corte, podendo-se destacar a Legge Pinto italiana.

3.4. Duração razoável e o novo Código de Processo Civil

Dada a relevância do direito fundamental à duração razoável do processo, o Projeto de novo Código de Processo Civil, aprovado no Senado Federal, PLS 166/2010, estampou, em seu art. 4°, que "as partes têm direito de obter em prazo razoável a solução integral da lide, incluída a atividade satisfativa".

Em sua tramitação na Câmara dos Deputados, o Projeto de Lei 8046/2010 sofreu alteração em sua redação, em razão do substitutivo aprovado pela Comissão Especial, tendo o art. 4° disposto que "as partes têm direito de obter em prazo razoável a solução integral do mérito, incluída a atividade satisfativa", substituindo-se "lide" por "mérito", mas mantendo-se o consagrado direito fundamental à duração razoável do processo.

Inegável a importância da positivação da duração razoável no diploma processual, demonstrando uma orientação principiológica do legislador na busca de que a tramitação processual se dê de forma proporcional, sem dilações indevidas.

Contudo, são necessários avanços, a fim de que se estabeleçam critérios para aferir a razoabilidade da duração processual, bem como se impõe uma ponderação acerca da inclusão da "atividade satisfativa", visto que a satisfação do direito muitas vezes demanda questões outras que não podem ser viabilizadas pelo Poder Judiciário. Ademais, seria conve-

---

[41] CRUZ E TUCCI, José Rogério. Sobre a duração razoável do processo na Europa comunitária. *Revista Magister de Direito Civil e Processual Civil*, n. 44, 2011, p. 93.

[42] Idem, p. 94.

niente estabelecer uma normatização acerca da indenização decorrente da violação do direito fundamental à duração razoável do processo.[43]

4. Considerações finais

Indispensável, para o direito processual, que se viabilize, conforme a análise do caso concreto, a tutela adequada, efetiva e tempestiva do direito pretendido. Nesse sentido, de fundamental relevância é o estudo da relação entre tempo e direito, mormente no sentido de se buscar a efetivação de uma tutela tempestiva.

Para tanto, o direito fundamental à duração razoável do processo é um notável avanço no direito brasileiro, consagrado pela Emenda Constitucional 45, que inseriu o inciso LXXVIII ao art. 5º da Constituição Federal, e que agora vem previsto no novo Código de Processo Civil.

Tal direito fundamental é consagrado em inúmeros ordenamentos alienígenas, e impõe ao Estado – Poder Legislativo, Poder Judiciário e Poder Executivo – deveres para sua densificação, havendo um dever de proteção normativa, um dever de dotação e um dever de prestação de tutela jurisdicional tempestiva.

Cumpre destacar, em relação ao direito fundamental à duração razoável, a atuação da Corte Europeia dos Direitos do Homem, especialmente em razão dos critérios adotados para a aferição da proporcionalidade da duração do processo, além de sua forte influência sobre seus Estados-membros, dando efetividade ao direito fundamental.

Referências

ALVARO DE OLIVEIRA, Carlos Alberto. *Do formalismo no processo civil*, 2. edição, revista e acrescida de apêndice. São Paulo: Saraiva, 2003.
CANOTILHO, J. J. Gomes. *Direito constitucional e teoria da Constituição*, 7. ed. Coimbra: Almedina, 2003.
CHAINAIS, Cécile. La protection juridictionnelle provisoire dans le procès civil en droit français et italien. Paris: Dalloz, 2007.
CHIARLONI, Sergio (a cura di). Misure acceleratorie e riparatorie contro l'irragionevole durata dei processi. Torino : Giappichelli, 2002.
COMOGLIO, Luigi Paolo. *Etica e tecnica del "giusto processo"*. Torino: Giappichelli, 2004.
——. I modelli di garanzia costituzionale del processo. *Rivista Trimestrale di Diritto e Procedura Civile*, anno XLV, 1991.
CRUZ E TUCCI, José Rogério. *Tempo e processo*. São Paulo: Revista dos Tribunais, 1997.

---

[43] Sobre o tema, sugere-se a leitura de JOBIM, Marco Félix. *O direito à duração razoável do processo*: responsabilidade civil do Estado em decorrência da intempestividade processual, 2. ed. rev. e ampl. Porto Alegre: Livraria do Advogado, 2012.

——. Garantia da prestação jurisdicional sem dilações indevidas como corolário do devido processo legal. *Revista de Processo*, n. 66, São Paulo, 1992.

——. Garantias constitucionais da duração razoável e da economia processual no projeto do CPC. *Revista Magister de Direito Civil e Processual Civil*, n. 43, 2011, p. 25-39.

——. Sobre a duração razoável do processo na Europa Comunitária. *Revista Magister de Direito Civil e Processual Civil*, n. 44, 2011, p. 89-104.

DALMOTTO, Eugenio. Diritto all'equa riparazione per l'eccessiva durata del processo, in CHIARLONI, Sergio (a cura di). *Misure acceleratorie e riparatorie contro l'irragionevole durata dei processi*. Torino : Giappichelli, 2002, p. 68-225.

DIAS, Handel Martins. O tempo e o processo. *Revista da Ajuris*, n. 75, 1999, p. 227-245.

JOBIM, Marco Félix. *O direito à duração razoável do processo*: responsabilidade civil do Estado em decorrência da intempestividade processual, 2. ed. rev. e ampl. Porto Alegre: Livraria do Advogado, 2012.

MARINONI, Luiz Guilherme. *Abuso de defesa e parte incontroversa da demanda*. São Paulo: Revista dos Tribunais, 2007.

——. O custo e o tempo do processo civil brasileiro. *Revista da Faculdade de Direito da Universidade Federal do Paraná*, v. 37, Curitiba, 2002.

——. Direito fundamental à duração razoável do processo. *Revista Jurídica*, n. 379, 2009, p. 11-27.

MITIDIERO, Daniel. *Colaboração no processo civil*: pressupostos sociais, lógicos e éticos, 2. ed. São Paulo: Revista dos Tribunais, 2011.

——. *Antecipação da tutela*: da técnica cautelar à técnica antecipatória. São Paulo: Revista dos Tribunais, 2013.

OST, François. *O tempo do direito*. Lisboa: Piaget, 1999.

ROSITO, Francisco. O princípio da duração razoável do processo sob a perspectiva axiológica. *Revista de Processo*, n. 161, 2008, p. 21-38

SANA, Cecilia. *La durata ragionevole dei processi nel dialogo tra giudici italiani ed europei*. Milano: Giuffrè, 2008.

SARLET, Ingo Wolfgang; MARINONI, Luiz Guilherme; e MITIDIERO, Daniel. *Curso de direito constitucional*. São Paulo: RT, 2012.

SILVA, Ovídio Araújo Baptista da. *Processo de conhecimento e procedimentos especiais. Da Sentença Liminar à Nulidade da Sentença*. Rio de Janeiro: Forense, 2002.

WAMBIER, Luiz Rodrigues; JUNIOR, Amílcar Araújo Carneiro. Uma contribuição para o estudo da razoável duração do processo. *Revista Jurídica*, n. 396, 2010, p. 11-45.

— 4 —

A ampliação da participação do *amicus curiae* no novo Código de Processo Civil

MIRIAM HELENA SCHAEFFER[1]

Sumário: 1. Introdução; 2. A concepção do instituto do *amicus curiae*; 3. O papel do *amicus curiae* no sistema americano da *Common Law;* 4. O *status quo* do *amicus curiae* no sistema brasileiro atual; 5. A previsão do papel do *amicus curiae*, segundo o novo CPC; 6. Considerações finais; Referências.

1. Introdução

É possível afirmar, desde logo, que o novo Código de Processo Civil – CPC – vem fortemente permeado pela noção de um processo constitucional. Como instrumento para a realização do direito material, o novo Código restringe institutos pouco utilizados e divergentes na doutrina, como as espécies de intervenção de terceiros; por outro lado, amplia a figura de outros, dentre os quais, a do *amicus curiae*. Busca, dessa forma, proporcionar maior participação da sociedade na decisão judicial, trazendo o salutar debate para o aprimoramento da jurisdição, pretendendo não perder a celeridade, a simplificação de procedimentos e, ao final, a tão almejada justiça.

Não se pretende, neste artigo, abranger as demais inovações do novo CPC, no que tange à redução das chamadas intervenções de terceiros, que serão tratadas em outro artigo, mas sim, abordar a figura do *amicus curiae* e da ampliação do seu papel, segundo a nova previsão le-

---

[1] Possui graduação em Direito pela Universidade do Vale do Rio dos Sinos – Unisinos (1992), LLM Masters In Law – Washington University In St Louis (2001), Mestrado em Direito pela Universidade do Vale do Rio dos Sinos – Unisinos (2003) e Doutorado também pela Unisinos (2008). Atualmente é Professora Assistente P.A. I da Universidade do Vale do Rio dos Sinos nas disciplinas de Processo Civil, Contratos e Estágio. Advogada do Escritório de Advocacia Neves e Oliveira S/C. Tem experiência na área de Direito Público, com ênfase em Direito Processual Civil, atuando principalmente nos seguintes temas: Direito Processual Civil, Direito Imobiliário e Contratos, Sistemas Jurídicos, Comparação, Súmulas Vinculantes, Cortes Constitucionais e USA Law.

gal. Para tanto, far-se-á breve relato histórico acerca do instituto, de seu papel no sistema americano da *Common Law*, do *status quo* do referido instituto em nosso sistema e das possíveis ramificações da alteração no novo do CPC, com a possibilidade da intervenção do *amicus curiae* no 1º grau de jurisdição.

Assim, o presente trabalho buscará analisar a figura do *amicus curiae*, a partir de suas origens e de sua adaptação ao nosso sistema, a atual dimensão do papel deste instituto no Direito brasileiro e o pretendido alcance do mesmo no novo Código de Processo Civil.

2. A concepção do instituto do *amicus curiae*

Segundo leciona Scarpinella Bueno, as origens do instituto estão vinculadas ao Direito Inglês medieval; entretanto, cita o autor que a doutrina admite, igualmente, localizar a figura do *amicus* no Direito Romano. Para os romanos, o *amicus* desenvolvia a atividade de um colaborador do magistrado em matérias não jurídicas, admitindo, no entanto, que tal figura, no sistema romano, poderia também ser desenvolvida pelo *consilium* ou *consilliarius*, de onde, então, poderia ter surgido a figura do *amicus*, no sistema inglês.[2]

Nas palavras de Esther M. B. dos Santos, o *amicus curiae* é o amigo da Corte e se refere a uma pessoa, uma entidade ou um órgão, com profundo interesse em uma questão jurídica movido por um interesse maior que o das partes, e direcionado à questão jurídica e aos possíveis reflexos diretos e indiretos desta, na sociedade.[3]

Já nas palavras de Adhemar Ferreira Maciel, este "vez por outra, se traduziria mais num *amicus partis* ou num *amicus causae:*o terceiro que comparece ao processo alheio vem, na realidade, mais com o intuito de ajudar uma das partes do que mesmo trazer esclarecimentos ao tribunal".[4]

Afirma referido autor que o *amicus curiae* é um instituto de matiz democrático, uma vez que permite, tirando um ou outro caso de nítido interesse particular, que terceiros penetrem no mundo fechado e subjetivo do processo para discutir objetivamente teses jurídicas que vão afetar toda a sociedade".[5]

---

[2] BUENO, Cassio Scarpinella. *Amicus Curiae no processo civil brasileiro*: um terceiro enigmático. 2. ed. rev. atual. e ampl. São Paulo: Saraiva, 2008. p. 88.

[3] SANTOS, Esther Maria Brighenti dos. *Amicus curiae*: um instrumento de aperfeiçoamento nos processos de controle de constitucionalidade. *Jus Navigandi*, Teresina, ano 10, n. 906, p. 1, 26 dez. 2005. Disponível em: <http://jus.com.br/revista/texto/7739/amicus-curiae/print>. Acesso em: 06 jan. 2013.

[4] MACIEL, Adhemar Ferreira. *"Amicus curiae"*: um instituto democrático.Revista de Informação Legislativa, Brasília a. 38 n. 153 jan./mar.2002.p. 7.

[5] Ibid. p. 7.

O sistema americano trata tal figura como aquele terceiro que tem interesse[6] na causa e que pode, com sua intervenção, auxiliar na formação da decisão pela Corte; senão, vejamos:

> Uma pessoa com fortes interesses ou posições sobre o objeto da ação, mas que não é parte na ação, pode pedir permissão à Corte para apresentar uma petição ostensivamente favorável a uma das partes, mas que na realidade demonstre uma posição consistente com a sua própria visão sobre o tema. As petições dos amigos da Corte são normalmente protocoladas em recursos que possuem vasto interesse público; por ex: casos que envolvem os direitos civis. Essas petições podem ser protocoladas por pessoas com personalidade jurídica de direito privado ou de direito público. Nos recursos perante as Cortes de Apelação Federal, tais petições somente serão protocoladas se apresentarem o consentimento escrito de todas as partes envolvidas ou com a apresentação da autorização da própria Corte, sendo desnecessário esse consentimento pelas partes ou pela Corte na hipótese da petição do amigo da Corte ser do próprio governo americano, um oficial seu ou de alguma agência sua conforme artigo 29 do regramento federal.[7]

Em seu nascedouro no sistema romano, o *amicus* era mais visto como um conselheiro neutro que auxiliava no esclarecimento de temas desconhecidos aos juízes. Esse papel foi incorporado ao sistema inglês e perdurou até o início do século XVIII. A partir do *case Coxe v. Phillips*, sua participação passou a ter um caráter adversarial e, assim, foi introduzido no sistema americano no *case Green v. Biddle*, em 1823, perante a Suprema Corte.[8]

Para a doutrina brasileira, ainda que não haja uma voz uníssona sobre o papel do *amicus curiae,* a melhor definição do referido conceito está ligada à posição de amigo da Corte. Nas palavras de Fredie Didier Jr., sua intervenção consubstancia-se em apoio técnico ao magistrado. Para esse doutrinador, o *amicus* compõe, ao lado dos demais sujeitos, o quadro dos sujeitos processuais.

> Trata-se de outra espécie, distinta das demais, porquanto sua função seja de auxílio em questões técnico-jurídicas. Municia o magistrado com elementos mais consistentes para que melhor possa aplicar o direito ao caso concreto. Auxilia-o na tarefa hermenêutica. Esta

---

[6] Não se trata de interesse jurídico, como poderia, eventualmente, ser compreendido pelo nosso sistema, mas sim, interesse em termos econômicos, políticos, etc..

[7] A person with strong interest in or views on the subject matter of an action, but not a party to the action, may petition the court for permission to file a brief, ostensibly on behalf of a party but actually to suggest a rationale consistent with its own views. Such *amicus curiae* briefs are commonly filed in appeals concerning matters of a broad public interest; e.g. civil rights cases. Such may be filed by private persons or the government. In appeals to the U.S.courts of appeals, such briefs may be filed only if accompanied by written consent of all parties, or by leave of court, except that consent or leave shall not be required when the brief is presented by the United States or an officer or agency thereof. AMICUS curiae. In: BLACK, H .C. *Black's law dictionary.* 6th ed. St. Paul: West Publishing Company; 1998. p. 28.

[8] COLLINS JR, Paul M. Friends of the Supreme Court: interest groups and judicial decision making. Oxford University Press Inc, New York, 2008, p. 38-39.

última característica o distingue dos peritos, uma vez que esses têm a função clara de servir como instrumento de prova, e, pois, de averiguação do substrato fático.[9]

Complementa Didier Jr. que a possibilidade de intervenção do *amicus curiae* se justifica como forma de aprimoramento da tutela jurisdicional; "reconhece-se que o magistrado não detém, por vezes, conhecimento necessário e suficiente para a prestação da melhor e mais adequada tutela jurisdicional".[10]

Nas palavras de Carolina Tupinambá,[11] o *amicus* não se enquadra em nenhuma das espécies conhecidas, hoje, como de intervenção de terceiros, pois, em algumas situações, ele atua de forma semelhante ao perito ou ao Ministério Público, quando este atua como fiscal da lei. De qualquer sorte, toda a atuação do *amicus* deve ser voltada a gerar elementos que possam influir no teor da decisão que será proferida. Afirma, assim, a doutrinadora, que o *amicus* " É, tal qual classificado(...) uma modalidade de intervenção de terceiro, não obstante distinta das demais já existentes e estudadas, ou seja, atípica".[12]

De tais posicionamentos, é possível afirmar que a intervenção do *amicus curiae*, no nosso sistema, se desenvolve como auxiliar no potencial fornecimento de novos e relevantes elementos para a formação do livre convencimento motivado do órgão julgador. Para isso, seu grau de representatividade deve ultrapassar e transcender o mero interesse subjetivo no deslinde da lide, atuando como um verdadeiro representante da instituição ao qual se vincula e que se encontra em expectativa e, certamente, preocupada com o desfecho judicial. De sorte a obter-se uma decisão que gozará de maior legitimidade social e, consequentemente, democrática.

3. O papel do *amicus curiae* no sistema americano da *Common Law*

Não há como falar do instituto do *amicus curiae* no nosso sistema sem abordar o tratamento a ele dado no sistema americano, de onde esse instituto é fortemente inspirado. A participação do *amicus curiae* no sistema americano – em específico, perante a Suprema Corte – está regrada no artigo 37 e incisos da *"Rules of the Supreme Court"*. Além dessa previ-

---

[9] DIDIER JR, Fredie. *Curso de direito processual civil*: teoria geral do processo e processo de conhecimento. 11. ed. Salvador: JusPodivm, 2009. p. 391-392.

[10] Ibid., p. 392.

[11] TUPINAMBÁ, Carolina. Novas tendências de participação processual- O Amicus Curiae no Anteprojeto do novo CPC. In: FUX, Luiz (Coord.). *O novo processo civil brasileiro direito em expectativa*: reflexões acerca do projeto do novo código de processo civil. 1. ed. Rio de Janeiro: Forense, 2011. p. 117.

[12] Ibid.. p. 127.

são, é importante que os advogados respeitem os regramentos constantes nos artigos 29, 30 e 33, que explicitam os requisitos procedimentais que precisam ser cumpridos para a admissão do *amicus*.[13] Em nível federal, o artigo 29 da *Federal Rules of Appelate Procedure* regulamenta a participação do *amicus curiae* na fase de Apelação, perante as *Appellate Courts*. De igual forma, vários Estados possuem previsão específica para sua participação, na fase recursal.[14]

O artigo 37 do Regramento da Suprema Corte assim dispõe:

> Art. 37. Petição do Amicus Curiae. Art. 37.1. A petição de um amigo da Corte que chama atenção da Corte para uma questão que ainda não tenha sido suscitada pelas partes, pode ser de considerável auxilio à Corte. Uma petição do Amigo da Corte que não tem esse objetivo é prejudicial à Corte (sobrecarrega a Corte) e o seu processamento não é favorável. A petição somente poderá ser submetida por um advogado regularmente admitido a atuar na Suprema Corte conforme previsto no artigo 5.[15]

De fundamental relevância, é observar que, apesar das previsões citadas, a origem e a utilização da figura do *amicus curiae* no sistema americano sempre estiveram ligadas ao poder discricionário da Corte. Devemos ter em mente que, no sistema americano, as regras processuais criadas nos precedentes aderem ao sistema, tendo em vista o *stare decisis* e a doutrina dos precedentes.

Para o sistema americano, sua participação objetiva trazer ao conhecimento da Corte a questão que não foi objeto de exame nas petições das partes. Daí, se faz fundamental que os advogados que atuam em nome do *amicus* verifiquem, com a parte que irão apoiar, se o argumento legal já não foi suscitado, ou se o argumento que pretende ser desenvolvido pela petição do *amicus*, já foi exaurido e adequadamente desenvolvido – ou não – pelas próprias partes, em suas manifestações. Como a própria regra afirma, uma petição que simplesmente repete questões (argumen-

---

[13] SCHWEITZER, Dan. Fundamentals of preparing a United States Supreme court Amicus Brief. *Journal of Appellate Practice and Process*, Chicago, v. 5, n. 2, p. 2, 2003.

[14] Importante referir que a participação do *amicus* se dá na fase recursal, e não no 1º grau de Jurisdição. E tal razão se justifica no sistema americano, pois, a Corte de Apelação entende que a matéria fática deve ser analisada pelo júri, reservando as questões "de direito" para a Corte decidir. Por tal razão, a petição do *amicus curiae* se concentra em ressaltar questões de Direito não debatidas, ou mesmo apresentando-as, sob outra perspectiva. Daí que os fatos não serão objeto da petição, e sim, por exemplo, eventuais divergências jurisprudenciais ou a inconstitucionalidade de determinada lei. Não se tem conhecimento de regulamento ou da participação de *amicus* no primeiro grau de jurisdição, em nível estadual ou federal, e a ausência de regulamentação é decorrência do próprio poder discricionário do juiz, que se entender adequado poderá permitir a participação do amicus sem a previsão expressa para tal, estando dentro do chamado *"discritionary Power of the Court"*.

[15] Supreme Court Rules. Art. 37.1 An *amicus curiae* brief that brings to the attention of the Court relevant matter not already brought to its attention by the parties may be of considerable help to the Court. An *amicus curiae* brief that does not serve this purpose burdens the Court, and its filing is not favored. An amicus curiae brief may be filed only by an attorney admitted to practice before this Court as provided in Rule 5.

tos) já suscitadas pelas partes, é prejudicial, *"burden to the Court"*, à Corte e não será levada em conta.

Importa referir que as Cortes de Apelação, tanto em nível federal, quanto estadual, concentram o debate nas questões de direito – e não nas questões fáticas. Somado a isso, deve ser levado em conta a circunstância de que, via de regra, as decisões das Cortes Federais de Apelação são decisões finais para o Circuito onde são proferidas, porquanto o recurso para a Suprema Corte está dentro do poder discricionário da Corte, de admiti-lo, ou não. Assim, a participação do *amicus curiae* é admitida no 2º grau de jurisdição, para o debate ligado às questões de direito.[16]

Não foi sem razão que a regra que limita a intervenção para somente "novos argumentos ainda não levantados perante a Corte a favor das partes" foi criada. A comunidade jurídica americana se divide quanto ao apoio à participação ampla do amigo da Corte. No início do século XX, havia a participação do *amicus curiae* somente em 10% dos *cases* em média, o que mudou drasticamente quando, do final do século XX, 85% dos *cases* perante a Suprema Corte, foram protocoladas petições de *amicus curiae* nos *cases* que seriam julgados.[17]

Tal realidade obrigou a Corte a restringir a possibilidade de participação do *amicus curiae*, de sorte que incluiu, na previsão, a necessidade de o *amicus* trazer argumentos novos e relevantes, que pudessem auxiliar a Corte na decisão; caso contrário, seria considerado um peso para a Corte.

Ainda, se torna importante referir que a petição do *amicus curiae*, quando frente à Suprema Corte, pode ter objetivos distintos, dependendo se submetida para auxiliar que o recurso em análise seja admitido – o que, obrigatoriamente, a petição terá que fazer a distinção dos demais 150 casos, que esperam ser admitidos para exame pela Corte, e expor porque a Corte deve examinar o recurso, ou seja, admitir a *certiorari petition*. Em termos comparativos, pode-se dizer que a petição precisa comprovar, efetivamente, a repercussão geral presente no *case*, e os efeitos da decisão da Corte inferior no sistema legal que justifique a análise do recurso pela Corte. Se a petição do *amicus curiae* é apresentada posteriormente, já na fase do exame das razões de mérito e da fase de sustentação oral perante a Corte, o argumento que será desenvolvido é diverso, o que

---

[16] Pelo nosso estudo do sistema americano, podemos afirmar que as petições dos *amicus curiae* não são dirigidas para debater questões fáticas. No sistema americano, o juiz da *District Court* tem melhores condições de decidir sobre questões fáticas, como, por exemplo, quais provas são admissíveis, o que as testemunhas disseram ou não, e de que forma a prova foi judicializada, frente ao júri, entre outras questões. Pelo qual, é difícil imaginar a participação do *amicus* no 1º grau, ainda que, conforme acima referido, a participação do *amicus* está dentro do poder discricionário da Corte (entenda-se juiz) de permitir – ou não.

[17] KEARNEY, Joseph D.; MERRILL, Thomas W. The influence of Amicus Curiae briefs on the Supreme Court. *University of Pennsylvania Law Review*, Westlaw, v. 148, n. 3, p. 2, jan., 2000.

significa dizer, seu objetivo será examinar e exaurir o argumento legal, especificamente o mérito, e não mais a presença dos requisitos de admissibilidade para a concessão do *certiorari*.[18]

O artigo 37 está subdividido em seis incisos e alíneas. De forma geral, o regramento prevê que a petição somente poderá ser admitida com o consentimento das partes ou pelo deferimento da própria Corte que, via de regra, a admite, desde que tempestiva, razão pela qual os advogados das partes não se opõem à admissão da petição. Quando quem peticiona é ente público, de qualquer esfera e nível governamental, não é exigido o pedido de admissão às partes e à Corte.

A petição deverá atender requisitos de admissibilidade dos recursos e, dentre eles, os mais observados dizem respeito à regularidade formal e à tempestividade, destacando-se, como de maior relevância, os abaixo referidos:

Segundo o artigo 37.6, o advogado que subscreve a petição deverá informar se foi ele quem redigiu a peça integralmente, ou parcialmente, e identificar toda e qualquer pessoa ou entidade e membros ou advogados que fizeram uma contribuição monetária para a elaboração da peça e seu processamento. Somente as entidades públicas estão dispensadas deste requisito, como, por exemplo, o procurador geral da República, os procuradores de Estado, de Município, etc.[19]

Ainda, conforme a regra 37.5, a petição deverá, obrigatoriamente, conter quatro tópicos ou seções: demonstrativo do interesse do amigo da corte; síntese do argumento; desenvolvimento do argumento e conclusão. Resumo fático e processual do *case* é opcional.

A petição deverá obedecer a determinado número de páginas, dependendo do momento processual em que é apresentada, além de identificar, por cores, o momento processual e qual a parte que apoia. Por exemplo, se a petição é em apoio aos apelados/requeridos, deverá ser identificada com a cor verde escura.[20] O regramento busca, ao máximo, identificar quem é o peticionante e qual a posição deste, em relação às partes e ao direito posto em causa, de sorte a facilitar a tarefa dos julgadores.

---

[18] SCHWEITZER, Dan. Fundamentals of preparing a United States Supreme court Amicus Brief. *Journal of Appellate Practice and Process*, Chicago, v. 5, n. 2, p. 3, 2003.

[19] Except for briefs presented on behalf of *amicus curiae* listed in Rule 37.4, a brief filed under this Rule shall indicate whether counsel for a party authored the brief in whole or in part and whether such counsel or party made a monetary contribution intended to fund the preparation or submission of the brief, and shall identify every person or entity, other than the amicus curiae, its members, or its counsel, who made such a monetary contribution to the preparation or submission of the brief. The disclosure shall be made in the first footnote on the first page of text. SCHWEITZER, Dan. Fundamentals of preparing a United States Supreme court Amicus Brief. *Journal of Appellate Practice and Process*, Chicago, v. 5, n. 2, p. 2, 2003.

[20] Art. 37.4 e 37.5. Ibid., p. 2

Na realidade, apesar da tentativa de restringir a participação do *amicus curiae* ou da existência de maiores requisitos procedimentais, e de parcela dos operadores do direito ser contrária ao instituto, é inquestionável que ele possui grande efeito nos julgamentos, perante as Cortes. No caso da Suprema Corte, é conhecido e admitido de forma geral que as petições dos *amicus curiae* auxiliam, em muito, que certos casos sejam admitidos e examinados "no mérito pela Corte".[21] O que por si só já demonstra a importância deste instrumento, quando sabidamente o exame de um recurso pela Suprema Corte no mérito é algo muito difícil, frente ao grande poder discricionário da Corte na escolha dos *cases* que irá examinar.

4. O *status quo* do *amicus curiae* no sistema brasileiro atual

Dentro do modelo atual de jurisdição, a figura do *amicus curiae* está muito distante do modelo americano. Sua participação, no nosso sistema, vem sendo aperfeiçoada, nos últimos anos, com incremento considerável na última década, em especial nas ações diretas de inconstitucionalidade. Encontra-se sua previsão, em especial, na ação direta de inconstitucionalidade (Lei 9.869/99, incidente de uniformização de jurisprudência nos Juizados Especiais federais (Lei 10.259/01), arguição de descumprimento de preceito fundamental, edição, revisão e cancelamento das súmulas vinculantes do STF, processos do Conselho Administrativo de defesa econômica (CADE – Lei 8.884/94) e de processos de interesse da Comissão de Valores Mobiliários (CVM – Lei 6.385/76).

O instituto passou a ser previsto no nosso sistema com a Lei 6.385/76 no seu art.31, que veio a permitir a intervenção, nessa qualidade, da Comissão de Valores Mobiliários(CVM) em processos judiciais de caráter individual, nos quais devessem ser apreciadas questões de direito societário, no plano administrativo, à competência fiscalizadora dessa autarquia federal.[22]

A função do *amicus curiae* – nas hipóteses acima delineadas, nas primeiras, em especial – é de ser um instrumento real de acesso do cidadão ao círculo fechado do debate constitucional do STF. Fundamental, no que diz respeito ao processo de controle abstrato de constitucionalidade, para discutir temas de interesse social, em que, efetivamente, esse instrumento se mostrou extremamente importante e efetivo, no auxílio da formação das decisões judiciais. Entretanto, ainda longe, sob nosso en-

---

[21] SCHWEITZER, Dan. Fundamentals of preparing a United States Supreme court Amicus Brief. *Journal of Appellate Practice and Process*, Chicago, v. 5, n. 2, p. 2, 2003.
[22] CARNEIRO, Athos Gusmão. Intervenção de Terceiros, 19ª ed. Editora Saraiva, São Paulo, 2010, p. 212.

tendimento, de possibilitar a participação do cidadão comum. O que se acentua é, sem dúvida, a participação de grupos organizados, entidades de representação. Contudo, quando esses grupos não estão organizados na sociedade, permanece a discussão distante do cidadão comum.

Verifica-se que a participação do *amicus curiae*, ou amigo da corte, nem sempre será desinteressada; ao contrário. Assim como se desenvolveu no sistema americano, com o apoio da petição do *amicus* em favor de um ou de outro argumento, de igual forma, se opera no nosso sistema. Poderá, em determinadas hipóteses, apresentar argumentos que beneficiem uma parte, em detrimento da outra. O que é vital, todavia, é que sua atuação seja pautada pela lealdade processual e pelo princípio da boa-fé. Caberá ao julgador analisar as informações prestadas e a veracidade dos argumentos, para a formação do seu convencimento, com o mais amplo contraditório.

> No caso brasileiro, até o momento, a instituição do *amicus curiae* só se faz presente de forma mais marcante e com mais visibilidade nos processos de controle direto de constitucionalidade. E essa presença do amigo da corte permite uma oxigenação dos sentidos e significados que as decisões da Suprema Corte conferem à Constituição e às leis.[23]

Pode-se, assim, resumir a participação do *amicus curiae* no sistema processual brasileiro, nos seguintes regramentos legais: no controle concentrado de constitucionalidade, na ação declaratória de constitucionalidade, na arguição de descumprimento de preceito fundamental, no incidente de inconstitucionalidade, no incidente de uniformização de jurisprudência perante os Juizados Federais especiais, Resolução n.390/04 do Conselho da Justiça Federal, pessoas jurídicas de direito público (art. 5º da Lei 9.469/97), Comissão de Valores Mobiliários (CVM) artigo 31 da Lei 6.385/76, Instituto Nacional de Propriedade Industrial (INPI) (arts, 57, 118 e 175 da Lei 9.279/96), Conselho Administrativo de Defesa Econômica (CADE) (art. 89 da Lei 8.884/94), Ordem dos Advogados do Brasil art.49 da Lei 8.906/94, Processo Administrativo Federal Lei 9.784/99, na proposta de súmula, vinculante, no artigo 543-A do CPC, que trata da repercussão geral e no recurso repetitivo.[24]

O resultado positivo da participação dos amigos da Corte, nos regramentos evidenciados, certamente, é o grande motivador da proposta de ampliação de sua participação nas demandas no novo CPC. Cite-se

---

[23] BORGES, Lara Parreira de Faria. *Amicus curiae* e o projeto do novo Código de Processo Civil. Instrumento de aprimoramento da democracia no que tange às decisões judiciais. *Temas Atuais de Processo Civil*, [S.l.], v. 1, n. 4, p. 19, out. 2011. Disponível em: <http://www.temasatuaisprocesso civil.com.br/edicoes-anteriores/51-v1-n-4-outubro-de-2011-/154-amicus-curiae-e-o-projeto-do-novo-codigo-de-processo-civil-instrumento-de-aprimoramento-da-democracia-no-que-tange-as-decioes-judiciais>. Acesso em: 08 set. 2012.

[24] TUPINAMBÁ, Carolina. Novas tendências de participação processual. O *Amicus Curiae* no Anteprojeto do novo CPC. In: FUX, Luiz (Coord.). *O novo Processo Civil brasileiro direito em expectativa*: reflexões acerca do projeto do novo Código de Processo Civil. Rio de Janeiro: Forense, 2011. p. 118-122.

como exemplo a numerosa e efetiva participação de inúmeros grupos sociais que participaram como *amici curiae* da decisão proferida na ADPF 132, que reconheceu a união homoafetiva como ente familiar. Resta, no entanto, verificar se a ampliação da participação é positiva, ou não, conforme, adiante, veremos.

5. A previsão do papel do *amicus curiae*, segundo o novo CPC

Segundo o novo CPC, a participação do *amicus curiae* poderá ser maior, e em todos os níveis de Jurisdição. O novo CPC altera o papel da Intervenção de Terceiros e, com isso, inclui no Livro III, Título III, o Capítulo V, que trata exclusivamente do *amicus curiae*, modificando, igualmente, os níveis de participação dos terceiros no processo, criando previsão específica para a participação do *amicus curiae*, inexistente no Código de 1973; senão, vejamos:

> Art.138. O juiz ou o relator, considerando a relevância da matéria, a especificidade do tema objeto da demanda ou a repercussão social da controvérsia, poderá, por decisão irrecorrível, de ofício ou a requerimento das partes ou de quem pretenda manifestar-se, solicitar ou admitir a participação de pessoa natural ou jurídica, órgão ou entidade especializada, com representatividade adequada, no prazo de 15 (quinze) dias de sua intimação.
>
> § 1º A intervenção de que trata o *caput* não implica alteração de competência, nem autoriza a interposição de recursos, ressalvadas a oposição de embargos de declaração e a hipótese do § 3º.
>
> § 2º Caberá ao juiz ou ao relator, na decisão que solicitar ou admitir a intervenção, definir os poderes do *amicus curiae*.
>
> § 3º O *amicus curiae* pode recorrer da decisão que julgar o incidente de resolução de demandas repetitivas.[25]

O sistema que se busca implantar com a redação do art.138 do novo Código de Processo Civil se aproxima da realidade norte-americana, à medida que garante maior possibilidade de atuação do *amicus curiae*, inclusive, nas instâncias inferiores de jurisdição, ampliando a participação deste, no sentido de trazer elementos que possam beneficiar o aperfeiçoamento da decisão e, via de consequência, da própria Jurisdição, com amplo poder discricionário do juiz na tomada desta decisão.

Várias questões serão objeto de debate e de dúvidas de acordo com a inclusão deste artigo no novo CPC. Entre elas, o exame da possibilida-

---

[25] Isto sem ignorar a anterior versão do projeto do novo CPC no artigo 320, que tramitava no Congresso com seus substitutivos e que previa redação ainda mais enxuta ao tema. "Art. 320: o juiz ou o relator, considerando a relevância da matéria, a especificidade do tema objeto ou a repercussão social da lide, poderá, por despacho irrecorrível, de ofício ou a requerimento das partes, solicitar ou admitir a manifestação de pessoa natural, órgão ou entidade especializada no prazo de dez dias da sua intimação. Parágrafo único. A intervenção de que trata o caput não importa alteração de competência, nem autoriza a interposição de recursos.

de – ou não – de recurso da decisão, que admite a participação do *amicus* e define os poderes deste; em que pese o artigo afirmar se tratar de decisão irrecorrível, e que o magistrado deverá definir os poderes do *amicus*. A nova previsão certamente ensejará controvérsias, com os consequentes recursos cabíveis, ainda mais em um sistema em que de tudo se recorre.

Ainda, o artigo não define o prazo concedido para a manifestação das partes a respeito da petição do *amicus*, e como deve se estabelecer o contraditório; nesta linha, pode ser questionado o que pode ser compreendido por "adequada representatividade da entidade", critério extremamente subjetivo, ainda mais se, como refere o próprio artigo, pessoa natural pode participar; e, qual o momento de ingresso do *amicus curiae* quando ainda no 1º grau de Jurisdição; entre outros vários questionamentos que a jurisprudência e a doutrina deverão enfrentar.

Dentre as modificações introduzidas, o que, de imediato, chama maior atenção é, sem dúvida, a ampliação da possibilidade da participação do *amicus*, em todos os níveis de jurisdição, ainda que não faça específica menção ao momento de sua intervenção. Igualmente, o requisito de "relevância da matéria ou especificidade do tema objeto da demanda ou repercussão social da controvérsia" que são, como já referido critérios subjetivos e sujeitos à interpretação e definição judicial.

O papel e a participação do *amicus curiae*, no nosso sistema, mostram-se benéficos nos termos existentes, de sorte que tem sido extensivamente utilizado perante as Cortes Superiores. Tanto é assim, que outro instrumento de grande utilidade no que tange a um maior envolvimento da sociedade nas questões que lhe dizem respeito, são as audiências públicas realizadas pelo Supremo, enriquecendo juridicamente os argumentos dos temas em julgamento, trazendo, sem sombra de dúvida, benefícios ao debate jurídico e à decisão final proferida.

A questão que deverá ser respondida a partir da alteração ou ampliação do papel do *amicus* é: até que ponto ampliar esta participação para outros momentos e instâncias judiciais (em especial o 1º Grau de Jurisdição) pode ser vantajoso – ou não, quando considerado o princípio da economia e da celeridade processual elevado a princípio constitucional. Como já destacado, no sistema americano, registram-se altos níveis de adesão do instituto, tanto que, em mais de 85% dos *cases* decididos pela Suprema Corte, há a participação de *amicus curiae*.[26]

Mas, a participação do *amicus*, naquele sistema, fica restrita aos julgamentos das Cortes de Apelação Federal e da Suprema Corte, havendo a previsão da participação deste, também, nas Cortes Estaduais somente de alguns Estados. Importante referir que, naquele sistema, boa parte da

---

[26] KEARNEY, Joseph D.; MERRILL, Thomas W. The influence of *Amicus Curiae* briefs on the Supreme Court. *University of Pennsylvania Law Review*, Westlaw, v. 148, n. 3, p. 2, jan., 2000.

comunidade jurídica é contrária à participação irrestrita do *amicus curiae*, como já referido, e existe um movimento no sentido de, cada vez mais, restringir a participação deste.[27]

A noção que permeia a participação mais abrangente do *amicus curiae* está vinculada ao aperfeiçoamento do processo e das decisões, com a qualificação do debate jurídico e uma maior participação, potencializando a probabilidade de que seja atingida uma decisão mais justa, gerando, consequentemente, maior estabilidade e segurança jurídica.

No dizer de Lara Borges, essa abertura é extremamente positiva, pois proporciona ao julgador diferentes pontos de vista e, consequentemente, uma melhor formação da própria decisão:

> Os pareceres e visões apresentados pelo *amicus curiae* não vinculam necessariamente o magistrado, mas ao menos o levam a refletir e pensar sobre pontos e interesses que não são necessariamente os das partes envolvidas no processo. Essa abertura da interpretação constitucional à sociedade é colocada por Peter Häberle como fundamental para a manifestação do pluralismo e o cumprimento das garantias do Estado Constitucional e Democrático de Direito, permitindo que a sociedade participe da construção de sentidos para a Constituição.[28]

Por outro lado, é importante a consideração da ampliação dessa participação, em todos os níveis de Jurisdição. O maior entrave, em nosso ponto de vista, a esta nova previsão, é a possível demora na tramitação do processo no 1º grau de jurisdição, que contraria o princípio da economia e celeridade processual.

Ora, se de real interesse para a melhor prestação jurisdicional, a participação do *amicus curiae*, em concreto, não é necessário autorizá-la, no 1º grau de Jurisdição. Se a intenção é ampliar a participação, no sentido de auxiliar a Jurisdição ao aperfeiçoamento de suas decisões, bastaria autorizar a participação destes no 2º grau de Jurisdição, em que a contribuição do *amicus* poderá ser considerada pelos julgadores em sede de Apelo e, ainda, permitir, caso necessário, em última análise, o retorno dos autos ao 1º grau para diligências ou reabertura da instrução probatória.

---

[27] Other members of the legal community, however, offer a much more negative assessment of amicus briefs. For example, Chief Judge Richard Posner of the Seventh Circuit has written that amicus briefs filed in his Court provide little or no assistance to judges because they largely duplicate the positions and arguments advanced by the parties. Those who share this assessment regard such filings as largely a nuisance- imposing unwarranted burdens on judges and their staffs with few, if any, mitigating benefits. According to those who harbor this negative assessment, the judicial system would be improved if amicus filings were prohibited or at least sharply curtailed. Ibid., p. 2.

[28] BORGES, Lara Parreira de Faria. *Amicus curiae* e o projeto do novo Código de Processo Civil. Instrumento de aprimoramento da democracia no que tange às decisões judiciais. *Temas Atuais de Processo Civil*, [S.l.], v. 1, n. 4, p. 19, out. 2011. Disponível em: <http://www.temasatuaisprocesso civil.com.br/edicoes-anteriores/51-v1-n-4-outubro-de-2011-/154-amicus-curiae-e-o-projeto-do-novo-codigo-de-processo-civil-instrumento-de-aprimoramento-da-democracia-no-que-tange-as-decioes-judiciais>. Acesso em: 08 set. 2012.

A resposta ao possível entrave criado pela demora que a participação do *amicus* pode criar é rechaçada por Morais,[29] quando afirma que a falta de celeridade ou os eventuais entraves "devem ser resolvidos pela aplicação do princípio da proporcionalidade e da razoabilidade", no sentido de que novos e bons argumentos devem preponderar sobre a criação jurisprudencial de uma rigorosa preclusão temporal.

De qualquer sorte, com posições favoráveis ou contrárias, parece-nos, a toda evidência, que devem ser sopesados princípios de grande relevância ao processo, que dizem respeito não somente à ágil e célere prestação jurisdicional, mas, igualmente, uma prestação jurisdicional adequada e justa, com o máximo de aprimoramento da decisão decorrente do debate que a participação do *amicus curiae*, invariavelmente, traz ao processo.

6. Considerações finais

O *amicus curiae*, como utilizado até o presente momento, no sistema legal brasileiro, mostrou-se um instrumento de relevante auxílio na formação da decisão judicial, em especial, nos temas que exigem conhecimento técnico específico do qual o julgador, muitas vezes, carece do suporte na construção de argumentos legais, pelo prisma diverso do apontado pelas partes. Assim, quando o *amicus* se torna uma possível fonte de conhecimento de assuntos inéditos, controversos ou mesmo difíceis, ele certamente estará cumprindo o seu papel de maior importância.

Nos moldes hoje delineados, a participação do *amicus curiae* na fase de instrução do processo não é contemplada; entretanto, esta parece ser a principal modificação introduzida no novo Código de Processo Civil, quando restringe outras figuras típicas de intervenção de terceiros e amplia a possibilidade de participação do *amicus curiae*, mesmo no 1º grau de jurisdição.

É necessário afirmar que entendemos que a referida figura deve ser de apoio ao Juízo, quanto às questões de direito *sub judice*, e não especificamente de auxiliar uma das partes, presente na demanda. É vital que sua participação destaque a relevância da questão, *sub judice*, para a sociedade, em vários níveis e, também, as consequências que uma decisão diversa pode causar ao meio social.

---

[29] MORAIS, George Ventura. Direito e desenvolvimento: a ampliação da participação processual e o amicus curiae no anteprojeto do novo código de processo civil. *Revista Direito e Desenvolvimento*, ano 3, n. 5, p.160, jan./jun. 2012.

Entendemos que a previsão constante no novo Código Processual carece de maior especificidade, aos moldes do que ocorre com a participação do *amicus curiae* no modelo americano, no qual não basta simplesmente apoiar uma das partes, mas sim, contribuir com novos e relevantes argumentos ainda não suscitados pela própria parte entre outros requisitos lá exigidos.

Mereceria, igualmente, maior detalhamento a forma de sua participação, momento de ingresso, limites na legitimação, resposta ou não aos argumentos suscitados pelas partes, buscando desta forma, evitar a proliferação de participantes que nada acrescentam de novo ao debate, com o uso abusivo do instrumento.

Veja-se que, para o sistema americano, o *amicus* somente participa, no que tange às questões de direito *sub judice*, sem adentrar nas questões fáticas que envolvem a lide, o que, por si só, já explica a participação desta figura somente após a decisão de 1º grau de Jurisdição. Daí que a abertura e ampliação da figura no nosso sistema legal, inclusive ao 1º grau de jurisdição, não nos parece de todo adequada ou mesmo de relevante contribuição ao aperfeiçoamento da Jurisdição. Em especial, se como afirmamos anteriormente, permitirmos a participação do *amicus* no 2º grau de Jurisdição, o que já seria suficiente para auxiliar a Corte na revisão de eventual decisão valorosa para a sociedade e, em última hipótese, ainda permitiria eventual retorno dos autos ao 1º grau para sanar ou realizar eventual diligência suscitada como relevante pelo *amicus curiae*, e assim entendida pelo Tribunal.

Estaríamos, desta forma, ainda, ampliando a participação do *amicus curiae*, sem incorrer no risco de causar maior prejuízo ao andamento do processo, pelo uso abusivo desta figura, já no 1º grau de jurisdição, causando delongas desnecessárias que só viriam em desprestígio ao princípio da economia e celeridade processual.

Referências

BLACK, H .C. *Black's law dictionary*. 6th ed. St. Paul: West Publishing Company; 1998. p. 28.

BORGES, Lara Parreira de Faria. Amicus curiae e o projeto do novo Código de Processo Civil. Instrumento de aprimoramento da democracia no que tange às decisões judiciais. *Temas Atuais de Processo Civil*, [S.l.], v. 1, n. 4, out. 2011. Disponível em: <http://www.temasatuaisprocessocivil.com.br/edicoes-anteriores/51-v1-n-4-outubro-de-2011-/154-amicus-curiae-e-o-projeto-do-novo-codigo-de-processo-civil-instrumento-de-aprimoramento-da-democracia-no-que-tange-as-decioes-judiciais>. Acesso em: 08 set. 2012.

BUENO, Cassio Scarpinella. *Amicus Curiae no processo civil brasileiro*: um terceiro enigmático. 2. ed. rev. atual. e ampl. São Paulo: Saraiva, 2008.

CARNEIRO, Athos Gusmão. Intervenção de Terceiros, 19ª.ed. São Paulo: Saraiva, 2010.

COLLINS JR, Paul M. Friends of the Supreme Court: interest groups and judicial decision making. Oxford University Press Inc; New York, 2008. p. 38-39.

DIDIER JR, Fredie. *Curso de direito processual civil*: teoria geral do processo e processo de conhecimento. 11. ed. Salvador: JusPodivm, 2009.

KEARNEY, Joseph D.; MERRILL, Thomas W. The influence of Amicus Curiae briefs on the Supreme Court. *University of Pennsylvania Law Review*, Westlaw, v. 148, n. 3, p. 743-855, jan., 2000.

MACIEL, Adhemar Ferreira. *"Amicus curiae": um instituto democrático*. Revista de Informação Legislativa, Brasília a. 38 n. 153 jan./mar.2002.

MORAIS, George Ventura. Direito e desenvolvimento: a ampliação da participação processual e o amicus curiae no anteprojeto do novo código de processo civil. *Revista Direito e Desenvolvimento*, ano 3, n. 5, p. 146-168, jan./jun. 2012.

SANTOS, Esther Maria Brighenti dos. *Amicus curiae*: um instrumento de aperfeiçoamento nos processos de controle de constitucionalidade. *Jus Navigandi*, Teresina, ano 10, n. 906, dez. 2005. Disponível em: <http://jus.com.br/revista/texto/7739/amicus-curiae/print>. Acesso em: 06 jan. 2013.

SCHWEITZER, Dan. Fundamentals of preparing a United States Supreme Court Amicus Brief. Journal *of Appellate Practice and Process*, Chicago, v. 5, n. 2, p. 523- 534, 2003.

TUPINAMBÁ, Carolina. Novas tendências de participação processual- O *Amicus Curiae* no Anteprojeto do novo CPC. In: FUX, Luiz (Coord.). *O novo Processo Civil brasileiro direito em expectativa*: reflexões acerca do projeto do novo Código de Processo Civil. Rio de Janeiro: Forense, 2011. p. 105-140.

— 5 —

A supressão do processo cautelar como *tertium genus* no Código de Processo Civil de 2015

EDUARDO SCARPARO[1]

Sumário: 1. Introdução; 2. Sobre o "Processo Cautelar"; 3. A recepção no Direito brasileiro, o Código de Processo Civil de 1973 e as minirreformas; 4. O sistema previsto no Código de Processo Civil de 2015: heranças e perspectivas de desenvolvimento; Referências bibliográficas.

1. Introdução

A concepção de identificar as medidas cautelares como uma terceira espécie de processo – ao lado daqueles de conhecimento e de execução – foi engendrada por Francesco Carnelutti, sendo essa uma de suas mais incisivas contribuições à linha teórica italiana sobre o tema. Defendida também por Enrico Tulio Liebman, essa diretiva norteou a estruturação do Código de Processo Civil de 1973. O Código de Processo Civil de 2015 inova em sede de tutela de urgência, promovendo rupturas ao modelo estabelecido na tradição anterior. Entre as significativas mudanças, está o papel conferido às medidas cautelares, não mais como um terceiro tipo de processo, compreensão essa que foi sistematicamente repetida pela maior parte da doutrina brasileira nas últimas décadas.

A questão tem início a partir da processualística alemã do Século XIX, que sustentava uma vinculação entre as medidas assecurativas e o processo executivo. Em contraponto, processualistas italianos passaram a promover o progressivo afastamento entre esses provimentos de cautela e a execução forçada. Os debates eram elaborados a partir do tema

---

[1] Doutor em Direito Processual Civil pela UFRGS. Professor Adjunto na Universidade Federal do Rio Grande do Sul (UFRGS). Ex-professor da Universidade do Vale dos Sinos (UNISINOS) e do Centro Universitário Ritter dos Reis (UNIRITTER). Conta com obras publicadas, em direito processual civil, em livros, artigos e coletâneas em âmbito nacional e internacional. Advogado militante.

do sequestro conservativo,[2] sendo que nessa época, na Itália, em geral se reconhecia que esse incidente se desenvolvia de modo executivo, embora suas características desautorizassem sua vinculação com a execução. Com o desenvolvimento da celeuma, ampliou-se o enfoque e se buscou a unificação de critérios entre diversas medidas que não se apresentavam compatíveis com o modelo de cognição nem de execução.

Mortara foi precursor da ideia que permitiu o desenvolvimento teórico alcançado com Chiovenda ao trabalhar especificamente com a categoria da cautela sob a perspectiva da teoria da ação. Também se destacaram as contribuições de Calamandrei para fins de categorizar decisões como cautelares e de Carnelutti, na identificação de um processo com escopos e características próprias, ao lado daquele de conhecimento e de execução. Acolhida por Liebman, a tese permitia explicar a cumulação das funções de conhecer e executar em um único processo. Assim, sobre a perspectiva do conhecimento o processo cautelar seria não exauriente e, sob o aspecto executivo, carregaria uma série de limitações. Essas suas considerações influenciaram de modo bastante evidente a doutrina processual e as legislações subsequentes, entre elas o Código de Processo Civil brasileiro de 1973.

O primeiro nível da estruturação do CPC/1973 contém cinco livros: os três primeiros (I, II e III) sobre tipos de processo, o quarto acerca de ritos diferenciados ao processo de conhecimento (IV) e o quinto de fechamento e direito intertemporal (V). O Livro I tem por título "Do Processo de Conhecimento", o Livro II "Do Processo de Execução" e o Livro III "Do Processo Cautelar", fazendo explícita a adoção pela lei processual brasileira da trinca proposta por Carnelutti e referendada por Liebman. Assim, no sistema processual de 1973, o processo cautelar foi alçado à condição de uma terceira modalidade, ao lado daquele direcionado ao conhecer e ao executar.

As conclusões alcançadas por essa doutrina valeram-se basicamente do pressuposto teórico de que não se poderia adequadamente enquadrar as cautelares sob o manto do processo de conhecimento – dado que pressupunham atividades executivas – e nem sob a categoria executiva – uma vez que também requeriam cognição. A tese de Carnelutti justificava como cautelares não somente os provimentos – como propunha Calamandrei –, mas todo o procedimento, dando-lhe ares de autonomia. Nesse sentido a conclusão referendada no CPC/1973 de que as cautelares tão somente poderiam se tratar de uma nova modalidade de processo, ou seja, um *tertius genus*.

---

[2] De antemão, cumpre esclarecer que os textos tratavam das hipóteses de sequestro conservativo (judiciário) e convencional, sendo que o primeiro decorria de um provimento judicial pautado para fins de uma garantia de crédito sob risco, em caráter muito similar ao que hoje é denominado de arresto cautelar.

O pressuposto básico de separar as atividades de conhecer e executar foi severamente esmorecido com sucessivas intervenções em âmbito jurisprudencial, doutrinário e legislativo. Levando-se em consideração o direito brasileiro, pode-se atestar até mesmo que desde a vigência do CPC/1973 já se poderia vislumbrar o questionamento da rígida divisão entre conhecer e executar na oportuna previsão de liminares em procedimentos especiais (*v.g.*, no art. 928, CPC/1973) ou na admissão cotidiana da objeção de executividade propiciando julgamentos cognitivos no curso da execução.

Ademais, as minirreformas operadas mediante a Lei nº 8.952/1994 e a Lei nº 10.444/2002 culminaram na aceitação de tutelas executivas *lato sensu* e mandamentais independentemente de um processo autônomo de execução (arts. 461 e 461-A, CPC/1973). Ainda, de notar a relevância da instituição, por força da Lei nº 11.232/2005, de um processo que ao mesmo tempo conhece e executa (chamado sincrético), por meio da fase de cumprimento de sentença. Também na Lei nº 8.952/1994 institucionalizou-se a admissão de antecipações de tutela (art. 273, CPC/1973) com declarada eficácia satisfativa e, portanto, aptidão executiva no curso do processo chamado de conhecimento.

Ditas inovações constituíram tema de primeira importância em favor da prestação da tutela jurisdicional adequada. Produziram, no entanto, o efeito colateral de desestabilizar os pilares de sustentação das considerações de Carnelutti e Liebman de um processo cautelar autônomo e servo de um processo principal puro, que é assim considerado porque ou só conhece ou só executa. Antes mesmo da edição de um novo Código de Processo Civil, portanto, um olhar atento já visualizaria as rachaduras.

A nova lei contribui sensivelmente à temática e resolve por tratar especialmente no seu Livro V, designado "Da Tutela Provisória", acerca de temas antes constitutivos da ideia de um processo cautelar. No Livro V do Código, além de versar as tutelas da evidência, há a regulamentação acerca da tutela de urgência, sendo que as cautelares ali se situam ao lado daquelas satisfativas urgentes.

Nessa linha, convém debater sobre a atualidade e adequação científica de enquadrar as cautelares como passíveis de um específico tipo de processo, contrapondo-se àqueles de conhecimento e de execução. Para tanto, mister realizar uma aproximação histórica acerca da ideia de um processo cautelar e sua atualidade diante de novos paradigmas.

2. Sobre o "Processo Cautelar"

Antes mesmo de se cogitar acerca de uma categoria independente para as medidas de urgência, o sequestro judiciário restava previsto e regulamentado em diversas ordenações processuais. A doutrina alemã do Século XIX sustentava que essa medida tinha caráter executivo, constituindo uma execução forçada antecipada (*antizipierten Zwangsvollstreckung*).[3] Tratava-se da medida como não diversa de uma execução forçada de caráter patrimonial, porém com efeitos limitados.[4]

A serenidade da doutrina alemã em trabalhar o assunto como inerente à execução não foi característica transpassada à península itálica, sendo lá reiterados os posicionamentos acerca da impossibilidade de visualizar a questão sob o viés executivo, muito embora não se negasse que se desenvolvia executivamente. A esse respeito convém dar voz ao posicionamento de Luigi Mattirolo, que muito bem sintetizou o posicionamento à época, na Itália:

> A penhora não se confunde com o sequestro. Esse (...) é provimento meramente conservativo, não ato e meio de execução: vale dizer, enquanto a penhora visa diretamente a obter o pagamento mediante a expropriação dos bens móveis penhorados, o sequestro tem somente por finalidade obter uma garantia de pagamento quando houver perigo de que as outras garantias sejam insuficientes.[5]

Ainda assim, não havia uma aproximação entre figuras como o sequestro judiciário, a caução ou as medidas para denúncia de obra nova ou contra danos temidos. Todos esses temas eram estudados como incidentes isolados de característica extraordinária e provisória, cuja finalidade seria preventiva ou conservativa e, por isso, distintos das medidas executivas.

Um passo de incomensurável importância para fins de autonomizar as medidas preventivas e conservativas foi dado por Mortara. No caso, justificando o não enquadramento do instituto na categoria executiva, esboçou uma série de características essenciais e funcionais entre as decisões que tem por objeto sequestro, denúncia de dano ou que demandam o caucionamento.

> Tratam-se de procedimentos essencialmente incidentais, pois não servem para obtenção da plena defesa jurisdicional do direito, mas para integrar as condições para que essa

---

[3] Muito pertinente é a ilação de Daniel Mitidiero: "É provável que, por essa razão, ainda hoje a doutrina de direito processual civil alemã cuide do tema majoritariamente, nas suas exposições didáticas, nos livros referentes à execução forçada (...) e não nos livros dedicados ao direito processual civil em geral (...), nada obstante seja amplamente reconhecida a imprecisão sistemática da ZPO nesse particular pela doutrina alemã contemporânea". MITIDIERO, Daniel. *Antecipação da tutela: da tutela cautelar à técnica antecipatória*. São Paulo: Revista dos Tribunais, 2013, p. 19.

[4] LANCELLOTTI, Franco. Osservazioni critiche intorno all'autonomia processuale della tutela cautelare. *Rivista di Diritto Processuale Civile*, v. XVI, p. 232-271, 1939, p. 235.

[5]. No original: "*Il pignoramento non è a confondersi col sequestro. Questo (...) è provvedimento meramente conservativo, non atto e mezzo di esecuzione: vale a dire, mentre il pignoramento mira direttamente a conseguire il pagamento mediante la vendita forzata dei mobili pignorati, il sequestro ha solo per iscopo di ottenere una garantia di pagamento quando vi sia periculo che le altre garantie siano insufficienti*" MATTIROLO, Luigi. *Trattato Di Diritto Giudiziario Civile Italiano*. Turim: Fratelli Bocca Editori, 1905, p. 586.

defesa jurisdicional seja eficaz e integral. Portanto supõem e acenam com a necessidade de outro procedimento (com o qual estão em relação de acessoriedade ou dependência) destinado a desenvolver a cognição plenária do direito, para a finalidade de sua definitiva declaração.[6]

Com isso o autor abriu espaço para o desenvolvimento de uma noção de unidade entre tais medidas, permitindo a abertura de uma categoria jurídica até então desconhecida. A importância histórica das conclusões de Mortara é evidente, consoante se verifica da lúcida lição de Lancelotti:

> Desde o primeiro momento, no qual vem advertida a particular função conservativa de alguns procedimentos e provimentos e a impossibilidade de sua redução no mero campo do processo executivo, fez parte da exigência científica inderrogável a tentativa de encontrar àqueles procedimentos e àquelas medidas, que se desenvolvem no processo ou para o processo, uma sistematização autônoma e orgânica no campo da jurisdição.[7]

Em algumas passagens, aliás, Mortara expressamente associou os incidentes, indicando elementos de semelhança. Assim atestou como um "caráter comum a todos os procedimentos diretos a obter do magistrado um provimento conservativo ou de caucionamento é, em regra, a sua não absoluta certeza, mas a simples probabilidade conquanto próxima da existência do direito a tutela a que se referem". Vê-se que, para o autor, a noção de sumariedade cognitiva marca igualmente tais incidentes, identificando-os. Ademais, a própria finalidade desses procedimentos são motivos de aproximação para Mortara, já que são decorrentes de uma "política inseparável dos fins da função jurisdicional", a fim de que "preveja eventualidades para quando seu exercício poderia resolver-se em vã academia, se não fossem adotadas cautelas preventivas para fazer segura ao tempo oportuno a atuação do julgado, isso é a realização do direito que será reconhecido".[8] Ainda, na mesma obra, em diversas pas-

---

[6] Tradução livre do autor, constando no original: "*Si tratta di procedimenti essenzialmente incidentali, perchè non servono a ottenere la piena difesa giurisdizionale di un diritto, ma ad integrare le condizioni da cui cotesta difesa è fatta eficace e intera. Quindi suppongono ed accennano alla necessità di un altro procedimento (col quale stanno in rapporto di accessorietà o dipendenza) destinato a svolgere la plenaria cognizione del diritto, allo scopo della sua definitiva dichiarazione*". MORTARA, Lodovico. *Commentario del Codice e delle leggi di procedura civile*. Milão: F. Vallardi, 1923, p. 768.

[7] Em tradução livre, sendo constante no original: "*Fin dal primo momento, nel quale venne avvertita la particolare funzione conservativa di alcuni procedimenti o provvedimenti e l'impossibilità di una loro riadduzione nel mero campo del processo esecutivo, faceva parte di una esigenza scientifica inderogabile il tentativo di trovare a quei procedimenti e a quelle misure, che si svolgevano nel processo o per il processo, una sistemazione autonoma ed organica nel campo della giurisdizione*". LANCELLOTTI, Franco. Osservazioni critiche intorno all'autonomia processuale della tutela cautelare. *Rivista di Diritto Processuale Civile*, v. XVI, p. 232-271, 1939, p. 240.

[8] Tradução livre do autor, constando no original: "*Carratere comune di tutti i procedimento diretti ad ottenere dal magistrato un provvedimento conservativo o cauzionale è, di regola, la non assoluta certeza, ma la semplice probabilità per quanto prossima, della esistenza del diritto alla tutela del quale si referiscono*" e "*politica inseparabile dai fini della funzione giurisdizionale, quella di prevedere l'eventualità in cui l'esercizio della medesima potrebbe risolversi in vana accademia, se non fossero adottate cautele preventive per rendere sicura a tempo opportuno l'attuazione del giudicato, cioè la realizzazione del diritto che verrà riconosciuto*".

sagens trabalhou o autor com a conhecida categoria do *fumus boni iuris* e sobre a revogabilidade de tais medidas.

Não se quer dizer que o reconhecimento de haver no sequestro judiciário cognição não exauriente ou algumas das características indicadas ocorreu apenas pela pena de Mortara. Afinal, a doutrina anterior já reconhecia no sequestro judiciário a característica de se pautar em cognição sumária, nem se podendo ignorar uma série de contribuições pretéritas ao tema da jurisdição em matérias urgentes.[9] Aliás, como já indicara Coniglio, "a doutrina medieval geralmente reconhece que a *cognitio* do juiz que concede o sequestro é de natureza sumária e não tem a forma *judicii*. Se falou assim de uma *cognitio prima facie* que os escritores posteriores traduziram na frase *fumus boni juris*, que tanto sucesso teve até nossos dias".[10]

No entanto, o estabelecimento de características gerais a tal série de institutos promoveu muito importante consequência para os fins de desenvolvimento da unidade e autonomia científica das cautelares, aplaudida em larga medida na doutrina italiana que lhe seguiu.[11] Esse passo foi decisivamente elaborado por Chiovenda, que buscou constituir unidade nas cautelares mediante a tratativa da ação processual.

A ação para Chiovenda era entendida como um direito potestativo tendo natureza concreta. Em outras palavras, a existência do direito material concederia ao seu titular o poder de exigir por meio da jurisdição a declaração da vontade concreta da lei e sua satisfação. Porém, diferentemente do que ocorre nas ações de conhecimento e de execução, sustentou o tratadista que as cautelares "surgem antes de que seja declarada a vontade da lei que nos garanta um bem, ou antes de que seja realizada

---

MORTARA, Lodovico. *Commentario del Codice e delle leggi di procedura civile*. Milão: F. Vallardi, 1923, p. 768.

[9] Exemplificativamente, lê-se em Mattirolo: "para obter o sequestro não é necessário que o crédito emerja de um título executivo, ou de uma prova certa; bastará a aparência de um bom fundamento, o assim dito *fumus boni juris*, ou seja, que existam argumentos suficientes para fazer crer na existência do direito". No original: *"per ottenere il sequestro non è necessario che il credito dell'instante emerga da titolo esecutivo, o da una prova certa; basterà l'apparenza di un buon fondamento, il cosi detto fumus boni juris, ossia che vi siano argomenti sufficienti per far credere all'esistenza del credito"*. MATTIROLO, Luigi. *Trattato Di Diritto Giudiziario Civile Italiano*. Turim: Fratelli Bocca Editori, 1905, p. 816.

[10] Tradução livre do autor, constando no original: *"La dottrina medioevale generalmente riconobbe che la cognitio del giudice che concede il sequestro è di natura sommaria e non ha la forma judicii. Si parlò anzi di una cognitio prima facie che gli scrittori di più tarda età tradussero nella frase del fumus boni juris, che tanta fortuna ha avutto sino ai nostri giorni"*. CONIGLIO, Antonino. *Il sequestro giudiziario e conservativo*. 3ª ed. Milão: Giuffrè, 1949, p. 96-97.

[11] Em sentido contrário, para fins de justificar uma rara exceção ao argumento: REDENTI, Enrico. *Profili pratici del diritto processuale civile*. Milão: Giuffrè, 1939. Para o autor, as cautelares não se enquadram na categoria de ação nem de direitos, dado que significam tão somente uma antecipação do eventual provimento definitivo de mérito. Assim não haveria espaço para uma categoria cautelar autônoma.

sua atuação para garantia de sua atuação prática futura".[12][13] Nessa perspectiva não constituem direitos,[14] mas meras ações e servem para fins de garantir a futura atuação pratica das demais. Contudo, enquadrar-se-iam como um direito potestativo do Estado, e não dos particulares, com vistas a remover um temor de um dano jurídico.[15]

> O poder jurídico de obter uma dessas resoluções é uma forma autônoma de ação (ação assecurativa); e é mera ação que não pode ser considerada acessória do direito assegurado (acautelado) porque existe como poder atual quando ainda não se sabe se aquele direito existe.[16]

Há, portanto, conforme a lição de Chiovenda, um poder de exigir uma prestação jurisdicional de modo a resguardar situações urgentes, quando estiver presente o perigo de ser tolhida a efetividade das ações cognitivas ou executivas. As cautelares existem como um poder pautado em simples probabilidade, não sendo acessório do direito material acautelado e tendo no Estado a sua titularidade. As suas condições de realização seriam a possibilidade de dano e a possibilidade de direito marcadas em um exame superficial.[17]

A ideia de um processo cautelar como *tertium genus* é atribuída correntemente a Carnelutti. O autor defendeu inicialmente que a característica de ser cautelar ou definitivo não é algo que decorre do provimento, mas de um próprio processo que pode ser tendente à composição provisória ou definitiva da lide.[18] Em seus primeiros estudos, após detalhar

---

[12] CHIOVENDA, Giuseppe. *Principios de derecho procesal civil*. Madri: Reus, 1922, p. 279.

[13] Para um estudo mais detido acerca da contribuição de Chiovenda na temática da tutela cautelar, ver: PISANI, Andrea Proto. Chiovenda e la tutela cautelare. *Rivista di Diritto Processuale*, v. Vol. XLIII, p. 16-34, 1988.

[14] A esse respeito, merece destaque o apontamento de Daniel Mitidiero: "a pretexto de grifar a autonomia do conceito de ação, Chiovenda solapa o direito material à segurança do mundo jurídico. A partir daí o direito à cautela simplesmente desaparece do plano do direito material". MITIDIERO, Daniel. *Antecipação da tutela: da tutela cautelar à técnica antecipatória*. São Paulo: Revista dos Tribunais, 2013, p. 24.

[15] CHIOVENDA, Giuseppe. *Principios de derecho procesal civil*. Madri: Reus, 1922, p. 279-280.

[16] Tradução livre do autor, constando no original: *"el poder jurídico de obtener una de estas resoluciones es una forma autónoma de acción (acción aseguradora); y es mera acción que no puede considerarse como accesorio del derecho asegurado (cautelado) porque existe como poder actual cuando aún no se sabe si aquel derecho existe"*. Ibid., p. 279-280.

[17] Entre as medidas listadas por Chiovenda como cautelares encontram-se: os embargos conservadores, os embargos do imóvel, embargo judicial, denúncia de obra nova e de dano temido, resoluções conservadoras e interinais, resoluções de urgência, temporais e urgentes e temporais oportunas, bem como, alguns casos as execuções provisionais, bem como a declaração de falência e insolvência. Ibid. p. 281-288.

[18] A cautelaridade "não se trata de uma característica do provimento em si, mas de uma característica que se reflete ao provimento pelo processo. Em si mesmo, o sequestro não difere em nada da penhora: também a penhora serve para conservar a coisa, como o sequestro; também o sequestro se executa no mesmo modo da penhora. Mas se trata de um ou de outro, conforme o processo tenda a uma composição provisória ou a uma composição definitiva da lide; e portanto a diferença se vê desse que vem após: de fato com o sequestro o processo (executivo) se exaure; ao contrário, com a

sob o caráter dito cautelar as ações possessórias, algumas medidas para garantir a paridade diante de situações fáticas de superioridade e as assim chamadas antecipações processuais, arrematou:

> Todas as figuras processuais que foram aqui ordinariamente agrupadas, respondem a um único tipo, o qual, segundo sua finalidade pode se chamar processo cautelar. O seu tratamento comum e característico é este: que por esse se obtém não já a composição definitiva, mas um regulamento ou assentamento provisório da lide.[19]

Em obra posterior, o autor também defende que o processo pode funcionar imediatamente em relação ao direito material, visto que serve como meio para a composição da lide. Todavia, reconhece a existência de processos marcados por uma função mediata, quando as suas finalidades são de garantir o desenvolvimento e o resultado de um processo distinto. Nisso, diferencia o processo definitivo e o processo cautelar.[20]

> A unidade deve ser reconhecida não só entre a ação cognitiva e a ação executiva, mas outrossim, entre essa e a ação cautelar. Trata-se sempre do direito da jurisdição, por um fim e com um modo diverso daquele que guia e rege a ação nas três formas de processo.[21]

A função mediata atribuída às cautelares por Carnelutti implica a existência de dois processos a respeito da mesma lide ou do mesmo assunto. O processo cautelar não é dotado de autonomia, visto que pressupõe o processo definitivo, podendo ser instrumental quando garante os meios do processo definitivo (como as medidas de instrução preventiva) ou final quando servem para garantir a praticidade do processo definitivo (como as medidas de conservação de bens para ulterior expropriação).[22]

O ponto decisivo para o desenvolvimento de seu pensamento está na distinção entre as atividades de cognição e execução daquelas que se

---

penhora se inicia e após continua; o sequestro é um inteiro processo executivo (cautelar), a penhora é uma fase do processo executivo definitivo". Em tradução livre do autor, constando no original: *"non si tratta di un carattere del provvedimento in sè, ma di un carattere che si riflette sul provvedimento dal processo. Preso in sè il sequestro non differisce in nulla dal pignoramento: anche il pignoramento serve a conservare la cosa, come il sequestro; anche il sequestro si esegue nel modo stesso che il pignoramento. Ma si tratta dell'uno o dell'altro, secondo che il processo tenda a una composizione provvisoria o a una composizione definitiva della lite; e perciò la differenza si scorge da quello che vien dopo: infatti col sequestro il processo (esecutivo) si esaurisce; invece, col pignoramento sinizia e poi continua; il sequestro è un intero processo esecutivo (cautelare), il pignoramento è una fase del processo esecutivo definitivo"*. CARNELUTTI, Francesco. Carattere della sentenza di fallimento. *Rivista di Diritto Processuale Civile*, v. VIII, Parte II, p. 159-173, 1931, p. 171.

[19] *"Tutte le figure processuali, che furono qui ordinatamente raggruppate, rispondono a un tipo unico, il quale, secondo il suo escopo, può chiamarsi processo cautelare. Il loro tratto commune e caratteristico è questo: che per esse si ottiene non già la composizione definitiva, ma un regolamento o assestamento provisorio della lite"*. CARNELUTTI, Francesco. *Lezioni di diritto processuale civile*. Padova: CEDAM, 1933, p. 71.

[20] CARNELUTTI, Francesco. *Instituciones del proceso civil*. Buenos Aires: EJEA, 1959, p. 85.

[21] Tradução livre do autor, contando no original: *"l'unità deve essere riconosciuta non solo tra l'azione cognitiva e l'azione esecutiva, ma altresì tra questa e l'azione cautelare; si trata sempre del diritto della giurisdizione, per um fine e con un modo diverso da quello, che guida e regge l'azione nelle altre forme di processo"*. CARNELUTTI, Francesco. *Diritto e Processo*. Napoli: Morano, 1958, p. 364.

[22] CARNELUTTI, Francesco. *Instituciones del proceso civil*. Buenos Aires: EJEA, 1959, p. 88.

realizam para os fins cautelares. Essas divergências são justificadas não apenas pelo procedimento, mas sim em razão do próprio processo, que constituiria um gênero próprio. O reconhecimento de ser o processo cautelar um *tertium genus* destacou sua autonomia do processo principal e também o distinguiu dos procedimentos especiais, próprios do processo de cognição.[23]

A grande questão significava compreender como seria possível haver uma cumulação das funções de executar e conhecer. Afinal, a linha epistemológica (platonismo moderno) à qual se vinculou o autor pressupunha uma separação entre a realidade fenomênica (espaço da execução) e o pensamento (espaço do conhecimento). Isso importou, ao lado de forte abstração sobre sua perspectiva de direito, a incapacidade de admitir uma interlocução efetiva entre essas atividades.

Consequentemente, como não se poderia enquadrar as eficácias das cautelas como cognitivas ou executivas, a alternativa foi sustentar tratar-se de um novo tipo. Assim, tanto o "verdadeiro" conhecer – em cognição exauriente e apto à coisa julgada material – como o "verdadeiro" executar – pautado em título executivo – fariam sentido em sua premissa epistemológica quando tentada a categorização dos processos.[24] A dificuldade no enquadramento das cautelares sob a premissa de divisão rígida entre conhecimento e execução faz-se bastante clara quando Carnelutti expõe que a constituição da cautela pode se dar com a simples cognição ou também demandar atividades executivas. O processo cautelar seria apenas um meio, sem função autônoma, já que busca a constituição de uma cautela apta a garantir o resultado do processo definitivo.[25]

A dificuldade no tema se mostra evidente quando se verifica que a celeuma em serem ou não as cautelares um *tertium genus* de processo foi presente inclusive no pensamento do próprio Carnelutti. Mesmo desenhada a posição afirmativa em Lezioni di Diritto Processuale Civile (1931) e consolidada em Diritto e Processo (1958), é interessante notar que na quinta edição de suas Instituizioni del Processo Civile Italiano

---

[23] CARNELUTTI, Francesco. *Diritto e Processo*. Napoli: Morano, 1958, p. 355.

[24] Em percuciente crítica ao pensamento de Carnelutti e Liebman, impõe-se a opinião de Ovídio Baptista: "É que na pronúncia cautelar '*lo scopo dell'atto finale*' não é capaz de declarar a existência ou inexistência do direito do requerente. Logo, não há, no processo cautelar, verdadeiro conhecimento, porque, para a doutrina, conhecer é declarar, com força de coisa julgada, a existência ou a inexistência do direito, compondo, portanto, a lide, dado que a lide somente poderá ser composta quando essa composição for definitiva. A composição provisória não compõe efetivamente a lide". SILVA, Ovídio Baptista da. *Curso de Processo Civil*. 3ª ed. São Paulo: Revista dos Tribunais, 2000, p. 25. A respeito da influência epistemológica (e política) no desenvolvimento teórico da tutela cautelar, bem como considerações acerca da estabilização de antecipações de tutela satisfativas independentemente de um processo ulterior, ver SCARPARO, Eduardo. A estabilização da tutela de urgência satisfativa no anteprojeto de Código de Processo Civil: um exame em perspectiva político-epistemológica. *Revista Forense*, v. 420, p. 96-118, 2014.

[25] CARNELUTTI, Francesco. *Instituciones del proceso civil*. Buenos Aires: EJEA, 1959, p. 157.

(1956) o italiano sustentava expressamente o contrário.[26] Na oportunidade, após expor quais os critérios devem ser utilizados para classificar os processos,[27] indicou que esses parâmetros são autônomos, pois "se referem a planos diversos, nos quais cada uma das distinções pode se combinar com as demais: por isso não só o processo contencioso, senão também o voluntário, pode ser cognitivo ou executivo, definitivo ou cautelar, singular ou coletivo".[28]

Explicitamente:

A verdade contida nessa fórmula só agora se descobre; até agora, eu mesmo acreditava que o processo voluntário e o processo cautelar eram uma terceira e uma quarta espécie, no mesmo plano do processo cognitivo e do processo executivo; intuições fugazes da possibilidade de que o processo voluntário fosse também executivo, e assim também o processo cautelar, eu mesmo as tive, mas só ultimamente pude conseguir uma sistematização completa do processo segundo seus fins.[29]

Nos bancos universitários e na doutrina, no entanto, caracterizou-se o pensamento original de Carnelutti, retomado em sua última fase, acerca de ser o processo cautelar uma terceira espécie. As considerações lançadas nas Instituições acabaram sutilmente não lembradas na história.

Piero Calamandrei, por sua vez, não adotou a tese das caultelares como *tertium genus* porque sustentou que o processo que conduz a um provimento cautelar não tem característica e constante estrutura exterior que permita considerá-lo formalmente como um tipo a parte.[30] Não se estaria no mesmo plano lógico para contrapor cautelares, conhecimento e execução. Por isso, anota que "constituem uma categoria formada a base de um caráter de diferenciação que é diverso do caráter pelo qual as providências de cognição se distinguem das de execução", além de que "a classificação de cautelar dada aos provimentos desse grupo não exclui que cada um deles possa ter um critério diverso de classificação".[31]

---

[26] A obra consultada é a tradução espanhola da 5ª edição italiana, impressa em 1956 (CARNELUTTI, Francesco. *Istituzioni del processo civile italiano*. 5ª ed. Roma: Il Foro Italiano, 1956).

[27] Elucidando quais os critérios para classificar processos conforme o autor: (a) a existência de um conflito de interesses atual ou em potência, para distinguir processos contenciosos e voluntários; (b) o campo de atuação na formação ou na atuação do direito, para identificar processos cognitivos ou executivos; (c) a função mediata ou imediata para destacar os processos cautelares e definitivos e (d) a extensão do conflito, para fins de haver processos coletivos ou singulares. CARNELUTTI, Francesco. *Instituciones del proceso civil*. Buenos Aires: EJEA, 1959, p. 23.

[28] Tradução livre, constando no texto consultado: "*se refieren a planos diversos, en los cuales cada una de las distinciones puede combinarse con las demás: por eso no sólo el proceso contencioso, sino tambíen el proceso voluntario, puede ser cognitivo o ejecutivo, definitivo o cautelar, singular o colectivo*". Ibid., p. 23.

[29] Ibid., p. 23.

[30] CALAMANDREI, Piero. *Introduzione allo studio sistematico dei provvedimenti cautelari*. Pádova: CEDAM, 1936, p. 5.

[31] Ibid., p. 14-15.

Os provimentos cautelares são marcados pela característica da provisoriedade, ou seja, pela duração limitada de sua eficácia. Ressaltou que tais provimentos não têm qualquer pretensão de se tornarem definitivos, pois são tão somente provisórios. A cautelaridade não condiz com o modo de formação do provimento, já que mesmo admitindo-se a hipótese de que fosse exauriente a respectiva cognição não se teria a sua desnaturalização como cautelas. Marca a noção cautelar a ideia que o provimento cautelar é constituído para ser exaurido no momento em que for prolatado o provimento de mérito, quando sua finalidade será alcançada.[32]

Em suma, Calamandrei caracterizou os provimentos cautelares, tendo em conta a decisão proferida e, não, o processo no qual essa decisão era prolatada. Afinal, poder-se-ia contrapor processos simples – que conduzem a um só provimento – e processos complexos, "nos quais a jurisdição, ao contrário de ser realizada uma única vez, como momento final do processo, vem realizada muitas vezes, através de uma série de provimentos sucessivos, todos pertencentes ao mesmo processo".[33] Tais provimentos caracterizavam-se pela provisoriedade e instrumentalidade em face do processo principal, para os fins de salvaguardá-lo de possível ineficácia.[34]

> quem sem essa necessária advertência quiser dividir em três as providências jurisdicionais em declarativas, executivas e cautelares, faria uma classificação ilusória por hetero-

---

[32] CALAMANDREI, Piero. *Introduzione allo studio sistematico dei provvedimenti cautelari*. Pádova: CEDAM, 1936, p. 14-15.

[33] No original: "nei quali la giurisdizione, invece di essere esercitata una sola volta, come momento finale del processo, viene esercitata in più volte, attraverso una serie di provvedimenti successivi, tutti appartenenti allo stesso processo". CARNELUTTI, Francesco. La sentenza dichiarativa di fallimento come provvedimento cautelare (a proposito di una recente pubblicazione). *Rivista di Diritto Commerciale*, v. XXXIV, p. 279-307, 1936, p. 285.

[34] "*C'è dunque nei provvedimenti cautelari, più che lo scopo di attuare il diritto, lo scopo immediato di assicurare la efficacia pratica del provvedimento definitivo che servirà a sua volta ad attuare il diritto. La tutela cautelare è, nei confronti del diritto sostanziale, una tutela mediata: piú che a far giustizia, serve a garantire l'efficace funzionamento della giustizia. Se tutti i provvedimenti giurisdizionali sono uno strumento del diritto sostanziale che attraverso essi si attua, nei provvedimenti cautelari si riscontra una strumentalità qualificata, ossia elevata, per così dire, al quadrato: essi sono infatti, immancabilmente, un mezzo predisposto per la miglior riuscita del provvedimento definitivo, che a sua volta è um mezzo per l'attuazione del diritto; sono cioè, in relazione alla finalità ultima della funzione giurisdizionale, strumenti dello strumento*". Tradução livre do autor: "Há, portanto, nos provimentos cautelares, mais que a finalidade de atuar o direito, a finalidade imediata de assegurar a eficácia prática do provimento definitivo que servirá, por sua vez, a atuar o direito. A tutela cautelar é, nos confrontos do direito substancial, uma tutela mediata: mais que para fazer justiça, serve para garantir o funcionamento eficaz da justiça. Se todos os provimentos jurisdicionais são um instrumento do direito substancial, que através desses [provimentos] atuam, nos provimentos cautelares se encontra uma instrumentalidade qualificada, ou seja elevada, por assim dizer, ao quadrado: são, de fato, indispensavelmente, um meio predisposto para a melhor conclusão do provimento definitivo, que por sua vez é um meio para a atuação do direito; são, assim, em relação à finalidade última da função jurisdicional, um instrumento do instrumento". CALAMANDREI, Piero. *Introduzione allo studio sistematico dei provvedimenti cautelari*. Pádova: CEDAM, 1936, p. 21-22.

geneidade de termos, como quem diria, por exemplo, que os seres humanos se dividem em homens, mulheres e europeus.[35]

Para sua doutrina, somente um critério substancial seria passível de bem diferenciar os provimentos. Essa assertiva não significa que o italiano defendia a existência de um direito material de cautela,[36] dado que em sua concepção a substância equivaleria ao conteúdo do provimento, que, por sua vez, retomaria os seus efeitos jurídicos processualmente entendidos.

> Esses efeitos não são qualitativamente diversos daqueles próprios dos outros provimentos de cognição ou de execução: efeitos meramente declaratórios ou constitutivos segundo os casos, mas em todos os casos não diversos pela qualidade daqueles que podem derivar dos ordinários provimentos de cognição, ou efeitos executivos, de qualidade absolutamente similares daqueles dos provimentos através dos quais se cumpre a execução forçada.[37]

Contrapondo Calamandrei e retomando o pensamento de Carnelutti, foi bastante incisiva a defesa de Liebman acerca da natureza da cautelar como um terceiro tipo de processo. Conforme o autor, as cautelares caracterizariam um tipo unitário de processo, dado que simultaneamente serviria para conhecer e executar, mas imperfeitamente.[38]

> Na tutela cautelar não se pode, por isso, distinguir uma fase de cognição e uma outra de execução; ela se realiza em todos os casos através de um procedimento unitário, em que se encontram juntas e eventualmente misturadas as atividades de índoles diferentes que, caso a caso, concorrerão para a plena atuação da cautela.[39]

Analisando o âmbito de conhecimento das cautelares, Liebman constatou que a condição para concessão de probabilidade do direito – *fumus boni iuris* – "não se trata de verificar a existência do direito, o que constitui objeto do processo principal; mas apenas de formular um juízo de probabilidade sobre sua existência". Quanto ao *periculum in mora*, trata-se de "indagar da verossimilhança de um perigo que possa vir a tornar impossível ou mais difícil a tutela do direito". Por isso foi categó-

---

[35] No original: "*Chi senza questa necessaria avvertenza, volesse tripartire i provvedimenti giurisdizionali in dichiarativi, esecutivi e cautelari, farebbe uma classificazione illusoria per eterogenità dei termini, come chi dicesse, per esempio, che gli esseri umani si distinguono in uomini, donne, ed europei*". CARNELUTTI, Francesco. La sentenza dichiarativa di fallimento come provvedimento cautelare (a proposito di una recente pubblicazione). *Rivista di Diritto Commerciale*, v. XXXIV, p. 279-307, 1936, p. 286.

[36] Naquele período, essa defesa fora realizada por Allorio (ALLORIO, Enrico. Per una nozione del processo cautelare. *Rivista di Diritto Processuale Civile*, v. XIII, p. 19-44, 1936), sendo absolutamente distinta das conclusões alcançadas pela doutrina de Calamandrei.

[37] CALAMANDREI, Piero. *Introduzione allo studio sistematico dei provvedimenti cautelari*. Pádova: CEDAM, 1936, p. 6-7.

[38] LIEBMAN, Enrico Tullio. Unità del processo civile. In. *Problemi del processo civile*. Milão: Morano, 1962. p.104-110.

[39] LIEBMAN, Enrico Tullio. *Manual de Direito Processual Civil*. 3ª ed. São Paulo: Malheiros, 2005, p. 279.

rico ao afirmar "o juiz decidirá sobre esses pontos (...) sem valor de declaração, mas apenas de verificação".[40] A necessidade de vinculação ao juízo dito de certeza levou o autor ao ponto de afirmar que, no processo cautelar, "a cognição do juiz, por si mesma, não fornece nenhum resultado útil".[41]

Já quanto aos atos de execução, reconheceu que, na maior parte dos casos, para haver eficácia prática nos provimentos cautelares são necessárias atividades de cumprimento. Todavia, tampouco indicou serem atividades executivas, pois "embora as formas dessa atividade possam ser parecidas com as da execução, não se trata de execução em sentido próprio (que é atuação da sanção), mas de uma atividade inerente à própria função cautelar".[42]

A classificação em questão somente poderia considerar como elemento decisivo o escopo do ato final, para o qual todo o processo é direcionado. O processo cautelar "é caracterizado por sua função instrumental, auxiliária, nos confrontos de um processo principal, ao qual mira garantir a proficuidade dos resultados".[43] Sendo um instrumento capaz de portar falso conhecimento e falsa execução, concluiu que "o processo cautelar se contrapõe como *tertium genus* àquele de cognição e àquele de execução".[44]

3. A recepção no Direito brasileiro, o Código de Processo Civil de 1973 e as minirreformas

No direito brasileiro também ecoou a discussão acerca da autonomia do processo cautelar, como um tipo distinto do processo de conhecimento e de execução. Fato é que o CPC/1973 prestigiava sobremaneira a compreensão processual de Liebman.[45] No ponto, é sabido que a lei

---
[40] LIEBMAN, Enrico Tullio. *Manual de Direito Processual Civil*. 3ª ed. São Paulo: Malheiros, 2005, p. 278-279.
[41] No original: *"la cognizione del giudice, da sola, non fornisce alcun risultato utile"*. LIEBMAN, Enrico Tullio. Unità del processo civile. In. *Problemi del processo civile*. Milão: Morano, 1962. p.104-110, p. 107.
[42] LIEBMAN, Enrico Tullio. *Manual de Direito Processual Civil*. 3ª ed. São Paulo: Malheiros, 2005, p. 279.
[43] No original *"è caratterizzato dalla sua funzione strumentale, ausiliaria, nei confronti di un processo principale, del quale mira a garantire la proficuità dei risultati"*. LIEBMAN, Enrico Tullio. Unità del processo civile. In. *Problemi del processo civile*. Milão: Morano, 1962. p.104-110, p. 110.
[44] No original: *"il processo cautelare si contrappone come tertium genus a quello di cognizione ed a quello di esecuzione"*. Ibid., p. 110.
[45] Acerca da influência de Liebman no desenvolvimento do direito processual civil brasileiro, ver, entre outros: MITIDIERO, Daniel. O processualismo e a formação do Código Buzaid. *Revista de Processo*, v. 183, p. 165-194, 2010; BUZAID, Alfredo. A influência de Liebman no Direito Processual Civil Brasileiro. Ibid., v. 27, 1982, DINAMARCO, Cândido Rangel. Liebman e a cultura processual

editada por Alfredo Buzaid foi fortemente influenciada pelo jurista italiano, não escapando de incorporar a respectiva ideia acerca da unidade do processo cautelar.[46]

Lembre-se que a formação do Código Buzaid esteve marcada pelo individualismo e o patrimonialismo, com a estrutura voltada à reparação do dano e consequentemente incapaz de agir preventivamente ao ilícito. Com base nisso, sustentou Mitidiero que "é com o Código Buzaid que sentimos, em toda a sua extensão, a força da invasão da cultura jurídica europeia sobre o processo civil brasileiro".[47] Pois, pensando nas características que marcaram a edição do CPC/1973, destacou Carlos Alberto Alvaro de Oliveira tratar-se de "um sistema fechado com previsões normativas rígidas, poucas cláusulas gerais, e inclusive preocupado em definir determinados institutos jurídicos", sendo que pôde concluir que "essa insistência em estabelecer conceitos e definir institutos processuais está ligada aos velhos paradigmas pandetísticos da autonomia do direito e do papel sistematizante da ciência jurídica".[48]

A estrutura basilar do CPC/1973 tem fundamento na doutrina italiana do Século XX que influenciou "diretamente a estrutura do Código Buzaid, notoriamente separando, em termos de esquema padrão para tutela dos direitos, em processo de conhecimento, processo de execução e processo cautelar".[49] A propósito, a exposição de motivos do referido

---

brasileira. Ibid., v. 119, 2005, ALVARO DE OLIVEIRA, Carlos Alberto. Processo Civil Brasileiro e Codificação. Ibid., v. 179, 2010.

[46] Referindo expressamente acerca da influência de Liebman, Alfredo Buzaid refere elogiosamente ao italiano: "Entre os bons resultados obtidos pela revisão de conceitos no direito processual civil está a nova doutrina das medidas cautelares. O. Código de Processo Civil (LGL\1973\5) brasileiro de 1939 incluiu-as no Livro V como medidas preventivas sob a epígrafe de processos acessórios (art. 675 e ss.). Sob este aspecto manteve a tradição do Regulamento 737, de 1850 (parte I, título VII), que os Códigos estaduais, no regime do pluralismo legislativo, se limitaram a reproduzir. Durante esse longo período, a idéia preponderante, na conceituação dessas medidas era a acessoriedade do processo preparatório preventivo ou incidente, posto em confronto com o processo principal. Tal modo de ver correspondia àquele tempo ao conceito civilístico da ação e retardou o acolhimento das novas idéias que isolaram a medida cautelar, erigindo-a à categoria de ação autônoma consoante a função preventiva do processo". BUZAID, Alfredo. A influência de Liebman no Direito Processual Civil Brasileiro. Ibid., v. 27, 1982.

[47] MITIDIERO, Daniel. O processualismo e a formação do Código Buzaid. Ibid., v. 183, p. 165-194, 2010, p. 185.

[48] ALVARO DE OLIVEIRA, Carlos Alberto. Processo Civil Brasileiro e Codificação. Ibid., v. 179, . A respeito do processualismo, entre outras obras já referidas nesse texto, ver MITIDIERO, Daniel. *Elementos para uma teoria contemporânea do processo civil brasileiro*. Porto Alegre: Livraria do Advogado, 2005, p. 139-143, SCARPARO, Eduardo. *As Invalidades Processuais Civil na Perspectiva do Formalismo-Valorativo*. Porto Alegre: Livraria do Advogado, 2014, p. 22-25, PICARDI, Nicola. *Jurisdição e Processo*. Rio de Janeiro: Forense, 2008, p. 33-68, SATTA, Salvatore. Dalla procedura civile al diritto processuale civile. *Rivista Trimestrale di Diritto e Procedura Civile*, p. 28-43, mar. 1964.

[49] MITIDIERO, Daniel. O processualismo e a formação do Código Buzaid. *Revista de Processo*, v. 183, p. 165-194, 2010, p. 173.

diploma processual não deixa espaço para dúvidas, fazendo nítida correlação entre cada função jurisdicional (conhecer, executar ou acautelar) com cada espécie de processo.[50]

A tripartição foi bastante aplaudida pela maioria da doutrina processual como se vê, a título exemplificativo, nos escritos de Humberto Theodoro Junior,[51] José Frederico Marques,[52] Galeno Lacerda,[53] Luiz Rodrigues Wambier,[54] Sydney Sanches,[55] Elpidio Donizetti,[56] Ernane Fidélis dos Santos,[57] entre outros. Em sentido contrário, destaca-se Ovídio

---

[50] "A matéria dos três primeiros livros corresponde à função jurisdicional de conhecimento, de execução e cautelar. A dogmática do processo civil moderno sanciona essa classificação. O processo cautelar for regulado no Livro III, porque é um *tertium genus*, que contém a um tempo as funções do processo de conhecimento e de execução. O seu elemento específico é a prevenção". BUZAID, Alfredo. *Exposição de Motivos do Código de Processo Civil de 1973.* Lei nº 5.869/1973. Brasil 1972, n. 11.

[51] "Se os órgãos jurisdicionais não contassem com um meio pronto e eficaz para assegurar a permanência ou conservação do estado das pessoas, coisas e provas, enquanto não atingido o estágio último da prestação jurisdicional, ela correria o risco de cair no vazio, ou de transformar-se em providência inócua. Surge, então, o processo cautelar como uma nova face da jurisdição e como um *tertium genus*, que contém a um só tempo as funções do processo de conhecimento e de execução e tendo por elemento específico a prevenção". JÚNIOR, Humberto Theodoro. *Processo cautelar.* 24ª ed. São Paulo: Leud, 2008, p. 23.

[52] "Isso significa que o processo cautelar, embora dependente do processo principal (seja ele de conhecimento ou de execução), deste se apresenta distinto. Há, portanto, um processo cautelar e, também, uma jurisdição cautelar – ambos com caracteres próprios, constituindo-se, assim, verdadeiro tertium genus entre as modalidades e categorias do processo e da jurisdição". MARQUES, José Frederico. *Manual de Direito Processual Civil.* 2ª ed. Campinas: Millennium, 2000, p. 466.

[53] "É uma peculiaridade que não se encontra nos outros Códigos. Há pontos tanto positivos quanto negativos nesse sistema, mas sem dúvida ele conferiu ao processo cautelar importância e dignidade. Tanto é assim que ele integra e constitui um livro, o terceiro livro, do Código, no mesmo plano sistemático dos processos de conhecimento e de processo de execução. Essa relevância dada ao processo cautelar não se encontra em nenhum outro Código moderno. No Código Alemão (ZPO), o processo cautelar constitui um mero apêndice da execução. Na Itália, o processo cautelar se dilui em poucos artigos, ao longo do Código. No Código Português, também, embora o tratamento seja mais amplo, não se coloca o processo cautelar no mesmo plano das demais funções jurisdicionais. O nosso Código não. A partir da lição de Chiovenda, são três as funções jurisdicionais: de conhecimento, execução e cautelar. Alfredo Buzaid aplicou essa lição à nossa lei" LACERDA, Galeno. Processo cautelar. *Revista de Processo,* v. 44, p. 186-194, 1986, p. 186-187.

[54] "Há três tipos de processo: o de conhecimento, o de execução e o cautelar". WAMBIER, Luiz Rodrigues (org), ALMEIDA, Flávio Renato Correia de; TALAMINI, Eduardo. Curso Avançado de Processo Civil. Vol. 3. 7ª ed. São Paulo: Revista dos Tribunais, 2006, p. 31.

[55] "Processo de conhecimento o movimento em direção à proclamação do direito incidente no caso concreto. Processo de execução o dirigido à satisfação do direito. Processo cautelar o destinado a possibilitar o acautelamento de prováveis direitos das partes, enquanto não reconhecidos ou satisfeitos". SANCHES, Sydney. *Poder cautelar geral do juiz no processo civil brasileiro.* São Paulo: Revista dos Tribunais, 1978.

[56] "O processo (...) tem a mesma natureza da ação que o instaurou, ou seja: de conhecimento, de execução ou cautelar". DONIZETTI, Elpídio. *Curso Didáico de Direito Processual Civil.* 14 ed. São Paulo: Atlas, 2010, p. 99.

[57] "Processo é a soma dos atos que objetiva solucionar litígios, efetivar o direito ou acautelar outro processo". SANTOS, Ernane Fidélis dos. *Manual de Direito Processual Civil.* 14ª ed. São Paulo: Saraiva, 2011, p. 67.

Baptista da Silva[58] e as defesas mais recentes de Teori Zavascki,[59] Daniel Mitidiero,[60] Alexandre Freitas Câmara[61] e Cássio Scarpinella Bueno.[62]

Registre-se também que mesmo Ovídio Baptista da Silva, forte opositor do sistema instituído para as cautelares, reconheceu que a previsão de um processo cautelar na legislação exerceu função importante no desenvolvimento das tutelas de urgência. Isso porque com o destaque dado à tutela cautelar, em livro próprio do Código, houve a efetiva expansão de sua utilização nos tribunais.[63]

A estruturação do CPC/1973, baseada no pensamento de Carnelutti e de Liebman, estabelecia uma nítida separação entre as atividades de conhecer e executar. Isso porque, à exceção de alguns procedimentos especiais, as atividades executivas tão somente seriam permitidas em instrumento próprio, de modo que não fosse contaminada a pretendida pureza no conhecimento. Essa dissociação entre conhecer e executar reflete uma premissa epistêmica própria do idealismo. No caso, conhecer a verdade seria atividade passível de se realizar racionalmente, uma única vez, ao final do processo, por meio da sentença.

---

[58] "Antes de antepormos a ação cautelar, como um *tertium genus* entre a jurisdição e a execução, como pretendia Carnelutti, devemos conveverer-nos de que todos esses tipos de tutela estão incluídos no conceito de jurisdição. E a pretensão à tutela jurídica à segurança é apenas uma modalidade especial de jurisdição". SILVA, Ovídio Baptista da. *As ações cautelares o novo processo civil*. Rio de Janeiro: Forense, 1976, p. 28.

[59] "A característica própria da tutela cautelar estaria não propriamente na natureza da atividade jurisdicional – que continuaria sendo de cognição e execução – e sim na forma como tais atividades estão dispostas na ação cautelar, 'juntas e eventualmente misturadas' na mesma 'fase'. Todavia, como antes se fez ver, esse é um critério insuficiente para configurar a tutela cautelar como espécie própria". ZAVASCKI, Teori. *Antecipação da tutela*. 4ª ed. São Paulo: Saraiva, 2005, p. 14.

[60] Sumarizando a crítica de Mitidiero à doutrina de Carnelutti: "Em primeiro lugar, é um equívoco imaginar que o processo cautelar particulariza-se diante do processo de conhecimento e do processo de execução pelo seu suposto fim preventivo. Cautela e prevenção não são palavras sinônimas. (...). Em segundo lugar, o processo cautelar não visa a outorgar tutela ao processo, mas ao próprio direito material. (...) Em terceiro lugar, sua tripartição do processo cautelar não apresenta elemento homogêneo de classificação". MITIDIERO, Daniel. *Antecipação da tutela: da tutela cautelar à técnica antecipatória*. São Paulo: Revista dos Tribunais, 2013, p. 35-36.

[61] "É preciso dizer, ainda, que o processo cautelar não se opõe aos processos de conhecimento e execução como um terceiro gênero. Mais propriamente, pode-se dizer que o processo cautelar se opõe aos processos de conhecimento e de execução vistos em conjunto, havendo, pois, o processo cautelar de um lado e os processos satisfativos de outro". CÂMARA, Alexandre Freitas. *Lições de Direito Processual Civil*. 24ª ed. São Paulo: Atlas, 2013, p. 254.

[62] "O Livro III, de sua vez, mesmo que identificado como 'tutela jurisdicional preventiva' – e o 'processo cautelar' lá disciplinado visa precipuamente a prestação desta espécie de tutela – não esgota a possibilidade da prestação desta mesma classe de tutela. O que se verifica, é esta a verdade, é que a estrutura do Código de Processo Civil já não comporta mais – mesmo que renegadas as críticas clássicas a ele dirigidas – a coerência e a 'pureza' de outrora". BUENO, Cássio Scarpinella. *Curso sistematizado de Direito Processual Civil*. 2ª ed. São Paulo: Saraiva, 2008, p. 398.

[63] SILVA, Ovídio Baptista da. *Curso de Processo Civil*. 3ª ed. São Paulo: Revista dos Tribunais, 2000, p. 21.

Pressupunha-se a separação epistêmica intensa entre os conceitos e a realidade. No plano das ideias se inseriu a atividade do conhecer ("o resultado de todas essas atividades é de caráter ideal") e, no âmbito da realização fenomênica o agir executivo ("a atividade do órgão é prevalentemente prática e material").[64] Consequentemente, as eventuais preocupações do cotidiano, os riscos e os danos que o decurso do tempo pode infligir aos direitos, que inegavelmente se apresentam no âmbito da realidade passaram a não ser relevados quando a atividade é prestada idealmente. O idealismo marcou, portanto, frontalmente o desenvolvimento das cautelares e tutelas de urgência.

Ovídio Baptista da Silva justificou que a fidelidade excessiva do processo continental moderno ao modelo do *ordo judiciorum privatorum* romano ensejou a desconsideração das sentenças interlocutórias existentes no direito medieval e a valorização exclusiva das sentenças que julgam a causa ao final.[65] Assim, o mesmo motivo que levou a conceituação de conhecimento como a atividade de cognição contida exclusivamente na sentença final de mérito conduziu a "expurgar igualmente do processo de conhecimento o processo cautelar, formando com ele o célebre *tertium genus*".[66]

A justificativa de impossibilitar julgamentos fundados em probabilidades no âmbito do processo de conhecimento era o estabelecimento de uma divisão bem categorizada das funções jurisdicionais (conhecer, executar e acautelar). Porém, não se pode deixar de perceber a contradição de a própria função jurisdicional – que marcaria a prestação da

---

[64] "A função jurisdicional consta fundamentalmente de duas espécies de atividades, muito diferentes entre si: de um lado, o exame da lide posta em juízo, para o fim de descobrir e formular a regra jurídica concreta que deve regular o caso; de outro, as operações práticas necessárias para efetivar o conteúdo daquela regra, para modificar os fatos da realidade de modo a que se realize a coincidência entre a regra e os fatos. Por conseguinte, a natureza e os efeitos dos atos relativos diferem profundamente; na cognição a atividade do juiz é prevalentemente de caráter lógico: ele deve estudar o caso, investigar os fatos, escolher, interpretar e aplicar as suas normas legais adequadas, fazendo um trabalho intelectual, que se assemelha, sob certos pontos de vista, ao de um historiador, quando reconstrói e avalia os fatos do passado. O resultado de todas essas atividades é de caráter ideal, porque consiste na enunciação de uma regra jurídica que, reunindo certas condições, se torna imutável (coisa julgada). Na execução, ao contrário, a atividade do órgão é prevalentemente prática e material, visando produzir na situação de fato as modificações acima aludidas". LIEBMAN, Enrico Tullio. *Processo de Execução*. 3ª ed. São Paulo: Saraiva, 1968, p. 37.

[65] "Como o Direito medieval menosprezava o componente autoritativo (*imperium*), inerente ao ato jurisdicional, emprestando excessivo valor a seu componente cognitivo (*notio*), a ponto de reduzi-lo a simples instrumento destinado a 'resolver questões', foi-lhe extremamente fácil descobrir entre as sentenças e as interlocutórias o elemento lógico que as aproxima, pois tanto umas quanto outras, em verdade, resolviam questões, de modo que, para o novo contexto histórico e doutrinário, formado no Direito comum, a locução sentença interlocutória era não só adequada mas conforme aos princípios" SILVA, Ovídio Baptista da. Decisões interlocutórias e sentenças liminares. *Revista da Ajuris*, v. 51, p. 126-149, mar. 1991, p. 128.

[66] SILVA, Ovídio Baptista da. *Curso de Processo Civil*. 3ª ed. São Paulo: Revista dos Tribunais, 2000, p. 23.

tutela jurisdicional em cada processo – não ser sequer o critério adotado no CPC/1973. Se teoricamente esse foi o referencial do Código Buzaid, merece atenção a circunstância de que não foi ele o caracterizador do processo cautelar.

Afinal, a legislação não separou os processos por atividade do juiz, mas sim pela estrutura dos provimentos, dado que "enquanto os provimentos de conhecimento e de execução são definitivos, os provimentos cautelares são provisórios".[67] E no caso, aí, reside exatamente a caracterização que dá Calamandrei aos provimentos cautelares.[68] Sem considerar o critério do mestre florentino, não se poderia explicar como esse diploma processual previu, sob a insigne de cautelar, atividades notoriamente satisfativas, como os alimentos provisionais (arts. 852-854), nem compreender como sob a sua vigência atividades inegavelmente satisfativas, como a sustação de protestos, foram acolhidas pela nomenclatura de cautelares inominadas.[69]

Percebe-se agora facilmente por qual motivo "pouco importa a satisfatividade ou não do provimento para caracterização da função cautelar" no âmbito originário do CPC/1973. Assim, "os provimentos cautelares podem ser no Código Buzaid tanto assecuratórios como satisfativos. O que interessa é a provisoriedade para delineamento das espécies que entram no processo cautelar".[70]

Justamente o debate doutrinário decorrente da impropriedade de se pensar em separar rigidamente conhecer e executar e sobre a notória contradição em admitir "cautelas satisfativas"[71] conduziu à reforma trazida pela Lei 8.952/94, que além de ajustes periféricos, inovou quanto à instituição da técnica de antecipação de tutela e expressamente incorpo-

---

[67] MITIDIERO, Daniel. O processualismo e a formação do Código Buzaid. *Revista de Processo*, v. 183, p. 165-194, 2010, p. 181.

[68] CALAMANDREI, Piero. *Introduzione allo studio sistematico dei provvedimenti cautelari*. Pádova: CEDAM, 1936.

[69] "A expansão do processo cautelar (não necessariamente da tutela cautelar) explica-se, portanto, em virtude de uma lógica imanente ao próprio sistema seguido pelo direito brasileiro. Se o juiz não puder conceder jamais medidas liminares porque o processo de conhecimento, por definição, não contém execução simultânea com a cognição, então o modo como os juristas práticos conseguem superar a dificuldade, 'desordinarizando' o emperrado procedimento ordinário, fica reduzido exclusivamente ao emprego do processo cautelar, como via alternativa de sumarização das demandas satisfativas que exijam tratamento urgente, incompatível com a ordinariedade". SILVA, Ovídio Baptista da. *Curso de Processo Civil*. 3ª ed. São Paulo: Revista dos Tribunais, 2000, p. 25.

[70] MITIDIERO, Daniel. O processualismo e a formação do Código Buzaid. *Revista de Processo*, v. 183, p. 165-194, 2010, p. 181.

[71] "Vicejou entre nós a ominosa doutrina segundo a qual os provimentos cautelares podem ser 'satisfativos', de sorte que até nas classificações correntes dessas medidas aparece a categoria correspondente, como se a locução cautela satisfativa não envolvesse uma evidente e pasmosa contradição em termos. Pelo que nos diz respeito, falar-se de cautela satisfativa é tão desarrazoado e inaceitável quanto a idéia de gelo quente". FABRÍCIO, Adroaldo Furtado. Breves notas sobre os provimentos antecipatórios, cautelares e liminares. *Revista da Ajuris*, v. 66, p. 6-19, mar. 1996, p. 12.

rou ao CPC/1973 a prestação diretamente na sentença de tutelas mandamentais.

A reforma da redação do art. 273 do CPC/1973 permitiu a antecipação dos efeitos da tutela satisfativa. A partir de então durante o curso do processo de conhecimento seria possível antecipar eficácias com potencial executivo, mediante decisões pautadas em juízos de aparência. As liminares satisfativas, que anteriormente eram exclusivas de alguns procedimentos especiais, foram permitidas no âmbito do procedimento comum ordinário.

Com isso, a um só momento atacou-se o dogma de ser impossível a prestação de atos executivos acerca do direito material antes do trânsito em julgado – lembre-se que a tutela cautelar, na perspectiva tradicional, não tutelaria o direito material, mas o processo – e a expressa permissão de que atos executivos fossem determinados e cumpridos no curso do processo de conhecimento. Sem depreender-se totalmente de sua origem, as antecipações da tutela satisfativa conservaram a noção de provisoriedade. Afinal, ditas decisões seriam interlocutórias e suas ratificações se fariam indispensáveis quando da sentença definitiva.[72]

A Lei 8.952/1994 também deu nova redação ao art. 461 do Código de Processo civil, reproduzindo quase integralmente o dispositivo vigente já há quatro anos no art. 84 do Código de Defesa do Consumidor. Aqui, também se percebe uma notável mudança estrutural no Código de Processo Civil. Afinal, a concepção ternária das tutelas jurisdicionais também tinha por dogma a distinção entre atividades cognitivas e executivas. Nesse sistema, a distinção entre a tutela condenatória e as demais (declaratória e constitutiva) se dá pela indicação de haver a aplicação de uma sanção naquela. A sentença condenatória constituiria título executivo, para que, em processo próprio, se buscasse a satisfação do direito.

Veja-se, a próposito, que a condenação, nessa classificação tradicional das tutelas jurisdicionais, também se organiza em torno da divisão rígida entre as funções de conhecer e executar. A esse respeito, considerando o já exposto sobre o pensamento de Liebman, não surpreende porque o italiano atesta que "a única classificação legítima e importante" seria a que adota a tripartição tradicional das ações como de conhecimento, execução e cautelar.[73]

---

[72] Conforme sustentou Dinamarco, logo após o advento da reforma, em posicionamento que foi seguido e consolidou-se na doutrina processual subsequente: "O ato judicial que concede ou nega a tutela antecipada é decisão interlocutória e não sentença. Sequer seria necessária a explicitude do §5º do art. 273, para saber se que 'concedida ou não a antecipação da tutela, prosseguirá o processo até final julgamento'". DINAMARCO, Cândido Rangel. *A reforma do Código de Processo Civil*. São Paulo: Malheiros, 1995, p. 148.

[73] "No sistema processual, todavia, a única classificação legítima e importante é a que se refere à espécie e à natureza do provimento pedido. Por esse ponto-de-vista, as ações distinguem-se em três

No entanto, a reforma do art. 461 do CPC/1973 estabeleceu que na própria sentença, no processo de conhecimento, independentemente de um processo executivo ulterior haver a tutela do Estado, para fins de coagir o réu a cumprir um mandamento. Posteriormente, a Lei 10.444/2002 estendeu a sistemática às obrigações pertinentes a entrega de coisa, com a inclusão do art. 461-A no diploma processual brasileiro. Nesse tempo não mais se poderia sustentar haver um processo de conhecimento e um processo de execução rigidamente dissociados quando diante de obrigações de fazer e não fazer, nem para a entrega de coisa.

Nem mesmo a obrigação para entrega de quantia passou incólume à afirmação de que as funções jurisdicionais não são exclusivas em cada processo. Pois a reforma trazida pela Lei 11.232/2005, tratou de suprimir a necessidade de um processo autônomo de execução, quando diante de título executivo judicial. Bastaria a continuidade do processo já instaurado, em fase de cumprimento de sentença, para a satisfação do crédito apurado.

As reformas referidas são bastante conhecidas e determinantes de uma reestruturação do processo civil brasileiro, ainda sob a vigência do CPC/1973. Fácil é perceber que progressivamente sucedeu uma série de rupturas com o esqueleto que lhe dava sustentação a ponto de permitir que o CPC/2015 pressuponha em sua organização não a separação, mas a simbiose entre as funções jurisdicionais.

4. O sistema previsto no Código de Processo Civil de 2015: heranças e perspectivas de desenvolvimento

O CPC/2015, em seu Livro V, regulamenta a prestação de tutela jurisdicional sustentada por juízos de probabilidade. A nova legislação trata de denominar o capítulo de "Tutelas Provisórias", sem estabelecer um terceiro tipo de processo para justificar as diferentes relações entre conhecer e executar, como ocorrido no código revogado. Na esteira das reformas havidas a partir de 1994, definitivamente foi incorporada a tutela pautada em cognição sumária na prestação jurisdicional comum brasileira. Não mais se sustenta defender ser excepcional a concessão de decisões liminares, como se poderia sugerir ao se analisar a estrutura do CPC/1973, até porque tais decisões já se tornaram muito frequentes no cotidiano forense para comportar essa adjetivação.

---

categorias: a) as ações de conhecimento; b) as ações executivas; c) as ações cautelares. A essas categorias de ações correspondem tantas categorias de processos, cada um destes com características formais diferentes, adequadas aso diferentes tipos de provimento pedido por quem propõe a demanda e à diferente função que o órgão judiciário é chamado a desempenhar". LIEBMAN, Enrico Tullio. *Manual de Direito Processual Civil*. 3ª ed. São Paulo: Malheiros, 2005, p. 213.

A não previsão de um Livro próprio ao então "Processo Cautelar", por outro lado, não excluiu a regulamentação de diversas providências designadas correta ou incorretamente como cautelares no código revogado. Além da cláusula de poder geral de cautela, no art. 301, as medidas urgentes antes regulamentadas de forma típica foram disciplinadas ao longo do novo diploma como se vê do atentado (art. 77, VI), arresto, sequestro, registro de protesto contra alienação de bem (art. 301), produção antecipada de provas (art. 381) arrolamento de bens (arts. 301 e 381, § 1º), justificação (art. 381,§5º), exibição de documentos ou coisas (art. 396), busca e apreensão (536, §§ 1º e 2º), posse em nome de nascituro (art. 650), homologação de penhor legal (art. 703) notificações e interpelações (art. 726). O mesmo se dá com a exigibilidade de cauções sobre custas e honorários (art. 83), como forma de contracautela (art. 300, § 1º) ou para o cumprimento provisório da sentença (art. 520, IV), regradas dispersamente na legislação processual.

Além da assaz evidente não previsão de um processo cautelar como *tertium genus*, nota-se esta outra marca do pensamento de Piero Calamandrei na sistemática instituída na nova legislação: a provisoriedade é a caracterização fundamental que o título do quinto livro do CPC/2015 e o *caput* do seu art. 294[74] atribuem às cautelares e à prestação jurisdicional satisfativa antecipada.

Nesse momento, para avançar e compreender a sustentação que a nova legislação deu ao tema das cautelares e tutelas satisfativas antecipadas, é pressuposto inarredável distinguir as noções de provisoriedade e temporariedade.

Assinalada por Calamandrei, a diferença se dá porque o temporário é tão somente o que não dura para sempre, ao passo que o provisório é aquilo que é feito para ser substituído por algo definitivo.[75] Lopes da Costa ofereceu elucidativo exemplo: os andaimes em uma obra são temporários, pois persistirão durante o período em que necessários para o alcance de suas próprias finalidades. Serão, também, definitivos, "no sentido de

---

[74] CPC/2015. Art. 294. A tutela provisória pode fundamentar-se em urgência ou evidência.

[75] A explicação de Calamandrei, em tradução livre do autor: "Convém advertir que o conceito de provisoriedade (e assim aquele coincidente de interinidade) é um pouco diverso, e mais restrito, que aquele de temporariedade. Temporâneo é simplesmente o que não dura sempre, aquilo que independentemente do sobrevir de outro evento, tem por si mesmo duração limitada. Provisório é, ao contrário, aquilo que é destinado a durar até que não sobrevenha um evento sucessivo, em vista e ligado ao qual permanece o estado de provisoriedade no entretempo". No original: "*Giuva intanto avvertire che il concetto di provvisorietà (e così quello, coincidente, di interinalità) è un po' diverso, e più ristretto, di quello di temporaneità. Temporaneo è, semplicemente, ciò che non dura sempre, ciò che, indipendentemente dal sopravvenire di altro evento, ha per sè stesso durata limitata: provvisorio è, invece, ciò che è destinato a durare fino a che non sopraggiunga un evento successivo, in vista ed in attesa del quale lo stato di provvisorietà permane nel frattempo*". CALAMANDREI, Piero. Introduzione allo studio sistematico dei provvedimenti cautelari. Pádova: CEDAM, 1936, p. 10.

que nada virá substituí-los",[76] muito embora não se eternizem. Por outro lado, a barraca usada para habitação enquanto a construção não termina é provisória, já que ela será trocada pela morada definitiva, justificando-se tão somente em razão da ainda inexistência desta.[77]

Comentando esse exemplo, Ovídio Baptista da Silva demonstrou que a provisoriedade vincula intrinsecamente tais medidas a um julgamento definitivo posterior, desnaturalizando as cautelares de significação própria. Assim porque a noção de provisoriedade envolve justamente a ideia de substituição. Como a função exercida pela tutela provisória (no exemplo dado por Lopes da Costa é a habitação) é a mesma da tutela definitiva, a provisoriedade produz a identificação ontológica das tutelas cautelar e satisfativa, "de modo que o provisório tenha a mesma natureza do definitivo, pelo qual haverá de ser trocado. Em última análise: se for uma antecipação do definitivo".[78]

No esquema original proposto por Calamandrei, essa conclusão não gerava nenhum conflito lógico, uma vez que o autor expressamente considerava cautelares também as medidas com finalidade de antecipar efeitos da tutela final, inclusive valendo-se dessa abrangência para a conceituação idealizada acerca dos provimentos cautelares:

> O provimento cautelar consiste propriamente em uma decisão antecipada e provisória do mérito, destinada a durar até que esse regulamento provisório da relação controversa seja sobreposto pelo regulamento estavelmente alcançado através do mais lendo processo ordinário.[79]

Com isso, mesmo refutando a noção de *tertium genus*, percebe-se que o CPC/2015 reedita um vício epistêmico do sistema italiano anterior

---

[76] Sobre a atribuição do conceito de definitividade às tutelas cautelares, leia-se: "Do ponto de vista da estrutura do provimento, portanto, ambos são definitivos. A diferença entre tutela cautelar e a tutela satisfativa sob esse ângulo de apreciação está em que as situações fático-jurídicas submetidas à primeira são naturalmente mais instáveis do que aquelas submetidas à segunda. A tutela cautelar visa à proteção assecuratória de um direito submetido ao perigo de dano irreparável ou de difícil reparação. Dura enquanto durar o perigo – ou, mais precisamente, dura tendencialmente enquanto durar o perigo. Dura, em outras palavras, enquanto não se alterarem os pressupostos fático-jurídicos que suportaram a sua prolação. A tutela satisfativa visa à realização de um direito. Dura enquanto não se alterarem os pressupostos fático-jurídicos que determinaram a sua prestação. Dura enquanto durar a necessidade inerente à sua proteção". MITIDIERO, Daniel. *Antecipação da tutela: da tutela cautelar à técnica antecipatória*. São Paulo: Revista dos Tribunais, 2013, p. 40-41.

[77] LOPES DA COSTA, Alfredo de Araújo. *Medidas Preventivas*. 2ª ed. Belo Horizonte: Bernardo Alves, 1958, p. 16.

[78] "A barraca, no exemplo figurado por Lopes da Costa, foi trocada pela habitação definitiva por servir de habitação *'en el tiempo intermedio'*. O compromisso com as variadas formas de tutela antecipatória de quem elege a provisoriedade como elemento conceitual da cautelaridade é, pois, inarredável". SILVA, Ovídio Baptista da. *Do Processo Cautelar*. 4ª ed. Rio de Janeiro: Forense, 2009, p. 93.

[79] Em tradução livre no corpo do texto, constando no original: *"il provvedimento cautelari consiste proprio in una decisione anticipata e provvisoria del merito, destinata a durare fino a che questo regolamento provisorio del rapporto controverso non si sovrapporrà il regolamento stabilmente conseguibile atravesro il più lento processo ordinario"*. CALAMANDREI, Piero. *Introduzione allo studio sistematico dei provvedimenti cautelari*. Pádova: CEDAM, 1936, p. 39

presente no CPC/1973, pois marca com a nota da provisoriedade as medidas cautelares e, assim, faz crer que a tutela cautelar não é outra coisa senão uma parte da tutela satisfativa. O problema é que o novo diploma padece do erro de categorizar as medidas a partir do binômio "provisório-definitivo", ao invés de valer-se do critério "cautelar-satisfativo" que permite compreender essencialmente no que diferem as diferentes formas pelas quais há prestação jurisdicional.[80]

Fazendo explícito o entendimento defendido, as cautelares têm natureza e função diversa do provimento satisfativo, pois são medidas de segurança para resguardar posterior execução, ao passo que a técnica da antecipação da tutela permite a execução antecipada da tutela jurisdicional, geralmente por motivos de segurança. As cautelares, portanto, não são provisórias e não possuem a mesma função, nem a mesma natureza das tutelas satisfativas.

Como se sustentou em recente estudo, cujo enfoque foi a então proposta de estabilização das antecipações de tutela satisfativas, acolhidas no art. 302 do CPC/2015,[81] a provisoriedade como marca das tutelas de cognição não exauriente é traço claro do idealismo e do liberalismo no direito processual.

> Independentemente do critério e das distinções que se façam entre tutela cautelar e satisfativa, fato é que as antecipações de tutela também são, no sistema do CPC/1973, compreendidas como subsidiárias ou dependentes de uma cognição exauriente. Em outro sentido não é a necessidade de confirmação da antecipação de tutela por meio da sentença, para fins de atribuir definitividade a seus efeitos. Essa característica de dependência das medidas de cognição não exauriente a um exame aprofundado posterior é decorrente da crença de uma verdade absoluta alcançável mediante a racionalidade (platonismo moderno), associada à ojeriza comum de se autorizar atos do Estado contra as liberdades individuais (liberalismo). Para fins de permitir essa atuação, indispensável garantir-se que a intervenção estatal estaria fundada no direito e, para tanto, nada mais aconselhável que a certeza que o procedimento comum ordinário e a coisa julgada material possibilitariam alcançar-lhe.[82]

No ponto, trabalhado com maior aprofundamento no estudo referido, a hipótese de estabilização das antecipações de tutela satisfativas concedidas em caráter antecedente, com a extinção do respectivo proces-

---

[80] A esse respeito, registre-se que o Projeto de Código de Processo Civil, em sua redação pela Câmara dos Deputados era largamente melhor estruturado. No Senado Federal, sob o pretexto de reformas de redação (e assim não suscetíveis de novo retorno para aprovação na Câmara de Deputados), retornou-se ao paradigma da provisoriedade de Calamandrei, constando assim expressamente no CPC/2015 sancionado e publicado.

[81] CPC/2015. Art. 304. A tutela antecipada, concedida nos termos do art. 303, torna-se estável se da decisão que a conceder não for interposto o respectivo recurso.

[82] SCARPARO, Eduardo. A estabilização da tutela de urgência satisfativa no anteprojeto de Código de Processo Civil: um exame em perspectiva político-epistemológica. *Revista Forense*, v. 420, p. 96-118, 2014, p. 110.

so, sequer significa a perda do caráter de provisoriedade dessa decisão, dado que a respectiva eficácia pode ser impugnada em até dois anos, na forma dos §§ 2º a 6º do art. 304, ocasião em que o provisório assumirá o condão de definitivo, ainda que sem os efeitos da coisa julgada.

A incorporação na letra da lei da contraposição em mesmo plano entre as antecipações de tutela e cautelares é denunciadora sobre a estruturação das medidas cautelares no CPC/2015. A nova legislação, seguindo a orientação da doutrina processual majoritária, designou as cautelares e antecipações de tutela como espécies de tutela de urgência, cuja provisoriedade caracterizaria.

A unificação do tratamento das cautelares e antecipações de tutela satisfativas não deve ficar imune à crítica. Essa associação, pautada em critérios heterogêneos, produz a associação de institutos processuais com naturezas bastante diversas. Conforme indicado por Daniel Mitidiero, não há razão para contrapor cautelares e antecipações de tutela como se antagônicos fossem.

> É claro que a tutela cautelar não se confunde com a tutela satisfativa antecipada. Esse, no entanto, já [é] um problema superado pela melhor doutrina. O problema agora está em perceber que a técnica antecipatória é apenas um meio para a realização da tutela satisfativa ou da tutela cautelar e que essas formas de tutela jurisdicional devem ser pensadas a partir do direito material.[83]

A contraposição correta é entre tutela satisfativa e tutela cautelar, sendo que a antecipação dos efeitos da tutela é tão somente uma técnica processual e não um novo tipo de tutela jurisdicional. Ora, "essa impostação da matéria está equivocada, porque não é possível tratar no mesmo plano de uma tutela e de uma técnica – são conceitos distintos".[84] Em outras palavras, a tutela prestada de forma antecipada é a mesma disponível quando do julgamento final e não um novo tipo, como a doutrina nacional acostumou-se a indicar.

As tutelas jurisdicionais são satisfativas quando possibilitam a realização do bem da vida. São cautelares quando se limitam a assegurar um direito provável que se apresenta sob risco, com a finalidade de viabilizar a sua eventual fruição futura. Importante é perceber que qualquer delas pode ser antecipada. Isso ocorrerá, por exemplo, na tutela cautelar, quando houver o deferimento de medidas liminares (CPC/2015. Art. 300, § 2º).

O CPC/2015 exclui, felizmente, a noção do processo cautelar como *tertium genus*, definitivamente superando a concepção de que as funções jurisdicionais de conhecer e executar são imiscíveis. Todavia a estrutu-

---

[83] MITIDIERO, Daniel. *Antecipação da tutela: da tutela cautelar à técnica antecipatória*. São Paulo: Revista dos Tribunais, 2013, p. 47-48.
[84] Ibid., p. 47.

ração escolhida mantém muitas marcas do sistema anterior. Apresenta nova fuselagem, mas também motor construído a partir da antiga e inadequada noção de provisoriedade.

Nesse sentir, ignorar que a antecipação da tutela é uma simples técnica faz o direito brasileiro reeditar em nova e errônea fórmula a figura do *tertium genus*. Agora não mais fundada em uma divisão tripartite de processos, mas sim de tutelas jurisdicionais, prevendo tutelas (1) cautelares, (2) satisfativas definitivas e (3) antecipatórias. Como fechamento, permitindo-se parodiar Calamandrei ao sul da Linha do Equador, percebe-se que a adoção desse critério leva à classificação tão ilusória quanto aquela que pretende dividir os seres humanos em homens, mulheres e brasileiros.

Referências bibliográficas

ALLORIO, Enrico. Per una nozione del processo cautelare. *Rivista di Diritto Processuale Civile*, Padova, v. XIII, p. 19-44, 1936.

ALVARO DE OLIVEIRA, Carlos Alberto. Processo Civil Brasileiro e Codificação. *Revista de Processo*, v. 179, 2010.

BUENO, Cássio Scarpinella. *Curso sistematizado de Direito Processual Civil*. 2ª ed. São Paulo: Saraiva, 2008.

BUZAID, Alfredo. *Exposição de Motivos do Código de Processo Civil de 1973*. Lei nº 5.869/1973. Brasil 1972.

——. A influência de Liebman no Direito Processual Civil Brasileiro. *Revista de Processo*, v. 27, 1982.

CALAMANDREI, Piero. *Introduzione allo studio sistematico dei provvedimenti cautelari*. Pádova: CEDAM, 1936.

CÂMARA, Alexandre Freitas. *Lições de Direito Processual Civil*. 24ª ed. São Paulo: Atlas, 2013.

CARNELUTTI, Francesco. Carattere della sentenza di fallimento. *Rivista di Diritto Processuale Civile*, v. VIII, Parte II, p. 159-173, 1931.

——. *Diritto e Processo*. Napoli: Morano, 1958.

——. *Instituciones del proceso civil*. Buenos Aires: EJEA, 1959.

——. *Istituzioni del processo civile italiano*. 5ª ed. Roma: Il Foro Italiano, 1956.

——. La sentenza dichiarativa di fallimento come provvedimento cautelare (a proposito di una recente pubblicazione). *Rivista di Diritto Commerciale*, Padova, v. XXXIV, p. 279-307, 1936.

——. *Lezioni di diritto processuale civile*. Padova: CEDAM, 1933.

CHIOVENDA, Giuseppe. *Principios de derecho procesal civil*. Madri: Reus, 1922.

CONIGLIO, Antonino. *Il sequestro giudiziario e conservativo*. 3ª ed. Milão: Giuffrè, 1949.

DINAMARCO, Cândido Rangel. Liebman e a cultura processual brasileira. *Revista de Processo*, v. 119, 2005.

——. *A reforma do Código de Processo Civil*. São Paulo: Malheiros, 1995.

DONIZETTI, Elpídio. *Curso Didáico de Direito Processual Civil*. 14 ed. São Paulo: Atlas, 2010.

FABRÍCIO, Adroaldo Furtado. Breves notas sobre os provimentos antecipatórios, cautelares e liminares. *Revista da Ajuris*, v. 66, p. 6-19, mar. 1996.

JÚNIOR, Humberto Theodoro. *Processo cautelar*. 24ª ed. São Paulo: Leud, 2008.

LACERDA, Galeno. Processo cautelar. *Revista de Processo*, v. 44, p. 186-194, 1986.

LANCELLOTTI, Franco. Osservazioni critiche intorno all'autonomia processuale della tutela cautelare. *Rivista di Diritto Processuale Civile*, Padova, v. XVI, p. 232-271, 1939.

LIEBMAN, Enrico Tullio. *Manual de Direito Processual Civil*. 3ª ed. São Paulo: Malheiros, 2005.

——. *Processo de Execução*. 3ª ed. São Paulo: Saraiva, 1968.

——. Unità del processo civile. In. *Problemi del processo civile*. Milão: Morano, 1962. p.104-110.

LOPES DA COSTA, Alfredo de Araújo. *Medidas Preventivas*. 2ª ed. Belo Horizonte: Bernardo Alves, 1958.

MARQUES, José Frederico. *Manual de Direito Processual Civil*. 2ª ed. Campinas: Millennium, 2000.

MATTIROLO, Luigi. *Trattato Di Diritto Giudiziario Civile Italiano*. Turim: Fratelli Bocca Editori, 1905.

MITIDIERO, Daniel. *Antecipação da tutela: da tutela cautelar à técnica antecipatória*. São Paulo: Revista dos Tribunais, 2013.

——. *Elementos para uma teoria contemporânea do processo civil brasileiro*. Porto Alegre: Livraria do Advogado, 2005.

——. O processualismo e a formação do Código Buzaid. *Revista de Processo*, São Paulo, v. 183, p. 165-194, 2010.

MORTARA, Lodovico. *Commentario del Codice e delle leggi di procedura civile*. Milão: F. Vallardi, 1923.

PICARDI, Nicola. *Jurisdição e Processo*. Rio de Janeiro: Forense, 2008.

PISANI, Andrea Proto. Chiovenda e la tutela cautelare. *Rivista di Diritto Processuale*, v. Vol. XLIII, p. 16-34, 1988.

REDENTI, Enrico. *Profili pratici del diritto processuale civile*. Milão: Giuffrè, 1939.

SANCHES, Sydney. *Poder cautelar geral do juiz no processo civil brasileiro*. São Paulo: Revista dos Tribunais, 1978.

SANTOS, Ernane Fidélis dos. *Manual de Direito Processual Civil*. 14ª ed. São Paulo: Saraiva, 2011.

SATTA, Salvatore. Dalla procedura civile al diritto processuale civile. *Rivista Trimestrale di Diritto e Procedura Civile*, p. 28-43, mar. 1964.

SCARPARO, Eduardo. *As Invalidades Processuais Civil na Perspectiva do Formalismo-Valorativo*. Porto Alegre: Livraria do Advogado, 2014.

——. A estabilização da tutela de urgência satisfativa no anteprojeto de Código de Processo Civil: um exame em perspectiva político-epistemológica. *Revista Forense*, Rio de Janeiro, v. 420, p. 96-118, 2014.

SILVA, Ovídio Baptista da. *As ações cautelares o novo processo civil*. Rio de Janeiro: Forense, 1976.

——. *Curso de Processo Civil*. 3ª ed. São Paulo: Revista dos Tribunais, 2000.

——. Decisões interlocutórias e sentenças liminares. *Revista da Ajuris*, v. 51, p. 126-149, mar. 1991.

——. *Do Processo Cautelar*. 4ª ed. Rio de Janeiro: Forense, 2009.

ZAVASCKI, Teori. *Antecipação da tutela*. 4ª ed. São Paulo: Saraiva, 2005.

— 6 —

Questões relevantes da prova no novo Código de Processo Civil

DARCI GUIMARÃES RIBEIRO[1]

Sumário: 1. A prova e o contraditório; 2. Prova emprestada; 3. Ônus da prova; 4. Produção antecipada da prova; 5. Ata notarial; 6. Prova testemunhal; 7. Questões pertinentes aos demais meios de prova; 7.1. Gravação das audiências; 7.2. Do auxilio direto; 7.3. Dos poderes do juiz na produção da prova.

1. A prova e o contraditório

A prova, como é cediça, está umbilicalmente ligada ao princípio do contraditório, razão pela qual sua precisa compreensão exige, neste momento, um aprofundamento maior.[2]

Este princípio também é conhecido como princípio da *bilateralidade da audiência*[3] ou, como preferem os alemães, *o direito a ser ouvido legalmente*,[4] ou simplesmente *igualdade*,[5] traduzido no brocardo latino por *audiatur*

---

[1] Advogado. Pós-Doutor pela Università degli Studi di Firenze. Doutor em Direito pela Universitat de Barcelona. Mestre e Especialista pela Pontifícia Universidade Católica do Rio Grande do Sul (PUC/RS). Professor Titular de Direito Processual Civil da UNISINOS e PUC/RS. Professor do Programa de Pós-Graduação em Direito da UNISINOS (Mestrado, Doutorado e Pós-Doutorado). Membro da *International Association of Procedural Law*. Membro do Instituto Ibero-Americano de Direito Processual Civil. Membro do Instituto Brasileiro de Direito Processual Civil. Este trabalho é parte do projeto I+D do Ministério de Economia e Competitividade da Espanha, intitulado: "La prueba civil a examen: estudio de sus problemas y propuestas de mejora" (DER 2013-43636-P) do qual sou pesquisador ativo.

[2] Sobre o princípio do contraditório, consultar o que escrevi em *Provas Atípicas*, Porto Alegre: Livraria do Advogado, 1998, p. 30 a 35. Para um real aprofundamento das matrizes histórico-culturais do contraditório, ver por todos PICARDI, *Audiatur et altera pars:* as matrizes histórico-culturais do contraditório. In: Jurisdição e Processo. Rio de Janeiro: Forense, 2008, p. 127 a 143.

[3] WYNESS MILLAR, Robert. *Los principios formativos del procedimiento civil*. Trad. Catalina Grossmann. Buenos Aires: Ediar, 1945, p. 47.

[4] Conforme art. 103, I da Grundgesetz (Lei Fundamental Alemã) que diz: *"Artigo 103 (Direitos fundamentais do acusado) 1. Todos têm o direito de serem ouvidos perante os juízes e tribunais; (...)"*.

[5] COUTURE, Eduardo J. *Fundamentos del derecho procesal civil*. Buenos Aires: Depalma, 1988, p. 183.

et altera pars. Ele é uma garantia fundamental da justiça, erigido em dogma constitucional na maioria dos países e se manifesta, também, como um princípio do Estado de Direito.[6] Podemos encontrá-lo, *e.g.*, na *Costituzione della Repubblica Italiana*, art. 24[7]; na *Constitución Española*, art. 24,[8] bem como no art. 6º da *Convention Européenne des Droits de L'Homme* que trata do *Droit à un procès équitable*.[9] No Brasil, este princípio tem guarida no inc. LV do art. 5º da CF.[10]

O contraditório, a meu sentir, pode ser mais bem compreendido levando-se em consideração seu desenvolvimento através dos tempos, vale dizer, ao longo de três fases marcantes. A primeira, que denomino *formal* e está caracterizada pela *necessidade de informar*; a segunda, *material* que se caracteriza pela *possibilidade de participação* e a terceira, *constitucional*, identificada pelo *direito de influenciar*.

A primeira e a segunda fase são bem conhecidas e podem ser identificadas através deste tropo: o contraditório é como uma moeda que apresenta, numa das faces, a *necessidade de informar* e, na outra face, a *possibilidade de participação*. A soma desse binômio designa, para COUTURE, as garantias do *due process of law*, pois, segundo ele, é necessário que:

---

[6] Neste particular, convém destacar as palavras de OTHMAR JAUERNIG, para quem o direito a ser ouvido é "'*o princípio processual mais importante*' *e elemento irrenunciável de todo o ordenamento processual de Estado de Direito, (...)*", Direito processual Civil. Trad. F. Silveira Ramos. Coimbra: Almedina, 2002, § 29, p. 167 e, também, de STEFAN LEIBLE, segundo as quais "*El Tribunal Federal de Constitucionalidad lo deriva del principio de Estado de Derecho (art. 20 párr. 3 LF, 28 párr. 1). (...) También es próprio de un procedimiento justo, que se le dé en general oportunidad a las partes de expresarse. El derecho a ser oído legalmente, es decir a ser oído por el juez, es por ello el más importante principio procesal y una parte irrenunciable de todo orden procesal de un Estado de Derecho*", Proceso Civil Alemán. Trad. Rodolfo E. Witthaus. Colombia: Biblioteca Jurídica Diké e Konrad Adenauer Stiftung, 1999, p. 152 e 153. No Brasil igualmente sustenta esta ideia NELSON NERY JUNIOR, *Princípios do Processo Civil na Constituição Federal*, RT, 2013, nº 24, p. 220.

[7] "*(...) La difesa è diritto inviolabile in ogni stato e grado del procedimento. (...)*". O próprio *Codice di procedura civile Italiano*, no seu art. 101, define o princípio do contraditório, quando diz expressamente: "*Il giudice, salvo che la legge disponga altrimenti (p. c. 633, 697, 700, 703, 712), non può statuire sopra alcuna domanda, se la parte contro la quale è proposta non è stata regolarmente citata (p. c. 164) e non è comparsa (p. c. 181, 291)*". Esse princípio é tão influente na legislação italiana que, no processo de execução forçada, o juiz da execução, regra geral, não pode emanar nenhuma medida judicial sem ouvir as partes, *e.g.*, arts. 530, 552, 569, 590, 596, 600, 612 e 624.

[8] "*1. Todas las personas tienen derecho a obtener la tutela efectiva de los jueces y tribunales en el ejercicio de sus derechos e intereses legítimos, sin que, en ningún caso, pueda producirse indefensión. 2. Asimismo, todos tienen derecho al Juez ordinario predeterminado por la ley, a la defensa y a la asistencia de letrado, a ser informados de la acusación formulada contra ellos, a un proceso público sin dilaciones indebidas y con todas las garantías, a utilizar los medios de prueba pertinentes para su defensa, a no declarar contra sí mismos, a no confesarse culpables y a la presunción de inocencia. (...)*".

[9] "*1. Qualquer pessoa tem direito a que a sua causa seja examinada, equitativa e publicamente, num prazo razoável por um tribunal independente e imparcial, estabelecido pela lei, o qual decidirá, quer sobre a determinação dos seus direitos e obrigações de carácter civil, quer sobre o fundamento de qualquer acusação em matéria penal dirigida contra ela. (...)*". Sobre a Corte Europeia dos Direitos Humanos consultar www.echr.coe.int/

[10] "*aos litigantes, em processo judicial ou administrativo, e aos acusados em geral são assegurados o contraditório e ampla defesa, com os meios e recursos a ela inerentes*".

"a) el demandado haya tenido debida noticia, la que puede ser actual o implícita; b) que se le haya dado una razonable oportunidad de comparecer y exponer sus derechos".[11]

A terceira e atual fase, que denomino *constitucional* e está reconhecida no *direito de influenciar*, pode ser bem apreendida por meio das decisões do Tribunal Constitucional Federal Alemão (*Bundesverfassungsgericht*), em especial esta, segundo a qual: *"Essa oitiva é, assim, primeiramente, pressuposto de uma decisão correta. Além disso, a dignidade da pessoa exige que não se disponha sobre seu direito de maneira leviana, com base [somente] na autoridade [estatal]: o indivíduo não só deve ser o objeto da decisão do juiz, como deve ser ouvido antes de uma decisão que envolva seus direitos, a fim de poder ter influência sobre o processo e o seu resultado (BVerfGE 7, 53 [57]; 7, 275 [279]"*.[12] (sublinhamos)

Doravante a reiterada jurisprudência do Tribunal Constitucional Federal Alemão, a doutrina, nos mais diversos países, passou a ampliar significativamente este princípio. Atualmente, podemos percebê-lo diretamente insculpido no novo Código de Processo Civil (doravante referido como NCPC), quando trata das *normas fundamentais do processo civil*, arts. 7,[13] 9[14] e 10.[15]

O contraditório é condição de validade das provas, porque toda e qualquer atividade instrutória há de ser produzida em contraditório. Esta é a razão pela qual o primeiro artigo sobre prova no novo Código de Processo Civil, art. 366, não só reproduz literalmente o atual art. 332 do CPC, mas vai além destacando esta terceira fase do contraditório, ao afirmar que: *"As partes têm direito de empregar todos os meios legais, bem como os moralmente legítimos, ainda que não especificados neste Código, para provar a verdade dos fatos em que se funda o pedido ou a defesa e **influir eficazmente na convicção do juiz**"* (negritamos).

Considero oportuno destacar agora, a aplicação deste princípio quando a prova for documental ou testemunhal, pois as provas *documen-*

---

[11] *Fundamentos del derecho procesal civil*, ob. cit., p. 150. Também neste sentido e com muita profundidade DINAMARCO, *O princípio do contraditório*. In: Fundamentos do Processo Civil Moderno, São Paulo: RT, 1987, p. 84 a 100, especialmente, neste particular, p. 94 e 95; e NELSON NERY JUNIOR, *Princípios do Processo Civil na Constituição Federal*, ob. cit., p. 222.

[12] *Cinquenta Anos de Jurisprudência do Tribunal Constitucional Federal Alemão*. Organização Leonardo Martins. Trad. Beatriz Hennig e outros. Montevideo: Fundación Konrad-Adenauer, 2005, § 34, p. 915.

[13] *"Art. 7º. É assegurada às partes paridade de tratamento em relação ao exercício de direitos e faculdades processuais, aos meios de defesa, aos ônus, aos deveres e à aplicação de sanções processuais, competindo ao juiz velar pelo efetivo contraditório".*

[14] *"Art. 9º. Não se proferirá decisão contra uma das partes sem que esta seja previamente ouvida".*

[15] *"Art. 10. O juiz não pode decidir, em grau algum de jurisdição, com base em fundamento a respeito do qual não se tenha dado às partes oportunidade de se manifestar, ainda que se trate de matéria sobre a qual deva decidir de ofício".*

tais são essencialmente *pré-constituídas* (*Evidence existing before the trial, Vorbereiteter Beweis*). O que equivale dizer que um documento, uma prova documental é criada, constituída fora dos autos, razão pela qual o contraditório somente se estabelece em virtude da obrigatória comunicação à parte contrária para, querendo, impugná-la mediante os mecanismos legais, vale dizer, o contraditório não se estabelece no plano da existência, no plano da criação da prova, mas sim no plano da validade desta em juízo. Jamais uma prova documental será construída dentro do processo com base no contraditório, isto ocorre, por óbvio, com as provas *casuais*, vale dizer, aquelas que são feitas no curso do processo, como ocorre, *v. g*, com a prova testemunhal, e muitas vezes com a pericial, etc. Nestas o contraditório se dá exclusivamente no plano da existência, no plano da criação da prova que é feito em juízo. Por isso, jamais um juiz poderá indeferir uma gravação clandestina com base no desrespeito ao contraditório.[16]

Enfim, podemos concluir com TROCKER que o contraditório, modernamente, deixou de ser puramente "la difesa intesa in senso negativo" e passou a significar a "influenza intesa (...) come diritto o possibilità di incidere ativamente sullo svolgimento e sull'esito del giudizio".[17]

2. Prova emprestada

A prova emprestada mereceu previsão legal no NCPC em seu art. 369, assim redigido: "O juiz poderá admitir a utilização de prova produzida em outro processo, atribuindo-lhe o valor que considerar adequado, observado o contraditório".

Como podemos facilmente perceber da redação, mais uma vez o contraditório se faz presente. Infelizmente, penso eu, a referência ao princípio é insuficiente para uma adequada aplicação desta relevante prova prática, muito utilizada no dia a dia forense, pois o que significa '*observado o contraditório*'?

Pensemos no seguinte caso concreto: Heráclito e Parmênides trabalham na empresa Ágora e dividem a mesma sala. Imaginemos que Heráclito seja demitido e resolva propor uma demanda trabalhista pedindo insalubridade em grau máximo. A prova pericial pode ser-lhe tanto favorável quanto desfavorável neste processo. Agora imaginemos que a empresa se mude e dois anos depois Parmênides também seja demitido

---

[16] Sobre a classificação da prova em pré-constituída e casual, consultar o que escrevi em *Provas Atípicas*, ob. cit., p. 70 e ss, especialmente p. 74.

[17] *Processo civile e costituzione: problemi di diritto tedesco e italiano*. Milano: Giuffrè, 1974, cap. VI, p. 371.

e resolva propor uma demanda trabalhista com pedido de insalubridade em grau máximo. Pergunta-se: **a)** Caso a prova pericial no processo com Heráclito tenha sido favorável à empresa Ágora, ela poderá valer-se desta prova no processo com Parmênides? E mais, **b)** agora imaginemos que a prova pericial no processo com Heráclito tenha sido desfavorável à empresa Ágora, Parmênides poderá valer-se desta prova no processo com esta empresa? Será que nestes dois exemplos foi *'observado o contraditório'* para permitir o traslado da prova?

Desde muito tempo, quando tivemos a oportunidade de escrever sobre o tema,[18] sustentamos que somente em uma das hipóteses a prova poderia ser emprestada ao segundo processo, pese a inegável existência do contraditório na constituição desta prova pericial.

Para responder adequadamente a esta questão, é mister identificar, primeiro, quais são os requisitos para o traslado de uma prova. Sobre o tema já tive a oportunidade de identificar três requisitos essenciais para a validade da mesma em um processo, a saber:

a) que a parte contra quem a prova é produzida deverá ter participado do contraditório na construção da prova;

b) que haja uma identidade entre os fatos do processo anterior com os fatos a serem provados;

c) que seja impossível ou difícil a reprodução da prova no processo em que se pretenda demonstrar a veracidade de uma alegação.[19]

Para os fins deste trabalho, analisaremos unicamente o primeiro requisito que trata do contraditório e é o mais complexo.[20]

A prova poderá ser emprestada exclusivamente na hipótese *'b'*, isto é, só Parmênides poderá valer-se desta prova no processo com a empresa Ágora, pois *"se a parte participou do contraditório na colheita da prova esta poderá ser usada <u>contra ela</u> em qualquer outro processo"*[21] (sublinhamos). Na hipótese *'a'*, a empresa Ágora jamais poderá usar a prova pericial contra Parmênides, porquanto *"aqui a prova é utilizada contra quem não participou do contraditório na constituição da prova, sendo, portanto, impossível retirar qualquer elemento de convicção"*,[22] vez que não se deu a Parmênides a oportunidade constitucional de contrariá-la quando a mesma foi produzida em juízo. Caso aceitássemos a prova emprestada aqui, *"estar-se-ia, segun-*

---

[18] *Processo civile e costituzione: problemi di diritto tedesco e italiano*. Milano: Giuffrè, 1974, cap. VI, p. 110 a 119.

[19] *Ibidem*, ob. cit., p. 112.

[20] Para uma análise dos dois outros requisitos, remetemos o leitor para o livro *Provas Atípicas*, ob. cit., p. 114 e 115.

[21] *Ibidem*, ob. cit., p. 113.

[22] *Ibidem*, ob. cit., p. 113.

do SÉRGIO BERMUDES, criando 'mais que a figura da prova emprestada, a teratológica situação do <u>contraditório emprestado</u>'",[23] o que é inadmissível.

3. Ônus da prova

O NCPC manteve, como regra geral, a clássica distribuição do ônus da prova oriunda do direito romano, segundo a qual *ei probatio incumbit qui dicit, non qui negat, in excipiendo reus fit actor* ou então *actore non probante, reus absolvitur*.[24] Esta regra encontra-se prevista no atual art. 333, incs. I e II, do CPC e vem literalmente reproduzida no art. 370, incs. I e II, do NCPC.[25]

Sem entrar em maiores considerações sobre o tema, carecedor de uma mais profunda meditação,[26] podemos singelamente afirmar que tanto o Código de Processo Civil quanto o NCPC, adotam a distribuição do ônus da prova entre as partes, levando em consideração o *ônus da afirmação*,[27] como sempre quis BETTI,[28] e não o interesse da afirmação, como queria Carnelutti.[29]

É importante tratar aqui não só da regra geral sobre a distribuição do ônus da prova, mas principalmente sobre a técnica prevista no § 1º do art. 370 do NCPC, mais conhecida como *teoria da carga dinâmica* ou do

---

[23] *Provas Atípicas*, ob. cit., p. 113.

[24] Para aprofundar melhor sobre o histórico do *onus probandi* a partir do direito romano, vide por todos MICHELE, *La carga de la prueba*. Trad. Santiago Sentís Melendo. Bogotá: Temis, 1989, nº 2 e 3, p. 13 *et seq*.

[25] Para um estudo realmente profundo das regras do ônus da prova desde o direito romano até o CPC de 1939 (aplicável também ao atual CPC), ALFREDO BUZAID, *Do ônus da prova*. In: Revista de Direito Processual Civil, 1961, vol. 4, p. 5 a 24.

[26] Para um aprofundamento maior sobre o ônus da prova e as diversas técnicas e teorias probatórias, consultar por todos MICHELLI, *La carga de la prueba*, ob. cit.; DEVIS ECHANDIA, *Teoria general de la prueba judicial*, Buenos Aires: Víctor Zavalía, 1974, vol. I, cap. XVII, p. 393 e ss; ROSENBERG, *La carga de la prueba*. Trad. Ernesto Krotoschin. Buenos Aires: EJEA, 1956; e, no direito brasileiro, MOACYR AMARAL DOS SANTOS, *Prova judiciária no cível e comercial*, São Paulo: Max Limonad, 1970, vol. I, cap. VI, p. 93 e ss, e, mais recentemente, ARTUR CARPES, *Ônus dinâmico da prova*, Porto Alegre: Livraria do Advogado, 2010.

[27] De igual modo ALFREDO BUZAID, ob. cit., p. 23.

[28] De acordo com a teoria de BETTI, distribuir o ônus da prova com base no interesse da afirmação, como queria Carnelutti, é um equívoco, pois pese o réu ter interesse em efetivamente demonstrar a inexistência dos fatos afirmados pelo autor, ele, o réu, somente irá provar se o autor anteriormente provar os fatos em que se funda sua afirmação e, se o autor não se desincumbir de sua prova, o réu não está sujeito a nenhum risco. Por isso, é necessário considerar não o *interesse* na afirmação, mas sim o *ônus* da afirmação. Nesta perspectiva, para BETTI, existirá o *ônus da afirmação* e o *ônus da prova*. Diritto Processuale Civile Italiano, Roma: Foro Italiano, 1936, 2ª ed., p. 333 e ss.

[29] Para o autor, existe uma diferença entre interesse na afirmação que é *unilateral* e interesse na prova que é *bilateral*, pois enquanto na primeira hipótese *"cada parte tem interesse apenas em afirmar os fatos que constituem a base de sua pretensão ou de sua exceção"*, na segunda *"cada uma das partes tem interesse em proporcionar a prova sobre o mesmo"*, Sistema de Direito Processual civil. Trad. Hiltomar Martins Oliveira. São Paulo: Classic Book, 2000, vol. II, nº 162, p. 131.

ônus dinâmico. Para atender aos fins deste trabalho, não investigaremos a técnica da inversão do ônus da prova, nem tampouco a técnica que dispensa a prova do fato constitutivo por parte do autor.

A teoria da carga dinâmica, salvo melhor prova, foi criada por BENTHAM, quando o mesmo, falando sobre um procedimento natural, disse: *"la carga de la prueba debe ser impuesta, en cada caso concreto, a aquella de las partes que la pueda aportar con menos inconvenientes, es decir, con menos dilaciones, vejámenes y gastos"*.[30]

Esta teoria pode ser vista no § 1º do art. 370 do NCPC, segundo a qual:

> Nos casos previstos em lei ou diante de peculiaridades da causa, relacionadas à impossibilidade ou à excessiva dificuldade de cumprir o encargo nos termos do *caput* ou à maior facilidade de obtenção da prova do fato contrário, poderá o juiz atribuir o ônus da prova de modo diverso, desde que o faça por decisão fundamentada. Neste caso, o juiz deverá dar à parte a oportunidade de se desincumbir do ônus que lhe foi atribuído.

Desta redação podemos extrair as seguintes conclusões:

a) Esta teoria será aplicada na impossibilidade ou excessiva dificuldade de aplicação da regra geral contida no *caput* deste artigo;

b) Sua aplicação é facultativa por parte do juiz que entre as diversas técnicas probatórias aplicará a que melhor se adapte às peculiaridades do caso concreto;

c) Sua adoção exige, necessariamente, uma adequada fundamentação;

d) De acordo com o inc. III do art. 354 do NCPC,[31] o momento adequado para sua aplicação é no início do processo, permitindo com isso que a parte possa se desincumbir do ônus que lhe foi atribuído;

e) A utilização desta teoria em juízo, de acordo com o § 2º do art. 370 do NCPC, só será permitida se a mesma não criar para uma das partes a *probatio diabólica*,[32] vale dizer, seu uso não pode criar uma *"situação em que a desincumbência do encargo pela parte seja impossível ou excessivamente difícil"*.[33]

---

[30] *Tratado de las pruebas judiciales*. Trad. Manuel Ossorio Florit. Buenos Aires: EJEA, 1971, vol. II, cap. XVI, p. 149.

[31] *"Art. 354. Não ocorrendo qualquer das hipóteses deste Capítulo, deverá o juiz, em decisão de saneamento e de organização do processo: (...) III – definir a distribuição do ônus da prova, observado o art. 370; (...)"*.

[32] A este respeito merece aprovação o exposto por DANILO KNIJNIK quando diz que: *"Já o processo civil romano clássico intentou obviar a chamada 'probatio diabolica' por meio da ação publiciana"*, A prova nos juízos cível, penal e tributário, Rio de Janeiro: Forense, 2007, p. 175.

[33] Assim se expressa, também, PESCATORE, *La logica del diritto*, Torino: Unione Tipografico-Editrice, 1883, 2ª ed., p. 102.

A teoria da carga dinâmica vem sendo estudada há muitos anos pela doutrina processual argentina,[34] e é dela que extraímos seu conceito através das palavras de JORGE PEYRANO, para quem *"la llamada doctrina de las cargas probatorias dinámicas puede y debe ser utilizada por los estrados judiciales en determinadas situaciones en las cuales no funciona adecuada y valiosamente las previsiones legales que, como norma, reparten los esfuerzos probatorios. La misma importa un desplazamiento del 'onus probandi', según fueren las circunstancias del caso, en cuyo mérito aquél puede recaer, verbigratia, en cabeza de quien está en mejores condiciones técnicas, profesionales o fácticas para producirlas, más allá del emplazamiento como actor o demandado o de tratarse de hechos constitutivos, impeditivos, modificativos o extintivos"*.[35]

Afortunadamente, esta teoria procura igualar processualmente quem está em desigualdade material frente à necessidade de provar, por isso em algumas situações a prova deve recair sobre quem possui melhores condições técnicas, fáticas ou profissionais para aportar em juízo o convencimento necessário para o adequado julgamento do caso em concreto, independentemente de sua posição na relação processual ou material e do tipo de fato, seja ele constitutivo, impeditivo, modificativo ou extintivo.

4. Produção antecipada da prova

A produção antecipada da prova que está timidamente prevista no Livro III (Do processo cautelar), arts. 846 a 851 do atual CPC, vem ricamente detalhada nos arts. 378 a 380 do NCPC.

Houve, indiscutivelmente, um aprimoramento neste meio de prova que, inclusive, passou para o capítulo das provas e pode ser utilizada em qualquer espécie de prova – atipicidade da prova antecipada, mesmo sem o pressuposto da urgência, unificando, assim, o regime da justificação com o da produção antecipada da prova. Contudo, o NCPC, infelizmente, não realiza a necessária diferenciação entre asseguração de prova e produção antecipada da prova, como há muito tempo demonstrou OVÍDIO B. DA SILVA, quando apontou, principalmente, sua relevância prática.[36] Dadas as proporções do presente trabalho, não tra-

---

[34] Sobre o tema consultar a clássica obra *Cargas probatorias dinâmicas*. Diretor Jorge W. Peyrano. Coord. Inés Lépori White. Santa Fé: Rubinzal-Culzoni, 2008. A jurisprudência argentina sobre esta teoria é bastante antiga, sendo a Corte Suprema de Justiça a primeira a utilizá-la, já no ano de 1957, conforme atesta INÉS LÉPORI WHITE, *Cargas probatorias dinâmicas*. In: *Cargas Probatorias Dinâmicas*, ob. cit., p. 71.

[35] *Nuevos lineamientos de las cargas probatorias dinâmicas*. In: *Cargas probatorias dinâmicas*, ob. cit., p. 19 e 20.

[36] Especialmente na obra *Do processo cautelar*, Rio de Janeiro: Forense, 1998, p. 358 379.

taremos deste tema aqui e simplesmente apontaremos mais abaixo sua relevância prática.

Não se pode negar que o perigo na demora da produção da prova é ainda a posição dominante na doutrina. Apesar de não ser admissível qualquer discussão sobre o mérito do processo principal, doutrina e jurisprudência admitem que naquele processo se discuta não apenas a legitimidade das partes, mas também o interesse de agir, identificado no *"justo receio de que ao tempo da prova já não exista, ou esteja impossibilitada de depor"*, inc. II do art. 847 do atual CPC, reforçado pela redação do art. 849 do mesmo diploma.[37]

Acolhendo opinião de parte da doutrina e da jurisprudência, o NCPC, de forma saudável, se desprende do requisito do *'pericolo nel ritardo'* para acolher a hipóteses de que *"a prova a ser produzida seja suscetível de viabilizar tentativa de autocomposição ou de outro meio adequado de solução do conflito; (...)"*, inc. II do art. 378, ou, então, quando *"o prévio conhecimento dos fatos possa justificar ou evitar o ajuizamento de ação"*, inc. III do art. 378 do NCPC. Vale ressaltar, outrossim, o previsto no § 5º do mesmo artigo do NCPC, segundo o qual *"Aplica-se o disposto nesta Seção àquele que pretender justificar a existência de algum fato ou relação jurídica, para simples documento e sem caráter contencioso, que exporá, em petição circunstanciada, a sua intenção"*.

É certo que a produção antecipada da prova, pelo NCPC, faz parte do capítulo das provas e, portanto, deve ser considerada uma atividade jurisdicional vinculada a todos os princípios constitucionais, não mais sendo permitido considerá-la como atividade meramente administrativa, como ainda quer parte da doutrina.[38]

Quanto à competência da produção antecipada da prova, cumpre destacar a regra segundo a qual é da competência *"do juízo do foro onde esta deva ser produzida ou do foro de domicílio do réu"*, segundo § 2º do art. 378 do NCPC. Vale dizer, aqui a competência é concorrente e a propositura da ação dependerá unicamente da vontade do autor que pode eleger entre o local onde a prova será produzida ou então valer-se da regra geral do domicilio do réu, contido atualmente no art. 94 do CPC. O autor,

---

[37] *"Art. 849. Havendo fundado receio de que venha a tornar-se impossível ou muito difícil a verificação de certos fatos na pendência da ação, é admissível o exame pericial"*.

[38] Convém destacar, neste particular, o inc. LV do art. 5º da Constituição Federal, segundo o qual *"aos litigantes, em processo judicial ou administrativo, e aos acusados em geral são assegurados o contraditório e ampla defesa, <u>com os meios</u> e recursos a ela inerentes"* (sublinhamos). De forma mais explícita encontramos o art. 24.2 da *Constitución Española* que diz: *"Asimismo, todos tienen derecho al Juez ordinario predeterminado por la ley, a la defensa y a la asistencia de letrado, a ser informados de la acusación formulada contra ellos, a un proceso público sin dilaciones indebidas y con todas las garantías, <u>a utilizar los medios de prueba pertinentes para su defensa</u>, a no declarar contra sí mismos, a no confesarse culpables y a la presunción de inocencia.(...)"* (sublinhamos). Sobre o tema consultar a clássica obra de JOAN PICÓ I JONOY, *El derecho a la prueba en el proceso civil*, Barcelona: Bosch, 1996, especialmente Cap. I, nº 2 e 3, Cap. III, IV e V.

no entanto, não poderá escolher o foro competente quando a ação for fundada em direito real sobre imóveis, conforme prevê o art. 95 do atual CPC.

No entanto, se o autor escolher demandar em juízo diverso daquele que corresponde ao competente para ação principal, sua escolha não tornará prevento o juízo. Este é o sentido do § 3º do art. 378 do NCPC: *"A produção antecipada da prova não previne a competência do juízo para a ação que venha a ser proposta"*.

De acordo com o princípio da cooperação "O juiz estadual tem competência para produção antecipada de prova requerida em face da União, entidade autárquica ou empresa pública federal se, na localidade, não houver vara federal", conforme estabelece o § 4º do art. 378 do NCPC.

Questão ainda interessante consiste na possibilidade de o réu contestar a demanda na instrução preventiva. O problema não é novo no direito brasileiro e já vem desde o Código de 1939, em que pese o NCPC tentar solucionar o problema através da redação do § 4º do art. 379, que diz: *"Neste procedimento, não se admitirá defesa ou recurso, salvo contra a decisão que indeferir totalmente a produção da prova pleiteada pelo requerente originário"*. Pode parecer que a solução está dada pelo legislador, todavia a nova dimensão assumida pelo contraditório nesta fase do Estado Democrático de Direito, faz reacender a questão.

Como vimos anteriormente, o contraditório já não mais se limita ao seu aspecto formal ou material, mas vai além: fase constitucional. Isto significa dizer que o contraditório, atualmente, é visto como um direito constitucional das partes de poderem influenciar, persuadir, incidir ativamente sobre o desenvolvimento e o resultado útil do processo. Vale dizer, se a produção antecipada de prova pode ter qualquer influência sobre o resultado do processo, não me parece lícito, *a priori*, limitar a atividade das partes nem tampouco o sagrado princípio do contraditório. Neste particular, teria sido importante para a adequada aplicação deste valioso meio de prova, distinguir aquela da asseguração cautelar de prova que consiste tão somente na documentação de algum fato na iminência de desaparecimento deste, para, futuramente, utilizá-lo como prova e que, como regra general, não comporta contraditório.

Merece ser saudada, também, a previsão legislativa que permite a produção antecipada de prova conjunta. É o que está previsto no § 3º do art. 379 do NCPC: *"Os interessados poderão requerer a produção de qualquer prova no mesmo procedimento, desde que relacionadas ao mesmo fato, salvo se a sua produção conjunta acarretar excessiva demora"*.

Por derradeiro, cumpre apontar a possibilidade de se produzir antecipadamente à prova de um documento público através da ata notarial.

5. Ata notarial

Hoje em dia, ninguém mais pode duvidar do relevante papel social que os tabeliães desempenham em sociedade. Sua função pode ser percebida através das palavras de PAULO FERREIRA e FELIPE RODRIGUES, para quem: *"O tabelião de notas, ou notário, é um profissional do direito investido da fé pública do Estado e que tem por atribuições interpretar, redigir e dar forma legal à vontade das partes, buscando a certeza jurídica por meio da atribuição de autenticidade aos atos e fatos que presencia".*[39]

Os limites do presente trabalho não nos permitem analisar os princípios típicos e atípicos da atividade notarial, razão pela qual remeto o leitor para Lei 8.935/94 que regulamenta o art. 236 da CF, dispondo sobre serviços notariais e de registro, mais conhecida como *Lei dos Cartórios*.

Entre os diversos tipos de atos lavrados no âmbito notarial, como evidencia o art. 7º da Lei 8.935/94, analisaremos unicamente a ata notarial.

Entendemos por ata notarial "todo registro público, com natureza autenticatória, de um fato realizado por notário, a pedido da parte interessada, para proteção de direitos com força probante e dotado da fé pública, no qual certifica a existência e veracidade do fato conferindo-lhe publicidade", ou como quer Demétrios Emiliasi, no "instrumento pelo qual o notário, com sua fé pública autentica um fato, descrevendo-o em seus livros. Sua função primordial é tornar-se prova em processo judicial. Podem ainda servir como prevenção jurídica".[40] De outra forma, a ata notarial consiste no registro físico de um evento, de um fato, que reúne todos os elementos ocorridos na presença do notário narrados de forma imparcial. É, portanto, um documento público de alto valor probatório em virtude da fé pública e, desse modo, difícil de ser desacreditado.

Toda ata notarial deverá conter cinco procedimentos básicos ao ser lavrada. 1º. O *solicitante*, que pode ser qualquer pessoa, física ou jurídica, capaz ou incapaz assistida, por procuração ou legalmente representada, com a devida comprovação e com qualificação completa. 2º. A *data* e a *hora* do registro físico da existência ou do modo de existir do fato na ata notarial, podendo ser realizado, inclusive, fora do expediente normal e em qualquer dia da semana. 3º. O *local* onde foi realizada a ata notarial, em observância ao art. 9º da Lei nº 8.935/94, que exige do tabelião competência para a prática do ato. 4º. O *objeto* que é composto pelo fato que deverá ser atestado ou documentado pelo notário, podendo ser classificado em lícito ou ilícito, eletrônico, sensorial e físico. 5º. A *finalidade* do

---

[39] *Ata notarial*, São Paulo: Quartier Latin, 2010. p. 13.
[40] *Manual dos Tabeliães*. Santa Cruz da Conceição: Vale do Mogi, 2008, 11ª ed., vol. 1, p. 1.379.

procedimento para que o tabelião possa extrair as consequências jurídicas pretendidas pela parte, identificando, assim, se a ata notarial é pertinente ou se compete a outro instrumento público como, por exemplo, a escritura pública.

Toda ata notarial é um documento público portador de fé pública. Para COUTURE, a fé pública pode ser entendida como *"la calidad propia que la intervención notarial acuerda a los instrumentos expedidos en el ejercicio regular de esa función"*.[41]

Ao contrário do que existe no atual CPC, o NCPC prevê a ata notarial no art. 381, segundo o qual:

A existência e o modo de existir de algum fato podem ser atestados ou documentados, a requerimento do interessado, mediante ata lavrada por tabelião.

Parágrafo único. Dados representados por imagem ou som gravados em arquivos eletrônicos poderão constar da ata notarial.

Apesar da redação curta, mas precisa, o alcance da ata notarial na prática forense é imenso, podendo sentir-se nos mais diversos ramos do direito, seja ele de família, empresarial, sucessório, contratual e tantos outros.

As atas notariais podem ser classificadas, segundo alguns, em materiais, formais, típicas e atípicas.[42] Para outros em *ata de notoriedade*: quando o tabelião constata o fato verificando documentos, oficiais ou particulares; *de presença e declaração*: quando o tabelião narra fielmente a pedido do solicitante um fato que tenha presenciado ou sabido através de outro; *de constatação em diligência externa*: quando o tabelião, a pedido do solicitante, se dirige a um local para constatar um fato; *de autenticação eletrônica*: quando o tabelião constata o fato através de qualquer mídia eletrônica e; *de subsanação:* quando o tabelião corrige erros em documentos públicos ou privados que não correspondem a realidade.[43]

6. Prova testemunhal

A prova testemunhal, no NCPC, apresentou significas mudanças que certamente irão repercutir na vida dos operadores do direito.

Uma destas relevantes mudanças consistirá na alteração do atual § 4º do art. 405 do CPC que não permite ao juiz ouvir um menor nem

---

[41] *El concepto de fe pública*, Montevideo: Biblioteca de Publicaciones Oficiales de la Facultad de Derecho y Ciencias Sociales de la Universidad de Montevideo, 1954, p. 36.

[42] REZENDE, Afonso C. F. de; CHAVES, Carlos F. B. *Tabelionato de notas e o notário perfeito*. Campinas: Millennium, 2010, p. 173 a 174.

[43] PAULO FERREIRA e FELIPE RODRIGUES, *Ata notarial*, ob. cit., p. 150 a 168.

como informante, uma vez que a lei somente autoriza a oitiva de pessoas suspeitas ou impedidas como informante.

Se hoje um juiz quisesse ouvir um menor como informante, o caminho seria longo, e ele deveria buscar refúgio no parágrafo único do art. 228 do CC e sustentar que o mesmo revogou o § 4º do art. 405 do CPC, com base em critérios hermenêuticos. Agora, o NCPC prevê esta possibilidade no § 4º do art. 444, segundo o qual: *Sendo necessário, pode o juiz admitir o depoimento das testemunhas menores, impedidas ou suspeitas; mas os seus depoimentos serão prestados independentemente de compromisso e o juiz lhes atribuirá o valor que possam merecer.*

Desaparece no NCPC o art. 401 do atual CPC que limita a prova exclusivamente testemunhal aos contratos cujo valor não exceda ao décuplo do maior salário mínimo vigente no país. Contudo, é irrelevante o fato deste artigo não ser reproduzido no NCPC, porquanto consta expressamente no art. 227 do CC e, portanto, continuará tendo incidência.

Quanto à produção da prova testemunhal cumpre apontar que o momento de produção da prova e o número de testemunhas que sempre constaram na subseção referente à produção da prova testemunhal, art. 407 do atual CPC, no NCPC foram deslocados para a seção do saneamento e da organização do processo, mais especificamente nos §§ 4º, 5º, 6º e 7º do art. 354, assim redigidos: "*§ 4º Caso tenha sido determinada a produção de prova testemunhal, o juiz fixará prazo comum não superior a quinze dias para que as partes apresentem rol de testemunhas*"; "*5º Na hipótese do § 3º, as partes já devem trazer, para a audiência ali prevista, o respectivo rol de testemunhas*"; "*§6º O número de testemunhas arroladas não pode ser superior a dez, sendo três, no máximo, para a prova de cada fato*"; "*§ 7º O juiz poderá limitar o número de testemunhas levando em consideração a complexidade da causa e dos fatos individualmente considerados*". Vale salientar que o prazo para apresentação do rol de testemunhas pode variar segundo haja ou não audiência para as partes esclarecerem ou integrarem suas alegações.

Aumentou o número de testemunhas privilegiadas contidas no art. 411 do atual CPC. O NCPC, em seu art. 451, acrescentou o prefeito, os deputados distritais e o Procurador-Geral de Justiça, os conselheiros do Conselho Nacional do Ministério Público, o Advogado-Geral da União, o Procurador-Geral do Estado, o Procurador-Geral do Município, o Defensor Público-Geral Federal e o Defensor Público-Geral do Estado. Em contrapartida, estabeleceu detalhadamente critérios para colher seus depoimentos através dos §§ 2º e 3º do art. 451, segundo os quais: "*§ 2º Passado um mês sem manifestação da autoridade, o juiz designará dia, hora e local para o depoimento, preferencialmente na sede do juízo*"; "*§ 3º O juiz também designará dia, hora e local para o depoimento, quando a autoridade não compa-*

recer, injustificadamente, à sessão agendada para a colheita do seu testemunho, nos dia, hora e local por ela mesma indicados".

A meu sentir, a maior alteração em termos de prova no NCPC consiste na introdução do art. 452, segundo a qual competirá aos advogados intimarem as testemunhas da respectiva audiência de instrução e julgamento.

Caso seja aprovado este artigo haverá uma revolução na gestão dos escritórios de advocacia do país inteiro. Por quê? A resposta é simples, basta pousar os olhos na lei.

Em primeiro lugar, cabe destacar que a comunicação dos atos processuais sempre foi tarefa designada a máquina do Poder Judiciário, à medida que eram cumpridos por ordem judicial, como bem prevê o art. 200 do atual CPC. De acordo com o *caput* do art. 452 do NCPC, não mais, pois: *"Cabe ao advogado da parte informar ou intimar a testemunha que arrolou do local, do dia e do horário da audiência designada, dispensando-se a intimação do juízo".*

O insano trabalho que os advogados deverão realizar não se limita simplesmente na comunicação da testemunha, mas sim no *modus operandi*. Este é o sentido pernicioso do §1º do artigo mencionado, segundo o qual *"A intimação deverá ser realizada por carta com aviso de recebimento, cumprindo ao advogado juntar aos autos, com antecedência de pelo menos três dias da data da audiência, cópia da correspondência de intimação e do comprovante de recebimento".*

Imagine o transtorno que vai acarretar ao advogado, pois ele deverá confeccionar uma carta de intimação – e o NCPC não prevê os requisitos para sua realização. Posteriormente terá que dirigir-se ao correio para despachá-la com aviso de recebimento, aguardando, sabe lá quando, o comprovante de recebimento. Uma vez na posse deste comprovante, o advogado deverá fazer uma petição ao juiz requerendo a juntada aos autos da cópia da correspondência de intimação e do comprovante de recebimento, tudo isto com antecedência de pelo menos três dias da data da audiência. Caso o advogado fique inerte, e por inerte entenda-se a não realização do ato ou a sua realização deficiente, *v. g.*, não juntar o comprovante de recebimento ou então não cumprir o prazo legal estabelecido, aplicar-se-lhe-á o § 3º do art. 452, segundo o qual: *"A inércia na realização da intimação a que se refere o § 1º importa desistência da inquirição da testemunha".*

É certo que eventualmente a intimação far-se-á pela via judicial, mas sempre como exceção, como bem podemos perceber na redação do § 4º do artigo citado e seus incisos: *"A intimação será feita pela via judicial quando: I – frustrada a intimação prevista no § 1º deste artigo ou quando a sua necessidade for devidamente demonstrada pelo juiz; II – quando figurar no rol de testemunhas servidor público ou militar, hipótese em que o juiz o requisitará ao chefe da repartição ou ao comando do corpo em que servir; III – a testemunha houver sido arrolada pelo Ministério Público ou pela Defensoria Pública; IV – a testemunha for uma daquelas previstas no art. 451".* Em outras palavras, far-se-á a intimação pela via judicial, basicamente, quando frustrada a intimação feita pelo advogado ou então quando a sua necessidade for *'devidamente demonstrada pelo juiz'*, isto é, o juiz que eventualmente queira dispensar o advogado da intimação deverá, obrigatoriamente, demonstrar as razões pelas quais ela será feita pela via judicial.

Também cumpre afirmar que as perguntas serão formuladas pelas partes diretamente às testemunhas, podendo o juiz inquiri-las posteriormente, como determina o art. 466 do NCPC e seu § 1º: *"As perguntas serão formuladas pelas partes diretamente à testemunha, começando pela que a arrolou, não admitindo o juiz aquelas que puderem induzir a resposta, não tiverem relação com as questões de fato objeto da atividade probatória ou importarem repetição de outra já respondida"; "§ 1º O juiz poderá inquirir a testemunha assim antes como depois da inquirição feita pelas partes".*

7. Questões pertinentes aos demais meios de prova

7.1. Gravação das audiências

Questão relevante para os advogados consiste na possibilidade ou não de gravação da audiência de instrução e julgamento. O NCPC permite a gravação integral da audiência por qualquer meio digital ou analógico, conforme determina o §5º do art. 364, autorizando também qualquer das partes a gravá-la diretamente, este é o sentido do §6º do mencionado artigo, segundo o qual: *"A gravação a que se refere o § 5º também pode ser realizada diretamente por qualquer das partes, independentemente de autorização judicial".* Sem dúvida este dispositivo representa um avanço na direção da transparência das audiências, sejam elas públicas ou em segredo de justiça, e põe fim à clássica discussão segundo a qual o advogado pode ou não gravar uma audiência sem a autorização judicial. Certamente esta medida é um ótimo avanço para conter eventuais arbitrariedades judiciais havidas em audiência.

7.2. Do auxílio direto

O NCPC cria ao lado das cartas precatórias e rogatórias, o auxílio direto também conhecido como assistência direta, previsto nos arts. 28 a 34. Trata-se medida de cooperação jurídica internacional e pode ser entendido, nas palavras de NÁDIA DE ARAÚJO, como a *"cooperação efetua-*

da entre autoridades centrais de países-parte de convenções internacionais com previsão para essa modalidade de cooperação, como por exemplo, a Convenção de Haia sobre os aspectos cíveis do sequestro de menores, (...)".[44]

No Brasil, o auxílio direto é da competência da Autoridade Central que, segundo RICARDO A. SAADI e CAMILA C. BEZERRA, consiste num *"órgão técnico-especializado responsável pela boa condução da cooperação jurídica que cada Estado exerce com as demais soberanias, cabendo-lhe, ademais do recebimento e transmissão dos pedidos de cooperação jurídica, a análise e adequação destas solicitações quanto à legislação estrangeira e ao tratado que fundamenta. Tem como função promover a efetividade da cooperação jurídica, e, principalmente, desenvolver conhecimento agregado acerca da matéria"*.[45]

7.3. Dos poderes do juiz na produção da prova

Neste particular, gostaria de fazer sobressair os poderes do juiz na realização da prova. O NCPC confere inúmeros poderes ao juiz para dirigir o processo com maior efetividade, entre os quais cabe mencionar a possibilidade que ele terá de dilatar os prazos processuais podendo, inclusive, alterar a ordem de produção dos meios de prova para atender as peculiaridades do conflito. Esse é o sentido do inc. VI do art. 139, segundo o qual incumbe ao juiz na condução do processo: *"dilatar os prazos processuais e alterar a ordem de produção dos meios de prova, adequando-os às necessidades do conflito de modo a conferir maior efetividade à tutela do direito"*. Convém não confundir aqui a alteração da ordem de produção do meio de prova com a alteração da ordem na oitiva da testemunha que está previsto no parágrafo único do art. 453 do NCPC: *"O juiz poderá alterar a ordem estabelecida no 'caput' se as partes concordarem"*.

---

[44] *A importância da cooperação jurídica internacional para a atuação do Estado Brasileiro no plano interno e internacional*. In: Manual de Cooperação Jurídica Internacional e Recuperação de Ativos, Brasília: Ministério da Justiça, 2012, p. 44.

[45] *Autoridade central no exercício da cooperação jurídica internacional*. In: Manual de Cooperação Jurídica Internacional e Recuperação de Ativos, ob. cit., p. 21.

— 7 —

O novo CPC: a derrota do livre convencimento e a adoção do integracionismo dworkiniano

LENIO LUIZ STRECK[1]

Sumário: 1. O novo e o velho – a retirada do livre convencimento do novo CPC; 2. Rumo à superação do velho modelo social-protagonista? Esperamos que sim; 3. Efetividades quantitativas ou qualitativas? O problema dos positivismos; 4. Seríamos uma corruptela do *common law*? O CPC e os "precedentes"; 5. Os embargos declaratórios conviverão com o fim do "livre convencimento"?; 6. Os precedentes e a incindibilidade entre *questão-de-fato* e *questão-de-direito*; 7. Considerações finais; Referências.

1. O novo e o velho – a retirada do livre convencimento do novo CPC

Quando se examina o novo CPC, não se pode deixar de reconhecer alguns avanços consistentes. Não obstante, há de se ter muito cuidado para evitar que a própria dogmática jurídica, a partir de uma hermenêutica de bloqueio, proporcione retrocessos ao novo texto que aí vem. Como exemplo, lembremos sempre do que o Poder Judiciário fez com o art. 212 do CPP (ou seja, mesmo que o legislador tenha dito que "o juiz somente poderá fazer perguntas complementares", nem juízes, nem STJ e nem o STF levaram em conta essa inovação legislativa). Ou seja, não adianta simplesmente alterar a lei.

Travei uma batalha contra o poder discricionário, travestido de livre convencimento, que infestava o Projeto do CPC em sua redação original. Dizia eu que de nada adiantará exigir do juiz que enfrente todos os argumentos deduzidos na ação (vejam-se os artigos 499 e seguintes do Projeto) se ele tiver a liberdade de invocar a "jurisprudência do Supremo" que afirma

---

[1] Professor Titular do Programa de Pós-Graduação em Direito da Unisinos (RS) e Unesa (RJ); Doutor e Pós-Doutor em Direito; Ex-Procurador de Justiça (MP/RS). Membro Catedrático da Academia Brasileira de Direito Constitucional – ABDCONST; Professor Emérito da EMERJ-RJ; Presidente de Honra do Instituto de Hermenêutica Jurídica (IHJ). Advogado.

que o juiz não está obrigado a enfrentar todas as questões arguidas pelas partes. Dá-se com uma mão e tira-se com a outra... (STRECK, 2014-b).

De há muito venho alertando a comunidade jurídica para esse problema do protagonismo judicial, que deita raízes em uma questão paradigmática e não meramente "técnica". Veja-se, por exemplo, a seguinte decisão, que se repete nas várias instâncias da justiça brasileira:

> O sistema normativo pátrio utiliza o princípio do livre convencimento motivado do juiz, o que significa dizer que o magistrado não fica preso ao formalismo da lei nem adstrito ao laudo pericial produzido nos autos, devendo o julgador analisar o caso concreto, levando em conta sua livre convicção pessoal.[2]

E o que dizer de recente decisão do Superior Tribunal de Justiça, que "criou" um recurso, sustentado na tese da existência de "macro-lides", como pode ser visto no recente REsp. 1.251.331-RS?

Depois de muita discussão, o relator do Projeto, Dep. Paulo Teixeira, obtendo a concordância de um dos protagonistas do Projeto, Fredie Didier, aceitou minha sugestão de retirada do livre convencimento. Considero isso uma conquista hermenêutica[3] sem precedentes no campo da teoria do direito de *terrae brasilis*. O Projeto, até então, adotava um modelo solipsista *stricto sensu*, corolário do paradigma epistemológico da filosofia da consciência, bastando para tanto ler o que prescrevia o art. 378:

> O juiz *apreciará livremente* a prova constante dos autos, independentemente do sujeito que a tiver promovido, e indicará na decisão as razões da formação de seu convencimento.

Já o artigo 401 dizia que: "A confissão extrajudicial será livremente apreciada pelo juiz". E no artigo 490 lia-se que: "A segunda perícia não substitui a primeira, cabendo ao juiz apreciar livremente o valor de uma e outra".

Portanto, as expressões que tratavam do livre convencimento ou livre apreciação foram expungidas do Projeto.[4] A justificativa sugerida por mim e acatada, em termos gerais, pelo Deputado Relator, foi a de que

---

[2] Recurso Cível 5001367-22.2011.404.7119, Rel. Juiz Paulo Paim da Silva, 4ª Turma Recursal dos Juizados Especiais Federais/RS, Julgado em 05.07.2012.

[3] Permito-me ser repetitivo e insistir na "questão da filosofia", embora setores importantes do direito desconsiderem o fato de a filosofia ser condição de possibilidade do próprio direito. Ainda assim, faço a seguinte observação: o que se tem visto no plano das práticas jurídicas nem de longe chega a poder ser caracterizada como "filosofia da consciência"; trata-se de uma vulgata disso. Em meus textos, tenho falado que o solipsismo judicial, o protagonismo e a prática de discricionariedades se enquadram paradigmaticamente no "paradigma epistemológico da filosofia da consciência". Advirto, porém, que é evidente que o *modus decidendi* não guarda estrita relação com o "sujeito da modernidade" ou até mesmo com o "solipsismo kantiano". Esses são muito mais complexos. Aponto essas "aproximações" para, exatamente, poder fazer uma anamnese dos discursos, até porque não há discurso que esteja "em paradigma nenhum", por mais sincrético que seja. Ver, nesse sentido, (STRECK, 2014-a).

[4] Embora ainda mereça certa reflexão o § 5º do art. 157 ao aduzir que "Na localidade onde não houver inscrito no cadastro disponibilizado pelo tribunal, a nomeação do perito é de *livre escolha pelo juiz* e deverá recair sobre profissional ou órgão técnico ou científico comprovadamente detentor do conhecimento necessário à realização da perícia" (grifo nosso).

embora historicamente os Códigos Processuais estejam baseados no livre convencimento e na livre apreciação judicial, não é mais possível, em plena democracia, continuar transferindo a resolução dos casos complexos em favor da apreciação subjetiva dos juízes e tribunais. Na medida em que o Projeto passou a adotar o policentrismo e coparticipação no processo, fica evidente que a abordagem da estrutura do Projeto passou a poder ser lida como um sistema não mais centrado na figura do juiz. As partes assumem especial relevância. Eis o casamento perfeito chamado "coparticipação", com pitadas fortes do policentrismo. E o corolário disso é a retirada do "livre convencimento". O livre convencimento se justificava em face da necessidade de superação da prova tarifada. Filosoficamente, o abandono da fórmula do livre convencimento ou da livre apreciação da prova é corolário do paradigma da intersubjetividade, cuja compreensão é indispensável em tempos de democracia e de autonomia do direito. Dessa forma, a invocação do livre convencimento por parte de juízes e tribunais acarretará, a toda evidência, a nulidade da decisão.

A relatoria da Câmara entendeu muito bem o problema. Não mais se pode elaborar Códigos como se estivéssemos em um paradigma jurídico-político no qual o Estado é(ra) visto como inimigo do cidadão. É a partir dessa pergunta e da resposta que se dê a ela que saberemos em que situação nos encontramos, em termos de avanços ou retrocessos democráticos. Parece correto dizer, por exemplo, com Dworkin (2002, p. 231) que uma Constituição como a nossa adota uma "teoria moral" específica: a de que o cidadão tem direitos "contra" o Estado. E que, nesse sentido, as cláusulas constitucionais deveriam ser compreendidas não como formulações específicas, mas como restrições, limitações ao Poder Público, sempre favorecendo a preservação dos direitos dos cidadãos. Sendo assim, a nossa pergunta pelo processo jurisdicional democrático começa a ser respondida da seguinte forma: o processo deve ser pautado por direitos e suas disposições têm o sentido de limite, de controle.

O processo (falo aqui do processo jurisdicional, mas essa observação serve também ao processo legislativo) deve servir como mecanismo de controle da produção das decisões judiciais. E por quê? Por pelo menos duas razões: a uma, porque, como cidadão, eu tenho direitos, e, se eu os tenho, eles me devem ser garantidos pelo tribunal, por meio de um processo; a duas, porque, sendo o processo uma questão de democracia, eu devo com ele poder participar da construção das decisões que me atingirão diretamente (de novo: isso serve tanto para o âmbito político como para o jurídico). Somente assim é que farei frente a uma dupla exigência da legitimidade, a mediação entre as autonomias pública e privada. Sou autor e destinatário de um provimento. Por isso é que tenho direito de participar efetivamente do processo.

Há de se perceber que o novo CPC no seu art. 10 adota desde sua redação original a garantia do contraditório como garantia de influência e não surpresa, que deve nortear todo o debate processual, o que já era defendido por parcela da doutrina pátria há bons anos, em especial por

Dierle Nunes (2003)[5] É a partir do art. 10 e do dispositivo que estabelece a coerência e a integridade (art. 926) que temos de ler o restante do CPC.

2. Rumo à superação do velho modelo social-protagonista? Esperamos que sim

Ao se fazer uma análise mais detida no novo CPC, constata-se que ainda há a permanência de reminiscência de velhos paradigmas. Não é fácil acabar com os fantasmas de Oskar Bülow, Menger, Klein, Carnelutti, Couture, Liebman e outros que continuam a atazanar a alma de alguns processualistas brasileiros. Trata-se de uma coagulação de sentidos. Os instrumentalistas – mormente eles – continuam a acreditar que a solução do processo está no "protagonismo judicial". Nisso há um *dejà vu*, que nos remete ao século XIX.

Com efeito, lemos nas últimas décadas que a interpretação do direito é nitidamente dependente de um sujeito cognoscente: o julgador. E essa questão vem de longe, na verdade, da virada do século XIX para o século XX. Desde então, há um problema filosófico-paradigmático que continua presente nos diversos ramos do direito, passados dois séculos, mormente na problemática relacionada à jurisdição e o papel destinado ao juiz – especialmente no processo civil. Desde Oskar Von Bülow – questão que também pode ser vista em Anton Menger e Franz Klein –, a relação publicística está lastreada na figura do juiz, como um porta-voz avançado do sentimento jurídico do povo, com poderes para além da lei, tese que viabilizou, na sequência, a Escola do Direito Livre.

Essa aposta solipsista está lastreada no paradigma racionalista-subjetivista que atravessa dois séculos, podendo facilmente ser percebida, na sequência: em Chiovenda, para quem a vontade concreta da lei é aquilo que o juiz afirma ser a vontade concreta da lei; em Carnellutti, de cuja obra se depreende que a jurisdição é "prover", "fazer o que seja necessário"; também em Couture, para o qual, a partir de sua visão intuitiva e subjetivista, entende que o problema da escolha do juiz é, em última análise, o problema da justiça; em Liebman, para quem o juiz, no exercício da jurisdição, é livre de vínculos enquanto intérprete qualificado da lei.

No Brasil, essa dependência do juiz atravessou o século XX (*v.g.*, de Carlos Maximiliano a Paulo Dourado de Gusmão), sendo que tais questões estão presentes na *concepção instrumentalista do processo*, cujos defensores admitem a existência de escopos metajurídicos, estando permitido ao juiz realizar determinações jurídicas, *mesmo que não contidas*

---

[5] Nesse sentido, Nelson Nery Junior (2010, p. 207 e seguintes) também defende essa questão mesmo antes da reforma legislativa.

no direito legislado, com o que o aperfeiçoamento do sistema jurídico dependerá da "boa escolha dos juízes" (*sic*) e, consequentemente, de seu ("sadio") protagonismo. Por todos, basta remeter o leitor às concepções instrumentalistas, pelas quais juízes e tribunais devem ter "amplo poder de direção" e, com sua sensibilidade, até mesmo devem poder adequar o procedimento à "correta aplicação da técnica processual" (por todos, BEDAQUE, 2006, especialmente p. 45, 64-65 e 571).

Portanto, não era sem razão que o Projeto do novo CPC, que veio do Senado e alterado na Câmara, não abria mão do livre convencimento ou da livre apreciação das provas. Para termos uma ideia de como a opção pelo protagonismo judicial está presente em parcela significativa de nossa doutrina processual, cito as palavras de Cândido Rangel Dinamarco:

> Ser sujeito à lei não significa ser preso ao rigor das palavras que os textos contêm, mas ao espírito do direito do seu tempo. Se o texto aparenta apontar para uma solução que não satisfaça ao seu sentimento de justiça, isso significa que provavelmente as palavras do texto ou foram mal empregadas pelo legislador, ou o próprio texto, segundo a *mens legislatoris*, discrepa dos valores aceitos pela nação no tempo presente. Na medida em que o próprio ordenamento jurídico lhe ofereça (ao juiz) meios para uma interpretação sistemática satisfatória perante o seu senso de justiça, ao afastar-se das aparências verbais do texto e atender aos valores subjacentes à lei, ele (o juiz) estará fazendo cumprir o direito.[6]

Lendo Dinamarco, não tenho receio em afirmar que, acaso se mantivesse a redação original do Projeto, este já nasceria velho, porque favoreceria algo que se pode chamar de Juristocracia (ou Judiciariocracia). Mais do que isso, o Projeto não somente apostava na Judiciariocracia. Na verdade, apostava na Judiciariocracia dos Tribunais Superiores, porque as instâncias inferiores deveriam obedecer – detalhadamente – a jurisprudência (direito de precedentes) construída no âmbito dos Tribunais Superiores. Mas, a jurisprudência do andar de cima não teria que seguir também os seus próprios precedentes? Eis aí também uma questão que ajudei a alterar no Projeto, como demonstrarei na sequência.

De todo modo, o Projeto não deveria continuar apostando em atos de ofício, como, por exemplo, o art. 377, pelo qual o juiz pode determinar provas *ex officio*. De todo modo, não se pode querer, entretanto, um Código perfeito.

3. Efetividades quantitativas ou qualitativas? O problema dos positivismos

O novo CPC aposta demasiadamente na figura dos provimentos vinculantes, dos quais um deles é o precedente. Isso pode ser um pro-

---

[6] Remeto o leitor à crítica que Marcelo Cattoni (2013, p. 217) faz ao Cândido R. Dinamarco.

blema. Mas pode também não ser, dependendo de como esse fenômeno será tratado pela doutrina e pela jurisprudência. Por exemplo, não adianta fazer um "modelo de extermínio de ações repetidas" sem uma teoria decisional! Não tenho nenhum receio em afirmar isso.

O projeto corre o risco de cair em uma armadilha hermenêutica. Mal aplicada a tese dos precedentes, pode-se cair em uma *falácia semântica* ou na *crença na plenipotenciariedade dos conceitos*, como se fosse possível a uma lei, a uma súmula ou a uma ementa jurisprudencial prever todas as hipóteses de aplicação de forma antecipada.[7] Nesse sentido, a tese dos precedentes só funcionará se adotar uma postura hermenêutica, aquilo que se denomina de *applicatio* a partir de Gadamer e que foi retrabalhada por mim na Crítica Hermenêutica do Direito (STRECK, 2014-c, p. 82-91).

Não se pode simplesmente transportar a doutrina da *common law* para o nosso Código de Processo Civil (STRECK; ABBOUD, 2013). Se não superarmos as posturas positivistas (falo dos diversos positivismos, que, como se sabe, são muitos), corremos o risco de uma importação indevida e desastrosa. Explico: sem um olhar hermenêutico, o novo CPC corre o risco de acumular dois positivismos: o velho exegetismo, pela aposta em uma espécie de conceptualização (saudades da *Bregriffjurisprudenz*?),[8] e no positivismo pós-exegético de perfil normativista, porque aposta no poder discricionário dos juízes (eis aí o protagonismo judicial).

Ao acabar com o livre convencimento, o risco desse segundo problema diminui. Porém, há que se ter uma vigilância epistêmica, para evitar que a cotidianidade das práticas do Judiciário repristine o livre convencimento e, portanto, as posturas decisionistas. A própria doutrina, se mal compreender esta nova realidade, poderá contribuir para enterrar o novo CPC.

4. Seríamos uma corruptela do *common law*? O CPC e os "precedentes"

A redação original dos artigos 520 e seguintes do Projeto dava a nítida impressão de que nosso sistema jurídico não é da família do *civil law*. Vejamos: o art. 520 afirmava que, "Os tribunais devem uniformizar sua jurisprudência e mantê-la estável" e o art. 522 estabelecia que, "Para

---

[7] Não devemos esquecer que a Constituição estabelece que os juízes e Tribunais julgarão causas... Não está escrito em lugar nenhum que juízes e tribunais julgarão teses ou enunciados assertóricos. Ao que se pode perceber, o Projeto do novo CPC aposta muito mais na construção de teses (súmulas, enunciados, ementários resultantes de incidentes de unificação jurisprudencial) do que na resolução de causas. Essa denúncia já é feita, de há muito, por autores como Alexandre Bahia.

[8] A Jurisprudência dos Conceitos foi uma forma de positivismo exegético predominante na Alemanha do século XIX.

os fins deste Código, considera-se julgamento de casos repetitivos: I – o do incidente de resolução de demandas repetitivas; II – o dos recursos especial e extraordinário repetitivos".

Esses dispositivos mereceram minha contundente crítica. A questão mais grave referia-se a *commonlização* que estes representavam. Poucos juristas se davam conta que, com o Projeto, qualitativamente, havia uma grande chance de perda no nosso sistema decisório, porque de um lado, este Projeto não combatia a possibilidade de o STJ e o STF continuarem a decidir discricionariamente, e de outro ele atribuía, irrefletidamente, efeito vinculante para a quase totalidade das decisões desses tribunais (inclusive dos *obter dictum*).

Sendo mais claro: o Projeto trazia um modelo de "como-seguir-precedentes"... Só que esse modelo só servia para as instâncias inferiores. Não havia nada que indicasse que quem faz o precedente devesse sofrer algum controle. Por que quem elabora os precedentes mais relevantes não precisa seguir os caminhos que as instâncias inferiores devem seguir?

Por isso, um ponto importantíssimo foi a aceitação por parte do relator de outra sugestão de minha lavra, que contou com o auxilio de Dierle Nunes, qual seja, a introdução de um novo § 1º ao artigo 521 do Projeto. Por esse novo preceito, "[...] O órgão jurisdicional observará o disposto no artigo 10 e no artigo 499, § 1º, na formação e aplicação do precedente judicial".

Trata-se da adoção do contraditório como garantia de influência e não surpresa. Vejamos o que diz o artigo 10 de que fala o aludido parágrafo 1º.: "Art. 10. Em qualquer grau de jurisdição, o órgão jurisdicional não pode decidir com base em fundamento a respeito do qual não se tenha oportunizado manifestação das partes, ainda que se trate de matéria apreciável de ofício". E o que diz o artigo 489? São elementos essenciais da sentença:

> I – o relatório, que conterá os nomes das partes, a identificação do caso, com a suma do pedido e da contestação, e o registro das principais ocorrências havidas no andamento do processo;
>
> II – os fundamentos, em que o juiz analisará as questões de fato e de direito;
>
> III – o dispositivo, em que o juiz resolverá as questões principais que as partes lhe submeterem.
>
> § 1º Não se considera fundamentada qualquer decisão judicial, seja ela interlocutória, sentença ou acórdão, que:
>
> I – se limitar à indicação, à reprodução ou à paráfrase de ato normativo, sem explicar sua relação com a causa ou a questão decidida;
>
> II – empregar conceitos jurídicos indeterminados, sem explicar o motivo concreto de sua incidência no caso;

III – invocar motivos que se prestariam a justificar qualquer outra decisão;

IV – não enfrentar todos os argumentos deduzidos no processo capazes de, em tese, infirmar a conclusão adotada pelo julgador;

V – se limitar a invocar precedente ou enunciado de súmula, sem identificar seus fundamentos determinantes nem demonstrar que o caso sob julgamento se ajusta àqueles fundamentos;

VI – deixar de seguir enunciado de súmula, jurisprudência ou precedente invocado pela parte, sem demonstrar a existência de distinção no caso em julgamento ou a superação do entendimento.

§ 2º No caso de colisão entre normas, o órgão jurisdicional deve justificar o objeto e os critérios gerais da ponderação efetuada, enunciando as razões que autorizam a interferência na norma afastada e as premissas fáticas que fundamentam a conclusão.

§ 3º A decisão judicial deve ser interpretada a partir da conjugação de todos os seus elementos e em conformidade com o princípio da boa-fé.

Vejamos: a crítica que eu sustentava, de que apenas o "andar de baixo" estava obrigado a cumprir a criteriologia e apenas estes (juízes e tribunais não superiores) estavam obrigados a seguir a jurisprudência, agora está sanada, porque o "andar de cima" está jungido a sua própria jurisprudência. E não poderá mudá-la a seu talante. Uma conquista hermenêutica e democrática.

Outro avanço do presente projeto no tocante ao respeito aos precedentes trata-se da possibilidade de julgamento liminar de improcedência. À redação atual deste instituto, assim aduz:

Art. 285-A. Quando a matéria controvertida for unicamente de direito e no juízo já houver sido proferida sentença de total improcedência em outros casos idênticos, poderá ser dispensada a citação e proferida sentença, *reproduzindo-se o teor da anteriormente prolatada*. [...] (grifo nosso)

Pois bem. O novel art. 332, por sua vez, não permite ao juiz que decida liminarmente com esteio em uma decisão de improcedência por ele anteriormente proferida – utilizando-se de um mero recurso de "copia e cola" –, mas, ao contrário, passa a exigir que a fundamentação seja feita em súmulas, acórdãos de recursos repetitivos, incidentes de resolução de demandas repetitivas, assunção de competência ou em frontal contradição à norma jurídica extraída de ato normativo.

Outro ponto importante – e que constava em minha crítica – era sobre a obrigação dos tribunais manterem a estabilidade da jurisprudência. Dizia eu, de forma contundente, que a estabilidade é diferente da integridade e da coerência do Direito, pois a "estabilidade" é um conceito autorreferente, isto é, numa relação direta com os julgados anteriores. Já a integridade e a coerência guardam um substrato ético-político em sua concretização, isto é, são dotadas de consciência histórica e consideram a facticidade do caso. Pois muito bem.

A inteligência do relator e de Fredie Didier foram cruciais para o acatamento dessa minha sugestão de caráter dworkiniano, simples, mas que poderá mudar a história da aplicação do direito de terrae brasilis: trata-se da exigência de coerência e integridade, ao lado da estabilidade. Explico: significa dizer que, em casos semelhantes, deve-se proporcionar a garantia da isonômica aplicação principiológica.

Haverá coerência se os mesmos princípios que foram aplicados nas decisões o forem para os casos idênticos; mas, mais do que isto, estará assegurada a integridade do direito a partir da força normativa da Constituição. A coerência assegura a igualdade, isto é, que os diversos casos terão a igual consideração por parte dos juízes. Isso somente pode ser alcançado através de um holismo interpretativo, constituído a partir do círculo hermenêutico. Já a integridade é duplamente composta, conforme Dworkin: um princípio legislativo, que pede aos legisladores que tentem tornar o conjunto de leis moralmente coerente, e um princípio jurisdicional, que demanda que a lei, tanto quanto possível, seja vista como coerente nesse sentido. A integridade exige que os juízes construam seus argumentos de forma integrada ao conjunto do direito. Trata-se de uma garantia contra arbitrariedades interpretativas. A integridade limita a ação dos juízes; mais do que isso, coloca efetivos freios, através dessas comunidades de princípios, às atitudes solipsistas-voluntaristas. A integridade é uma forma de virtude política. A integridade significa rechaçar a tentação da discricionariedade.

5. Os embargos declaratórios conviverão com o fim do "livre convencimento"?

Se eu tivesse que escolher um instituto que represente simbolicamente o "estado de natureza hermenêutico" (homenagem a Hobbes), escolheria os embargos declaratórios. Vejamos já pelo nome: "embargos". Imagine-se uma "obra embargada"... Assim é uma decisão judicial ou acórdão que sofre "embargos". Tratar-se-ia, pois, de algo com gravíssimas consequências. No restante do direito, quando se fala em "embargo" é porque algum obstáculo é posto à livre disposição de algum bem. Mas, no âmbito do processo (civil e penal), a palavra "embargo(s)" passou a sofrer de "anemia significativa". E, consequentemente, ocorreu a banalização de uso.

Trata-se, pois, de uma virose epistêmica que assola o direito, produto da vulgata do voluntarismo que assaltou o direito. Isso vem de longe. Perguntava de há muito: como é possível que um Código de Processo Civil (também o de processo penal) admita que um juiz ou tribunal, agentes políticos do Estado, produzam decisões (sentenças e acórdãos) omissas, obscuras ou contraditórias? Mas, pior: como é possível que, passados tantos anos e tantas teorias, um novo Código de Processo Civil continue a apostar nesse artifício anti-hermenêutico?

Ora, se a fundamentação é um dever fundamental do juiz e um direito igualmente fundamental do utente, de que modo se pode admitir que sejam lançadas/promulgadas sentenças com esses vícios? Só para registrar: a Corte Europeia dos Direitos Humanos[9] declarou, de há muito, que a fundamentação, antes de um dever dos juízes e tribunais, é um direito fundamental do cidadão. Fundamentação frágil gera nulidade.

Parece evidente que a previsão da possibilidade de um juiz ou tribunal produzir decisões omissas, contraditórias ou obscuras fere frontalmente o art. 93, IX, da Constituição, além dos dispositivos que tratam do devido processo legal e do contraditório. Absolutamente inconstitucional! Neste ponto, o novo CPC estabelece exatamente isso em capítulo próprio (V), artigos 1035 e segs. Pior, desta vez, ampliou seu espectro de aplicação, acolhendo a criação pretoriana ao abarcar no texto a possibilidade de o juiz corrigir erros materiais (*v.g.*, erros de digitação) e, ainda, no bojo de decisões interlocutórias.

Sempre pensei que uma decisão omissa (vejam no dicionário o significado da palavra "omissão"...) seria nula, írrita, nenhuma. Igualmente, parece evidente que uma sentença contraditória (portanto, que fere o raciocínio lógico) também deveria ser nula, írrita, nenhuma. Uma decisão obscura demonstra obscuridade de raciocínio e está longe, portanto, daquilo que o próprio CPC estipula como requisito da sentença.

Por certo – e não me tomem por ingênuo – a incorporação dos embargos no sistema processual brasileiro acabou por gerar um subproduto que, no contexto atual, confere certa importância (pragmática) para o instituto. Isso é óbvio. Até mesmo não se nega que, em casos limitados, uma decisão poderia demandar um esclarecimento. Mas não do modo como hoje se age. O que quero dizer com isso? Refiro-me ao fato de que a morosidade da justiça, a dificuldade de tramitação de inúmeros recursos que seriam aplicáveis às hipóteses de sentenças nulas (por ausência ou insuficiência de fundamentação, vale dizer que, sentenças omissas, obscuras ou contraditórias são, ao final, sentenças com fundamentação insuficiente, portanto, nulas), faz com que os embargos sejam instrumentos úteis para sanar erros materiais cometidos pelo juízo a partir de uma intervenção "cirurgicamente" mais precisa no desenrolar processual.

---

[9] É a proibição do *"lack of reasoning"*, pela interpretação do *processo equitativo* previsto no artigo 6º da Convenção Europeia dos Direitos do Homem. Vejam-se os julgados da Corte Europeia de Direitos do Homem: *H. v. Belgium A127-B (1987)*, § 53 (2014-a) e *Hiro Balani v. Spain A303-B (1994)*, § 27 (2014-b).

Só que isso acaba por gerar um círculo vicioso progressivo: na medida em que temos embargos, temos mais recursos no Judiciário; se temos mais recursos, temos mais trabalho; se temos mais trabalho e não aumentamos a estrutura humana/funcional que opera com tudo isso, temos mais morosidade... Enfim, no fundo, os embargos, no lugar de remédios, acabam por se constituir como parte da causa da doença.

Quero dizer que além de a própria existência dos embargos de declaração ser algo, digamos assim, estupefaciente e bizarro, também a sua operacionalidade em *terrae brasilis* deixa muito a desejar. Acaba dando ao processo contornos, para dizer o menos, de um *jogo* (não raro, de cartas marcadas!).

Com a exigência de que os julgamentos tenham que manter a coerência e a integridade e diante do fim do livre convencimento, não serão mais toleradas decisões genéricas como aquelas que dizem: "O juiz, na linha de precedentes do STF, não está obrigado a responder a todas as questões articuladas pelas partes. As razões de meu convencimento são suficientemente claras. Rejeito os embargos". Decisão desse jaez deverá receber a pecha de nulidade. Simples, pois.

Bem compreendido isso, penso que poderemos avançar, mesmo que o Projeto tenha mantido os Embargos de Declaração. Só que, agora, os embargos devem ser lidos à luz dos artigos 10 e 499. Elementar! Nunca mais veremos feitos como o RE. 222.752, *verbis*:

Re 222752 – Recurso Extraordinário

Recurso Extraordinário

1. Emb. Decl. No Recurso Extraordinário

2. Emb. Decl. Nos Emb. Decl. No Recurso Extraordinário

3. Emb. Decl. Nos Emb. Decl. Nos Emb. Decl. No Recurso Extraordinário

4. Emb. Decl. Nos Emb. Decl. Nos Emb. Decl. Nos Emb. Decl. No Recurso Extraordinário

5. Ag. Reg. Nos Emb.Decl. Nos Emb.Decl. Nos Emb.Decl. Nos Emb.Decl. No Recurso Extraordinário

6. Ag. Reg. No Ag. Reg. Nos Emb. Decl. Nos Emb. Decl. Nos Emb. Decl. Nos Emb. Decl. No Recurso Extraordinário

7. Ag. Reg. No Ag. Reg. No Ag. Reg. Nos Emb. Decl. Nos Emb. Decl. Nos Emb. Decl. Nos Emb. Decl. No Recurso Extraordinário

8. Emb. Decl. No Ag. Reg. No Ag. Reg. Nos Emb. Decl. Nos Emb. Decl. Nos Emb. Decl. Nos Emb. Decl. No Recurso Extraordinário

(*ipsis literis*; pontuação do original do respectivo site; apenas coloquei a numeração de 1 a 8)

Assume relevância o voto do Min. Gilmar Mendes no MS 24.268/04,[10] em que ele promove, com base na jurisprudência do Tribunal Constitucional alemão, uma autêntica homenagem ao direito-dever fundamental de as decisões serem fundamentadas. Penso que com essa decisão já poderíamos derrubar essa virose epistêmica representada pelos embargos declaratórios.

De acordo com a referida decisão, o cidadão que entra em juízo tem:

a) direito de informação (*Recht auf Information*), que obriga o órgão julgador a informar a parte contrária dos atos praticados no processo e sobre os elementos dele constantes;

b) direito de manifestação (*Recht auf Äusserung*), que assegura ao defensor a possibilidade de manifestar-se oralmente ou por escrito sobre os elementos fáticos e jurídicos constantes do processo;

c) direito de ver seus argumentos considerados (*Rech tauf Berücksichtigung*), que exige do julgador capacidade, apreensão e isenção de ânimo (*Aufnahmefähigkeitund Aufnahmebereitschaft*) para contemplar as razões apresentadas.

O mesmo voto do Min. Gilmar Mendes incorpora, ainda, a doutrina de *Dürig/Assmann*, ao sustentar que o dever de conferir atenção ao direito das partes não envolve apenas a obrigação de tomar conhecimento (*Kenntnisnahmeplicht*), mas também a de considerar, séria e detidamente, as razões apresentadas (*Erwägungsplicht*).

Penso que esse tipo de decisão, na esteira dos artigos 10 e 926 do novo CPC, pode ser um antídoto contra a banalização dos embargos. Aliás, em *Comentários à Constituição do Brasil*, na especificidade do art. 93, IX, deixamos claro, o Min. Gilmar Mendes e eu, que a obrigatoriedade da fundamentação é, assim, corolário do Estado Democrático de Direito. Mais do que uma obrigação do magistrado ou do Tribunal, trata-se de um direito fundamental do cidadão, de onde se pode afirmar que, em determinadas circunstâncias e em certos casos, uma decisão, antes de ser atacada por embargos declaratórios, é nula por violação do inciso IX do art. 93 (MENDES; STRECK, 2013, p. 1325).

6. Os precedentes e a incindibilidade entre *questão-de-fato* e *questão-de-direito*

Penso que o novo Projeto de Código de Processo Civil poderia ter um avanço maior. Um dos motes ainda não superados trata-se da tentativa de separar *questões de fato* de *questões de direito*.

---

[10] Para uma análise mais detalhada do voto ver, (STRECK, 2011, p. 601-602).

O Código de Processo Civil de 1973 já incorria neste mal-entendido quando, *v.g.*, aduzia ser possível a decisão liminar de improcedência quando a matéria controvertida for *unicamente de direito* (art. 285-A). Assim também, quando previa o julgamento direto do mérito pelo Tribunal, em apelação de processo extinto sem julgamento do mérito, se a causa versar questão *exclusivamente de direito* (art. 515, §3º). Ainda, quando no âmbito dos recursos repetitivos diante do STJ aduz que só podem ser suspensos aqueles com fundamento em *idêntica questão de direito* (art. 543-C, *caput*).

Embora de maneira escamoteada, esta tentativa de "lógica objetivadora" permeava diversas técnicas de filtragem e de vinculação, como a negativa de recursos manifestamente inadmissíveis (art. 557, *caput* e § 1º), o sobrestamento de recursos extraordinários (art. 543-B), a repercussão geral (art. 543-A), e a súmula vinculante (Lei 11.417/06).

O novo Código de Processo Civil abusa da expressão *questão de direito*, fazendo referência a uma possível questão que não fosse relacionada a um fato. Podem ser citados como exemplo o julgamento de casos repetitivos (art. 928, parágrafo único), o incidente de assunção de competência (art. 947, *caput*), o incidente de resolução de demandas repetitivas (art. 976) e o julgamento dos recursos extraordinários e especial repetitivos (art. 1.036, *caput*).

Todavia, impende ressaltar que sob uma perspectiva hermenêutica é impossível fazer tal distinção, porquanto a interpretação do direito é sempre uma aplicação (*applicatio*), e por isso, pressupõe o mundo prático. E, ainda que alguém não tenha dada por superada a relação sujeito-objeto, tanto o fato quanto o direito fazem parte da causa de pedir, um dos elementos (indispensáveis) da ação. Ora, os fatos só terão importância para o direito se forem fatos juridicamente relevantes – e, daí, a necessária imbricação entre questões de fato e questão de direito, o que, em linguagem hermenêutica, denominamos de diferença ontológica.

Neste sentido, leciona Castanheira Neves (1995, p. 511):

> E assim temos de concluir, quanto a este último sentido, que o direito não pode prescindir do facto e que o facto não pode prescindir do direito. Na verdade, se por um lado não há validade que não seja validade de algo, e de algo que relativamente a essa intenção fundamentalmente se ofereça na contingência da facticidade, também a validade jurídica não poderá de ter um contingente e material sujeito-objecto a predicar, e no qual se cumpra – o predicado não prescinde do sujeito e terá nele justamente de se afirmar predicado, uma *questio juris* é sempre a *questio facti*. Por outro lado, sendo os factos de um problema concreto de direito o objeto intencional da respectiva questão-de-fato, e por esta são determinados, não é menos certo que também eles não têm sentido sem referência à questão-de-direito, pois uma *quaestio facti* é necessariamente a *quaestio facti* de uma certa *quaestio juris*.

Assim, verifica-se da redação do novo Código, que ele padece de uma impropriedade técnica: quando o legislador refere-se à *questão de direito* (ou expressões congêneres) não quer, na verdade, se reportar a questões que não sejam munidas de questões de fato, mas sim causas que não demandem dilação probatória, em especial de natureza testemunhal e/ou pericial. Assim que deveremos ler esse texto.

A título exemplificativo, podemos pensar nas demandas que buscam a devolução de expurgos inflacionários decorrentes da aplicação de índices inferiores aos devidos sobre a caderneta de poupança no início da década de 1990. Neste caso, é óbvio que aquele que peticiona em juízo o faz porque à época era titular de uma caderneta de poupança. Também é evidente que deverá provar esta condição com a juntada dos extratos respectivos, mormente para que se torne possível o cálculo do valor devido.

Nesta hipótese, os documentos juntados são indispensáveis para o processamento da demanda, sob pena de indeferimento da petição inicial. Por outro lado, a causa proposta não exige maior dilação probatória: não é necessário ouvir testemunhas para afirmação da titularidade da conta-corrente, tampouco se torna necessária perícia grafotécnica. Assim, todas as provas necessárias ao julgamento da demanda já foram colhidas e, por isso, torna-se possível aplicar aos "casos similares" – e que também não dependem de prova – as mais variadas "técnicas de objetivação" do processo (súmula vinculante, julgamento de demandas repetitivas, incidente de assunção de competência, dentre outros).

Diferentemente ocorre, por exemplo, em demandas em que a prova documental inicial não se faz suficiente ao julgamento da demanda. Nestas hipóteses, será indispensável dilação probatória e, como cada caso torna-se um caso particular em razão das peculiaridades das provas a serem colhidas, jamais poderá ser feito um juízo de similaridade.

Portanto, podemos concluir que a "lógica" dos precedentes não pode determinar como parâmetro de escolha do objeto de sua aplicação a distinção questão-de-direito, como se fosse possível cindi-la de uma pretensa questão-de-fato. Por isso, a redação do novo Código deveria ser mais clara e precisa utilizando-se da expressão "questão que não demande dilação probatória" (ou algo do gênero) no lugar de "questão de direito". De todo modo, também aqui a interpretação da ossatura do Código, se a doutrina efetivamente vier a doutrinar, levará a esse sentido. Um texto jurídico não se interpreta por partes. Por isso, o círculo hermenêutico: do todo para a parte, da parte para o todo.

7. Considerações finais

Nunca estive de má vontade com o novo CPC. Tudo o que escrevi foi para criticar o instrumentalismo processual e seus efeitos colaterais, presentes até que o Relator, Dep. Paulo Teixeira, assumisse, corajosamente, a tese de que havia algo a mais para ser tratado no Projeto. Esse *plus* dizia respeito aos paradigmas filosóficos e à necessidade de controlar as decisões judiciais.

Um dos pontos centrais a favor do novo CPC é o abandono do livre convencimento e da livre apreciação da prova. Simbolicamente isso representa o desejo de mudar. E saltar paradigmaticamente. Com efeito, seja do ponto de vista normativo, seja do ponto de vista performativo, "livre convencimento" (ou livre apreciação da prova) não é o mesmo que "decisão fundamentada". Isso porque da perspectiva normativa do princípio que exige a fundamentação das decisões, o juiz não tem a opção para se convencer por qualquer motivo, uma espécie de discricionariedade em sentido fraco que seja, mas deve explicitar com base em que *razões*, que devem ser intersubjetivamente sustentáveis, ele decidiu desta e não daquela maneira, conforme bem diz Marcelo Cattoni. É claro que nenhuma decisão se dá no *vácuo*, mas num contexto histórico-institucional. Todavia, na sua fundamentação, o juiz deve posicionar-se explicitamente em relação a este contexto institucional.

Realmente, ser correto e decidir de forma imparcial não é uma tarefa fácil. Exige exercício prático, senso de dever, capacidade de se adotar uma atitude reflexiva em relação às próprias precompreensões, garantia de comparticipação dos destinatários da decisão no processo deliberativo, aprendizado institucional e debate público. O resto é *desculpa* para se fugir de responsabilidades.

O novo CPC, ao apostar no livre convencimento (com esse nome ou outro qualquer) fazia uma *leitura idealista* projetando uma dicotomia entre normas e fatos, uma perspectiva monológica e solipsista da questão que se esquece de que a normatividade é uma construção intersubjetiva interna à realidade, embora não se deixe reduzir a uma mera força do factual. Ora, do ponto de vista hermenêutico-crítico, a "realidade" não é um obstáculo, mas é constitutiva, reflexivamente, do processo hermenêutico de concretização da normatividade. Basta pensar em autores como Friedrich Müller ou Ronald Dworkin, por exemplo. Até porque "a realidade em si" não existe, a realidade é uma construção hermenêutica; o que *há* são tradições, paradigmas, precompreensões, permanentemente *em disputa* e *em conflito*, dessa e nessa mesma *realidade*, em face do horizonte de uma história efectual enquanto aprendizado social de longo prazo, cujo sentido permanece também em aberto.

Além disso, falar em *livre convencimento*, sobretudo quando sabemos que nenhum sentido se constrói fora deste "espaço" hermenêutico, é correr o risco de se adotar uma atitude performativa irreflexiva em relação a essas tradições, paradigmas e precompreensões; é correr o risco de perpetuar, portanto, preconceitos e práticas institucionais com as quais se pretendia romper exatamente por meio de uma reforma legislativa.

Alvíssaras, portanto. Outro ponto de fundamental importância diz com a obrigatoriedade de a jurisprudência adotar os princípios da coerência e da integridade, problemática que levantei já nas 3ª, 4ª e 5ª. edições de *Verdade e Consenso*. O Projeto abandona a simplicidade da exigência da "estabilidade" e passa a exigir coerência e integridade. Isso, aliado ao art. 10 do projeto e à expunção do livre convencimento, há de dar um salto para além do velho instrumentalismo das tentações do fator Oskar Büllow (social protagonismo fruto de uma visão solipsista do processo – e do mundo).

Ficaram ainda alguns pontos que poderiam ter sido melhor desenvolvidos, como o problema do agir de ofício do juiz (arts. 2; 139, IV; 337 e 536), que se apresenta contraditório ao que dispõe o restante do Código. Também o poder cautelar do juiz representa um passo atrás, isto é, um passo na direção do velho social-protagonismo, incoerente, portanto, com os ditames dos artigos 10 e 926 e seguintes do Código.

De todo modo, creio que do projeto e sua complexidade podem ser retirados alguns princípios norteadores do novo Código, como o da necessidade de manter a coerência e a integridade da jurisprudência (incluídos os precedentes), a vedação do livre convencimento, o que implica um menor protagonismo e a necessidade da adoção do paradigma da intersubjetividade, ou seja, a subjetividade do juiz deve ser suspensa e controlada pela intersubjetividade estruturante do direito. Essa é a *holding* do novo "sistema". Sem compreendê-lo, corremos o risco de fazer uma revolução à avessas. Raciocínios pequeno-gnosiológicos ainda assentados nos paradigmas objetivistas ou subjetivistas (ou de suas vulgatas voluntaristas) podem, rapidamente, provocar a derrocada de uma boa ideia.

Referências

BEDAQUE, José Roberto dos Santos. *Efetividade do Processo e Técnica Processual*. São Paulo: Malheiros, 2006.

CARVALHO DIAS, Ronaldo Brêtas de. Projeto do novo Código de Processo Civil aprovado pelo Senado – exame técnico e constitucional. In: ROSSI, Fernando *et al.* (Org.). O futuro do processo civil – uma análise crítica ao Projeto do novo CPC. Belo Horizonte: Editora Fórum, 2011.

CATTONI DE OLIVEIRA, Marcelo Andrade. *Processo Constitucional*. 2ª ed. Revista, atualizada e ampliada. Belo Horizonte: Pergamum, 2013.

CORTE EUROPEIA DE DIREITOS HUMANOS. *H. v. Belgium* A127-B (1987). Disponível em: <http://hudoc.echr.coe.int/sites/eng/pages/search.aspx?i=001-57501>. Acesso em: 23 mai. 2014-a.

——. *Hiro Balani v. Spain* A303-B (1994). Disponível em: <http://hudoc.echr.coe.int/sites/eng/pages/search.aspx?i=0 01-57910>. Acesso em: 23 mai. 2014-b.

DELFINO, Lúcio. A paradoxal decisão por equidade no Estado Democrático de Direito: : apontamentos sobre o "Relatório Paulo Teixeira". In: PIMENTEL, Alexandre Freire et al. (Coord.). Novas Tendências do Processo Civil. Estudos sobre o Projeto do novo Código de Processo Civil. Vol. 3. Editora JusPodivm, 2014. p. 235-255.

DWORKIN, Ronald. *Levando os direitos a sério*. Trad. Nelson Boeira. São Paulo: Martins Fontes, 2002.

MENDES, Gilmar Ferreira; STRECK, Lenio Luiz. In: CANOTILHO, J. J. Gomes *et al*. (Coord). *Comentários à Constituição do Brasil*. São Paulo: Saraiva/Almedina, 2013.

NERY JUNIOR, Nelson. *Princípios do Processo na Constituição Federal*. 10 ed. São Paulo: Revista dos Tribunais, 2010.

NEVES, A. Castanheira. A distinção entre a questão-de-facto e a questão-de-direito. In: Digesta, escritos acerca do pensamento jurídico, da sua metodologia e outros. Vol. 1. Coimbra: Coimbra Editora, 1995.

NUNES, Dierle José Coelho. *O recurso como possibilidade jurídico-discursiva das garantias do contraditório e da ampla defesa*. (Dissertação de Mestrado). Belo Horizonte: Pontifícia Universidade Católica, 2003.

——. O princípio do contraditório. *Revista Síntese de Direito Civil e Processo Civil*, v. 5, n. 29, p. 73-85, Mai./Jun. 2004.

STRECK, Lenio Luiz. *Verdade e Consenso*. 4 ed. São Paulo: Saraiva, 2011.

——. ABBOUD, Georges. *O que é isto – o precedente judicial e as súmulas vinculantes?* Porto Alegre: Livraria do Advogado, 2013.

——. *Hermenêutica Jurídica e(m) crise*. 11 ed. Porto Alegre: Livraria do Advogado, 2014-a.

——. *Novo CPC decreta a morte da lei. Viva o common law!* Disponível em: <http://www.conjur.com.br/2013-set-12/senso-incomum-cpc-decreta-morte-lei-viva-common-law>. Acesso em: 23 mai. 2014-b

——. *Lições de Crítica Hermenêutica do Direito*. Porto Alegre: Livraria do Advogado, 2014-c.

— 8 —

Os princípios dos recursos à luz do novo Código de Processo Civil

RODOLFO WILD[1]

Sumário: 1. Introdução; 2. Considerações gerais; 3. Princípio do duplo grau de jurisdição; 4. Princípio da taxatividade; 5. Princípio da singularidade; 6. Princípio da fungibilidade; 7. Princípio da dialeticidade; 8. Princípio da voluntariedade; 9. Princípio da irrecorribilidade em separado das interlocutórias; 10. Princípio da consumação; 11. Princípio da complementariedade; 12. Princípio da vedação da *reformatio in pejus*; 13. Conclusões; Referências.

1. Introdução

O *novo* Código de Processo Civil[2] não pretendeu romper com as linhas gerais do atual modelo de processo, o que é, inclusive, referido em sua Exposição de Motivos: "[...] criou-se um Código novo, que não significa, todavia, uma ruptura com o passado, mas um passo à frente. Assim, além de conservados os institutos cujos resultados foram positivos, incluíram-se no sistema outros tantos que visam a atribuir-lhe alto grau de eficiência.". Nessa linha, ao visualizar o seu texto na perspectiva dos recursos, verifica-se que esse tende a manter, em linhas gerais, os princípios dos recursos cíveis existentes no Código de Processo Civil de 1973.

Pretende-se, assim, examinar alguns dos princípios dos recursos à luz das disposições do *novo* CPC. Importante salientar que não há, aqui, pretensão de aprofundar o estudo do conteúdo da expressão "princípios", tema tão caro à doutrina e à jurisprudência na atualidade. Em realidade, o estudo dos princípios dos recursos se dará abaixo na medida

---

[1] Mestre em Direito pela Universidade do Vale do Rio dos Sinos. Especialista em Direito Processual Civil pela Universidade do Vale do Rio dos Sinos. Advogado de empresas, instituições do terceiro setor e de cooperativas com atuação desde 1999. Professor universitário em nível de graduação desde 2002 nas disciplinas de Processo Civil e de Propriedade Intelectual. Professor universitário em nível de pós-graduação *lato sensu* desde 2006 na área de Processo Civil.

[2] Originariamente, PL nº 166/2010, que tramitou no Senado Federal e respectivo substitutivo que tramitou sob a PL nº 8.046/2010 na Câmara dos Deputados.

em que esses já estão postos – e consagrados – pela atual doutrina e jurisprudência.

2. Considerações gerais

Na linha das *novidades* do novo CPC, verifica-se que esse rompeu com a tradição do Código de 1973, pois esse último alocou a matéria dos recursos *dentro* do Livro I (Processo de Conhecimento). Aquele, entretanto, optou por destinar essa matéria (junto com os "meios de impugnação às decisões judiciais") em Livro próprio (Livro III – Dos Processos nos Tribunais e dos Meios de Impugnação das Decisões Judiciais e respectivo Título II – Dos Recursos, arts. 994 e seguintes), alterando significativamente sua topologia no âmbito do caderno processual em exame. Assim, o novo CPC retoma a sistematização da matéria já experimentada, no passado, pelo vetusto Código de Processo Civil de 1939, que previa os recursos também em Livro próprio (Livro VII).

Talvez o retorno à sistematização dos recursos em Livro próprio, específico, tenha o condão de reavivar antiga discussão na doutrina processual brasileira em torno da natureza jurídica do recurso. Atualmente, a maioria esmagadora da doutrina entende, na forma sintetizada por NERY JR., que o recurso corresponde a uma continuação, em regra no juízo hierarquicamente superior, do procedimento de primeiro grau.[3] A despeito disso, (ainda) existem vozes dissonantes que cuidam em não sepultar essa relevante discussão. Por exemplo, ASSIS sustenta que o recurso tem natureza de ação, afirmando que aquele se constitui pretensão autônoma deduzida *in simultaneo processu*. Entende, em síntese, que essa autonomia subsiste porque os elementos objetivos, a causa e o pedido, se distinguem, tecnicamente, dos já alegados pelas partes, pelo que a pretensão recursal tem identidade própria.[4]

A topologia da disciplina legal dos recursos no âmbito do CPC de 1973 facilita a compreensão doutrinária em torno do aspecto continuativo dos recursos, visto sua inserção dentro do Livro destinado ao processo de conhecimento. Trata-se de um fenômeno semelhante ao já experimentado no passado, com a superação da radical separação entre processo de conhecimento e processo de execução, tão acirradamente

---

[3] NERY JUNIOR, Nelson. *Teoria Geral dos Recursos*. 6. ed. São Paulo: Revista dos Tribunais, 2004, p. 222.
[4] ASSIS, Araken de. *Manual dos Recursos*. 5 ed. São Paulo: Revista dos Tribunais, 2013, p. 48. O autor sustenta seus argumentos com base em farta doutrina italiana e alemã, anotando-se seu exemplo dado na página 53: "[...] deduzido agravo contra o indeferimento de alguma prova no curso do processo, o mérito do recurso nenhuma semelhança tem como objeto litigioso.".

presente no sentido comum teórico[5] da doutrina brasileira até o advento da Lei nº 11.232/05, a qual reposicionou a sistemática da execução (agora denominada de "cumprimento" de sentença) como um prolongamento da relação processual.

Outro tópico que merece destaque é a pretensão, apontada pela Exposição de Motivos do Anteprojeto do *novo CPC*, de simplificação do sistema recursal. Para tanto, usou duas grandes premissas de sistematização dos recursos: a primeira, voltada à supressão de alguns recursos até então vigentes e, a outra, decorrente de uma justificativa metodológica no sentido de conferir, ao processo, maior rendimento possível.[6] Contudo, fato também é que a Exposição de Motivos do CPC de 1973 já demonstrara igual pretensão de simplificação do sistema recursal, tanto que refere que, "diversamente do Código vigente, o projeto simplifica o sistema de recursos.". Assim, também usou duas grandes premissas de sistematização da matéria atinente aos recursos, sendo, a primeira, a supressão de alguns recursos até então existentes. A outra, por sua vez, constituiu uma justificativa metodológica, de natureza científica.[7]

Pode-se concluir, portanto, que a pretensão de simplificação do modelo recursal com base na supressão de recursos vigentes constitui um elemento comum a ambos os Códigos (CPC de 1973 e novo CPC). Esses se diferenciam no que pertine à justificativa metodológica, cuja variação decorre dos próprios discursos que formam o sentido comum teórico dominante do seu respectivo tempo.

3. Princípio do duplo grau de jurisdição

Esse princípio tem sido compreendido como a necessidade de se permitir uma nova apreciação da causa, por um órgão jurisdicional de hierarquia superior àquele que emanou a decisão impugnada, mediante a interposição de recurso ou de expediente análogo pela parte.[8] Uma das

---

[5] Atribui-se à expressão *sentido comum teórico* uma "racionalidade subjacente, que opera sobre os discursos de verdade das ciências humanas [...] e configura a instância de pré-compreensão do conteúdo e os efeitos dos discursos de verdade das ciências humanas, assim como também incide sobre a pré-compreensão que regula a atuação dos produtores e usuários desses discursos." WARAT, Luis Alberto. *Introdução Geral ao Direito* Epistemologia Jurídica da Modernidade. 1 ed. Porto Alegre: Sergio Antonio Fabris, 1995, vol. II, p. 71.
[6] Exposição de Motivos do Anteprojeto do novo Código de Processo Civil *in* http://www.senado.gov.br/senado/novocpc/pdf/Anteprojeto.pdf (acesso em 13/04/2013).
[7] BUZAID, Alfredo. Exposição de Motivos do Código de Processo Civil *in* CURIA, Luiz Roberto (org). *Código 4 em 1 Saraiva*. 9 ed. São Paulo, 2013, p. 503.
[8] MOREIRA, José Carlos Barbosa. *Comentários ao Código de Processo Civil*. 11 ed. Rio de Janeiro, 2003, p. 238, vol. V (arts. 476 a 565). Lembrando a assertiva de ASSIS, Araken de (Op. cit. p. 81), no sentido de que "às vezes, a reapreciação ocorre perante o mesmo órgão judiciário, alterando ou não a composição originária.".

questões interessantes sobre esse princípio diz respeito à discussão sobre sua natureza jurídica de direito fundamental positivado – ou não – na ordem jurídica atual.

NERY JR. lembra que o princípio teve previsão expressa no art. 154 da Constituição do Império de 1824, que dispunha que a causa fosse reapreciada pelo Tribunal da Relação sempre que a parte o quisesse. Contudo, esse dispositivo não foi repetido pelas Constituições brasileiras supervenientes, as quais se limitaram a mencionar a existência de Tribunais e lhes conferindo competência recursal. Conclui, assim, que as demais Cartas Políticas previram implicitamente o princípio, mas sem garantia absoluta ao duplo grau de jurisdição.[9]

GRECO FILHO também entende que o princípio não tem previsão expressa, como garantia fundamental no art. 5º da Carta de 1988, muito embora decorra da sistemática adotada pela Constituição Federal. Isso porque, nela, a estrutura do Poder Judiciário está escalonada em graus de jurisdição, sendo possível verificar, em várias passagens, a competência dos Tribunais para julgamento em "grau de recurso". Daí, portanto, pode ser extraída a conclusão de que, *em princípio,* as causas não devem ser decididas em instância única.[10] A compreensão do princípio do duplo grau de jurisdição como uma garantia não absoluta permite inferir a possibilidade de o legislador ordinário modificar o seu âmbito de incidência, limitando – ou não – os recursos.[11]

O Supremo Tribunal Federal vem laborando nessa perspectiva, sendo que sua jurisprudência está orientada no sentido de que "não há, no ordenamento jurídico-constitucional brasileiro, a garantia constitucional do duplo grau de jurisdição".[12] A Corte manteve essa orientação[13] mesmo diante da introdução do § 3º ao art. 5º da Constituição Federal, que reavivou a discussão acerca da recepção do princípio como garantia constitu-

---

[9] NERY JUNIOR, Nelson. *Princípios do Processo na Constituição Federal.* 9 ed. São Paulo: Revista dos Tribunais, p. 280. Nessa linha de ideias, ainda, "o duplo grau é visto com parcimônia no sistema de recursos, até porque de outro modo se prolongariam demasiadamente as lides." (MANCUSO, Rodolfo de Camargo. *Recurso Extraordinário e Recurso Especial.* 9. ed. São Paulo: Revista dos Tribunais, 2006, p. 33-34).

[10] GRECO FILHO, Vicente. *Direito Processual Civil Brasileiro.* 19. ed. São Paulo: Saraiva, 2006, p. 51.

[11] LEONEL, Ricardo de Barros. Objeto Litigioso do Processo e o Princípio do Duplo Grau de Jurisdição *in* TUCCI, José Rogério Cruz; BEDAQUE, José Roberto dos Santos (coord). *Causa de Pedir e Pedido no Processo Civil* (questões polêmicas). 1 ed. São Paulo: RT, 2002, p. 371.

[12] STF. AI 513044 AgR/SP. 2º T. Rel. Min. Carlos Velloso. J. 22/05/2005.

[13] Exemplificativamente: "[...] não obstante o fato de que o princípio do duplo grau de jurisdição previsto na Convenção Americana de Direitos Humanos tenha sido internalizado no direito doméstico brasileiro, isto não significa que esse princípio revista-se de natureza absoluta. 4. A própria Constituição Federal estabelece exceções ao princípio do duplo grau de jurisdição. Não procede, assim, a tese de que a Emenda Constitucional 45/04 introduziu na Constituição uma nova modalidade de recurso inominado, de modo a conferir eficácia ao duplo grau de jurisdição." STF. AI 601832 AgR / SP. 2ª T. Rel. Min Joaquim Barbosa. J. 17/03/2009.

cional em face à sua previsão no art. 8°, 2, *h*, da Convenção Americana de Direitos Humanos (Pacto de São José).[14] Em que pese a relevância dessa discussão, ressalta-se que o dispositivo da Convenção, ora comentado, refere-se à matéria penal, não havendo menção à esfera cível.

O novo CPC assimila o princípio do duplo grau de jurisdição, prevendo explicitamente o sistema recursal e respectivos recursos no seu art. 994. E o faz no âmbito da *premissa metodológica* de reconhecimento de que o sistema processual prevê uma *abundância* de recursos capaz de contribuir para a morosidade processual.[15] O próprio ofício de encaminhamento da Exposição de Motivos e respectivo Anteprojeto original do novo CPC (PL 166/201, que tramitou no Senado Federal) já problematiza *ab initio* o tema *recursos* frente ao tempo (morosidade) do processo judicial.[16]

Em todo o caso, verifica-se que os dois principais recursos amparados, por excelência, pelo princípio do duplo grau de jurisdição, estão previstos no novo CPC. O primeiro é a apelação, cabível contra a sentença na forma do art. 1.009 da referida Lei adjetiva (cujo *caput*, aliás, tem idêntica ao art. 513 do CPC de 1973). Algumas modificações, entretanto, merecem ser anotadas. Por exemplo, embora tenha mantido a interposição do recurso no juízo *a quo*, o novo CPC limitou o exame de admissibilidade apenas ao juízo *ad quem*, suprimindo, portanto, o atual exame bifásico da matéria (§ 3° do art. 1.010). Conforme sua Exposição de Motivos, a alteração tem por objetivo suprimir "um novo foco desnecessário de recorribilidade", em linha diversa do objetivo da atual sistemática, que busca evitar o consumo dos preciosos recursos estatais alocados na esfera judiciária via tramitação e processamento de recursos natimortos em face ao não preenchimento dos seus requisitos de admissibilidade.

Em uma primeira leitura, a nova metodologia de processamento da apelação, no que pertine ao seu juízo de admissibilidade, é de razoável fundamentação. Anota-se, contudo, que a falta de estatísticas mais precisas e ou aprofundadas sobre a quantidade e ou qualidade de decisões *a quo* relativas ao exame da admissibilidade do recurso de apelação, bem como o seu contraste com número (e equivalente percentual) de recursos (e respectivos resultados) interpostos contra tais decisões no âmbito da

---

[14] "*Art. 8°*. Garantias judiciais. [...]. 2. Toda pessoa acusada de delito tem direito a que se presuma sua inocência enquanto não se comprove legalmente sua culpa. Durante o processo, toda pessoa tem direito, em plena igualdade, às seguintes garantias mínimas: [...] *h*) direito de recorrer da sentença a juiz ou tribunal superior."

[15] MOREIRA, José Carlos Barbosa. Op. cit. pp. 516-517.

[16] "Como desincumbir-se da prestação da justiça em um prazo razoável diante de um processo prenhe de solenidades e recursos? [...]. No afã de atingir esse escopo deparamo-nos com o excesso de formalismos processuais, e com um volume imoderado de ações e de recursos." FUX, Luiz. Ofício Dirigido ao Excelentíssimo Senhor Presidente do Senado Senador José Sarney *in* http://www.senado.gov.br/senado/novocpc/pdf/Anteprojeto.pdf (acesso em 13/04/2013).

sistemática do CPC de 1973. Tem-se, portanto, que a opção pela supressão do juízo de admissibilidade *a quo* está mais ligada ao *desejo* de suprimir uma hipótese de recurso do que, propriamente, em dados concretos que apontem para maior racionalização do manejo do sistema recursal perante os Tribunais.

É relevante anotar também que o recurso mantém, como regra geral, o efeito suspensivo, conforme seu art. 1.012, *caput*. Ou seja, não efetua o rompimento com a tradição do art. 520 do CPC de 1973 e como esse, também prevê exceções ao citado efeito suspensivo.[17] A novidade reside nos §§ 3º e 4º do citado dispositivo, que recepcionaram o atual estágio da jurisprudência[18] atribuindo, ao relator, a possibilidade de concessão desse efeito mesmo nos casos em que o recurso não o tenha *ex lege*, mediante requerimento do recorrente que demonstre a probabilidade de provimento do recurso, ou, sendo relevante a fundamentação, houver risco de dano grave ou difícil reparação.

O segundo dos recursos amparados, por excelência, no princípio do duplo grau de jurisdição também no âmbito do novo CPC é o agravo de instrumento, que passa a ser cabível contra *determinadas* decisões interlocutórias referidas em seu art. 1.015. Nesse sentido, o dispositivo chama atenção ao prever, dentre as hipóteses nele elencadas, o cabimento do recurso em face à decisão interlocutória de *mérito*. O tema não será abordado neste trabalho porque exige outro tanto para seu estudo, mas se reconhece, nele, uma importante alteração em relação à sistemática concebida pelo CPC de 1973. Todavia, convém lembrar as vozes que já registravam *antes* das pautas inauguradas pelo novo CPC, críticas em relação à definição legal de decisão interlocutória do CPC de 1973: "[...] não é correta a definição legal de decisão interlocutória como 'ato pelo qual o juiz, no curso do processo, resolve questão incidente' (CPC, art. 162, § 2º), pela mesma razão pela qual a sentença não é somente o ato com que o juiz decide *questões* sobre o mérito ou sobre a vida do processo".[19]

Outra problemática sensível a ser abordada diz respeito à superação do modelo rígido de preclusões processuais do CPC de 1973 via limitação das hipóteses de recorribilidade das decisões interlocutórias. Essa

---

[17] Aliás, ao comparar o § 1º do art. 1.012 do novo CPC com o art. 520 do CPC de 1973, verifica-se grande proximidade entre as exceções ventiladas em ambos os dispositivos.

[18] Vide, exemplificativamente, a seguinte passagem: "[...] 2. É admissível, em casos excepcionais, a suspensão dos efeitos da decisão, com amparo no art. 558, parágrafo único, do CPC, quando relevantes os fundamentos invocados pela parte recorrente, a fim de se evitar lesão grave e de difícil reparação. Precedentes. 3. No caso concreto, o Tribunal de origem considerou relevantes os fundamentos invocados pelo agravado e reconheceu o risco de grave dano, razão pela qual atribuiu efeito suspensivo ao recurso de apelação. [...]." STJ. AgRg no AREsp 352.893/PA, Rel. Ministro Antonio Carlos Ferreira, 4º T., j. 03/02/2015, DJe 11/02/2015.

[19] DINAMARCO, Cândido Rangel. *Capítulos de Sentença*. 5 ed. São Paulo: Malheiros, 2013, p. 49 (nota de rodapé nº 25).

questão é antiga no âmbito do processo civil e conta com alguns lustros. A Exposição de Motivos do CPC de 1973 já alardeava a necessidade de *simplificação* do modelo recursal, realizando-a, em boa parte, mediante alterações no recurso cabível contra decisões interlocutórias. O tema continuou latente, tanto que marcou presença nas pautas de várias alterações legislativas subsequentes, inclusive no âmbito do contexto das denominadas *minirreformas*,[20] o que, somado às mudanças no âmbito do novo CPC, mostra que esse recurso ainda não conseguiu chegar a um ponto de equilíbrio tido por adequado no âmbito do sistema recursal brasileiro.[21]

Assim, atinge-se um novo ponto de equilíbrio com a modificação da estrutura das preclusões processuais no âmbito do novo CPC por meio da adoção de um modelo *híbrido*, no qual determinadas decisões interlocutórias *precluem* caso não sejam seguidas do agravo de instrumento, e as demais, não, caso em que podem ser devolvidas ao Tribunal como preliminar do recurso de apelação ou das respectivas contrarrazões (§ 1º do art. 1.009 c/c art. 1.015). Daí por que esse caderno processual dispensou a previsão do agravo retido, vigente no âmbito do CPC de 1973.

---

[20] O Senado Federal historiciza, em documento próprio, as grandes etapas de reforma do Código de Processo Civil de 1973, relatando que a primeira ocorreu com a instituição, em 1985, de comissão de juristas com o objetivo de elaborar um anteprojeto de modificação do Código de Processo Civil. Embora suas conclusões fossem apresentadas ao Ministério da Justiça, o anteprojeto respectivo não foi levado adiante. Em 1992 foi instituída uma segunda comissão com vistas a estudar o problema da morosidade processual, dos óbices à efetividade do acesso à justiça e propor soluções visando à simplificação do Código de Processo Civil brasileiro. Essa comissão elaborou onze anteprojetos de lei que modificavam capítulos específicos do Código de Processo Civil, sendo que dez deles foram convertidos em lei: *(i.)* Lei nº 8.455/92 (perícias); *(ii.)* Lei nº 8.710/93 (citação-intimação via postal); *(iii.)* Lei nº 8.898/94 (liquidação); *(iv.)* Lei nº 8.950/94 (recursos); *(v.)* Lei nº 8.951/94 (consignação e usucapião); *(vi.)* lei nº 8.952/94 (processos de conhecimento e cautelar); *(vii.)* lei nº 8.953/94 (processo de execução); *(viii.)* Lei nº 9.079/95 (ação monitória); *(ix.)* Lei nº 9.139/95 (agravo); e, *(x.)* Lei nº 9.245/95 (procedimento sumário). A segunda etapa da reforma ocorreu a partir de 1998, com a instituição de nova comissão que elaborou três projetos de lei modificadoras do Código de Processo Civil e da qual resultou a redução da abrangência dos embargos infringentes, da remessa obrigatória e do efeito suspensivo da apelação, além de prever, pela primeira vez, a aplicação dos meios eletrônicos para a prática e a comunicação dos atos processuais: *(a.)* Lei nº 10.352/01; *(b.)* Lei nº 10.358/01 e; *(c.)* Lei nº 10.444/02. A partir do ano de 2000, verificou-se a instituição de comissões por várias instituições com o objetivo de estudar e elaborar propostas de modificação das leis processuais civis, como, por exemplo, o Instituto Brasileiro de Direito Processual Civil (IBDP), a Associação dos Juízes Federais (AJUFE) e a Associação dos Magistrados Brasileiros (AMB). SENADO FEDERAL: Biblioteca Acadêmica Luiz Viana Filho. *Código de Processo Civil: a história de outras Comissões*. Brasília, 2009 *In* http://www.senado.gov.br/sf/senado/novocpc/pdf/CPC_Comiss%C3%B5es_hist%C3%B3ria.pdf acesso em 17/02/2015.

[21] O tema relativo à recorribilidade das decisões interlocutórias tem sido alvo de críticas, observando-se a comparação do recurso de agravo ao mito grego de *Prometeu*. Como esse mortal, o recurso permanece vivo, mas fadado à mutilação eterna: "Com o agravo não foi diferente: o legislador jamais tencionou exterminá-lo (e nem poderia), mas há mais de um século envia-lhe abutres para enfraquecê-lo (em forma de novos códigos processuais ou de reformas nos diplomas já existentes) [...]. E o agravo sempre encontra a incrível capacidade de se regenerar (distorcendo, na prática, as restrições 'tirânicas' do sistema [...]." SICA, Heitor Vitor Mendonça. O Agravo e o "Mito de Prometeu": considerações sobre a lei nº 11.187/05 *in* NERY JUNIOR, Nelson; WAMBIER, Teresa Arruda Alvim (coord). *Aspectos Polêmicos e Atuais dos Recursos Cíveis e Assuntos Afins*. São Paulo: Revista dos Tribunais, 2006 (série Aspectos Polêmicos e Atuais dos Recursos, vol. 9), p. 215.

Digno de nota também é a supressão do recurso de embargos infringentes previsto nos arts. 530 e segs. do CPC de 1973 na linha do que propugna parcela da doutrina atual.[22] O recurso foi substituído por uma nova "sistemática" de julgamento limitada ao recurso de apelação com decisão por maioria, hipótese em que, nos termos do art. 942 do novo CPC, o julgamento terá prosseguimento em sessão a ser designada com a presença de outros julgadores, que serão convocados nos termos previamente definidos no regimento interno, em número suficiente para garantir a possibilidade de inversão do resultado inicial.

Frisa-se: a nova *sistemática não* constitui recurso (falta, nela, o elemento *volitivo*). Em que pesem vozes dissonantes, entende-se salutar a manutenção de instância decisória própria – ainda que por meio de *"técnica de julgamento"* – que possibilite a (re)discussão da infringência. É que essa pressupõe um *"empate"* entre os julgadores (a reforma por maioria em grau de apelação significa dizer que o Juiz de 1º grau e um Desembargador votaram em um sentido, enquanto os outros dois Desembargadores votaram em outro). Percebe-se, portanto, que o litígio com tal resultado possui certa complexidade, razão pela qual oportunizar sua (re)apreciação contribui para o aprimoramento da decisão prolatada especialmente nos casos em que aquela complexidade resida nas *questões* não comportadas em recursos excepcionais. Por mais que se almeje a rapidez do processo judicial, essa não pode comprometer o ideal maior da Justiça no seu resultado. Até porque o sacrifício do aperfeiçoamento das decisões judiciárias sob o argumento do *tempo do processo* perde força se contrastado com outros gargalos do processo civil que o novo CPC não enfrenta em sua inteireza.[23]

Por último, o novo CPC não altera, na substância, os recursos extraordinário, especial e o ordinário, o que, aliás, sequer poderia fazê-lo em vista das respectivas previsões constitucionais.[24] Contudo, inova no cenário jurídico ao enfrentar a chamada *jurisprudência defensiva* dos Tri-

---

[22] *V.g.* CÂMARA, Alexandre Freitas. *Lições de Direito Processual Civil.* 20 ed. São Paulo: Atlas, 2013, vol. 2, p. 114-115: "Assim, defendo a abolição total dos embargos infringentes, não me parecendo adequado que o mero fato de ter havido voto divergente em um julgamento colegiado deva ser capaz de permitir a interposição de recurso [...].".

[23] O tema *estatística judiciária* não é objeto do presente trabalho e constitui certamente tema para inúmeros debates. Nesse sentido, cabem investigações mais aprofundadas sobre os gargalos temporais do processo judicial, muitos dos quais não guardam qualquer simetria com o sistema recursal *per se*. A experiência demonstra que não são raros os gargalos relativos à confecção e cumprimento de mandados judiciais; de cumprimento de prazos de simples execução, como o de juntada, expedição de documentos, remessas, retornos, etc.

[24] "Hoje não há nenhuma previsão constitucional ensejadora de limitação ou vedação ao cabimento quer do recurso especial, quer do extraordinário, de sorte que o legislador infraconstitucional não tem autorização para restringir o acesso ao STF e STJ, impondo barreiras ao cabimento dos recursos [...].". NERY JUNIOR, Nelson. *Princípios do Processo na Constituição Federal.* p. 281. Lembrando que o Autor refere, mais abaixo, a repercussão geral e seu assento constitucional como limitação ao cabimento do recurso extraordinário.

bunais Superiores[25] como se vê, por exemplo, no seu § 3º do art. 1.029, que faculta a desconsiderem vício ou determinar a sua regularização, se não for considerado grave e o recurso for tempestivo ou, ainda, o seu art. 1.032, que determina ao Relator que abra prazo para que o recorrente demonstre repercussão geral nos casos em que verificar que o recurso especial *versa sobre matéria constitucional* e, após, remeta-o ao Supremo Tribunal Federal. Por fim, mostra-se digno de nota o art. 1.033, que impõe, ao Supremo, nos casos em que entender que a eventual ofensa à Constituição Federal é reflexa por pressupor a revisão da interpretação de lei federal ou de tratado, remeter o recurso ao Superior Tribunal de Justiça para julgamento como recurso especial.

4. Princípio da taxatividade

O novo CPC elencou os recursos no seu art. 994, mantendo-se fiel ao princípio da *taxatividade* dos recursos, "segundo o qual somente são considerados como tais aqueles designados, em *numerus clausus*, pela lei federal".[26] Assim, dá continuidade à tradição do *Code* de 1973, que também os enumera em dispositivo específico (art. 496). Aliás, essa técnica foi também adotada pelo Diploma processual de 1939, eis que esse último tratou de prever, também, os recursos em seu art. 808.

Anota-se que o CPC de 1973 previu, na sua redação *originária* (de 1973), 09 recursos (ver art. 496 c/c o art. 532, art. 557, art. 539 e art. 541). Quanto aos então recursos ordinário e extraordinário, como já disse Alcides de Mendonça Lima,[27] tanto fazia estarem – ou não – no Código, dado que sua existência decorria do texto da própria Carta. A lição ainda tem atualidade, visto que, com a Carta de 1988, se previram constitucionalmente 03 (três) recursos (recursos ordinário, especial e extraordinário).

---

[25] "Como exemplo de jurisprudência defensiva, citamos os casos em que agravos em RE/RESP são inadmitidos em função de carimbos borrados, que, em tese, gerariam dúvida quanto à tempestividade do RE/RESP (STF – AI-AgR 612424/SC. Relator: SEPÚLVEDA PERTENCE. Órgão Julgador: 1a Turma. Julgamento: 26/06/2007. Fonte: DJE de 23/08/2007; STJ – EDAGA 201001528835/CE. Relator: MAURO CAMPBELL MARQUES. Órgão julgador: 2ª Turma. Julgamento em: 03/02/2011. Fonte: DJE de 14/02/2011); a Súmula 735 do STF, que dispõe não caber Recurso Extraordinário contra acórdão que defere medida liminar; e as decisões que asseveram que o RE/RESP necessita ser reiterado para o seu conhecimento, se manejado antes do início da fluência do prazo recursal (STF – RE 78825/IN – Grã-Bretanha (Inglaterra). Relator: ALDIR PASSARINHO. Órgão Julgador: 2a Turma. Julgamento em: 26/11/1982. Fonte: DJ de 22/04/1983, PP-05000; STJ – AGRESP 200400461457/SC. Relator: CELSO LIMONGI (DESEMBARGADOR CONVOCADO DO TJ/SP). Órgão julgador: 6a TURMA. Julgamento em: 14/09/2010. Fonte: DJE de 04/10/2010).". WAMBIER, Teresa Arruda. Recursos e rendimento do processo: problemas de hoje e soluções para o amanhã *in Revista de Informação Legislativa*. Brasília: Senado Federal, ano 48, abr./jun. 2011, p. 254 (nota de rodapé nº 08).

[26] NERY JUNIOR, Nelson. *Teoria Geral dos Recursos*. 6. ed. São Paulo: Revista dos Tribunais, 2004, p. 49.

[27] LIMA, Alcides de Mendonça. Dos Recursos: Perfeições e Imperfeições *in Estudos Jurídicos*. São Leopoldo, Unisinos, v. III, nº 08, 1974, p. 90.

Por outro lado, verifica-se também que o modelo recursal "simplificado" do CPC de 1973 foi alterado com o passar do tempo, agregando novos recursos a ponto de prever, após quarenta anos de vigência, 13 (treze) recursos vigentes no caderno de ritos analisado.[28] Não deixa de ser curioso, pois, que, ao longo do tempo de vigência do CPC, no mesmo passo em que cresceram as críticas ao número de recursos como um dos fatores determinantes da morosidade processual,[29] também verificou-se um aumento do número desses remédios processuais.

Na outra ponta, o novo CPC nasce com a previsão de 09 (nove) recursos e, também, com a pretensão de simplificar o modelo recursal brasileiro, sendo que 03 (três) desses também possuem assento constitucional (recursos ordinário, especial e extraordinário) e, portanto, existiriam mesmo que não tivessem previsão no seu texto. Por fim, também não supera um problema existente no CPC de 1973, que é o de "manter a sistemática adotada em cada uma das leis especiais hoje existentes para os procedimentos que elas disciplinam".[30] Ou seja, não foi capaz de enfrentar – a exemplo do seu predecessor – a *fragmentariedade* do sistema recursal, que é verificada pela previsão de recursos na legislação esparsa. Ambos contêm dispositivo semelhante em suas disposições transitórias, a determinar a manutenção dos recursos vigentes em leis especiais.[31]

5. Princípio da singularidade

O novo CPC também assimila o princípio da **singularidade,** pelo qual "para cada ato judicial recorrível há um único recurso previsto pelo

---

[28] Para maior clareza: (1) apelação – art. 513; (2) agravo retido – art. 522; (3) agravo de instrumento – art. 522; (4) agravo interno – art. 557; (5) agravo – art. 532; (6) agravo nos próprios autos – art. 544; (7) agravo da decisão monocrática do relator do recurso extraordinário e ou especial – art. 545; (8) embargos de declaração – art. 535; (9) embargos infringentes – art. 530; (10) recurso ordinário – art. 539; (11) recurso especial – art. 541; (12) recurso extraordinário – art. 541 e; (13) embargos de divergência em recurso especial e em recurso extraordinário – art. 496 c/ art. 546.

[29] " [...] o fato é que os recursos constituem um dos pontos que mais contribuem para a morosidade da justiça em nosso País, ninguém está disposto a revisá-los, com o objetivo de reduzir-lhes o número ou dar-lhes disciplina que faça minimamente declinar o peso extraordinário de sua significação. Ao contrário, as modificações introduzidas no Código de Processo Civil visam a fortalecê-los ainda mais, pela transferência aos tribunais da modesta parcela de poder de que ainda desfrutavam, há alguns anos, os magistrados de primeira instância.". BAPTISTA DA SILVA, Ovídio. *Processo e Ideologia:* o paradigma racionalista. 1 ed. Rio de Janeiro: Revista Forense, 2004, p. 242.

[30] MOREIRA, José Carlos Barbosa. Antecedentes históricos, estrutura e sistemática do novo Código de Processo Civil *in Estudos Jurídicos.* São Leopoldo: Unisinos, vol. III, n° 08, 1974, p. 81.

[31] Vide, para tanto, o art. 1.218 do atual CPC e o § 2° do art. 1.046 do novo CPC. Nesse sentido, pode-se apontar a atualidade do alerta dado há mais de 30 anos: "Será, portanto, um problema muito sério, a perturbar a vida nos pretórios, de ordem prática. Haverá grande quantidade de ações que continuarão; e, em outras, os recursos antigos subsistirão. Ao lado, pois, do novo Código, haverá legislação paralela, cindindo a pretensa uniformidade, como seria de desejar.". LIMA, Alcides de Mendonça. Op. cit., p. 99.

ordenamento, sendo vedada a interposição simultânea ou cumulativa de mais outro visando à impugnação do mesmo ato judicial".[32] Tal qual o CPC de 1973, o princípio é mitigado, porque subsiste a possibilidade de a decisão judicial ensejar a interposição dos embargos de declaração e outro recurso e, ainda, a interposição de recurso extraordinário e recurso especial simultaneamente.

Na realidade, ambos os diplomas adotaram o princípio da singularidade na mesma linha do que já dispunha o CPC de 1939 que, em seu art. 809, dispunha que a "a parte poderá variar de recurso dentro do prazo legal, não podendo, todavia, usar, ao mesmo tempo, de mais de um recurso.".

6. Princípio da fungibilidade

Segundo esse princípio, a parte não será prejudicada pela interposição de recurso errôneo, salvo se configurado erro grosseiro ou má-fé processual.[33] O princípio não está previsto de forma expressa no novo CPC, o que não gera novidade em relação ao que lhe antecede. No caso do CPC de 1973, a ausência de previsão expressa desse princípio foi intencional, pois pretendia-se um texto legal de tal forma claro que o princípio em exame seria obsoleto. Nesse sentido, sua Exposição de Motivos declina que o princípio não serviu para melhorar o sistema, porque a frequência com que os Tribunais não conheciam recursos erroneamente interpostos evidenciava que a aplicação da fungibilidade prevista no art. 810 do CPC de 1939 tinha valor limitadíssimo.[34]

A jurisprudência manteve vivo, contudo, o princípio da fungibilidade sob a vigência do CPC de 1973. Nessa linha, também não se vê impedimento – quer seja por dicção legal, quer seja por incompatibilidade lógica – da sua aplicação no âmbito do novo CPC, inclusive em relação aos requisitos de inexistência de erro grosseiro e má-fé processual. Quanto ao primeiro, a jurisprudência vem entendendo que é verificado nas hipóteses em que há previsão legal expressa sobre o cabimento do recurso correto ou nos casos em que inexistam dúvidas na doutrina e jurispru-

---

[32] NERY JUNIOR, Nelson. Op. cit., p. 119.

[33] Idem; ibid. p. 140.

[34] "Releva salientar que o sistema recursal do vigente CPC/1973 é bastante mais evoluído do que o do Código revogado, o que possivelmente levou à não adoção do princípio de forma expressa, na pressuposição, talvez *pretensiosa*, de que seria desnecessário." (ALVIM, Eduardo Arruda. *Direito Processual Civil*. 3 ed. São Paulo: Revista dos Tribunais, 2010, p.736-737).

dência quanto ao remédio cabível.[35] Quanto ao segundo,[36] a jurisprudência se orienta em configurá-lo nos casos em que a parte utiliza o recurso de maior prazo, com maior efeito devolutivo ou, ainda, para obter efeito suspensivo que o recurso adequado não tem.[37]

Visto sob o ângulo acima, um contraste entre os atuais casos em que o princípio é aplicado pela jurisprudência *(v.g.* recebimento de embargos declaratórios como agravo regimental)[38] e de não aplicação *(v.g.* interposição de agravo interno contra decisão proferida pela Turma[39] ou, ainda, de interposição de recurso ordinário no lugar de recurso extraordinário),[40] demonstra que o princípio pode ter aplicabilidade no âmbito do novo CPC.

7. Princípio da dialeticidade

Por esse princípio, o recurso deve ser discursivo, isto é, deve apontar os motivos do pedido de nova decisão.[41] Nesse sentido, também parece encontrar espaço próprio no texto do novo CPC. É que a sua redação permite inferir a aplicação do princípio a partir de vários dispositivos esparsos *(v.g.* o art. 1.010, II e III, que impõe, ao recorrente, declinar os fundamentos de fato e de direito na apelação; o art. 1.016, II e III, que impor a exposição dos fundamentos de fato e de direito no agravo de instrumento; art. 1.023, que impõe a indicação do erro, obscuridade ou contradição nos embargos declaratórios, dentre outros).

---

[35] STJ. REsp 1.104.451. 3º Turma. Rel. Min. Nancy Adrighi. J. 02/08/2011.

[36] *A priori*, a má-fé se mostra até mesmo irrelevante como requisito específico da fungibilidade recursal, pois o recorrente pode interpor recurso próprio (cabível) e, ainda assim, agir de má-fé. (ASSIS, Araken de. Op. cit. p. 105).

[37] STJ. REsp 1.104.451. 3º Turma. Rel. Min. Nancy Adrighi. J. 02/08/2011. Interessante anotar que, nessa decisão, examinou-se a boa-fé da parte recorrente, dentre outros, em face à interposição de recurso com menor prazo e sem efeito suspensivo: "Com efeito, além de já ser indício de boa-fé, na hipótese analisada, a opção da recorrida pelo agravo, cujo prazo de interposição é menor que o da apelação, e que não tem, em regra, efeito suspensivo".

[38] "Em homenagem ao princípio da economia processual e com autorização do princípio da fungibilidade, devem ser recebidos como agravo regimental os embargos de declaração que contenham exclusivo intuito infringente." (STJ. REsp no Ag 1299990/RS. 3º T. rel. Min. Paulo de Tarso Sanseverino. J. 19/02/2013). Nesse sentido, ainda: EDcl no Ag 691061/RS. 4º T. rel. Min. Maria Isabel Gallotti. J. 06/11/2012; EDcl no AREsp 120366/RS. 4º T. rel. Min. Luis Felipe Salomão. J. 18/10/2012, EDcl no REsp 1260814/RN. 1º T. rel. Min. Arnaldo Esteves Lima. J. 16/10/2012, etc.

[39] STJ. AgRg nos EDcl no AgRg nos EAREsp 131738 / PR. Corte Especial. Rel. Min. Humberto Martins. J. 17/12/2012. Confira-se na ementa: "O agravo regimental interposto contra decisão de órgão colegiado é manifestamente incabível. [...] Constatado o erro grosseiro, incabível a aplicação do Princípio da Fungibilidade Recursal.".

[40] Vide teor da súmula nº 272 do STF: "Não se admite como ordinário recurso extraordinário de decisão denegatória de mandado de segurança.."

[41] NERY JUNIOR. Op. cit., p. 176.

No que tange ao princípio em causa, o novo CPC adotou técnica semelhante ao CPC de 1973, sendo certo que o estágio da jurisprudência sobre a matéria reforça a aplicação daquele como se vê, por exemplo, pela redação da Súmula n° 182 do Superior Tribunal de Justiça.[42]

8. Princípio da voluntariedade

Visto sob seu conteúdo, o recurso tem duas partes distintas: a.) declaração expressa de insatisfação com a decisão e; b.) os motivos dessa insatisfação. Assim, no âmbito da atividade recursal, aplica-se o princípio *ne procedat iudex ex officio*.[43] O novo CPC segue firme essa orientação, tanto que mantém a característica de disponibilidade dos recursos, inclusive no que pertine à possibilidade de desistência, renúncia e aquiescência (arts. 998 a 1.000, respectivamente).

Cabe anotar que o parágrafo único do art. 998 do novo CPC traz algumas novidades em comparação ao art. 511 do CPC de 1973, ao prever que a desistência do recurso não impede a análise de questão afetada à repercussão geral e ou do objeto de julgamento de recursos extraordinários ou especiais repetitivos. Em outras palavras, a norma não excepciona a possibilidade de desistência do recurso afetado às matérias acima referidas, não obstante o incidente respectivo não seja encerrado. Trata-se da tentativa de conciliar o caráter volitivo do recurso e uma (estranha) solução jurisprudencial do STJ, que vem obstando o exercício desse direito na hipótese de julgamento dos atuais *recursos repetitivos*.[44] [45]

9. Princípio da irrecorribilidade em separado das interlocutórias

A denominação desse princípio não dá conta do seu significado, pois, por esse, as decisões interlocutórias não são impugnáveis de forma

---

[42] "À luz do princípio da dialeticidade, que norteia os recursos, compete à parte agravante, sob pena de não conhecimento do agravo, infirmar especificamente os fundamentos adotados pelo Tribunal de origem para negar seguimento ao reclamo, sendo insuficientes alegações genéricas de não aplicabilidade do óbice invocado.". STJ. AgRg no AREsp 262423 / RS. 4 T. Rel. Min. Luis Felipe Salomão. J. 05/02/2013.

[43] NERY JR., Nelson. Op. cit., p. 179.

[44] Vide, exemplificativamente: STJ. REsp 1.129.971/BA. 1° Seção. Rel. Min. Mauro Campbell Marques. J. 24/10/2010, que na ementa esclarece: "É inviável o acolhimento de pedido de desistência recursal formulado quando já iniciado o procedimento de julgamento do Recurso Especial representativo da controvérsia, na forma do art. 543-C do CPC c/c Resolução n.° 08/08 do STJ. Precedente: QO no REsp. n. 1.063.343-RS, Corte Especial, Rel. Min. Nancy Andrighi, julgado em 17.12.2008."

[45] A respeito do tema, vale a pena conferir a excelente crítica de Lenio Luiz STRECK no seu artigo "Ministros do STJ não devem se aborrecer com a lei" *in* http://www.conjur.com.br/2012-jun-07/senso-incomum-nao-aborreca-lei-ministra-nancy-andrighi (acesso em 17/01/2013).

a paralisar todo o procedimento. A expressão *"em separado"* não deve, aqui, ser entendida no seu sentido físico (destacado dos autos em que a decisão foi proferida) mas, sim, compreendida como a paralisação de todo o processo para que, separadamente, seja examinada a impugnação da interlocutória.[46]

Em um primeiro exame, verifica-se que o novo CPC manteve o princípio nas suas linhas gerais, reforçando-o em face à adoção do regime de preclusões mistas das decisões interlocutórias. Ou seja, elencou taxativamente aquelas passíveis de recurso de agravo de instrumento sob pena de preclusão no seu art. 1.015, sendo que as demais passaram a ser suscitadas em preliminar no recurso de apelação (§ 1º do art. 1.009). Essas últimas, por óbvio, não *paralisam* o processo. Além disso, o recurso de agravo de instrumento não é dotado de efeito suspensivo automático, pelo que o princípio remanesce presente na nova sistemática inaugurada.

10. Princípio da consumação

Esse deriva diretamente da preclusão consumativa prevista no art. 158 do CPC de 1973. De dizer que esse Código não repetiu regra do CPC de 1939, que permitia, em seu art. 809, que a parte variasse de recurso desde que o fizesse dentro do prazo de interposição. Tal *variação* se mostra incompatível com a sistemática de preclusões rígidas do atual caderno processual e, para que pudesse ser recepcionada, deveria constar de texto expresso de lei.[47] O princípio em exame é largamente utilizado na atualidade, verificando-se sua aplicação, por exemplo, em face à impossibilidade de o recorrente juntar o preparo após a interposição do recurso[48] ou, ainda, de interpor recurso adesivo já tendo recorrido em caráter principal.[49]

No novo CPC, o princípio foi recepcionado com algum temperamento, talvez ao encontro do que preconizam os setores doutrinários

---

[46] NERY JUNIOR, Nelson. Op. cit., p. 180-181.

[47] Idem, p. 191.

[48] "Após o julgamento do EREsp 488.674/MA, Rel. Min. Luiz Fux, DJe 04.08.09, a Corte Especial definiu que, a teor do art. 511, do CPC, a comprovação do preparo recursal deve ser realizado no momento da interposição do recurso, afastando-se a interpretação que admitia a juntada posterior desse documento. Incidência da Súmula 168/STJ.". (STJ. AgRg nos EAg 1126021/MS. Corte Especial. Rel. Min. Castro Meira. J. 23/08/2010.

[49] "A jurisprudência não tem admitido o recurso adesivo interposto quando interposto em substituição a recurso de apelação declarado intempestivo." (STJ. REsp 39.303/SP. 3º T. Rel. Min. Assis Toledo. J. 06/02/1995). Ainda, "tendo em vista o propósito do recurso adesivo e o princípio da consumação, a parte que, no prazo legal, apresentou recurso autônomo não pode recorrer adesivamente." (STJ. REsp 179.586/ RS. 2º T. Rel. Min. Francisco Peçanha Martins. J. 16/11/2000).

que vêm denunciando o excesso de formalismo no âmbito dos recursos.[50] Assim é que se observa, no texto adjetivo em referência, que o relator deve intimar o recorrente para sanar o vício *antes* de julgar inadmissível o recurso (art. 932). Ainda, que o *equívoco de preenchimento da guia de preparo* não resulta em deserção, cabendo a intimação da parte para sanar o vício (§ 7º do art. 1.007). Também no caso de formação do agravo de instrumento deficiente por falta de peças obrigatórias, caso em que o recorrente será intimado para sanar o vício (§ 3º do art. 1.017), etc. Entretanto, cabe ressaltar que inexiste previsão legal de *complementação* do recurso quanto ao seu mérito, hipótese em que, acredita-se, vigorará o aludido princípio em toda a sua extensão.

11. Princípio da complementariedade

Até em face do princípio da consumação acima analisado, o processo civil brasileiro veda a retificação, emenda ou complementação das razões recursais em momento ulterior à sua interposição. Ou seja, não permite que o recorrente interponha o recurso em um momento e, em outro, deduza suas razões que fundamentaram o pedido de nova decisão.[51] Nesse sentido, os "os recursos devem estar perfeitos, completos e acabados no momento de sua interposição, em observância aos Princípios da Complementaridade e da Preclusão".[52] Essa orientação não é comum ao ramo dos recursos no processo, visto que o direito penal orienta-se em caminho diverso, como pode ser visto nos art. 578 c/c art. 588 e art. 600 do Código de Processo Penal.

Na vigência do CPC de 1973, a jurisprudência admite a complementação do recurso já interposto nas hipóteses em que se verificar o provimento de embargos de declaração.[53] O novo CPC previu, no § 4º do art. 1024, que o acolhimento desse recurso de forma a modificar a decisão

---

[50] "O nosso sistema contém tradicionalmente alguns obstáculos formais totalmente injustificáveis ao conhecimento de recursos [...] Se é verdade que o recurso é um direito eventual e temporário, que deve prever os pressupostos de admissibilidade desde o momento de sua interposição por outro lado, é preciso reconhecer que o processo moderno se caracteriza pelo no do formalismo e pela tendencial relativização das nulidades.". GRECO, Leonardo. A Falência do Sistema de Recursos *in Revista Dialética de Direito Processual*. São Paulo: Dialética, nº 01, p. 101.

[51] NERY JUNIOR, Nelson. Op. cit., p. 181.

[52] STJ. AgRg no REsp 845048/AL. 1º T. Rel. Min. Francisco Galvão. J. 21/09/2006. Ainda, interposto o recurso, apresentadas as razões, é vedado à parte a apresentação de nova petição com fundamentação complementar, ainda que dentro do prazo legal, em face da preclusão consumativa. (STJ. EDcl no MS 8012/DF. 3º T. Rel. Min. Felix Fischer. J. 22/05/2002).

[53] "Na hipótese de recurso especial interposto antes do julgamento dos embargos de declaração, o acolhimento destes – por expungir do decisum recorrido vícios de omissão, contradição ou obscuridade – autoriza a apresentação de novas razões recursais.". (STJ. AgRg nos EDcl no Ag 1024706/RS. 3ºT. Rel. Min. Massami Uyeda. J. 17/03/2009).

embargada confere, ao embargado que já tiver interposto outro recurso contra a decisão originária, o direito de complementar ou alterar suas razões, nos exatos limites da modificação. Por outro lado, merece destaque o § 5º do citado dispositivo, pois prevê que, se os embargos de declaração forem rejeitados ou não alterarem a conclusão do julgamento anterior, o recurso anteriormente interposto pela outra parte será processado e julgado independentemente de ratificação.

12. Princípio da vedação da *reformatio in pejus*

Esse está situado, em linhas gerais, no âmbito do princípio do dispositivo, vinculando-se também ao efeito devolutivo dos recursos.[54] Tem, assim, como objetivo evitar que o Tribunal venha a decidir de forma a piorar a situação do recorrente com base no recurso desse, extrapolando o âmbito da devolutividade do recurso. Fora desse caso, não há maiores problemas para a piora da situação do recorrente, como, por exemplo, quando a parte contrária também interpõe recurso.[55]

As questões de ordem pública se situam fora do âmbito de devolução dos recursos conforme jurisprudência do Superior Tribunal de Justiça. Contudo, a Corte vem entendendo que essa regra é aplicável apenas às instâncias ordinárias de jurisdição, sendo que a apreciação dessa matéria pela Instância Superior depende de devolução específica.[56] Ou seja, predomina, na jurisprudência, a tese mais rígida de que não há possibilidade de conhecimento de matéria de ordem pública no âmbito das Instâncias Superiores sem que tenha havido prévio prequestionamento perante as Instâncias Ordinárias.[57]

Noutro norte, o fato é que o CPC de 1973 contém dispositivo específico, hábil a autorizar a *reformatio in pejus* pelo Tribunal, quando julgar apelação interposta contra sentença terminativa, sendo a causa unicamente de direito e estando em condições de imediato julgamento (art. 515, § 3º). Em síntese, no atual estágio do processo civil, o princípio não

---

[54] BUENO, Cassio Scarpinella. *Curso Sistematizado de Direito Processual Civil*. São Paulo: Saraiva, 2011, vol. 5, p. 33.

[55] NERY JUNIOR, Nelson. Op. cit., p. 183.

[56] Assim é que se encontra ementado que "1.- A questão relativa à alegação de reformatio in pejus não foi objeto de discussão no Acórdão recorrido, nem no Acórdão proferido nos Embargos Declaratórios, carecendo, portanto, do necessário prequestionamento viabilizador do Recurso Especial. [...] 2.- As questões de ordem pública, embora passíveis de conhecimento de ofício nas instâncias ordinárias, não prescindem, nesta Corte, do requisito do prequestionamento. (STJ. AgRg no REsp 1276193/RS. 3ºT. Rel. Min. Sidinei Benetti. J. 17/04/2012).

[57] NOLASCO, Rita Dias. Possibilidade do Reconhecimento de Ofício de Matéria de Ordem Pública no Âmbito dos Recursos de Efeito Devolutivo Restrito *in* NERY JUNIOR, Nelson; WAMBIER, Teresa Arruda Alvim (coord). *Aspectos Polêmicos e Atuais dos Recursos Cíveis e Assuntos Afins*. São Paulo: Revista dos Tribunais, 2006 (série Aspectos Polêmicos e Atuais dos Recursos, vol. 10), p. 482.

tem valor absoluto, sendo que, não obstante a limitação do efeito devolutivo (art. 515 c/c art. 505), poderá ocorrer a piora da situação do recorrente nas hipóteses de exame de questões de ordem pública e, também, no julgamento do recurso de apelação previsto no citado § 3º do art. 515.

Já o novo CPC ampliou significativamente a hipótese do § 3º do art. 515 acima referido porque, se esse último confere autorizativo (leia-se, uma faculdade) ao Tribunal, o primeiro impõe que o Tribunal decida desde logo a lide nos casos em que especifica no § 3º do seu art. 1.013.[58] Mais adiante, prevê a ampliação do efeito devolutivo dos recursos excepcionais, ao dispor que o recurso extraordinário ou especial recebido com base em um fundamento devolve, ao Tribunal Superior, o conhecimento dos demais fundamentos para a solução do capítulo impugnado (parágrafo único do art. 1.034).

13. Considerações finais

Partindo-se da premissa de que o conhecimento é conjectural, então mostra-se também adequado apresentar, neste momento, algumas conclusões que podem ser extraídas do tema abordado no presente trabalho. Assim:

I. Verifica-se que a disciplina dos recursos no novo CPC não rompe com a principiologia já consagrada no âmbito dos recursos pela doutrina na atualidade. Contudo, mesmo que intencionasse fazê-lo, encontraria limites e balizas nas diretrizes constitucionais do processo civil.

II. A opção pela supressão (simplificação) de recursos não é nova, subsistindo quando da edição do CPC de 1973. No novo Código, essa opção está focada no objetivo de constituir maior instrumentalidade e celeridade ao processo o que é percebido, dentre outros, na construção de um novo regime de tratamento das decisões interlocutórias e consequente (re)modelagem do recurso de agravo de instrumento.

III. O novo CPC herda o princípio da taxatividade dos recursos, mantendo a tradição de nominar e especificar as espécies de recursos no âmbito do sistema processual brasileiro. Trata-se, à evidência, de uma opção legislativa possível que não resolve uma problemática herdada

---

[58] "Art. 1.026. A apelação devolverá ao tribunal o conhecimento da matéria impugnada. (...). § 3º Se a causa estiver em condições de imediato julgamento, o tribunal deve decidir desde logo o mérito quando: I – reformar sentença fundada no art. 495; II – decretar a nulidade da sentença por não ser ela congruente com os limites do pedido ou da causa de pedir; III – constatar a omissão no exame de um dos pedidos, hipótese em que poderá julgá-lo; IV – decretar a nulidade de sentença por falta de fundamentação. § 4º Quando reformar sentença que reconhecer a decadência ou a prescrição, o tribunal julgará o mérito, examinando as demais questões de mérito, sem determinar o retorno do processo ao juízo de primeiro grau."

da tradição do CPC de 1973 relativa à fragmentariedade do sistema recursal. O novo CPC não se preocupou com os recursos e respectivas formatações previstas na legislação esparsa, aceitando uma convivência simultânea hábil a acarretar dificuldades para os diferentes protagonistas do processo judicial.

IV. Nesse sentido, também recepciona o princípio da singularidade no sentido de prever um único recurso contra cada decisão judicial. Mantém até mesmo as mesmas exceções ao princípio existentes no âmbito do CPC de 1973, relativamente à interposição simultânea do recurso especial e do extraordinário e, também, de embargos declaratórios.

V. O princípio da fungibilidade não encontra previsão expressa no texto do novo CPC, seguindo a tradição do CPC de 1973. Contudo, tendo-se por base as atuais decisões jurisprudenciais em torno do tema, não subsistem óbices para sua manutenção no âmbito do texto legal do novo Código examinado.

VI. O princípio da dialeticidade parece estar bem acomodado nas estruturas normativas do novo Código de Processo Civil, que impõe, em várias passagens, o ônus da motivação para o recorrente. O mesmo pode ser afirmado em relação ao princípio da voluntariedade e o da irrecorribilidade em separado das decisões interlocutórias.

VII. Os princípios da consumação e o da complementaridade, fortemente arraigados no âmbito do CPC de 1973, passaram por um certo temperamento no novo Código. Esse impõe à Jurisdição em grau recursal, o dever de processar e julgar os recursos oportunizando o saneamento de certas irregularidades que entende não comprometerem a apreciação meritória do recurso. Nesse contexto, também pode ser apreendida a recepção do princípio da complementaridade no âmbito do novo CPC.

VIII. O princípio da vedação à *reformatio in pejus* também tem espaço no texto do novo CPC. Entretanto, verifica-se seu trato no âmbito de uma compreensão mais instrumental do processo judicial.

IX. Por fim, mostra-se inegável que o texto do novo Código de Processo Civil está permeado pelas compreensões formadas atualmente sobre as diferentes crises do processo judicial. De um lado, recepciona o atual estágio da jurisprudência em várias de suas passagens; de outro, supera esse estágio em favor do jurisdicionado ao enfrentar a chamada *jurisprudência defensiva*. Existe um grande valor, portanto, na identificação e enfrentamento daquelas *crises* via respostas de natureza normativa.

X. Contudo, também pode ser assinalado que o novo CPC também incorre em determinadas dificuldades experimentadas, derivadas da ausência de instrumentos – e, mesmo, de algumas compreensões – que possibilitem o exame estrutural de todos os (reais) gargalos do processo judicial contemporâneo. Nesse sentido, algumas das opções normativas estudadas no âmbito dos recursos estão situadas mais em quereres do que, propriamente, em estudos comparativos e estatísticos sobre a complexa realidade que envolve o processo judicial – incluso o manejo dos seus recursos – no cotidiano forense brasileiro.

Referências

ALVIM, Eduardo Arruda. *Direito Processual Civil*. 3. ed. São Paulo: Revista dos Tribunais, 2010, 1.149 p.

ASSIS, Araken de. *Manual dos Recursos*. 5. ed. São Paulo: Revista dos Tribunais, 2013, 1.053 p.

BAPTISTA DA SILVA, Ovídio. *Processo e Ideologia:* o paradigma racionalista. Rio de Janeiro: Revista Forense, 2004, 342 p.

BUENO, Cassio Scarpinella. *Curso Sistematizado de Direito Processual Civil*. São Paulo: Saraiva, 2011, vol. 5, 490 p.

BUZAID, Alfredo. Exposição de Motivos do Código de Processo Civil *in* CURIA, Luiz Roberto (org). *Código 4 em 1 Saraiva*. 9 ed. São Paulo, 2013, p. 493-517.

CÂMARA, Alexandre Freitas. *Lições de Direito Processual Civil*. 20. ed. São Paulo: Atlas, 2013, vol 2, 479 p.

DINAMARCO, Cândido Rangel. *Capítulos de Sentença*. 5. ed. São Paulo: Malheiros, 2013, 136 p.

EXPOSIÇÃO de Motivos do Anteprojeto do novo Código de Processo Civil *in* http://www.senado.gov.br/senado/novocpc/pdf/Anteprojeto.pdf (acesso em 13/04/2013).

GRECO, Leonardo. A Falência do Sistema de Recursos *in Revista Dialética de Direito Processual*. São Paulo: Dialética, nº 01, p. 93-108.

GRECO FILHO, Vicente. *Direito Processual Civil Brasileiro*. 19. ed. São Paulo: Saraiva, 2006, 262 p.

LEONEL, Ricardo de Barros. Objeto Litigioso do Processo e o Princípio do Duplo Grau de Jurisdição *in* TUCCI, José Rogério Cruz; BEDAQUE, José Roberto dos Santos (coord). *Causa de Pedir e Pedido no Processo Civil* (questões polêmicas). 1 ed. São Paulo: RT, 2002, p. 342-410.

LIMA, Alcides de Mendonça. Dos Recursos: Perfeições e Imperfeições *in Estudos Jurídicos*. São Leopoldo, Unisinos, v. III, nº 08, 1974, p. 87-102.

MANCUSO, Rodolfo de Camargo. *Recurso Extraordinário e Recurso Especial*. 9. ed. São Paulo: Revista dos Tribunais, 2006, 444 p.

MOREIRA, José Carlos Barbosa. Antecedentes históricos, estrutura e sistemática do novo Código de Processo Civil *in Estudos Jurídicos*. São Leopoldo: Unisinos, vol. III, nº 08, 1974, p. 69-85.

——. *Comentários ao Código de Processo Civil*. 11. ed. Rio de Janeiro, 2003, vol. V (arts. 476 a 565), 781 p.

NERY JUNIOR, Nelson. *Teoria Geral dos Recursos*. 6. ed. São Paulo: Revista dos Tribunais, 2004, 698 p.

——. *Princípios do Processo na Constituição Federal*. 9. ed. São Paulo: Revista dos Tribunais, 2009, 415 p.

NOLASCO, Rita Dias. Possibilidade do Reconhecimento de Ofício de Matéria de Ordem Pública no Âmbito dos Recursos de Efeito Devolutivo Restrito *in* NERY JUNIOR, Nelson; WAMBIER, Teresa Arruda Alvim (coord). *Aspectos Polêmicos e Atuais dos Re-*

cursos Cíveis e Assuntos Afins. São Paulo: Revista dos Tribunais, 2006 (série Aspectos Polêmicos e Atuais dos Recursos, vol. 10), 606 p.

SENADO FEDERAL: Biblioteca Acadêmica Luiz Viana Filho. Código de Processo Civil: a história de outras Comissões. Brasília, 2009 In http://www.senado.gov.br/sf/senado/novocpc/pdf/CPC_Comiss%C3%B5es_hist%C3%B3ria.pdf acesso em 17/02/2015.

SICA, Heitor Vitor Mendonça. O Agravo e o "Mito de Prometeu": considerações sobre a lei nº 11.187/05 *in* NERY JR., Nelson; WAMBIER, Teresa Arruda Alvim (coord). *Aspectos Polêmicos e Atuais dos Recursos Cíveis e Assuntos Afins*. São Paulo: Revista dos Tribunais, 2006, p. 193-219.

STF. AI 601832 AgR/SP. 2º T. Rel. Min Joaquim Barbosa. J. 17/03/2009.

STJ. AgRg no AREsp 262423/RS. 4 T. Rel. Min. Luis Felipe Salomão. J. 05/02/2013.

——. AgRg no AREsp 352.893/PA, 4º T. Rel. Ministro Antonio Carlos Ferreira, J. 03/02/2015.

——. AgRg no REsp 1276193/RS. 3º T. Rel. Min. Sidinei Benetti. J. 17/04/2012.

——. AgRg no REsp 845048/AL. 1º T. Rel. Min. Francisco Galvão. J. 21/09/2006.

——. AgRg nos EAg 1126021/MS. Corte Especial. Rel. Min. Castro Meira. J. 23/08/2010.

——. AgRg nos EDcl no Ag 1024706/RS. 3ºT. Rel. Min. Massami Uyeda. J. 17/03/2009.

——. AgRg nos EDcl no AgRg nos EAREsp 131738/PR. Corte Especial. Rel. Min. Humberto Martins. J. 17/12/2012.

——. EDcl no Ag 691061/RS. 4º T. Rel. Min. Maria Isabel Gallotti. J. 06/11/2012.

——. EDcl no AREsp 120366/RS. 4º T. Rel. Min. Luis Felipe Salomão. J. 18/10/2012.

——. EDcl no MS 8012/DF. 3º T. Rel. Min. Felix Fischer. J. 22/05/2002.

——. EDcl no REsp 1260814/RN. 1º T. Rel. Min. Arnaldo Esteves Lima. J. 16/10/2012.

——. REsp 1.104.451. 3º T. Rel. Min. Nancy Adrighi. J. 02/08/2011.

——. REsp 1.104.451. 3º T. Rel. Min. Nancy Adrighi. J. 02/08/2011.

——. REsp 1.129.971/BA. 1º Seção. Rel. Min. Mauro Campbell Marques. J. 24/10/2010.

——. REsp 179.586/RS. 2º T. Rel. Min. Francisco Peçanha Martins. J. 16/11/2000.

——. REsp 39.303/SP. 3º T. Rel. Min. Assis Toledo. J. 06/02/1995.

——. REsp no Ag 1299990/RS. 3º T. Rel. Min. Paulo de Tarso Sanseverino. J. 19/02/2013.

STRECK, Lenio Luiz. *Ministros do STJ não devem se aborrecer com a lei. in* http://www.conjur.com.br/2012-jun-07/senso-incomum-nao-aborreca-lei-ministra-nancy-andrighi (acesso em 17/01/2013).

WAMBIER, Teresa Arruda. Recursos e rendimento do processo: problemas de hoje e soluções para o amanhã *in Revista de Informação Legislativa*. Brasília: Senado Federal, ano 48, abr./jun. 2011, pp. 251-262.

WARAT, Luis Alberto. *Introdução Geral ao Direito*. Epistemologia Jurídica da Modernidade. 1 ed. Porto Alegre: Sergio Antonio Fabris, 1995, vol. II, 392 p.

— 9 —

A força ontológica dos precedentes jurisprudenciais: reflexões sobre o novo diploma processual civil

MAURICIO MARTINS REIS[1]

Sumário: 1. Introdução problemático-reflexiva; 2. Regras e princípios: introito para o tema dos precedentes; 3. Reflexões sobre a jurisprudência vinculante: passado e presente; 4. O modelo hermenêutico de precedentes jurisprudenciais; 5. Em arremate; Referências bibliográficas.

1. Introdução problemático-reflexiva

O problema da interpretação jurídica possui repercussões as mais variadas ao longo da história do pensamento, nada obstante podermos encontrar aspectos comuns aos labirínticos caminhos percorridos nesta trajetória. Um desses pontos implica os limites hermenêuticos da aplicação jurisdicional e o problema da vinculação dos mecanismos utilizados para antecipar enquanto critério a justiça de um determinado contexto histórico-valorativo. Nos tempos atuais, a problemática repercute globalmente na relação entre texto e norma, um aprovado pelo parlamento democrático, a outra chancelada na decisão jurisdicional a partir do primeiro, com o que especificamente chegamos ao tema dos precedentes judiciais e às relações entre direito jurisprudencial e direito legislado. Algumas inquietações decorrem de pronto: qual a relação entre regras e princípios no tocante à controvérsia da ponderação e da discricionariedade; interpreta-se a lei de acordo com a Constituição, ou esta de acordo com o preceito normativo que lhe confere regulamentação normativa;

---

[1] Graduado em Ciências Jurídicas e Sociais pela Universidade do Vale do Rio dos Sinos (UNISINOS/RS); Graduado em Licenciatura em Filosofia pela Universidade do Vale do Rio dos Sinos (UNISINOS/RS); Especialista em Jurisdição Constitucional e Direitos Fundamentais pela Universidade de Pisa (Itália); Mestre em Direito na Universidade do Vale do Rio dos Sinos (UNISINOS/RS); Doutor em Direito pela Universidade do Vale do Rio dos Sinos (UNISINOS/RS); Doutorando em Filosofia pela Pontifícia Universidade Católica do Rio Grande do Sul (PUCRS). Professor da Fundação do Ministério Público do Rio Grande do Sul (FMP-RS) e da Universidade do Vale do Rio dos Sinos (UNISINOS/RS). Advogado. Correio eletrônico: mauriciomreis@terra.com.br

as normas constitucionais também se submeteriam aos postulados da hermenêutica contemporânea, com o escopo de atualizar e adequar-lhes o alcance e o significado; é digno de se cogitar a pretensão de respostas adequadas a controvérsias concretas; poder-se-ia reivindicar para o desempenho da ponderação outra exigência que não a prática interpretativa responsável?

A necessidade de se escrever sobre hermenêutica jurídica – ou sobre a interpretação do direito[2] no campo jurisprudencial com eficácia vinculante – em tempos atuais, quando correm rios de tinta acerca da matéria (ou proliferam páginas de pesquisa em acervos de dados eletrônicos), pode ser justificada com o propósito de repercutir lições pétreas sobre o assunto e, paradoxalmente, a partir delas condescender com as inevitáveis transformações por que passará a ciência normativa. Preocupam-nos sobremaneira os movimentos de frouxidão e paralisia dos tomos que atualmente se debruçam sobre o labor interpretativo – especialmente aqueles ineditamente construídos após o advento de nossa Constituição da República de 1988. Presentemente, percebe-se que a hermenêutica jurídica padece de um sectarismo constitucional, a saber, muito do que se conquistou em termos de interpretação do direito em geral, por exemplo, através da distinção entre texto e norma, vem regredindo sob o apanágio do argumento literal das normas constitucionais ou mesmo sob a batuta da exclusividade da representação política através dos parlamentos. Não se pode negar que a abertura interpretativa ensejou liberdades irresponsáveis nas últimas décadas e, portanto, permitiu arbitrariedades com a solução inadequada de controvérsias judiciais; entretanto, esta exorbitância vem ocasionando, e tal consiste o objeto de nossa crítica, um retrocesso nas conquistas hermenêuticas do século vinte, quando os próprios próceres da crítica ao positivismo jurídico e ao seu fetichismo semântico passam a encampar um discurso conservador de retaguarda, de maneira a contemplar nas normas constitucionais atributos inexistentes ou suscetíveis de superação argumentativa nas normas de direito ordinário.

É possível antever mesmo nos clássicos a característica transitiva da hermenêutica jurídica: normas devem ser interpretadas mesmo diante de eventual clarividência literal. Para serem aplicadas, mesmo sua (falaciosa) declaração reprodutiva implica esforço argumentativo, para evitar a injustiça de sua estática inteligibilidade hermenêutica, "se indistintamente fosse aplicada a tudo o que parece ser compreendido nas suas

---

[2] Prefere-se interpretação do direito para repudiar a técnica da exegese como campo da estrita interpretação das leis, com a finalidade, inclusive, de incluir sob seus cuidados a aplicação ou concretização das normas jurídicas para regular os casos concretos, seja em caráter de contextual delimitação em dado momento histórico ou em sede de abertura virtual para novos significados (de distinção ou superação).

palavras".[3] Os ordenamentos jurídicos, portanto, essencialmente carecem de complemento interpretativo para efeito de sua concretização perfeita. Mesmo quando a lei resulte incontroversamente aplicada em seu texto legislativo, cuja reprodução faz as vezes de fundamento, depreende-se daí que o seu critério foi indiretamente acatado como causa de decisão. Isto quer dizer que a aplicação sempre ocorrerá, nada obstante ter ocorrido uma suposta vinculação direta face ao critério vertido na lei. Assim sendo, não se pode aceitar, por exemplo, a negativa da existência dos precedentes judiciais quando a interpretação acolhida pelos Tribunais se limita a referendar o critério normativo, sem ter inovado em acréscimo hermenêutico:[4] referendar isso significa pressupor a segmentação entre exegese "pura" da lei e aplicação "inovadora" do direito jurisprudencial. Seja inovando, seja acolhendo argumentativamente a diretriz hermenêutica do preceito, sempre há aplicação e, isto posto, predisposição interpretativa para o estabelecimento de um precedente com caráter obrigatório.

O direito é a sua hermenêutica. Resolver problemas jurídicos significa interceder concretamente nas perguntas e indagações formuladas à luz de um acontecimento que clama resolução normativa. Ao problema não se responde mediante o encontro da norma aplicável dentre todas aquelas ferramentas componentes do ordenamento vigente, mas com a identificação do critério normativo responsável por fundamentar a solução do impasse de acordo com a métrica do dispositivo e do sistema ao qual aquele pertence. A semântica dos dispositivos legais somente se configura como limite interpretativo intransponível se ela corresponder a dado critério normativo subjacente cuja inteligência erradica os potenciais conflitos com competência tópica e sistemática insuscetível de violação dos princípios de coerência, igualdade e razoabilidade inerentes à dimensão de justiça. Ou seja, a literalidade aponta para um índice sempre ulterior – após o enfrentamento das situações de fato que lhe convocam interpretação – de referendo hermenêutico para onde se fundamentam as nuances restritivas ou ampliativas das palavras contidas na lei.

Assim, a metáfora do direito como prática interpretativa, através de uma narrativa que se assemelha ao contar de uma história em livros de literatura, requer a impossibilidade de uma interpretação florescer sem que o caso concreto nos diga algo. Carece-se da narrativa do coti-

---

[3] TELLES, José Homem Correa. *Theoria da Interpretação das Leis*. Lisboa: Typografia Lacerdina, 1815, p. 5.

[4] "Serão precedentes apenas aqueles casos que constituírem acréscimos (ou glosas) aos textos legais relevantes para solução de questões jurídicas. Neste último caso, quando o precedente aplicar a lei sem acrescentar conteúdo relevante, a vinculação decorrerá diretamente da lei. Nem toda a decisão, portanto, será um precedente." (ZANETI JR., Hermes. *Precedentes (treat like cases alike) e o novo código de processo civil*. Revista de Processo, n. 235, setembro/2014. São Paulo: Revista dos Tribunais, p. 316).

diano, do aparecer dos eventos e circunstâncias do caso concreto, para se legitimar, inclusive, a incidência textual do preceito de lei como se nada mais houvesse. A atitude positivista, então, não se intensifica com o quanto mais ou menos nos apegamos à fria letra dos códigos, senão ao quanto desconsideramos em abstrato a possibilidade de novos sentidos – nem tão em consonância com a gramática da norma, mas afinada teleológica e axiologicamente com o critério dela deduzido – aparecerem conforme os fatos assim o reivindicarem numa espiral de desenvolvimento de justiça. Interpretar o direito no pressuposto isolado do exame exegético das correspondentes normas seria, mal comparando, reduzir o sumo e as especificidades da narrativa às minutas de resumos pela mídia especializada. Tem-se acesso ao evento, dele se tem o registro, mas não o temos como experiência genuína, pois somos dele mera testemunha não (pre)ocupada. Seria como ler uma história, suprimindo ela própria, numa contradição inabalável. Dela sabemos algo, mas não a reconhecemos como vivência experimentada.

Não há, ao nosso ver, limites imanentes na interpretação do direito, tomada a imanência num equivocado envolvimento da própria literalidade, como se na linguagem já emanasse a fronteira do que seja digno de consideração ou refutação, assimilação ou expulsão, diante dos quadros da problemática concreta do futuro decidir. Ou, noutras palavras, as fronteiras linguísticas não exaurem o fenômeno interpretativo, porque em contrapartida deveriam permitir a abertura de sua posterior incidência para situações problemáticas com a finalidade de, inclusive, em caráter retrospectivo, demonstrar-se argumentativamente firme enquanto critério restritivo.

O novo diploma processual civil veio a consagrar o regime dos precedentes obrigatórios. Indubitavelmente, a literatura jurídica nacional mais recente tem se debruçado sobre o tema da hermenêutica jurídica nesta outra perspectiva de aplicação efetiva do direito, não se contentando, somente, com o discurso anterior – não menos importante – concernente à exegese dos significados hauridos da linguagem inscrita nos preceitos normativos. Não que a hermenêutica jurídica combativa do positivismo mais rasteiro já não estipulasse uma metodologia pragmática – de aplicação – em torno do caso concreto decidendo; por certo ela não se limitava, então, a enunciações constritas ao universo da gramática, embora ainda se mantivesse atrofiada no discurso singular da interpretação do direito. Nesse sentido, poder-se-ia dizer que a doutrina dos precedentes apresenta-se como o outro lado da moeda cuja expressão de face estampa o valor da hermenêutica jurídica crítica – o espaço da responsabilidade decisória enquanto lugar da consolidação de discursos interpretativos congruentes com o princípio da igualdade (formal e material) e da proporcionalidade na prestação jurisdicional –, em dialética de contrapartida ao lado oposto correspondente ao ambiente interpretativo renovado constitucionalmente avesso às arbitrariedades do positivismo jurídico, embora ainda incomunicável e regionalmente versado na resolução do caso concreto.

Isto quer dizer que o veredicto da crise da hermenêutica jurídica alcançou o seu primeiro apogeu no período da promulgação da Carta Constitucional de 1988 aos primeiros anos do século vinte e um. Todavia, a emancipação interpretativa percebida desde então, que se desindexou do rigor metodológico tradicional, absenteísta dos compromissos constitucionais axiológicos cuja atuação se subsumia a prestar contas conforme o crédito dos cânones clássicos da interpretação jurídica, passou a se desintegrar na tentativa de produzir interpretações com conteúdo vinculante para os jurisdicionados. O emancipar reluzente de uma liberdade argumentativa e decisória – fundamentada nas leis e na Constituição – comovida pelas circunstâncias do caso concreto passou a claudicar num rompante de autoritarismo e, por conseguinte, de irresponsabilidade. E bem se sabe que a liberdade sem responsabilidade ignora por excelência qualquer prenúncio de critério de justiça.

Noutras palavras, a hermenêutica em crise passou por uma transformação nos últimos vinte anos (pelo menos) que se limitou a modificar o tipo de crise por que passa o direito brasileiro. Se antes a interpretação resultava pretensamente unívoca e conducente à teleologia de uma justificativa exegética sóbria e neutra mediante o carimbo de uma uniformidade "de museu", ela passou a ser arrojada – e rebelde – a tal ponto de se desimpedir de qualquer tentativa de uniformização. E, bem se sabe, a mera reviravolta de extremos, como num giro de cento e oitenta graus, remanesce no equívoco de se cometerem impropriedades à altura do exagero epistemológico. Como sabiamente assinalou Heidegger[5] a propósito do existencialismo, a inversão dos termos em uma frase metafísica não a absolve de continuar sendo um enunciado metafísico.

O direito jurisprudencial homenageado pela doutrina – e agora, com o novo Código processual, institucionalizado pela legislação – concretiza um passo adiante inestimável para o desempenho da crítica vocacionada pelo vetor de responsabilidade. Se antes era necessário traduzir a exigente resistência hermenêutica diante de uma prática interpretativa uniformizada em abstrato por força dos instrumentos legislativos, a uniformização atualmente reivindicada pelo regime dos precedentes obrigatórios se legitima por intermédio de critérios interpretativos agasalhados pela força concreta dos melhores argumentos erigidos em juízo, os quais não podem suportar simultaneamente disparatadas soluções para situa-

---

[5] Carta sobre o humanismo. In Coleção Os Pensadores, volume XLV. Traduzido por Ernildo Stein. São Paulo: Abril Cultural, 1973.

ções fáticas normativamente semelhantes e análogas. A interpretação jurídica, portanto, deve-se conectar umbilicalmente ao desiderato essencial do conceito de justo, isto é, das diretrizes da proporcionalidade e da igualdade capazes de endossar, em matrizes harmônicas, a diferença para o distinto e o idêntico para o igual.

Uma hermenêutica com tintas intransitivas, ensejadoras do estímulo contingencial indutor das interpretações segregacionistas, imaculadas no dogma segundo o qual cada caso é um caso, ou, o que dá no mesmo, conforme a cláusula de que a cada magistrado compete aplicar a lei,[6] padece congenitamente do mal do arbítrio. Nem a solução heroica, isoladamente considerada nas suas razões como dotada dos melhores fundamentos disponíveis no sistema jurídico, consegue sobrevida se ela remanescer atomisticamente impotente e destituída da força de um exemplo ou modelo a ser seguido como norte simbólico para situações similares. Existe uma cultura de normalidade egoística embutida no funcionamento da justiça nacional;[7] cada caso concreto arrecada para si uma lógica implícita de sobrevivência no estado de natureza hermenêutico no qual ainda vivemos, na medida em que não se combate a nociva consolidação de canais judicantes díspares a partir dos quais se enraízam divergências interpretativas crônicas que, em vez de serem solvidas em favor de um denominador comum, persistem apesar do custo altíssimo

---

[6] Conforme Luiz Guilherme Marinoni, com todo acerto, "não é mais possível dizer que o juiz e os tribunais ordinários estão submetidos a lei e, portanto, não podem ser obrigados perante as decisões das Cortes Supremas" (*A ética dos precedentes. Justificativa do novo CPC*. São Paulo: Revista dos Tribunais, 2014, p. 93). Bem vistas as coisas, o magistrado que lida com um precedente qualificado de jurisprudência, na esteira do catálogo inscrito no artigo 927 do novo Código de Processo Civil, ao suportar resistência diante do anterior pronunciamento vinculante dos Tribunais de Brasília, deve fazê-lo não com base numa premissa vazia de conteúdo (conducente ao descumprimento de uma interpretação prévia do STJ e STF que aplicou a lei agora objeto de interpretação e supostamente digna de uma pura, direta e desconectada exegese pelo juiz), senão com o escopo argumentativo de se fundamentarem as razões para eventual sobrepujamento (*overruling*) ou distinção (*distinguishing*) face ao direito afirmado jurisprudencialmente. O precedente vinculante não chega a obrigar, como que cegamente, o cumprimento das decisões emanadas das Cortes Supremas. O que se obriga, em realidade, é o debate judicial vindouro para com o seu estabelecido teor, seja para distinguir um futuro caso do seu domínio hermenêutico, seja para lhe impingir uma abertura de modo a se projetar ulteriormente uma alteração jurisprudencial. Nem a jurisprudência se aplica tão vinculativamente a ponto de se prescindir de novas interpretações, tampouco o magistrado do futuro processo se poderá escudar na ressalva de consciência (não fundamentada) em torno do dogma (tergiversador da argumentação jurídica) da aplicação direta da lei ao arrepio dos precedentes vigentes (que outra coisa não fizeram senão interpretar a mesma lei).

[7] Sinalize-se o sintomático caso da loteria judiciária brasileira, prática tão arraigada em nosso modelo de jurisdição que os próprios advogados naturalizam o aspecto do fatiamento de justiça no tocante à dispersão de interpretações jurídicas antagônicas dentro da mesma casa judiciária a qual competiria erradicar referida pujança hermenêutica disfarçada de democracia e de sofisticação argumentativa da alteridade. Como assevera Luis Guilherme Marinoni, a falta de comprometimento de uma cultura dos precedentes demonstra antipatia pela previsibilidade, consistindo, em contrapartida, um fomento para uma cultura de falsa cordialidade a proliferar a figura de lobistas travestidos de advogados (*A ética dos precedentes. Justificativa do novo CPC*. São Paulo: Revista dos Tribunais, 2014, p. 95).

– e da importância institucional – de estruturas e competências (STJ, STF, órgãos especiais dos tribunais locais) relacionadas à prestação uniforme e coerente de justiça.

A organização fracionária de nossos tribunais locais e superiores culmina sempre num ápice representativo da solução derradeira adotada pelas cortes, o que significa dizer que o papel da divergência jurisprudencial, por mais benéfico que seja (e o é!) para o contexto democrático propenso a aberturas de sentido, mostra-se inerentemente provisório e, pois, suscetível de ser dissipado mediante o aceno de um critério uniformizador legitimado pelo próprio círculo hermenêutico de razões e contra-argumentos despendidos na trajetória do processo com igual potência de validade.[8] A legitimidade, pois, do critério vinculante oriundo dos precedentes de jurisprudência decorre de uma formação casuisticamente considerada, após as deliberações judiciárias terem sido efetivamente entabuladas em prol de um e outro desfecho decisório com base nas pretensões argumentativamente resistidas e estimuladas pelos litigantes processuais. De sorte que a doutrina dos precedentes obrigatórios não ressuscita a uniformidade de outrora, esta impetuosamente decretada por antecipação às custas de uma ideologia abstrata e às costas do jurisdicionado.

A índole jurisprudencial capaz de nortear a interpretação do direito possui, portanto, uma genealogia hermenêutica de duplo comprometi-

---

[8] Apesar de defender o regime dos precedentes obrigatórios, Marinoni condiciona o seu desempenho somente após o pronunciamento interpretativo por parte das Cortes Supremas, eis que antes dele não haveria a própria definição do sentido da jurisprudência, "sendo legítimas quaisquer interpretações racionalmente justificadas do texto legal" (*O STJ enquanto corte de precedentes: recompreensão do sistema processual da corte suprema*. São Paulo: Revista dos Tribunais, 2013, p. 257), inclusive legitimando-se, assim o concluímos pela premissa do autor – com absoluta divergência da conclusão ora esposada em conjectura – interpretações divergentes e incoerentes entre si. Na esteira desse raciocínio, segue o pensamento de Daniel Mitidiero: "Pode ocorrer que, no momento de formação de um determinado precedente, existam sincronicamente múltiplas interpretações judiciais nas instâncias ordinárias sobre o significado de determinado enunciado legal. Pode inclusive ocorrer de conviver nesse mesmo momento interpretações judiciais diferentes na instância extraordinária, encarregada de formar o precedente, sem que o órgão encarregado de outorgar unidade ao Direito dentro da Corte Suprema tenha apreciado a questão em toda a sua inteireza e com quórum suficiente para a formação do precedente. Essas interpretações podem inclusive transitar em julgado, adquirindo cada qual a proteção inerente à coisa julgada." (*Cortes superiores e cortes supremas. Do controle à interpretação, da jurisprudência ao precedente*. São Paulo: Revista dos Tribunais, 2013, p. 76-77). Ao nosso ver, em contrapartida crítica, uma solução orientada por uma perspectiva lógico-argumentativa, ao pressupor (com razão) a potencial equivocidade dos enunciados legais, não pode prestigiar a equivocidade em ato (interpretativa) dos enunciados legais quando esses culminam concretizados pelas Cortes Supremas. É o que os autores postulam ao defenderem a estabilização do desacordo interpretativo, consolidando as situações individuais por meio do seu trânsito em julgado, durante o período de formação do precedente jurisprudencial. Entendemos tal perspectiva como problemática em virtude de ela relativizar o pressuposto hermenêutico da obtenção da resposta correta, seja ao referendar decisões pretéritas uníssonas (com conteúdo uniforme) em desacordo com a futura e pioneira resposta do Tribunal Supremo, seja, pior ainda, ao estabilizar decisões pretéritas aleatórias (divergentes entre si diante da interpretação da mesma questão jurídica ou com base em idêntico ato normativo) uma vez delineada a litispendência do julgamento em Brasília.

mento, seja materialmente perante o valor da decisão correta, seja perante o valor sistêmico atrelado à isonomia, à previsibilidade e à tutela de confiança inibidora do comportamento (interpretativo) contraditório. Por evidente que o escopo conteudístico da decisão correta deve ser concebido como aquele argumentativamente elaborado e justificável à luz não apenas do desdobramento analítico decisório de um significado, senão considerado em abrangência face às interpretações colidentes topicamente rechaçadas em virtude de uma gradação axiológica portadora de uma menor razoabilidade (ou no extremo, repudiadas em absurdidade). Isto quer dizer que em absoluto a diretriz da resposta correta se confunde com o postulado ingênuo de única resposta correta, cuja redundância conceitual já por si se faz desacreditar como um paradigma coerente (a unicidade já implicaria a correção, pois no correto embute-se a unidade).[9] Todavia, mesmo o desiderato fictício e ilusório tendente à revelação declaratória e uniforme de justiça acatado pelo discurso estatal de alguns países ao longo da história jamais conseguiu se firmar sem contradições e fissuras no interior do modelo hermenêutico de racionalidade. Mesmo para se fazer valer o império da vontade da lei é necessário interpretar; e o desforço a se despender no encargo interpretativo, conquanto seja para aplicar linearmente a fria letra do ordenamento positivo, muitas vezes se ignora em prejuízo ao sistema que o sustenta.

Luiz Guilherme Marinoni, a propósito disso, registra uma situação no mínimo curiosa sobre o primeiro modelo cassacional francês, quando ainda ocorria o controle estrito da expressa violação da lei, ao se admitir, conforme o autor, a cassação nos casos básicos onde a decisão afirma uma lei não existente, nega uma lei em vigor, nega parcela do seu texto ou mesmo a interpreta.[10] Decisões diametralmente opostas sobre uma mesma questão de direito (no caso, direito testamentário), uma vez confrontadas com o preceito legal supostamente violado, eram mantidas simétricas e incólumes pelo Tribunal de Cassação, mediante o argumento de falta de clareza ou obscuridade da lei.[11] Perceba-se a contradição no acatamento dos dois extremos hermenêuticos: ou a imposição autoritária da única interpretação da lei, se explicitamente difusível o significado

---

[9] Frise-se que há uma certa incompreensão de nossa parte quanto à ambivalência com que certos autores se confrontam com o assunto – genuinamente hermenêutico – da resposta adequada (correta). Isto porque, ao mesmo tempo em que criticam a posição daqueles que propugnam ser o conteúdo decisório o centro do direito jurisprudencial ou dos precedentes vinculantes (cuja tese aponta coerentemente para o paradigma da resposta "concretamente" correta de Dworkin – equivocadamente por eles tomada como "única"), preconizam o ideário do direito construído mediante argumentação em torno das melhores razões. É o caso, por exemplo, de Luiz Guilherme Marinoni (*O STJ enquanto corte de precedentes: recompreensão do sistema processual da corte suprema*. São Paulo: Revista dos Tribunais, 2013, p. 86-90, 120-121 e 259).

[10] *O STJ enquanto corte de precedentes: recompreensão do sistema processual da corte suprema*. São Paulo: Revista dos Tribunais, 2013, p. 39.

[11] *Idem*, p. 42.

nos lindes da literalidade linguística, ou a indiferença para com a interpretação, deixando-se absolver duas ou mais concretizações sob o consentimento (presumido) da abertura textual.

Para se pensar numa escusa interpretativa insuscetível de cassação nesses moldes, tem-se que indagar no que exatamente consiste dito antagonismo sobre o mesmo assunto jurídico e se ele redundaria em tamanha discricionariedade ante a lacuna da lei, de modo que ao juiz insurgiria "a possibilidade de proferir decisão com qualquer significado".[12] Pensamos que esse passo é demasiadamente excessivo, ou seja, que a escusa interpretativa não poderia redundar propriamente num juízo de indiferença apto a tornar equivalentes quaisquer critérios normativos diante da falta de clareza da lei (o que não significa falta de lei na hipótese, mas o padecimento de um critério objetivo na sua aplicação). A discrepância, por exemplo, poderia se fundamentar – e conviver – na distinta valoração probatória de uma idêntica questão de direito para dois ou mais casos com as suas peculiaridades tópicas.[13]

Resistir na cassação de toda e qualquer decisão que aplica lei obscura ofuscaria, poder-se-ia dizer, num tempo diferido ou dialético (mediante o conforto indiferente de decisões disparatadas), o primado da competência cassatória de se promover o combate à violação expressa de lei, porquanto a disposição legislativa vai se consolidando casuisticamente com hipóteses fáticas sucessivas que lhe requerem aplicabilidade. Repita-se, a falta de clareza da lei não implica a sua inexistência ou incapacidade de sugerir critérios de demarcação interpretativa frente a casos que se vão sucedendo. Ademais, aceitar a multiplicidade interpretativa sem freios acarretaria contradizer a prática institucional de proibição dos julgadores pelo juízo de cassação: se os tribunais ordinários tinham preservadas as suas antagônicas interpretações sobre a mesma questão de direito (de modo a se relativizar um critério normativo), era porque se admitia a interpretação em detrimento do direito posto, o qual, mesmo indeterminado na sua dimensão textual, requereria um dimensionamento prático derivado dos processos em concreto que punham à prova a previsão de lei. A história se encarregou de transformar o Tribunal de

---

[12] MARINONI, Luiz Guilherme. *O STJ enquanto corte de precedentes: recompreensão do sistema processual da corte suprema*. São Paulo: Revista dos Tribunais, 2013, p. 45.

[13] Exatamente por isso não se pode confundir o juízo probatório de verdade com o modelo hermenêutico de racionalidade, com o que se deve discernir, respectivamente, o âmbito dos meios de prova (a determinação verdadeira dos fatos do caso) do âmbito da interpretação jurídica (decisão correta e justa para os fatos legitimados acertadamente com fundamento na aplicação conforme da ordem jurídica vigente, ordinária e constitucional), apesar de ambos estarem conectados ao deslindar argumentativo de fatos e razões, os quais não se encontram disponíveis ao sujeito cognoscente conforme o paradigma de correspondência da intelecção com a realidade (sobre o tópico, TARUFFO, Michele. Prova e verdade no processo civil. In *A prova*. Traduzido por João Gabriel Couto. São Paulo: Marsial, Pons, 2014, p. 15-34).

Cassação por essa falta de zelo: a multiplicidade aleatória de decisões possíveis ante a lei obscura sobrecarregou o corpo legislativo na adoção de instrumentos de vinculação hermenêutica, já que os próprios magistrados se mostraram paralisados ante o abismo de qualquer veredicto. As decisões se abstiveram de julgar sob o argumento de falta de clareza, e o Tribunal de Cassação, antes um órgão alimentador desta situação, dela se tornou vítima, passando a anular a inércia jurisdicional.[14]

2. Regras e princípios: introito para o tema dos precedentes

Segundo Eros Roberto Grau, as regras jurídicas consistem em concreções dos princípios normativos,[15] daí decorrendo que, numa relação específica de concretização ou concreção (ou ponderação prévia, como prefere parte da doutrina[16]) entre uma regra e um princípio, inexiste antinomia jurídica entre tais normas jurídicas. O autor considera antinomia jurídica na sua modalidade própria, ou seja, aquela que reivindica a extirpação do sistema da norma jurídica sacrificada no conflito.[17] Entretanto, é possível pensar, sim, numa antinomia jurídica própria entre um princípio e uma regra que lhe dá concreção: basta-se pensar, por exemplo, num ato normativo editado para regulamentar um princípio constitucional, sendo que este é reconhecido judicialmente como inconstitucional. Por outro lado, ainda que a regra responsável por concretizar um princípio seja constitucional, é bem possível cogitar hipóteses (ou visualizar em exemplos concretos derivados de precedentes judiciais[18]) de uma espécie de descumprimento literal da regra (ou de sua complementação analógica) em benefício da aplicação do princípio jurídico do qual ela emanou, situações em que esta diferenciação hermenêutica apenas robustece a força normativa das duas espécies de normas jurídicas implicadas no problema evidenciado.[19]

---

[14] MARINONI, Luiz Guilherme. *O STJ enquanto corte de precedentes: recompreensão do sistema processual da corte suprema*. São Paulo: Revista dos Tribunais, 2013, p. 43.

[15] *Ensaio e discurso sobre a interpretação / aplicação do direito*. São Paulo: Malheiros, 2009, p. 197.

[16] É o caso de Virgílio Afonso da Silva, ao falar do conflito entre uma regra e um princípio: "Em geral, não se pode falar em uma colisão propriamente dita. O que há é simplesmente o produto de um sopesamento, feito pelo legislador, entre dois princípios que garantem direitos fundamentais, e cujo resultado é uma regra de direito ordinário" (*Direitos fundamentais: conteúdo essencial, restrições e eficácia*. São Paulo: Malheiros, 2010, p. 52).

[17] *Ensaio e discurso sobre a interpretação / aplicação do direito*, op. cit., p. 194.

[18] Veja-se o caso do reconhecimento pelo STF da união estável homoafetiva, cuja fundamentação estribou-se com sede em diversos princípios constitucionais (dentre os quais o mais imediatamente atrelado à regra constitucional debatida, a saber, o princípio da família ou da entidade familiar), a despeito da existência de regra constitucional específica segundo a qual a união estável se dá entre homem e mulher (artigo 226, § 3º, da Constituição de 1988).

[19] Sobre as dificuldades envolvidas na colisão entre um princípio e uma regra, LIMA, Rafael Bellem de. *Regras na teoria dos princípios*. São Paulo: Malheiros, 2014, especialmente o capítulo 3 (p. 52-65).

Além disso, é imperioso especificar hermeneuticamente a fórmula abstrata de Eros Grau no sentido de não se manifestar jamais uma antinomia jurídica entre princípios e regras; o que ele quer dizer é que a antinomia não ocorre particularmente entre um princípio e uma regra que lhe dá concreção, exatamente, assim o conjecturamos, porque esta já estipula previamente o significado a ser seguido pelo intérprete na concretização do direito que reivindica a incidência do princípio em questão.[20] Conforme visto acima, o princípio já contém duas ordens de contradição, uma principal (a inconstitucionalidade da regra confirma a sua preterição diante do princípio a partir do qual ela foi descartada antinomicamente) e outra secundária (a regra concretizadora, embora constitucional, pode ser afastada – mediante antinomia imprópria – ou complementada teleologicamente para exatamente consubstanciar o critério normativo deduzido do princípio que lhe deu origem).

Todavia, ao seguir o seu raciocínio, reflete a favor da existência de um confronto entre dois princípios, conquanto ambos sejam concretizados por intermédio de duas correspondentes regras de concreção;[21] ora, se a regra consiste na concreção de um princípio, em realidade tratar-se-ia, conforme a premissa do seu discurso, de uma antinomia entre regras.[22] Segundo Grau, "resultam afastadas as regras (...) que dão concreção ao princípio que no confronto com outro foi desprezado".[23] Conforme a sua ótica, as regras que dão concreção ao princípio que foi desconsiderado em concreto na interpretação procedida são afastadas para aquela determinada situação, embora permaneçam integradas e válidas na ordem jurídica.[24] A ser assim, então, segue-se ser logicamente plausível, no sistema de Eros Grau, a contrariedade (e não antinomia) entre uma regra e

---

[20] Grau reafirma que as regras consistem em aplicações dos princípios, o que novamente nos sugere uma espécie de objetividade na tarefa hermenêutica (a própria regra já seria a interpretação do princípio); contudo, linhas depois ele refere que a interpretação (ou aplicação) das regras carece do exame dos princípios sobre os quais elas se apoiam (*Ensaio e discurso sobre a interpretação / aplicação do direito*, op. cit., p. 201), observação que perturba a objetividade antes verificada (pois se as regras realmente fossem a concreção dos respectivos princípios, a análise destes seria inócua, indiferente ou inoportuna).

[21] *Ensaio e discurso sobre a interpretação / aplicação do direito*, op. cit., p. 198. É complicado constatar uma outra contradição no texto em referência, decorrente da atualização da obra, onde certamente o seu autor, com a experiência judicante adquirida como Ministro do STF, passou a integrar diferentes conceitos dos anteriormente utilizados na redação clássica do livro. É o caso, por exemplo, da ponderação entre princípios, antes tida como aceitável (p. 200-201), agora rechaçada e projetada para o universo dos valores, quando o juízo ponderativo, agora tomado como subjetivamente discricionário na escolha imperscrutável entre equivalentes, passa a esterilizar o caráter normativo dos princípios (p. 285-286).

[22] De uma legítima ou própria antinomia, uma vez que o conflito entre regras jurídicas (se pertencentes ao mesmo âmbito de validade) resulta numa situação de incompatibilidade a demandar a eliminação de uma delas (*Ensaio e discurso sobre a interpretação / aplicação do direito*, op. cit., p. 194).

[23] *Ensaio e discurso sobre a interpretação / aplicação do direito*, op. cit., p. 198.

[24] *Idem*, p. 204.

um princípio, pelo sacrifício concreto de uma regra, sustentada por um princípio "a", pela preponderância argumentativa cruzada de um princípio "b" delimitado concretamente por sua correspondente regra, cuja incidência repercutirá no caso concreto.

Todas as discussões derivadas do embate acerca do convívio interpretativo entre normas,[25] sejam elas regras, princípios ou postulados, frustram a resolução do problema hermenêutico-normativo por excelência, a saber, a questão dos legítimos limites da jurisdição implicada à tormenta do justo e adequado decidir, porque tentam empreender uma solução abstrata e fixa, teorizada sob o invólucro conceitual asséptico ou esquemático. Em realidade, não são os tais abstratos expedientes em si mesmos considerados que discriminam a boa da má interpretação, senão a aplicação propriamente dita, fundamentada nos respectivos critérios de juridicidade.[26] Apenas a interpretação sistemática e a noção de igualdade preconizam a potencialidade transcendente de se construírem parâmetros normativos com base no direito jurisprudencial. Daí porque a noção de precedente obrigatório é intrínseca ao ideário de justiça no interior de um paradigma hermenêutico que reivindica novos traços para uma teoria do direito.[27]

3. Reflexões sobre a jurisprudência vinculante: passado e presente

A maturação e aperfeiçoamento da regra do precedente em meados do século XVI, por intermédio principalmente das coleções e notas de Edward Coke, considerado o fundador da teoria moderna dos precedentes judiciais, foram indispensáveis para demarcar duas características reconhecidamente essenciais para toda e qualquer doutrina de jurisprudência vinculante. São elas a tentativa de conciliar e distinguir os casos

---

[25] Dentre essas discussões, para exemplificar, decorre o dissídio doutrinário acerca da ponderabilidade das regras, da ponderabilidade como nota essencial de todos os princípios constitucionais (ponto este especificado em tópico autônomo em ÁVILA, Humberto. *Teoria dos princípios: da definição à aplicação dos princípios jurídicos*. São Paulo: Malheiros, 2011, p. 130-141, a partir da 13ª edição), dos limites semânticos da interpretação de normas constitucionais, dentre outras.

[26] Conforme ÁVILA, Humberto. *Teoria dos princípios: da definição à aplicação dos princípios jurídicos*. São Paulo: Malheiros, 2011, p. 129. O legado da prática jurisprudencial do modelo anglo-americano da *common law*, aliás, sempre prestigiou, desde o início do século XIX, a lógica jurídica do cotejo do caso concreto com o precedente obrigatório (método do *case law* de fundamentar a vinculação caso a caso – "reasoning from case to case"), o que significa o repúdio à submissão cega a pretéritas decisões (CRUZ E TUCCI, José Rogério. *Precedente judicial como fonte de direito*. São Paulo: Revista dos Tribunais, 2004, p. 171).

[27] No bojo da teoria do direito se colocam a teoria das fontes e a teoria da norma, a primeira hoje intercedendo em favor da Constituição, a segunda conferindo normatividade aos princípios (STRECK, Lenio Luiz. *Verdade e Consenso: constituição, hermenêutica e teorias discursivas*. São Paulo: Saraiva, 2011, p. 37).

diferentes do estipulado no precedente e a distinção entre *ratio decidendi* e *obiter dictum*, sendo que apenas a primeira materializa princípio de direito contido na decisão paradigmática.[28] Nada obstante, dentre os séculos XVI e XVIII, ainda reinava na Inglaterra a discricionariedade judicial em acolher um determinado precedente, sendo que somente a partir das primeiras décadas do século XIX passa-se a reconhecer a sua eficácia vinculante, *par e passo* à melhora qualitativa, com o estabelecimento e padronização de critérios, do sistema do precedente obrigatório deduzido do princípio do *stare decisis* (*stare decisis et non quieta movere*, cujo significado aponta para o imperativo "mantenha-se a decisão e não se moleste o que foi decidido").[29]

Diz-se que o novo diploma processual alberga a sistemática dos precedentes vinculantes no direito brasileiro.[30] Preferimos afirmar que os

---

[28] Conforme CRUZ E TUCCI, José Rogério. *Precedente judicial como fonte de direito*. São Paulo: Revista dos Tribunais, 2004, pp. 155-157, obra que procede exame minucioso da gênese histórica da *common law* em específico capítulo (pp. 149-187)

[29] CRUZ E TUCCI, José Rogério. *Precedente judicial como fonte de direito...*, op. cit., p. 157-163. Nada obstante, já era verificável nos registros dos primeiros comentadores da *common law* (século XII) a preocupação concernente ao tema dos julgamentos contraditórios (*Idem*, p. 153).

[30] Várias foram as redações sobre os precedentes no esboço do novo código processual civil. Em uma de suas versões, por exemplo, o artigo 882, em seu caput, na redação ultimada pelo relatório-geral da autoria do Senador Valter Pereira, em comparação com o projeto original, apresenta uma particularidade digna de comentário acerca do regime de uniformização de jurisprudência e dos correlatos mecanismos afins à hermenêutica jurídica dos precedentes emanados do Poder Judiciário. Quando se afirma no preceito invocado que os tribunais, "em princípio" (esta expressão consiste no elemento novo entre as duas redações), velarão pela uniformização e pela estabilidade da jurisprudência, o condicionante ora imposto demonstra uma aparente prudência digna de aplausos, quando na realidade tergiversa sobre a inadiável tarefa de se propugnar por uma hermenêutica jurídica esclarecida e crítica acerca do fenômeno interpretativo. E, no que tange ao tema dos precedentes jurisprudenciais e de sua alegada vinculação, não se pode incidir no perigoso discurso do meio-termo e da ambivalência, porquanto essa estratégia de disseminar algo pela metade – ou algo que vale "em princípio" –, além de atestar a hipocrisia de um conteúdo supostamente neutro, revela-se ineficaz do ponto de vista prático em virtude de propiciar realidades contraditórias – como os vícios de arbitrariedade e aleatoriedade jurisprudencial – ao objetivo teoricamente proposto (a uniformidade de critérios de decisão). O dispositivo em questão incorre no erro grosseiro de atender a dois pressupostos antagônicos de caráter interpretativo. Dessa feita, implica-se inadvertidamente o preceito legal em contemplar a dois senhores ao mesmo tempo, cuja concretização, porém, demonstra-se impraticável sem quedar nalguma contradição. É necessário construir argumentativamente uma saída coerente, dentre duas possibilidades: ou esclarecer, corrigindo, o escopo do dispositivo, para coaduná-lo ao regime dos precedentes jurisprudenciais de acordo com a Constituição; ou invocar a sua inconstitucionalidade no tocante a certas interpretações que lhe são semanticamente decorrentes. Felizmente, a redação final hoje apresentada estampa o precedente judicial no capítulo I do Título I (Livro III) da Parte Especial, entre os artigos 926 e 928, numa introdução mais comedida e, bem por isso, responsável: afirma o artigo 926 que os tribunais devem uniformizar sua jurisprudência e mantê-la estável, íntegra e coerente. Por outro lado, e infelizmente, foram ignorados em minúcia no novo diploma processual os dispositivos que explicitamente demarcavam as hipóteses diacrônicas (contrastantes ao tempo histórico e ao porvir das novas circunstâncias e entendimentos) de revisão e distinção de jurisprudência. Eram dignas de referência as ressalvas legislativas de distinção ("distinguir o caso sob julgamento, demonstrando, fundamentalmente se tratar de situação particularizada por hipótese fática distinta ou questão jurídica não examinada", conforme parágrafo 5º do artigo 521 do Substitutivo n. 8.046/2010) e sobrepujamento ("a modificação de entendimento sedimentado, sumulado ou não, observará a necessidade de fundamentação adequada e específica",

dispositivos conexos do novo Código de Processo Civil apenas expressam um cenário hermenêutico paradigmático, tendente à uniformização de decisões judiciais enquanto estipuladoras de um critério normativo homogêneo para casos análogos, já propiciado pela compreensão adequada do tripé principiológico constitucional: devido processo legal, fundamentação dos julgados e isonomia (igualdade). *Par e passo*, a definição rigorosa do que seja o critério normativo generalizável, em especial dos julgamentos do Supremo Tribunal Federal, permite estipular conteúdos decisórios insuscetíveis de transcendência casuística, porquanto dependentes do contexto infungível de aplicação.

Vinculante é o precedente que prescinde, então, do atributo extemporâneo (legislativo) da obrigatoriedade, uma força conferida à margem da própria razão de ser hermenêutica ou argumentativa do julgado dotado desta qualidade, porque lhe é interior (ontológica) a marca dúplice de ser capaz de resolver dada questão jurídica (critério normativo)[31] e de incorporar transcendência para outros casos. Como depõe Luiz Guilherme Marinoni, "um precedente não é somente uma decisão que tratou de dada questão jurídica com determinada aptidão, mas também uma decisão que tem qualidades externas que escapam ao seu conteúdo".[32] Supõe-se que quanto mais o julgamento pertencer ao Supremo Tribunal, tanto mais em sede de controle concentrado de constitucionalidade, maiores serão os elementos de dialética argumentativa em torno dos quais a integralidade dos fatores de controvérsia tenha sido superada em direção a um critério digno de uma qualidade hermenêutica de supremacia retórica.[33]

---

de acordo com o Parágrafo 11º do artigo 521 do mesmo Substitutivo) de precedente (seja ele dotado de efeito vinculante ou meramente persuasivo). Agora o que se dedica ao tema se resume ao artigo 927, § 4º, cujo teor prescreve: "A modificação de enunciado de súmula, de jurisprudência pacificada ou de tese adotada em julgamento de casos repetitivos observará a necessidade de fundamentação adequada e específica, considerando os princípios da segurança jurídica, da proteção da confiança e da isonomia".

[31] Questão jurídica que melhor seria conformada sob a tutela do conceito de juridicidade, eis que tal juízo aponta para a possibilidade jurisprudencial (isto é, lidando com os fatos submetidos em juízo sob a inevitável nota da problemática argumentação) de se demarcarem critérios normativos compatíveis com um modelo hermenêutico de precedentes. Isto posto, não se pode interpretar dita questão jurídica de maneira ingênua, como pura ou cindida em absoluto da questão de fato, porque, como magistralmente nos legou o magistério de Castanheira Neves, "é dos factos que se deverá ajuizar juridicamente e é nos factos que o jurídico se haverá de cumprir", ou seja, "o 'fato' oferece no caso concreto e para o problema todas as notas metodológicas do objeto da investigação (objectum), embora seja o jurídico o objectivo (...), e por isso o problema, enquanto problema, seja também jurídico" (A distinção entre a questão-de-facto e a questão-de-direito e a competência do Supremo Tribunal de Justiça como Tribunal de "Revista". *In Digesta. Escritos acerca do Direito, do Pensamento Jurídico, da sua Metodologia e Outros*. Volume 1º. Coimbra: Coimbra Editora, 1995, p. 517).

[32] *Precedentes obrigatórios*. São Paulo: Revista dos Tribunais, 2010, p. 216.

[33] A supremacia retórica aqui entendida como aquela que aspira ter resolvido o impasse mediante a decisão mais adequada possível nos termos da controvérsia ora apresentada, ou seja, menos como persuasão (tida como a esfera do que seja possivelmente uma opinião ou posição de alguém

Concordamos com a assertiva segundo a qual o enunciado da súmula de jurisprudência não representa um comando genérico e abstrato como se ato normativo fosse, pois, ao se adotá-lo na fundamentação de um caso concreto, precisamente é necessário auscultar o critério normativo que o subjaz e, assim, os precedentes judiciários que o ensejaram na autonomização nele vertida.[34] Assim, as súmulas, mesmo não sendo de jurisprudência, ou seja, originadas de um conjunto de precedentes responsáveis pela consolidação de um critério interpretativo, presumem-se derivadas, ainda que de um único precedente (paradigmático), de uma constelação argumentativa composta de diversas razões concorrentes, onde explicitamente se acolheu um determinado caminho digno da futura vinculação interpretativa. Em suma, a genealogia da súmula remete inevitável ao precedente fático, seja ele iterativo ou reincidente, seja ele privilegiadamente único, cujas razões de decidir ornamentam os respectivos limites quanto à maior ou menor amplitude dos futuros casos abrangidos pela correspondente temática.

perante outrem) e mais como expediente de argumentos racionais tendentes ao esclarecimento vinculante da questão. Em Aristóteles, a retórica não pode ser cindida do justo, do verdadeiro enquanto aspiração de ter-se encontrado uma resposta satisfatória suscetível de ser generalizada perante todos quantos se encontrariam perante o problema posto. Nas palavras de Giovani Reale, a retórica afina-se com a ética: "diremos que a retórica é o correlativo analógico ou equivalente da dialética, se consideramos a sua base teórica, ou seja, o seu conhecimento formal; ela é, ao invés, estritamente ligada à ética e à política (e, em parte, à psicologia), se consideramos a sua esfera de aplicação" (*Aristóteles*. São Paulo: Edições Loyola, 2007, p. 165). Segundo Enrico Berti, o próprio Aristóteles concebia a dialética como, dentre outras possibilidades acerca de sua utilização, uma prática de uso público, típica do discurso judiciário, por exemplo; ademais, os argumentos dialéticos, tanto quanto os retóricos, supõem uma capacidade de aprender a realidade, cuja contingência pode implicar, ao contrário, repudiáveis usos maléficos. Assim sendo, "o bom uso (...) tanto da dialética quanto da retórica se dá quando se mantém a consciência de que elas não são ciências (...), mas sim faculdades de produção de argumentos, ou seja, formas de racionalidade não científica, mas nem por isso privadas de valor argumentativo e, em alguns casos, até mesmo veritativo" (*Novos Estudos Aristotélicos I. Epistemologia, lógica e dialética*. São Paulo: Edições Loyola, 2010, p. 274). Nesse aspecto, temos alguma dificuldade para identificar o discurso jurídico (enquanto uma decisão a qual corresponda pretender uma resposta correta e constitucionalmente adequada a ponto de vincular pelos seus próprios argumentos) como retórico ou dialético no âmbito da teoria dos quatro discursos proposta por Olavo de Carvalho. Isto porque, a partir deste autor, "o dialético não deseja persuadir, como o retórico, mas chegar a uma conclusão que idealmente deva ser admitida como razoável por ambas as partes contendoras" (*Aristóteles em nova perspectiva. Introdução à teoria dos Quatro Discursos*. São Paulo: É Realizações Editora, 2006, p. 40). Antes, ele qualifica o discurso retórico, no qual se incluiria o discurso forense (p. 39), como aquele que "deve produzir uma decisão, mostrando que ela é a mais adequada ou conveniente dentro de um determinado quadro de crenças admitidas" (p. 36). Pelas premissas postas por Olavo de Carvalho, certamente o discurso jurídico não seria melhor enquadrado por nós como retórico, se por ele entendermos a influência "durante um determinado período de tempo e para os fins de uma determinada decisão ou ação em particular", exemplificando com "o advogado que discursa no foro não pretende transformar de maneira profunda e duradoura a alma dos jurados", quando pouco importa se depois eles se arrependem do veredicto adotado, porquanto "a influência da retórica termina no ponto exato em que a ação se desencadeou conforme o esperado"(*Idem*, p. 92).

[34] CUNHA, Leonardo Carneiro da. A função do Supremo Tribunal Federal e a força de seus precedentes: enfoque nas causas repetitivas. In *Repercussão geral no recurso extraordinário. Estudos em homenagem à Ministra Ellen Gracie*. Porto Alegre: Livraria do Advogado, 2011, p. 66.

Não deixa de ser curiosa (e contraditória) a existência de teses hermenêuticas que preconizam toda uma gama de críticas e modulações no que concerne à aplicação de precedentes e, concomitantemente, aceitarem a cisão entre precedentes e súmulas, consideradas essas últimas "regras gerais em abstrato", cujo "enunciado sempre se autonomiza dos fatos que lhe deram origem, se é que deram".[35] Segundo tal perspectiva, a "súmula vinculante, ao contrário dos precedentes norte-americanos, vale pelo seu enunciado genérico e não pelos fundamentos que embasaram determinada decisão de algum Tribunal".[36] Diversamente, entendemos, na esteira de Luiz Guilherme Marinoni, que a súmula, apesar de conter definição do entendimento dos tribunais acerca de determinada questão por intermédio do enunciado de uma tese jurídica, não deixa de ser um precedente, suscetível, portanto, das técnicas de distinção e sobrepujamento tão reiteradas no modelo da *common law*.[37]

Decisões judiciais nem sempre são precedentes, embora se há precedente, há necessariamente decisão judicial. Uma decisão judicial não se capacita como precedente quando ela é isolada ou atomisticamente imprestável do ponto de vista de sua fundamentação argumentativa para guiar e/ou vincular processos futuros análogos. A fundamentação argumentativa do precedente pode igualmente guiar um processo de tomada de decisão, conferindo os parâmetros de razoabilidade para o julgamento de questões gerais conectadas à valoração ou vincular critérios normativos conforme os quais se alcança uniformizar teses jurídicas controversas.

Ademais, pode-se dizer que um precedente consiste numa decisão judicial de mérito transitada em julgado e definitivamente posta quan-

---

[35] RAMIRES, Maurício. *Crítica à aplicação de precedentes no direito brasileiro.* Porto Alegre: Livraria do Advogado, 2010, p. 62. Mais adiante, ainda mais incisivo, o autor afirma que na *civil law* "todos os precedentes têm força meramente persuasiva, pois a única 'jurisprudência' com vetor vinculante é a especialmente sumulada para este fim" (Idem, p. 67). Dois problemas aparecem nesse ponto: seja a consideração metafísica da súmula como um enunciado vinculante per si, sem a possibilidade de modulações hermenêuticas reivindicadas pelo autor no tocante aos precedentes (os quais diferem das súmulas, na ótica dele, em específico à página 89: "súmula é não precedente"), seja o juízo meramente persuasivo de precedentes, cujo critério, a despeito de emanar, por exemplo, do STF, não vinculará o intérprete do caso concreto, permitindo-se tantas decisões quantas sejam as situações assemelhadas tuteladas pelo mesmo dispositivo legal e constitucional. Sublinhe-se que a força persuasiva dos precedentes é incompatível com os juízos potenciais de distinguir, ampliar e restringir o precedente, na medida em que a necessidade de proceder o método geral do *distinguishing* pressupõe a força vinculante do precedente, pois o intérprete tem o ônus de fundamentar as razões pelas quais ele deixou de aplicá-lo para o caso presente, aceitando-se por implícito o pressuposto segundo o qual, caso fosse o caso presente análogo ao julgamento anterior, o precedente haveria de ser aplicado (caso a força fosse meramente persuasiva, o simples não convencimento do magistrado bastaria para recusar a aplicação do precedente).

[36] ABBOUD, Georges. *Jurisdição constitucional e direitos fundamentais.* São Paulo: Revista dos Tribunais, 2011, p. 361.

[37] *Precedentes obrigatórios.* São Paulo: Revista dos Tribunais, 2010, p. 357. O autor inclusive cita exemplo de *distinguishing* de súmula (n. 691) procedido pelo STF no HC 85.185-1.

do resultar da prolação por parte de um tribunal de cúpula.[38] Pode-se

---

[38] Por esta razão, nos termos da proposição hermenêutica de um conceito de precedente aqui veiculado reiteradas vezes, não se configura como tal 1) um julgamento pretérito de tribunais locais (muito menos quando ele é utilizado em descompasso ao caso posterior ao qual se pretende aplicar), 2) prévio julgado monocrático dos tribunais superiores (muito menos quando há divergência interpretativa entre dois ou mais julgadores em decisões monocráticas diferentes); 3) mero verbete ou enunciado jurisprudencial do qual não se pode retirar os fundamentos ou razões supostamente vinculantes (muito menos quando proveniente de tribunal local). As três modalidades correspondem aos três primeiros casos enunciados por RAMIRES, Maurício. *Crítica à aplicação de precedentes no direito brasileiro*. Porto Alegre: Livraria do Advogado, 2010, p. 27-28. Assim sendo, nem se trata, ainda, conforme enunciado no título desta obra, de crítica à aplicação de precedentes, porquanto nenhuma das situações (tomadas as referências de julgamento) se qualifica como tal, pois precedente, ao nosso juízo, tomado o qualificativo "obrigatório" no aspecto de sua futura vinculação a casos assemelhados, consiste em decisão transitada em julgado (ou conjunto delas em mesmo sentido) emanada de tribunal superior, em julgamento efetuado via composição plenária, cujo teor aponta para a determinação de critério normativo (tese jurídica) transcendente à causa que lhe deu origem, pela virtualidade vinculativa em futuras situações com análogo suporte fático e contexto de direito (não se entende, por exemplo, por que Ramires considera ser "profana" a noção segundo a qual casos semelhantes devem ter respostas jurídicas congruentes, *Idem*, p. 29). Para melhor explicar, crítica a precedente dar-se-ia quando um determinado julgamento que se conforma à luz do conceito aqui utilizado resultasse mal aplicado relativamente à equivocada interpretação no sentido de adequá-lo ao caso presente, seja porque se trata de suporte fático distinto, seja por tratar-se de questão jurídica estranha aos fundamentos determinantes da decisão referencial. É de se frisar por que razão não se elencou o quarto (e último) caso descrito por Maurício Ramires no primeiro capítulo de seu livro: diz respeito a determinado magistrado que, suportado em "entendimento majoritário" do STF (ou "maioria", ambas as expressões não explicadas pelo autor, de todo modo interpretadas nesse estudo como sendo jurisprudência dominante), decretava a prisão civil do depositário infiel de bem constrito em alienação fiduciária. O juiz seguia o critério do Supremo Tribunal pela constitucionalidade da legislação ordinária; acatava, por conseguinte, legítimo precedente (pelas informações prestadas, julgamentos concretos em sede de *habeas corpus* e recurso extraordinário, dentre outros julgamentos não elencados), a despeito de interpretações em contrário (por exemplo, com forte nos direitos humanos, Pacto de São José da Costa Rica) e de reiteradas decisões do STJ. Todavia, deste confronto argumentativo, evidentemente há de prosperar o juízo da Suprema Corte a respeito do tema, ou melhor, dos fundamentos ali traçados para se determinar como vinculante o critério da constitucionalidade: a vinculação, portanto, não se mostrava como arbitrariamente intransitiva (a legislação ordinária não se mostrava incompatível com a Constituição simplesmente "porque não era", *Idem*, p. 29). O âmago do problema consiste no seguinte ponto: se o magistrado quisesse confrontar o critério outrora estabelecido pela Corte de Cúpula do país, tomada a analogia do precedente com o caso *sub judice*, faria com base em quê? Na continuidade do exemplo, o juiz passou a negar os pedidos de prisão em semelhantes situações a partir da alteração de jurisprudência do STF (ao acatar a vedação da prisão civil por dívida aos depositários infiéis); não se pode qualificar de acertada e coerente a postura do julgador? Queria Ramires que o magistrado conservasse sua (particular) independência funcional alheio aos precedentes do STF, com o que se multiplicariam semelhantes condutas pelos demais juízes do Brasil, proliferando-se decisões contraditórias a respeito do mesmo tema normativo ou tese jurídica? Qual ganho hermenêutico teríamos com isso, maltratando-se o princípio máximo da isonomia ou igualdade? Diversamente de seu entender, entendemos, sim, que os precedentes (de tribunais supremos) efetivamente consistem em discursos de fundamentação que devem ser aplicados posteriormente. Exatamente porque há aplicação posterior (diz-se que o precedente é criado pelo julgamento posterior, que o aplica), tido o aplicar como interpretação ou atribuição de sentido para a resolução de casos concretos, é que afirmamos que a eficácia e vinculação dos precedentes não desonera (como sugere Ramires, *Idem*, p. 32) o intérprete da tarefa de concretizar o direito. A aplicação do precedente se justifica se, e somente se, a interpretação do novo caso se identifica com os parâmetros ou critérios normativos inscritos na fundamentação do precedente. A discordância fundamentada do julgador singular esbarra, diante de um precedente já firmado nos moldes delineados, na função dos tribunais superiores, especialmente do STF, em uniformizar a interpretação do direito e também no fato de o julgamento paradigma, ao acolher um critério como vinculante, ter preterido argumentos diversos em decorrência da participação em contraditório e ampla defesa

dizer que um precedente se configura meramente persuasivo enquanto pender de julgamento por um tribunal de estrito direito, no Brasil, respectivamente, perante o Superior Tribunal de Justiça e o Supremo Tribunal Federal.[39] Com isto queremos dizer que um precedente é definitivo quando o seu conteúdo é corroborado pelo órgão plenário de uma dessas Cortes, vale dizer, quando a partir dele todas as futuras decisões de semelhante matéria lhe outorgam deferência interpretativa, seja para aplicar o seu fundamento de base, seja para recusar tal vinculação mediante específica distinção do caso concreto posterior, seja ainda para ensejar uma nova análise do tema de maneira a buscar a revogação do paradigma. Noutras palavras, um precedente pode ser encetado debilmente com base na pioneira decisão de um magistrado singular ou no acórdão de um tribunal local; entretanto, em caso de diferentes interpretações por juízos análogos (outros magistrados e tribunais locais), tal controvérsia sobreviverá até o instante em que STJ ou STF, conforme seja a matéria em debate, deflagrarem o seu derradeiro precedente.

4. O modelo hermenêutico de precedentes jurisprudenciais

É objeto de questionamento constatar que em sistemas jurídicos romano-germânicos (*civil law*), como é o caso do Brasil, supostamente inexistiria em gênese um direito jurisprudencial ao estilo do modelo anglo-americano (*common law*),[40] quando apenas recentemente, diante do advento das reformas processuais, é que se passou a assentar uma trans-

---

(julgamento concreto ou controle difuso) e do escopo da causa de pedir ampla (controle abstrato de constitucionalidade). Esta hipótese não se confunde com a possibilidade, por nós defendida, de o magistrado singular proceder a distinções entre o caso sob exame e o precedente (*distinguishing* ou distinção), tampouco com a prática do *overruling* (quando o precedente resulta superado no tempo pela ocasião de um novo contexto hermenêutico).

[39] Não concordamos, portanto, com o posicionamento segundo o qual um dado precedente produz efeito vinculante apenas quando o sistema jurídico assim o conforma, em casos taxativos, independentemente da sua força argumentativa (conforme, por exemplo, TARANTO, Caio Márcio Gutterres. *Precedente judicial: autoridade e aplicação na jurisdição constitucional*. Rio de Janeiro: Forense, 2010, p. 139). Por este prisma, existiriam, por exemplo, súmulas vinculantes e súmulas meramente persuasivas. Igualmente, e também avesso ao critério aqui dimensionado, aponta-se para a inexigibilidade vinculativa nas situações em que o tribunal não detém a competência de interpretar as normas por ele cristalizadas em decisão; seria o caso das súmulas do STF sobre matérias infraconstitucionais, hipótese na qual a súmula não estaria fundada em precedente, mas em mero exemplo, com singela força de orientação ou de natureza persuasiva (CUNHA, Leonardo Carneiro da. A função do Supremo Tribunal Federal e a força de seus precedentes: enfoque nas causas repetitivas., p. 67).

[40] Utiliza-se a expressão *common law* como espécie ou sentido específico da noção de *common law* tida como uma categoria gênero, ao apontar para uma família jurídica diversa do modelo contraposto, o da *civil law*, mais detidamente ligados à tradição anglo-americana (Inglaterra e Estados Unidos) (conforme classificação descrita por DIAS DE SOUZA, Marcelo Alves. *Do Precedente Judicial à Súmula Vinculante*. Curitiba: Juruá Editora, 2008, p. 39). A advertência no mesmo sentido, na direção de um reprovável reducionismo do termo, provém de PORTO, Sérgio Gilberto. *Coisa julgada civil*. São Paulo: Revista dos Tribunais, 2011, p. 45.

formação para se adotar o mecanismo dos precedentes obrigatórios.[41] Tal premissa, além de questionável, engendra uma contradição, apenas tornada nítida nos últimos tempos diante das reviravoltas da hermenêutica jurídica. Quando se passou a compreender que um texto normativo somente se torna significável mediante uma interpretação ou sentido (norma), isto é, que não há preceitos puros ou em estado bruto, tornou-se nítida que a justificativa para deixar de acatar um precedente, uma jurisprudência consolidada, ou mesmo uma súmula dos tribunais superiores, a saber, segundo a qual os órgãos jurisdicionais inferiores devem respeitar a lei (e não as decisões de outrem), revelara-se um rotundo fracasso.

Isto porque o respeito à lei implica o dever de obediência à interpretação desta lei, ou seja, deixar o juiz ou o tribunal local de acatar o sentido conferido à lei por um tribunal superior (isto é, o precedente em sentido lato[42] na sua expressão mais qualificada), mediante o argumento de que o sistema vincula-se por leis, é um contrassenso absoluto, na medida em que a ninguém é dado conhecer a norma jurídica senão através de interpretações. E, em assim sendo, prioriza-se a interpretação dada pelo tribunal nacional, na medida em que sua competência no desenvolvimento de um precedente certamente levou em conta, no itinerário processual composto de garantias constitucionais relevantes (contraditório, ampla defesa e fundamentação), todo o complexo de argumentos e teses em sentido diverso daquele efetivamente escolhido em virtude de sua prioridade qualitativa como norma adequada de decisão. Defender o contrário, longe de enaltecer a independência do julgador e de apregoar a

---

[41] "Os precedentes existem em todos os sistemas; se há decisão judicial, há precedente. É inegável a importância que o emprego do precedente e da jurisprudência reveste na vida do direito de todos os ordenamentos modernos. A referência ao precedente não é mais uma característica peculiar dos ordenamentos de *common law*, estando presente em quase todos os sistemas também de *civil law*" (CUNHA, Leonardo Carneiro da. *A função do Supremo Tribunal Federal e a força de seus precedentes: enfoque nas causas repetitivas.*, p. 61). O que se pode dizer, entrementes, é que o evento de *commonlawlização* no direito brasileiro é sintoma ou efeito explícito de um movimento (ou da intensificação de um processo transformador) já inerentemente predicado pela própria aspiração de a todo código jurídico corresponder um ideário de justiça em termos de igualdade ou simetria. De acordo com Sérgio Gilberto Porto, atualmente se identifica um diálogo mais intenso e profundo entre as duas famílias jurídicas, com a importância cada vez mais crescente dada ao tema do direito jurisprudencial ou da vinculação via jurisprudência (*Coisa julgada civil*. São Paulo: Revista dos Tribunais, 2011, p. 44). Conforme aduz José Rogério Cruz e Tucci, citando Neil Mac Cormick, o dever de justificar as razões da aplicação ou da rejeição de um determinado precedente no direito das famílias de *common law* é análoga e, pois, comparável, à necessidade de fundamentação judicial no tocante à interpretação das leis nos países de matriz de direito codificado (*Precedente judicial como fonte de direito...*, op. cit., p. 173-174); mais adiante, Cruz e Tucci corrobora tal afirmativa, ao enunciar que a "interpretação do precedente aproxima-se da interpretação da lei, porque sempre haverá um contexto de justificação a legitimar a decisão pleiteada" (*Idem*, p. 186).

[42] Por ele entendemos o precedente propriamente dito (uma única decisão), a jurisprudência (conjunto de decisões) e os expedientes mais sintéticos de vinculação jurisprudencial, como o são as súmulas (que se originam de precedentes propriamente ditos ou de jurisprudência). Para efeito de simplificação, denominar-se-á tal gênero simplesmente de precedente obrigatório, calhando registrar as suas espécies quando exigir o contexto.

liberdade hermenêutica do intérprete, desnatura os valores de segurança jurídica e de igualdade ínsitos ao direito, fazendo erodir todos os seus relevantes desdobramentos, como a confiança legítima dos cidadãos e dos jurisdicionados em preverem o mesmo tratamento para casos similares (o princípio da proporcionalidade no âmbito da distribuição interpretativa da justiça, para casos símiles, decisões iguais; para casos diversos, soluções diferentes).

A coisa julgada, pois, tomada como um precedente na sua modalidade estrita, uma decisão fundamentada exaustiva sob os principais ou nucleares argumentos acerca de matéria de direito concretamente debatida em juízo que não se limite a meramente reiterar as palavras da lei,[43] consiste em natural mecanismo de uniformização jurisprudencial no ordenamento jurídico brasileiro (ou em países herdeiros do *civil law*), alheia às colorações políticas que ostentam impor maior ou menor vinculação por intermédio de efeitos artificiais via legislativo. Não se pode dizer, destarte, que apenas a lei vincula transcendentemente todas as situações, cabendo a cada juízo fazer corresponder uma específica e incomunicável – para além das partes da causa correspondente – coisa julgada para cada interpretação concreta dada àquele preceito normativo. À concreção interpretativa da lei em cada caso concreto na sua atomística existência sucede ou antecipa-se (conforme seja a interpretação enfocada um precedente a vincular ou um procedente a ser vinculado) uma molecular congruência em torno de um núcleo de significado uniformemente assente, cuja órbita pode sofrer modificações sistêmicas no próprio âmbito do desenvolvimento do direito e de sua móvel (e indispensável) atualização hermenêutica.

Em estudo específico sobre o tema da proibição do comportamento contraditório, Anderson Schreiber alerta sobre a impossibilidade de se "invocar uma confiança legítima na uniformidade de decisões quando o direito positivo garante a liberdade de convencimento do juiz e, consequentemente, a eventual divergência entre decisões judiciais".[44] Segundo ele, referindo-se ao sistema jurídico brasileiro, "o juiz é, em regra, livre para decidir de acordo com o seu convencimento racional – embora se exija a fundamentação da decisão –, de modo que não se poderia invocar uma legítima confiança na absoluta uniformidade dos atos jurisdicionais".[45] Bem tomadas as considerações precedentes, e mirando com lupa algumas condicionantes terminológicas utilizadas por Schreiber, como o resguardo em afirmar que a liberdade judicativa impõe-se como *regra*,

---

[43] O conceito é formulado a partir de MARINONI, Luiz Guilherme. *Precedentes obrigatórios*. São Paulo: Revista dos Tribunais, 2010, p. 215-216.

[44] *A proibição de comportamento contraditório. Tutela da confiança e venire contra factum proprium*. Rio de Janeiro: Renovar, 2007, p. 248.

[45] *Idem, ibidem*.

além de prevenir a interpretação judicial contra a *absoluta* determinação de critérios normativos, é razoável afirmar, em sentido oposto pretendido pelo autor, que as eventuais exceções predispostas em seu raciocínio apenas confirmam a evidência em benefício da tutela da confiança legítima diante do modelo dos precedentes obrigatórios.

Os precedentes obrigatórios, e a necessidade de sua vinculação para o futuro vertical (necessidade de um tribunal inferior respeitar decisão passada de Corte superior) e horizontal (o dever de o próprio tribunal se autovincular com base nas suas decisões pretéritas), repercutem uma indelével interpretação da norma jurídica, a qual, sem o seu correspondente sentido determinado judicialmente, simplesmente desaparece ou inexiste enquanto puro texto legislado.[46] O fato de a lei ser a fonte principal da família de direito codicístico (*civil law*) é incapaz de ignorar a contundência hermenêutica segundo a qual todo o preceito consiste em preceito interpretado: o juiz que porventura alega sua liberdade de decidir como fundamento para divergir de um precedente obrigatório, dizendo-se apenas conformado pela legislação, comete uma falácia de petição de princípio. Isto quer dizer que a interpretação singular não pode ir de encontro ao significado anteriormente atribuído por tribunais superiores, tendo em vista que é a mesma norma jurídica que resulta aplicada em virtude de análoga situação fática anteriormente debatida no processo que ultimou a criação do precedente obrigatório.

É pertinente, a esse propósito, indicar, sob a referência de Sérgio Gilberto Porto, que um dos propósitos no direito norte-americano de se adotar o sistema do precedente vinculante ou obrigatório consiste em "demover os litigantes de retornar ao Judiciário na ilusão de obter uma resposta diferente para o seu caso".[47] Perceba-se que o pressuposto da doutrina está arraigado no princípio da isonomia e da uniformidade das decisões iguais para casos idênticos ou assemelhados; desestimular que o jurisdicionado obtenha uma decisão diferente para o seu caso implica coibir (acertadamente) uma condenável visão hermenêutica de parte desprendida do todo, quando o "meu" caso reivindica a particularidade decisória simplesmente por sê-lo específico, à revelia da eventual existência de precedente obrigatório discriminador de um critério formado a partir de casos iterativos comparáveis em relevância à situação individual sob exame. Isto não significa, em absoluto, impedir o litigante a

---

[46] Mais do que a lei não poder operar sozinha, carecendo de fontes secundárias ou de expedientes de integração (conforme MANCUSO, Rodolfo de Camargo. *Acesso à Justiça: condicionantes legítimas e ilegítimas*. São Paulo: Revista dos Tribunais, 2011, p. 227), ela não sobrevive por si só sem as interpretações que lhe ofereçam consistência e explicitude no mundo da vida.

[47] *Sobre a common law, civil law e o precedente judicial*. Estudo em homenagem ao Professor Egas Moniz de Aragão. Texto disponível no sítio eletrônico da Academia Brasileira de Direito Processual Civil (www.abdpc.org.br), p. 9.

demonstrar que o seu caso é diferente dos demais que engendraram a fórmula de solução do precedente.

Nesta última situação, o ônus de promover a distinção é da própria parte (e também do juízo a que lhe corresponde uma natural decisão), enquanto na primeira noção está pressuposta a (equivocada) ideologia de que à ontologia singular do caso corresponde sempre e necessariamente uma resposta exclusiva alheia à rede interpretativa do sistema. Tal ideologia é deveras forte, a ponto de inclusive subsidiar, em sistemas onde a fonte primária do direito é a própria lei, premissas do tipo de que cada caso é um caso e a cada um deles possui o magistrado liberdade para decidir conforme a sua convicção fundamentada. Fazer lei entre as partes no sistema romano-germânico, especificamente no Brasil, pelo demasiado apego à individualização das demandas, possibilita a repercussão virtual (e paradoxal) de tantas leis concretas quantas sejam as causas análogas examinadas apesar da incidência comum da mesma lei, ante o abismo incomunicável entre coisa julgada e *stare decisis*.

Não é por outro motivo que abalizada doutrina afirma – para afastar o malefício de um sistema arbitrário e desnorteado de parâmetros normativos – que é a razão jurídica da decisão (*ratio decidendi* ou *holding*) a responsável por conflagrar um dado julgamento (ou conjunto deles) em precedente, e não a decisão do caso particular.[48] Ao se identificarem suporte fático e pretensão comuns nas demandas supervenientes ao precedente ora firmado (pressuposto da identidade das causas), "há vínculo a ser seguido e respeitado, como garantia de isonomia de tratamento jurisdicional".[49] A prudência se coloca, então, tanto no desenvolvimento do precedente, quanto na sua ulterior aplicação. Por ocasião desses cuidados interpretativos, ao disciplinar recomendação no manejo das súmulas vinculantes, Sérgio Porto assim nos ensina:

> Quiçá, o temperamento necessário esteja, na exata fórmula *stare decisis* da *common law*, ou seja, o juízo superior disciplina a matéria, mas ao juízo da causa caberá estabelecer a identificação entre esta (a causa) e aquela (a súmula) aos efeitos de reconhecer ou não a incidência de efeito vinculante, pela via do exame analítico entre os casos, praticando exatamente a atividade de joeiramento presente no *distinguish*.[50]

Eventual diferença diante de um precedente obrigatório somente pode ser qualificada de forma total e intensa, quando se pretende sobrepujar o critério referendado, hipótese em que a legitimidade em tela, operada por juízes e tribunais locais, se mostra provisória ante a futura

---

[48] PORTO, Sérgio Gilberto. *Sobre a common law, civil law e o precedente judicial...*, op. cit., p. 12. O autor suporta tal raciocínio em Ugo Mattei e Wambaugh.

[49] *Idem*, p. 10. Perceba-se a importância da linguagem do autor, quando se utiliza dos termos "pretensão" e "suporte fático", ao coadunar os requisitos de vinculação dos precedentes com a terminologia pertinente ao sistema romano-germânico.

[50] *Idem*, p. 20.

análise por parte da Corte de onde emanou o precedente. Não há alternativa de divergência propriamente dita quanto ao conteúdo disposto no precedente, tendo em vista que a hipótese da distinção interpretativa – o caso concreto se quer isentar do critério normativo disposto no precedente obrigatório – não se identifica como opositora, senão propriamente como integradora do disposto no universo do julgamento paradigmático vinculante. Nesse último caso, o conteúdo do precedente mantém-se incólume, apenas complementado por esta integrativa interpretação posterior, uma vez evidentemente confirmada pelo tribunal superior.

5. Em arremate

Mesmo supondo que novos casos concretos possam apresentar aspectos peculiares, supostamente suscetíveis de desconsideração por conta da uniformidade jurisprudencial, a metodologia dos precedentes, longe de aniquilá-los, permite o seu aparecimento hermenêutico devidamente orquestrado sob o realce da coerência e fundamentação perante o sistema antes posto (e não pressuposto, pois os precedentes não se apoiam abstratamente no ar, ou mesmo no vácuo). Isto implica que a obrigatoriedade dos precedentes é hermenêutica, não se manifestando pela faceta da autoridade; caso fosse a vinculação arbitrária e abusiva, não se permitiriam expedientes de distinção e de sobrepujamento dos variados expedientes que as enlaçam, dentre os quais as próprias súmulas vinculantes, alegadamente o recurso mais intenso na uniformização dos julgamentos.[51] Mas de se notar o relevo da abertura coerente do modelo hermenêutico de precedentes obrigatórios preconizado nessas linhas de pensamento. A divergência jurisprudencial sói ocorrer no amadurecimento das teses jurídicas, após o qual, estabelecido dado precedente judiciário, sob o risco de cairmos na famigerada "justiça lotérica", abrem-se espaços de amplitude para que novos e diferentes casos sejam distinguidos do critério normativo eleito como vinculante e tendente à

---

[51] Rodolfo de Camargo Mancuso, por exemplo, segrega as súmulas em vinculantes e não vinculantes (*Acesso à Justiça: condicionantes legítimas e ilegítimas...*, op. cit., p. 229), aquelas dotadas de obrigatoriedade, estas com apenas aptidão tendencialmente conformadora (alguns a chamariam de aptidão meramente persuasiva), uma distinção que não se pode ignorar dos fatos (certamente existem súmulas vinculantes e não vinculantes), mas que dificilmente se supõe coerente com a finalidade normativa comum dos precedentes que as engendram (ou do precedente isolado e paradigmático, os denominados *leading cases*, que as motivam), qual seja, o desiderato da vinculação em benefício da uniformidade dos julgamentos de semelhante ou idêntica matéria. Nesse sentido, ensina José Rogério Cruz e Tucci de que "o problema da eficácia do precedente não pode ser reduzido à simples alternativa entre eficácia vinculante e não vinculante" (*Precedente judicial como fonte de direito*. São Paulo: Revista dos Tribunais, 2004, p. 186). Em análogo estranhamento, é como pensar que um julgamento efetuado pela Suprema Corte teria uma menor carga argumentativa em virtude de a norma de decisão ter sido lavrada com um quórum mínimo de Ministros (6x5) em relação a outro julgamento onde se percebeu uma convicção quantitativamente mais assentada.

uniformização, além das hipóteses menos usuais (mas indispensáveis ao desenvolvimento do direito com o evoluir dos tempos) a partir das quais o próprio precedente resultará preterido pelo tribunal superior, com eficácia contra todos temporalmente prospectiva.

O aspecto genuinamente hermenêutico (e normativo, para lembrar as advertências de Castanheira Neves) dos precedentes também se opõe contra a modificação de critério pelo simples pressuposto da nova composição dos integrantes dos tribunais de direito. Uma decisão digna de comportar um precedente não se reduz algebricamente ao somatório dos votos individuais dos membros da Corte contemporâneos à decisão. Fosse assim, a cada nova alteração do colegiado, proceder-se-ia automaticamente a novos julgamentos para se reafirmarem decisões pretéritas. Por ensejo de uma nova apreciação em virtude de uma situação renovada que recai sob o julgamento da Corte, é de se refletir se uma tese jurídica outrora adotada, uma vez enfrentando interpretações divergentes ora rechaçadas em atendimento do critério normativo então perfilado, pode simplesmente ser substituída por uma daquelas vencidas diante do posicionamento doutrinário pessoal do componente que passa a integrar o tribunal.

Referências bibliográficas

ABBOUD, Georges. *Jurisdição constitucional e direitos fundamentais*. São Paulo: Revista dos Tribunais, 2011.

ÁVILA, Humberto. Teoria dos princípios: da definição à aplicação dos princípios jurídicos. São Paulo: Malheiros, 2011.

BERTI, Enrico. Novos Estudos Aristotélicos I. Epistemologia, lógica e dialética. São Paulo: Edições Loyola, 2010.

CARVALHO, Olavo de. *Aristóteles em nova perspectiva. Introdução à teoria dos Quatro Discursos*. São Paulo: É Realizações, 2006.

CRUZ E TUCCI, José Rogério. *Precedente judicial como fonte de direito*. São Paulo: Revista dos Tribunais, 2004.

CUNHA, Leonardo Carneiro da. A função do Supremo Tribunal Federal e a força de seus precedentes: enfoque nas causas repetitivas. *In Repercussão geral no recurso extraordinário. Estudos em homenagem à Ministra Ellen Gracie*. Porto Alegre: Livraria do Advogado, 2011.

DIAS DE SOUZA, Marcelo Alves. *Do Precedente Judicial à Súmula Vinculante*. Curitiba: Juruá Editora, 2008.

GRAU, Eros Roberto. *Ensaio e discurso sobre a interpretação*: aplicação do direito. São Paulo: Malheiros, 2009.

MANCUSO, Rodolfo de Camargo. *Acesso à Justiça: condicionantes legítimas e ilegítimas*. São Paulo: Revista dos Tribunais, 2011.

MARINONI, Luiz Guilherme. *Precedentes obrigatórios*. São Paulo: Revista dos Tribunais, 2010.

NEVES, António Castanheira. A distinção entre a questão-de-facto e a questão-de-direito e a competência do Supremo Tribunal de Justiça como Tribunal de "Revista". *In Digesta. Escritos acerca do Direito, do Pensamento Jurídico, da sua Metodologia e Outros.* Volume 1°. Coimbra: Coimbra Editora, 1995.

PORTO, Sérgio Gilberto. *Coisa julgada civil.* São Paulo: Revista dos Tribunais, 2011.

——. *Sobre a common law, civil law e o precedente judicial.* Estudo em homenagem ao Professor Egas Moniz de Aragão. Texto disponível no sítio eletrônico da Academia Brasileira de Direito Processual Civil (www.abdpc.org.br).

RAMIRES, Maurício. *Crítica à aplicação de precedentes no direito brasileiro.* Porto Alegre: Livraria do Advogado, 2010.

REALE, Giovani. *Aristóteles.* São Paulo: Edições Loyola, 2007.

SCHREIBER, Anderson. *A proibição de comportamento contraditório. Tutela da confiança e venire contra factum proprium.* Rio de Janeiro: Renovar, 2007.

SILVA, Virgílio Afonso da. *Direitos fundamentais: conteúdo essencial, restrições e eficácia.* São Paulo: Malheiros, 2010.

TARANTO, Caio Márcio Gutterres. *Precedente judicial: autoridade e aplicação na jurisdição constitucional.* Rio de Janeiro: Forense, 2010.

— 10 —

A ata notarial no novo Código de Processo Civil

KARIN REGINA RICK ROSA[1]

Sumário: Introdução; Ata notarial no Direito brasileiro; A evolução do texto até o artigo 384 da Lei 13.105/15; Requisitos e competência para lavratura; O princípio da territorialidade e sua aplicação à ata notarial; Certidões da ata notarial; Ata notarial na usucapião extrajudicial; Conclusão; Referências.

Introdução

A reforma do processo civil brasileiro, nos termos das propostas apresentadas e do texto final aprovado, repercute em diferentes áreas do Direito, inclusive na atividade notarial, não apenas pela inclusão da ata notarial como prova típica, mas em outros aspectos também, como por exemplo, a possibilidade de protesto da sentença condenatória diante do não cumprimento voluntário no prazo, e a possibilidade de adoção do rito executivo de prisão no caso de inadimplemento da verba alimentar fixada em escritura pública.

No presente texto, a atenção é voltada para a ata notarial, justamente em razão do importante papel que ela pode assumir na formação do convencimento pelo juiz e na solução de uma questão controvertida.

Não obstante o nítido caráter preventivo de litígio, traço característico da função notarial por ser o notário um agente da paz social, é certo que os atos notariais poderão ser protagonistas em demandas judiciais, como, por exemplo, no caso de um litígio no qual se discuta a validade e a eficácia de um determinado negócio jurídico formalizado por escritura pública. A ata notarial também pode figurar no processo, com a finalida-

---

[1] Advogada. Assessora jurídica do Colégio Notarial do Brasil. Mestre em Direito pela UNISINOS. Especialista em Direito Processual Civil pela UNISINOS. Professora de Direito Civil Parte Geral e de Direito Notarial e Registral da UNISINOS. Professora do Instituto Brasileiro de Estudos Jurídicos. Professora da Escola Superior da Advocacia/RS. Professora convidada do Instituto Internacional de Ciências Sociais (SP). Coordenadora da Especialização em Direito Notarial e Registral da Universidade do Vale do Rio dos Sinos Autora e organizadora de obras jurídicas.

de de provar determinado fato que foi constatado pelo tabelião de notas, a requerimento do interessado.

A ata notarial é uma espécie do gênero ato notarial, e, na qualidade de documento público, faz prova plena, conforme dispõe o artigo 405 da Lei 13.105/15,[2] com presunção relativa de veracidade e autenticidade, o que decorre da fé pública notarial. Ou seja, trata-se de um importante meio de prova, cuja veracidade e autenticidade faz com que o ônus da prova para afastá-las recaia sobre quem as impugnou. É prova com fé pública.

A ausência de tratamento próprio ou até mesmo de previsão expressa na legislação processual anterior pode ser uma das causas do pouco uso da ata notarial em demandas judiciais. De fato, o texto inicialmente proposto pelo Senador José Sarney (PL 166/10) sequer mencionava a ata notarial como prova típica. Ela foi incluída nos relatórios (Relatório-Geral do Senador Valter Pereira em 24/11/2010, Relatório final apresentado pelo Deputado Sérgio Barradas em 7/11/2012, Substitutivo apresentado pelo Deputado Paulo Teixeira em 17/7/2013) e permaneceu na redação final aprovada, no artigo 384 da Lei 13.105/15. Depois de analisar esse percurso legislativo até a aprovação da lei, alguns aspectos que são peculiares das atas notariais quando comparados com a escritura pública, especialmente a aplicação de alguns princípios que regem a atividade notarial, serão abordados, diante da oportunidade de apresentar a ata notarial à comunidade jurídica.

Ata notarial no Direito brasileiro

Desde 1994, quando foi publicada a Lei 8.935, com o objetivo de regulamentar o artigo 236 da Constituição Federal, dispondo sobre os serviços notariais e de registro, a ata notarial figura dentre as atribuições dos tabeliães de notas nos artigos 6º e 7º. Antes de disso, no Estado do Rio Grande do Sul, o Provimento 03/90 da Corregedoria-Geral do Estado foi pioneiro ao mencionar a lavratura da ata notarial pelo tabelião de notas.[3]

Em que pese a previsão normativa da ata notarial na legislação federal especial em vigor, constata-se que o legislador se resumiu a elencá-la dentre os atos de competência exclusiva do tabelião de notas. Nenhuma

---

[2] "Art. 405. O documento público faz prova não só da sua formação, mas também dos fatos que o escrivão, o chefe de secretaria, o tabelião ou o servidor declarar que ocorreram em sua presença." No CPC/73, corresponde ao artigo 364.

[3] FICHER, José Flávio Bueno; ROSA, Karin Regina Rick. Ata notarial e novas tecnologias in *Ata notarial*, coord. Leonardo Brandelli, Porto Alegre: Instituto de Registro Imobiliário do Brasil: S.A. Fabris, 2004, p. 227.

outra disposição direta à ata notarial existe naquela lei federal, silêncio que não é, na maioria das vezes, suprido satisfatoriamente no âmbito estadual pelas Corregedorias-Gerais de Justiça, que, vale lembrar, são os órgãos competentes por expedir normas de caráter administrativo com a finalidade de orientar a prática dos atos notariais. Em alguns casos, a normatização do extrajudicial apenas repete o texto dos artigos 6º e 7º da Lei 8.935/94. A falta de tratamento do assunto, no sentido de orientar os tabeliães de notas e demais operadores do Direito em relação ao uso da ata notarial, somada a escassa produção doutrinária sobre o assunto, acaba ou acabava contribuindo para seu uso tímido nos processos. O desconhecimento acerca dos requisitos específicos, dos limites na atuação do tabelião de notas, do modo de arquivamento, do conteúdo que pode ser objeto de consignação na ata, apenas para citar alguns, não colabora e nem torna a ata notarial acessível ao grande público jurídico. A consequência natural é o seu pouco uso, não obstante a sua excelência quando se trata de perpetuar fatos sociais, tornando-os acessíveis ao interessado sempre que necessário.

Considerando que a lacuna legislativa não pode servir de obstáculo ao notário, inclusive em razão do dever quem tem o agente, de prestar o serviço delegado de modo adequado; considerando que o tabelião de notas tem autonomia e independência no exercício de sua função, sempre observando os princípios e preceitos que norteiam a atividade notarial, entende-se que é dever seu lavrar a ata notarial quando solicitado, ressalvados apenas os casos em que a recusa seja justificada.

Para tanto, a experiência de outros países que também adotam o notariado do tipo latino,[4] especialmente Argentina, Uruguai e Espanha, aplicada por analogia, norteia os profissionais na condução de seu trabalho e para solucionar as dúvidas que surgem.

Neste sentido, o doutrinador argentino Carlos Nicolás Gattari, ao definir a ata notarial, destaca o objetivo de fixação de fatos e de direitos, referindo o conteúdo declaratório de ciência e diligências comumente presente nas atas:

> Acta notarial es el instrumento que autoriza el oficial público, fuera o dentro del protocolo, con algunas formalidades de las escrituras públicas, en relación a la persona del requeriente, de terceros, documentos u objetos, cuyo fin exclusivo es fijar hechos y derechos, comúnmente declaraciones de ciencia, sucesso y diligencias. La mayoría de las actas conocidas pueden pasar por el cedazo de este concepto descriptivo.[5]

---

[4] De acordo com a União Internacional do Notariado do Tipo Latino, organização não governamental, que promove, coordena e desenvolve a função e atividades dos notários do tipo lativo em todo o mundo, assegurando sua dignidade e independência, com o objetivo de promover a excelência nos serviços prestados às pessoas e à sociedade em geral, o notário do tipo latino está presente hoje em cerca de 120 países. Ver: http://www.uinl.org/2/mission

[5] GATTARI, Carlos Nicolás. *Manual de Derecho Notarial*. Buenos Aires: Depalma, 1997, p. 168.

Na legislação uruguaia, a ata é descrita como o instrumento público no qual se registram fatos, circunstâncias, coisas ou declarações que o notário presencia, comprova ou recebe, incorporando-os ao seu registro de protocolos.[6]

O notário e registrador espanhol Enrique Gimenez-Arnau cita outros doutrinadores que seguem na mesma direção, afirmando que a ata notarial constitui um instrumento público que contém a narração exata de um fato capaz de influenciar no direito dos particulares, feita a requerimento de uma pessoa. Quanto ao conteúdo, afirma tratar-se de um fato, que por sua natureza, não seja objeto de contrato.[7] O que se verifica é que uma das diferenças entre a ata e a escritura pública está justamente no seu conteúdo, sendo que na escritura pública o tabelião de notas consignará a manifestação da vontade exteriorizada pelos interessados, dando-lhe forma jurídica, legal e autêntica. A escritura pública tem natureza constitutiva, criando, modificando ou extinguindo um estado jurídico, e estabelecendo obrigações. Na ata notarial o conteúdo é aquilo que o tabelião de notas perceber. A natureza da ata é declaratória, não obstante o fato de que aquilo que foi percebido e declarado pode repercutir no direito de alguém.

José Flávio Bueno Fischer e Karin Regina Rick Rosa destacam o conceito formulado por José Antonio Escartin Ipiens. O autor refere se tratar de um instrumento público autorizado por notário competente, mediante requerimento de uma pessoa com interesse legítimo, que tem por objeto constatar a realidade ou verdade de um fato que o notário vê, ouve ou percebe por seus sentidos, e cuja finalidade precípua é de servir como instrumento de prova em processo judicial, mas que pode se destinar a outros fins na esfera privada, administrativa, registral e até mesmo integradores de uma atuação jurídica não negocial ou de um processo negocial complexo, para sua preparação, constatação ou execução. Tudo isso, com observância dos princípios da função imparcial, independente, pública e responsável do tabelião de notas.[8]

Muito embora se discorde da necessidade de interesse legítimo para o requerimento, por se entender que qualquer pessoa tem legitimidade para requerer uma ata notarial, sendo totalmente desnecessário e descabido averiguar se o interesse é legítimo, o conceito é bastante completo.

---

[6] ALZOGARAY, María Laura Capalbo. Valor probatório e fuerza ejecutoria del documento notarial en el âmbito internacional, XII Jornada Iberoamericana, 7 al 10 de noviembre de 2006, Punta del Este, Montevideo: AEU, 2006, p. 400.

[7] ARNAU- GIMENEZ, Enrique. *Introduccion al derecho notarial*. Madrid: Revista de Derecho Privado, 1944, p. 261.

[8] FICHER, José Flávio Bueno; ROSA, Karin Regina Rick. Ata notarial e novas tecnologias *in Ata notarial*, coord. Leonardo Brandelli, Porto Alegre: Instituto de Registro Imobiliário do Brasil: S.A. Fabris, 2004, p. 211.

De todos os conceitos e definições apresentados, resta nítida uma função intrínseca da ata notarial, de conservação de uma situação fática, independentemente do uso ou destino após sua lavratura. Pois é essa função que tem relevância para o processo civil. Na ata ficará perpetuado, com fé pública e presunção de veracidade, um fato social que foi percebido pelo tabelião de notas. Este fato, independentemente de perdurar no tempo ou não, uma vez consignado no instrumento público, permanecerá registrado e conservado nos arquivos da serventia como uma memória eterna, indelével, que se incorpora ao acervo de modo definitivo, incumbindo ao titular expedir as certidões, quando solicitadas. O fornecimento de certidões das atas notarias arquivadas será tratado adiante.

Como mencionado, a legislação processual anterior não fazia qualquer referência à ata notarial, o que não impedia a sua utilização como meio de prova em processo judicial. No Tribunal de Justiça do Rio Grande do Sul há muito a ata notarial é aceita como prova.[9]

Seu valor probatório se define no artigo 405 da Lei 13.0105/15, que trata do documento público em sentido amplo, estabelecendo a presunção relativa de veracidade e autenticidade.[10] Deste modo, ainda que a ata notarial tenha sido requerida apenas por uma das partes do processo, e que tenha sido lavrada sem a participação ou presença da outra parte, tal circunstância não pode afastar a presunção que decorre da fé pública. Por isso, também, não há que se falar em ausência de contraditório ou cerceamento de defesa em relação à ata, visto que a parte que por ela se sentir prejudicada terá no processo a oportunidade de afastar a veracidade e autenticidade que sobre ela é presumida. Ademais a ata é prova suficiente, que dispensa complementação por outras provas.

A evolução do texto até o artigo 384 da Lei 13.105/15

A inclusão de uma norma jurídica na nova lei processual para incluir a ata notarial como prova típica merece elogios e denota o reco-

---

[9] Locação. Ressarcimento de danos. Reparos no imóvel, finda a locação. Devem ser precedidos de prévia vistoria. Acompanhamento e participação do locatário e fiadores. Intimação. Desnecessidade. Respaldo probatorio no artigo 332 do CPC. A vistoria, embora realizada sem a participação o de todos os interessados, deve ser aproveitada e considerada correta, face a possibiidade de comprovar a necessidade de reparos no imóvel, nos termos do artigo 332 do CPC. Tal vistoria apresentada pelo locador foi realizada via at anotarial, logo após a desocupação do imóvel, por profissional técnico e com fé-pública. Além disso, uma das partes, mãe do ex-inquilino, foi comunicada, pressupondo que ele tenha sido avisado da vistoria. Recurso improvido. (Apelação Cível nº 599154093, Décima Quinta Câmara Cível, Tribunal de Justiça do RS, Relator: Ricardo Raupp Ruschel, Julgado em 11/08/1999)

[10] Art. 364. O documento público faz prova não só da sua formação, mas também dos fatos que o escrivão, o tabelião, ou o funcionário declarar que ocorreram em sua presença.

nhecimento do valor deste instrumento na busca pela concretização do direito.

O PL 166/10 não tratou da ata notarial, ela apareceu no Relatório Geral do Senador Valter Pereira, de 24/11/2010. No entanto, a redação dada ao artigo 370 não era a mais adequada.[11] Isso, porque o dispositivo previa a utilização da ata notarial para atestar um fato, e até aqui nenhuma observação a fazer. Porém, ao avançar na leitura do artigo, percebia-se a delimitação e verdadeira restrição em relação ao tipo de fato a ser consignado pelo tabelião de notas na ata. Pela redação proposta, apenas fatos controvertidos e que apresentassem relevância à situação jurídica de alguém poderiam ser consignados em ata notarial. Com isso, o legislador acabou por qualificar duplamente os fatos aptos a registro na ata notarial: eles deveriam ser controvertidos e, além disso, deveriam ser relevantes para a situação jurídica de alguém.

Qualificar os fatos passíveis de consignação na ata notarial, além de não ter fundamento algum, é medida que não encontra respaldo, nem na legislação brasileira e nem na legislação e doutrina estrangeiras.

É equívoco grave pensar que apenas fatos controvertidos e relevantes para situação jurídica de alguém possam ser registrados em ata notarial, quando é consenso na doutrina e legislação estrangeiras que referido instrumento público se destina ao registro de qualquer fato que possa ser percebido pelo notário, desde que haja interesse de uma pessoa em requerê-lo e de conservá-lo pela via do instrumento público, como claramente demonstrado nas lições antes citadas.

O que define a possibilidade ou não de um determinado fato ser consignado na ata notarial é a sua percepção pelo tabelião de notas. Basta que o fato possa ser apreendido, por qualquer um dos sentidos humanos, para que ele seja passível de consignação em ata notarial.

Portanto, mostrava-se totalmente descabida a exigência de o fato ser controvertido para que a ata pudesse ser lavrada. A controvérsia interessa para o processo, e lá, pressupõe a existência de demanda, causa, litígio, e significa questão fática debatida, ou ainda, aquela em que há dúvida sobre sua veracidade. A ata notarial é um documento autônomo e desvinculado, pelo menos na sua origem, da demanda. Sua eventual utilização como meio de prova em processo não pode servir como fator para delimitar sua confecção. No máximo pode nortear o trabalho do tabelião de notas que, ao fazer a narração dos fatos, atentará para que instrumento contribua para formação do juízo, sempre agindo com a imparcialidade que é característica de sua função.

---

[11] Art. 370. A existência e o modo de existir de algum fato que seja considerado controvertido e apresente relevância para a situação jurídica de alguém, pode ser atestada, a requerimento do interessado, mediante ata lavrada por tabelião.

O problema na redação do artigo 370 do referido relatório não terminava aí. Além de controvertido, o fato deveria ter relevância jurídica, o que sugere a ideia de que para lavratura de uma ata notarial o fato a ser consignado, necessariamente, deveria ter importância ou interesse para o Direito. E pior, que incumbiria ao tabelião de notas avaliar (decidir) se a importância ou o interesse estariam presentes. Mais uma vez o equívoco é inaceitável, pois, se por um lado a ata notarial consigna, comprova, registra e conserva documentalmente um determinado fato que aconteceu na presença do tabelião de notas, e a partir dele poderá o interessado perseguir determinadas consequências jurídicas, isso, por si só, não significa que apenas fatos relevantes para o Direito devam ser admitidos naquele instrumento. Exigir que o fato seja relevante faz recair sobre o tabelião de notas uma avaliação e uma decisão de caráter subjetivo, que são injustificáveis. A não ser que relevância jurídica seja entendida como produção de efeitos jurídicos. Julieta Gallino[12] destaca que os acontecimentos percebidos e narrados na ata notarial são suscetíveis a produzir efeitos jurídicos, do que se conclui que a relevância jurídica até poderá existir, como sinônimo de efeito jurídico, mesmo assim, não pode ser considerado requisito determinante para autorizar ou impedir a lavratura da ata notarial.

Ademais, o interesse de uma pessoa em requer a lavratura da ata notarial pode se restringir ao simples desejo de consignar, com fé pública, um determinado fato, sem que ele jamais chegue a alcançar uma relevância jurídica, tampouco se torne controvertido ou objeto de discussão em uma demanda. Por isso mesmo que não se pode exigir interesse jurídico daquele que solicita a lavratura da ata notarial. A lavratura da ata notarial depende apenas do requerimento por alguém interessado e da possibilidade de percepção do fato pelo tabelião de notas, lembrando que ele deverá atuar dentro de seus limites territoriais.[13]

Portanto, vincular a lavratura da ata notarial à qualificação do fato vai de encontro com seus objetivos, além de não haver respaldo para tal exigência, nem na doutrina nacional, nem na estrangeira. As exigências previstas criavam a possibilidade de recusa pelo tabelião, de lavrar a ata, quando, a seu critério, o fato não apresentasse tais qualidades. Ou, pior ainda, poderia o julgador excluir a apreciação do instrumento público

---

[12] La actividad notarial está dirigida a autorizar actos jurídicos, o bien assentar comprobaciones de hechos jurídicos, es decir, actos voluntários lícitos que tienen por fin imediato estabelecer o extinguir relaciones jurídicas (art. 944, C.C.), o meramente comprovar la existencia de acontecimentos susceptibles de producir efectos jurídicos (art. 896, C.C.). GALLINO, Julieta. Circulacion del documento notarial y sus efectos como titulo legitimador em el trafico jurídico, XXIII Congreso Internacional del Notariado Latino, 30 de septiembr al 5 de octubre de 2001, Atenas, Grecia, Ponencias de la delegacion argentina, p. 213.

[13] ARNAU- GIMENEZ, Enrique. *Introduccion al derecho notarial*. Madrid: Revista de Derecho Privado, 1944, p. 277.

como meio probatório, ainda que o tabelião de notas se dispusesse a redigi-la. De qualquer maneira, seria um prejuízo ao interessado.

A questão foi resolvida com a redação proposta para o art. 392 no Relatório Final, que aprimorou o texto legal, excluindo a necessidade de o fato ser controvertido e de apresentar relevância para a situação jurídica de alguém:

> Art. 392. A existência e o modo de existir de algum fato podem ser atestados ou documentados, a requerimento do interessado, mediante ata lavrada por tabelião.
>
> Parágrafo único. Dados representados por imagem ou som gravados em arquivos eletrônicos poderão constar da ata notarial.

Com isso, ficou assegurado ao cidadão a possibilidade de requer a ata notarial sempre que houver um fato sobre o qual haja interesse na conservação por meio de instrumento público, dotado de fé pública. Além disso, houve a inclusão de um parágrafo único, autorizando a complementação da ata, com dados, sons e imagens. A previsão é importante e útil, pois muitas vezes a inclusão destes dados e recursos garante um melhor registro dos fatos percebidos.

A ata notarial passou a figurar na Seção III do Capítulo XIV, que trata das provas, sendo destacada sua "função de declaração de ciência de fato".[14] Com a nova redação, percebe-se uma nítida aproximação com o tratamento dado à ata notarial na doutrina estrangeira, especialmente de países como a Argentina, o Uruguai e a Espanha.

No Substitutivo apresentado pelo Deputado Paulo Teixeira em 17/7/2013 restou inalterada a redação do *caput* e do parágrafo único. No entanto, houve renumeração para o artigo 391, que figura no Capítulo XIII – Das Provas, Seção III – Ata Notarial.

O texto aprovado pelo Senado manteve a redação inalterada, com alteração apenas da numeração, passando o artigo 381 a tratar da ata notarial.

A Lei 13.105, publicada em 16/03/2015, prevê a ata notarial como meio de prova no artigo 384, com a mesma redação: "Art. 384. A existência e o modo de existir de algum fato podem ser atestados ou documentados, a requerimento do interessado, mediante ata lavrada por tabelião. Parágrafo único. Dados representados por imagem ou som gravados em arquivos eletrônicos poderão constar da ata notarial".

O prazo de vacância da lei é de um ano.

A seguir, serão examinadas algumas questões práticas relativas à ata notarial, à aplicação do princípio da territorialidade e ao fornecimento de certidões.

---

[14] http://s.conjur.com.br/dl/relatorio-cpc-sergio-barradas.pdf

Requisitos e competência para lavratura

A lavratura da ata notarial depende do requerimento feito por algum interessado. O requerimento decorre da aplicação do princípio da rogação, sendo que o tabelião de notas não age de ofício, dependendo sempre da solicitação feita por pessoa, física, capaz, ou jurídica, devidamente representada. Vale lembrar que interessado, neste caso, é qualquer pessoa que deseje que o tabelião de notas constate determinado fato, circunstância, situação, e a consigne em documento público. Como já visto, não cabe ao tabelião averiguar a existência de interesse jurídico por parte de quem lhe solicita a ata.

Convém destacar, também, que o fato de uma pessoa ter solicitado a lavratura da ata notarial seja garantia de que o resultado final do documento lhe seja favorável. O tabelião de notas lavra a ata de modo imparcial, limitando-se a narrar o que percebeu.

Ainda em relação ao requerimento para lavratura da ata, é possível que ambas as partes de um processo solicitem a ata, ou, até mesmo, que cada uma das partes solicite uma ata a um tabelião de notas distinto. Neste segundo caso, o resultado poderá ser duas atas com narrativas distintas, já que a percepção de cada pessoa a respeito de um mesmo fato é subjetiva. Nada de errado há, e caberá ao julgador analisar essas provas em conjunto com as demais.

Por outro lado, não se pode perder de vista que a ata notarial pode até ser uma prova unilateral, no entanto, ela é produzida pelo tabelião de notas, de forma imparcial e com o peso da fé pública e da sua responsabilidade pessoal. Isso a torna totalmente distinta de outras provas unilaterais.

A lavratura da ata é competência exclusiva do tabelião de notas, nos termos do que dispõem os artigos 6º e 7º da Lei 8.935/94. Mas também poderão lavrar atas notariais os substitutos do tabelião e os escreventes por ele autorizados.

As atas notariais poderão se destinar à constatação de capacidade e identificação de pessoas, à constatação da presença de uma pessoa em um determinado local, à constatação do estado de um bem, à constatação de algum fato em meio eletrônico, enfim, de uma infinidade de fatos sociais, inclusive ilícitos.

O princípio da territorialidade e sua aplicação à ata notarial

O princípio da territorialidade vem expresso nos artigos 8º e 9º da Lei 8.935/94. O primeiro dispositivo garante ao interessado a prerrogativa de escolher livremente o tabelião de notas para prática do ato notarial. Essa faculdade se funda na fé pública, característica essencial da atividade notarial, forjada na confiança depositada na pessoa do titular, tanto pelo Estado, quando da outorga da delegação, quanto pelo cidadão, quando busca a serventia para formalizar juridicamente sua vontade. É coerente que o cidadão possa escolher o notário de sua confiança para formalizar juridicamente os atos. O segundo dispositivo define o limite de atuação de cada titular, que se restringe ao município ou distrito para o qual foi outorgada a delegação.

A interpretação dos dois dispositivos legais confirma a total liberdade de escolha, dentre todos os tabeliães de notas que atuam no país, pelos interessados, em relação a quem será responsável pela lavratura de uma escritura pública de compra e venda, independentemente de onde estiver localizado o bem objeto da negociação. A limitação está no fato de que o tabelião de notas não está autorizado a se deslocar para além dos limites de seu município ou distrito para praticar os atos notariais, sob pena de nulidade. É o interessado que vai ao encontro do profissional de sua escolha.

No caso da ata notarial, quando se trata de territorialidade, algumas peculiaridades merecem destaque. A primeira delas refere-se à limitação da liberdade de escolha do tabelião de notas, no caso das atas de vistoria, pois neste caso o interessado em consignar um determinado fato por meio de ata notarial terá que escolher dentre os notários que detêm a delegação no município onde o fato está acontecendo. Por exemplo, se for requerida a lavratura de uma ata notarial para consignar o estado em que um determinado imóvel se encontra, o que é bastante comum nos casos de abandono ou mesmo nos contratos de locação, tanto na entrada quanto na saída do imóvel, apenas os tabeliães de notas do município onde o imóvel está localizado têm competência para sua lavratura.

Não bastasse a limitação de escolha dentre os profissionais que desempenham a atividade notarial no local, outra situação pode simplesmente retirar a possibilidade de escolha pelo interessado. É o caso, ainda no exemplo da vistoria de um imóvel, de existir apenas um tabelião de notas. O mesmo não acontece com a escritura pública de compra e venda de imóvel, pois o negócio jurídico de compra e venda de imóvel pode ser formalizado por tabelião de notas de município distinto, sem que isso interfira na competência, uma vez que a lavratura do instrumento público é ato que formaliza a manifestação de vontade dos contratantes, sendo o tabelião o auto e redator do documento que contém essa manifestação, que poderá ser feita em qualquer serventia. Não há necessidade de o tabelião se deslocar até onde se encontra o imóvel para lavratura da escritura pública, aliás, nem poderia, ao contrário do que acontece com a ata notarial, em que a percepção dos fatos exige sua presença no local onde eles acontecem. Mas e se o interessado solicitasse a ata notarial, e o tabelião de notas, único naquele município, se recusasse a lavrá-la? Primeiro, cumpre esclarecer que a recusa justificada não fere o princípio da obrigatoriedade, ao contrário, é afirmação da autonomia e independência que regem a atividade notarial. Entretanto, no caso de ser ela injustificada, e diante da possibilidade de perecimento da própria prova, tem-se como justa a relativização do princípio da territorialidade. A título de informação, o Código de Normas da Corregedoria-Geral de Justiça do Estado de Santa Catarina, no art. 788 dispõe sobre a possibilidade de prática do ato notarial por tabelião de notas de outra comarca.[15] A previsão é genérica, referindo-se ao ato notarial, do qual a ata é espécie, como mencionado, para o caso de impossibilidade de o serviço ser prestado pelo tabelião competente. A leitura do artigo revela tratar-se de circunstância *sui generis*, que depende de comunicação ao juiz-corregedor permanente para apuração de eventual responsabilidade do delegatário originariamente competente. Assim, se houver recusa injustificada pelo tabelião do município para prática do ato notarial, o interessado poderá solicitar a lavratura por outro tabelião, ainda que delegatário em outro município. Certo que a exceção a autorizar a quebra do princípio da territorialidade pressupõe a inexistência de mais de um tabelião de notas no município.

Outra situação, ainda, relacionada ao princípio da territorialidade e sua aplicação na ata notarial é aquela na qual o fato a ser registrado inicia em uma localidade, porém se estende para além do limite territorial do município. Um exemplo de situação como essa é a solicitação da presença do tabelião de notas para lavrar uma ata notarial referente à contaminação de um rio e os danos causados em toda a sua extensão, sendo que o rio inicia em um determinado município, e os danos se estendem para além dos limites territoriais daquele município, invadindo outros municípios lindeiros, nos quais também é possível constatar fatos passíveis de registro em ata notarial. A aplicação estrita do princípio da territorialidade impede o tabelião de notas de transpassar os limites territoriais de sua delegação para consignar o que constata em outro local. A dúvida é: poderia, em uma situação extraordinária, admitir-se a mitigação do princípio da territorialidade, para permitir a preservação do fato ou do direito? Justifica-se um rigor excessivo e prejudicial ao interessado, para

---

[15] Art. 788. Na impossibilidade de ser prestado pelo tabelião competente, o serviço poderá ser efetuado por qualquer dos delegatários de notas que atuem, sucessivamente, no município, na comarca e na comarca integrada. § 1º O motivo apresentado para o serviço não ter sido realizado e a identificação do respectivo tabelião deverão constar do ato lavrado, sem prejuízo do arquivamento de declaração subscrita pelo usuário. § 2º Concluído o serviço, o tabelião, no prazo de 5 (cinco) dias, enviará comunicação, devidamente instruída, ao juiz-corregedor permanente para apurar eventual responsabilidade do delegatário originariamente competente. § 3º Se, no curso da apuração, a autoridade concluir ser a declaração prestada manifestamente inverídica, realizará diligências a fim de se cientificar do procedimento doloso do usuário, ocasião em que, confirmado o abuso, de tudo dará ciência ao tabelião prejudicado.

impedir a consignação dos fatos (que muitas vezes não perduram tempo suficiente para a intervenção de outro tabelião), comprometer a própria descrição dos fatos, diante do caráter subjetivo (a descrição de um determinado fato feita por um tabelião pode ser totalmente distinta da descrição do mesmo fato feita por outro), ou, ainda, permitir o perecimento do direito? Entendemos que poderá haver a relativização do princípio da territorialidade, em casos especiais, devendo o tabelião de notas avaliar e orientar o interessado acerca das consequências do ato notarial. E cabe ao juiz, quando se deparar com uma ata notarial nestas condições, atentar para a situação concreta, e não apenas para o princípio em si.

Uma terceira hipótese que problematiza o princípio da territorialidade é aquela em que o tabelião de notas é o único em seu município, atua sozinho na serventia, e lhe é solicitada a lavratura de ata notarial para consignar fatos que envolvam seus familiares. A Lei 8.935/94, em seu artigo 27, impede que o tabelião de notas pratique, pessoalmente, atos notariais de interesse seu ou de seu cônjuge e parentes, na linha reta ou colateral, consanguíneos ou afins, até o terceiro grau.[16] Neste caso específico, poderia haver a relativização do princípio da territorialidade para autorizar que um tabelião do município vizinho lavrasse a ata, inclusive se deslocando? Mais uma vez acena-se em sentido afirmativo, sempre pensando na necessidade de conservação e fixação do fato e da possibilidade de perecimento do direito. E para o argumento de que para isso a parte dispõe de mecanismos judiciais, atenta-se para a facilidade da ata notarial, que não depende da representação por advogado, nem de petição, ou outras formalidades que são próprias do processo judicial.

Percebe-se que questões como essas revelam que o princípio da territorialidade poderá sofrer mitigação quando se trata de ata notarial, desde que a situação revele a sua necessidade e a conveniência, de modo a garantir a prestação do serviço notarial de modo adequado e evitar o perecimento do direito.

Certidões da ata notarial

De acordo com o artigo 6º, II, da Lei 8.935/94, compete aos notários "intervir nos negócios jurídicos a que as partes devam ou queiram dar forma legal ou autenticidade, autorizando a redação ou redigindo os instrumentos adequados, conservando os originais e expedindo cópias fidedignas de seu conteúdo".

---

[16] Art. 27. No serviço de que é titular, o notário e o registrador não poderão praticar, pessoalmente, qualquer ato de seu interesse, ou de interesse de seu cônjuge ou de parentes, na linha reta, ou na colateral, consanguíneos ou afins, até o terceiro grau.

As cópias fidedignas do conteúdo dos negócios jurídicos formalizados pelo tabelião de notas são fornecidas por meio de certidões. No entanto, até mesmo a certidão de negócios jurídicos tem o seu fornecimento limitado em alguns casos. É o caso da certidão de testamento. No Estado do Rio Grande do Sul, há muito já existe previsão na Consolidação Normativa que restringe o fornecimento de certidão de testamento lavrado por instrumento público para terceiros que não o próprio testador, enquanto este for vivo, ressalvado o caso de determinação judicial.[17]

Trata-se de restrição totalmente apropriada, não se justificando o fornecimento de certidão do conteúdo do testamento antes do óbito do testador a outras pessoas que não àquela que procurou o tabelião para fazer sua disposição e última vontade. Com isso preserva-se não apenas a pessoa do testador, como também eventual beneficiário. A mesma restrição encontra previsão no Código de Normas do Extrajudicial no Estado de São Paulo[18] e no Código de Normas de Minas Gerais.[19]

Depois da publicação da Lei 11.441/07, a publicidade do ato notarial passou a ocupar espaço nas discussões doutrinárias, justamente em razão da indevida exposição a que podem ser submetidos os cidadãos que fazem inventário ou separação e divórcio com partilha de bens. É preciso compreender que o tabelionato de notas não tem a função de publicização. Se o tivesse, não haveria necessidade de levar as escrituras públicas a registro.[20] A publicidade da escritura não é igual a publicidade

---

[17] Art. 637. Qualquer pessoa poderá requerer certidão, verbalmente, sem importar as razões de seu interesse. § 1º Enquanto vivo o testador, só a este ou a procurador com poderes especiais poderão ser fornecidas informações ou certidões de testamento. § 2º Para o fornecimento de informação e de certidão de testamento, no caso de o testador ser falecido, o requerente deverá apresentar ao tabelião a certidão de óbito do testador.

[18] Art. 152. As certidões de escrituras públicas de testamento, enquanto não comprovado o falecimento do testador, serão expedidas apenas a seu pedido ou de seu representante legal, ou mediante ordem judicial. 152.1. Os interessados na obtenção de certidão de escritura pública recusada pelo Tabelião de Notas poderão, expondo por escrito as razões de seu interesse, requerê-la ao Juiz Corregedor Permanente, a quem competirá, se o caso, determinar, motivadamente, a sua expedição. 152.2. Com a prova do falecimento do testador, as certidões poderão ser expedidas livremente, independente do interesse jurídico de quem a solicite, que estará dispensado de expor as razões de seu pedido.

[19] Art. 119. Qualquer interessado terá acesso gratuito à Central Eletrônica de Atos Notariais e de Registro através do sítio do TJMG para obtenção de informações sobre eventual prática dos atos referidos neste Provimento. (...) § 3º O fornecimento de informações ou certidões sobre testamentos, extraídas da Central Eletrônica de Atos Notariais e de Registro, somente se dará mediante ordem judicial ou requerimento formulado por interessado ou por tabelião de notas que esteja lavrando escritura de inventário e partilha, protocolizado perante a Corregedoria-Geral de Justiça e devidamente instruído com a certidão de óbito do testador. § 4º. Enquanto vivo o testador, só a este ou a mandatário com poderes especiais, outorgados através de procuração particular com firma reconhecida ou de instrumento público, poderão ser fornecidas as informações ou certidões sobre testamento, na forma do parágrafo anterior.

[20] E não se trata apenas das escrituras públicas relativas à alienação de bens imóveis, pois neste caso poder-se-ia argumentar que o registro é necessário não para publicizar, mas para operar a transferência da propriedade, a teor do que dispõe do art. 1.245 do Código Civil. No caso de escritura pú-

do registro. A finalidade da publicidade da escritura é dar notícia de que o ato notarial foi lavrado, enquanto a publicidade registral torna o ato oponível a terceiros. Logo, não precisa, e nem deve, ser igual no que diz respeito ao seu fornecimento. Quando se trata de terceiro que não participou do ato notarial, a certidão poderia perfeitamente limitar-se a informar a existência do ato, a sua natureza, quando foi lavrado e em qual livro se encontra arquivado. O conteúdo não precisa necessariamente ser publicizado, podendo o terceiro interessado buscá-lo no local apropriado (Registro).

No caso da ata notarial a ideia é a mesma, e se justifica, na medida em que a ata notarial poderá conter o registro de fatos ilícitos, de fatos que podem causar prejuízos a direitos personalíssimos, tanto de ordem patrimonial quanto extrapatrimonial, enfim, de circunstâncias que, ao serem publicizadas podem causar um mal maior às pessoas referidas no documento. Por outro lado, o fornecimento injustificado pode despertar o desejo de acesso a informações íntimas e privadas, com cunho meramente especulativo, o que certamente não se coaduna com a função notarial.

Certo que toda pessoa que estiver diretamente envolvida com o fato descrito na ata notarial deve ter acesso ao conteúdo. O que se pretende com esse outro olhar sobre a publicidade notarial é justamente preservar aquele que estiver diretamente envolvido com o fato. Neste sentido, vale salientar que a própria Lei 8.935/94 estabelece, como um dos deveres do notário, o sigilo sobre a documentação e os assuntos de natureza reservada dos quais tome conhecimento em razão do exercício de sua profissão (artigo 30, VI). Deste modo, parece-nos perfeitamente viável repensar a questão do fornecimento das certidões, especialmente no caso das atas notariais.

Ata notarial na usucapião extrajudicial

O novo Código de Processo Civil, em seu penúltimo artigo, alterou a Lei 6.015/73, para acrescentar um novo artigo ao já existente 216, o artigo 216-A, regulamentando o procedimento extrajudicial de usucapião. O dispositivo legal prevê a usucapião extrajudicial como uma faculdade para o interessado. Trata-se, portanto, de mais uma opção àquele que pretende ver o seu direito de propriedade reconhecido e legitimado na matrícula do imóvel. A via judicial fica preservada, inclusive no caso de

---

blica que envolva negócio jurídico pelo qual haja transmissão de um veículo, haverá necessidade de registro da transferência perante o DETRAN, para dar publicidade e eficácia *erga omnes*. Logo, não é no tabelionato de notas que se dá a publicização do fato jurídico, mas no registro.

rejeição do pedido extrajudicial, conforme disposto no parágrafo nono, preservando a garantia constitucional de acesso ao Poder Judiciário. Optando pela via extrajudicial, o interessado deve se dirigir ao Registro de Imóveis da comarca em que estiver situado o imóvel, para encaminhar seu requerimento, por meio de advogado. Portanto, dentre os documentos que acompanham o pedido está a procuração constituindo advogado para aquele fim. Essa procuração deverá ser pública e deverá conter a outorga de poderes específicos para o fim de requerer a usucapião extrajudicial.

Salienta-se que, diferentemente do que aconteceu em outras situações de desjudicialização, como no caso da separação, do divórcio e do inventário, o registrador imobiliário é o agente público delegatário responsável pelo procedimento extrajudicial.

Os incisos I a IV especificam os demais documentos que deverão ser apresentados ao Registrador Imobiliário para análise do pedido. O primeiro documento mencionado é a ata notarial lavrada pelo tabelião, referindo o texto legal que ela serve para atestar o tempo de posse do requerente e seus antecessores, conforme o caso e suas circunstâncias. O inciso II exige a apresentação de planta e memorial descritivo, contendo a assinatura de profissional legalmente habilitado e acompanhado da ART, juntamente com a assinatura dos titulares de direitos reais e de outros direitos registrados ou averbados na matrícula do próprio imóvel objeto da usucapião e na matrícula dos imóveis confinantes. O inciso III determina a apresentação das certidões negativas dos distribuidores da comarca onde estiver localizado o imóvel e do domicílio do requerente. E, finalmente, o inciso IV prevê a apresentação do documento que comprove o justo título ou quaisquer outros que demonstrem a origem, a continuidade, a natureza e tempo de posse, como por exemplo, comprovantes de pagamento de impostos e taxas incidentes sobre o bem imóvel.

O procedimento está disposto nos dez parágrafos que integram o artigo 216-A. O primeiro parágrafo prevê a prorrogação do prazo de prenotação até acolhimento ou a rejeição do pedido, de modo que, no caso de acolhimento, o registro da usucapião retroagirá à data do protocolo. O parágrafo segundo orienta as providências a serem tomadas no caso de a planta não conter a assinatura de qualquer um dos titulares de direitos reais ou outros direitos registrados ou averbados na matrícula do imóvel objeto da usucapião e na matrícula dos imóveis confinantes, destacando-se, nesta hipótese, a necessidade de notificação pelo registrador de títulos e documentos, pessoalmente ou por carta com aviso de recebimento, para manifestação do consentimento expresso, dentro do prazo de quinze dias. O silêncio dos notificados implicará sua discordância. O mesmo prazo para manifestação está previsto no parágrafo terceiro, para a União, o

Estado, o Distrito Federal e o Município, após a notificação pelo mesmo registrador, ressalvado que neste caso a lei foi omissa em relação ao silêncio. Em seguida, a lei trata da publicação de edital para manifestação de terceiros, no prazo de quinze dias, e a solicitação ou realização de diligências. O parágrafo sexto dispõe que, transcorrido o prazo do edital e não havendo pendências ou diligências, se a documentação estiver em ordem, será registrada a aquisição do imóvel com as descrições apresentadas, podendo ser aberta matrícula, se for o caso. Se, após as diligências, ainda restarem pendências, o pedido será rejeitado. Em qualquer caso, fica resguardado ao direito de suscitar dúvida, nos termos previstos na Lei de Registros Públicos. No caso de impugnação por qualquer um dos legitimados, o procedimento será remetido pelo registrador imobiliário ao juízo da comarca de situação do imóvel. O interessado, então, deverá ser intimado para que proceda a emenda da petição inicial, de forma a adequá-la ao procedimento comum judicial.

No que diz respeito à ata notarial, prevista no inciso I, é possível pensá-la sob dois ângulos: como uma escritura pública meramente declaratória. Neste caso, o interessado comparecerá no tabelionato de notas e declarará ao tabelião o seu tempo de posse e a de seus antecessores, detalhando as peculiaridades do caso concreto. O conteúdo da ata notarial será tão somente a narrativa, feita pelo tabelião, daquilo que lhe foi relatado (a declaração nas condições previstas na lei). Se pensarmos por outro ângulo, a atuação do notário pode ser muito mais complexa e completa, envolvendo uma participação ativa sua na constatação dos fatos que servirão para o acolhimento do pedido de usucapião. Nesta perspectiva, o tabelião de notas deixa de ser um mero ouvinte qualificado (pela fé pública) das declarações que serão consignadas no instrumento público, para ser quem, com sua fé pública, examinará toda a documentação referida nos incisos II a IV, para depois redigir a ata notarial, narrando o que constatou. Isso pode até mesmo significar o seu deslocamento até o imóvel para verificação, por exemplo, do uso para plantio ou criação de animais (requisitos em alguns tipos especiais de usucapião). Por meio dessa conferência ampla e detalhada, o tabelião terá, também, condições de assessorar e orientar o interessado na resolução de eventuais pendências que forem verificadas, indicando as diligências e providências necessárias para o acolhimento do pedido. Assessorar e orientar são atribuições ínsitas do tabelião do tipo latino. E com isso, a necessidade de solicitação de outras diligências pelo registrador imobiliário, para elucidação ou para complementação de documentação, certamente reduzirá significativamente. Ademais, examinar e conferir documentos é tarefa corriqueira para o tabelião de notas, que não encontrará dificuldade para executá-la. E que fique claro que isso não significa ausência de complexidade, mas existência de conhecimento especializado.

Conclusão

O presente estudo analisou a inclusão da ata notarial no novo Código de Processo Civil como meio de prova, desde o projeto original e as propostas legislativas que se seguiram até a aprovação final do texto.

A inclusão da ata como prova típica merece elogios, diante da importância que esse documento público de autoria do tabelião de notas pode desempenhar na formação do convencimento pelo juiz. Trata-se de uma prova plena, com presunção relativa de veracidade e autenticidade, cuja redação e conservação são de competência dos tabeliães de notas, de seus substitutos e escreventes autorizados.

A evolução que vai da total ausência de previsão na legislação processual até a redação do artigo 384 da Lei 13.105/15 é significativa. Em que pese a ausência de tratamento legislativo para ata notarial em nosso ordenamento até a promulgação do novo Código de Processo Civil não impedir a sua lavratura e utilização em demandas, certamente a inclusão como prova típica ampliará significativamente o seu uso.

Após a análise de sua evolução legislativa, foram abordadas algumas questões que são peculiares às atas e diferenciadas em relação às escrituras públicas, finalizando com uma breve reflexão acerca da aplicação do princípio da territorialidade, da publicidade notarial e da ata notarial na usucapião extrajudicial.

Com isso, esperamos ter contribuído para o conhecimento da ata notarial e para a reflexão sobre essa prova típica no processo civil a partir da vigência da Lei 13.105/15.

Referências

ALZOGARAY, María Laura Capalbo. *Valor probatório e fuerza ejecutoria del documento notarial en el âmbito internacional*, XII Jornada Iberoamericana, 7 al 10 de noviembre de 2006, Punta del Este, Montevideo: AEU, 2006.

ARNAU-GIMENEZ, Enrique. *Introduccion al derecho notarial*, Madrid: Revista de Derecho Privado, 1944.

BRASIL. *Constituição da República Federativa do Brasil, de 05 de outubro de 1988*. Disponível em: <http://www.planalto.gov.br/ccivil_03/Constituicao/Constituicao.htm> Acesso em 22/06/2013.

——. *Estado do Rio Grande do Sul. Poder Judiciário. Corregedoria-Geral da Justiça. Consolidação Normativa Notarial e Registral*. Disponível em: <http://www.tjrs.jus.br/export/legislacao/estadual/doc/CNJCGJ_Provimento_16_2013.pdf > Acesso em 22/06/2013.

——. *Lei Federal nº 5.869, de 11 de janeiro de 1973*. Institui o Código de Processo Civil. Disponível em: < http://www.planalto.gov.br/ccivil_03/leis/l5869compilada.htm> Acesso em 22/06/2013.

——. Senado Federal. *Projeto de Lei 166, de 08 de junho de 2010*. Reforma do Código de Processo Civil. Disponível em: <http://www.senado.gov.br/atividade/materia/detalhes.asp?p_cod_mate=97249> . Acesso em 22/06/2013

——. Senado Federal. *Relatório-Geral Senador Valter Pereira*, 24 de novembro de 2010. Disponível em: <http://www.senado.gov.br/atividade/materia/getPDF.asp?t=84496>. Acesso em 22/06/2013.

——. Lei Federal nº 13.105, de 16 de março de 2015. Disponível em: http://www.planalto.gov.br/ccivil¿03/¿Aro2015-2018/2015/lei/l13105.htm

RIO GRANDE DO SUL. Tribunal de Justiça. Agravo de Instrumento Nº 70002607174, Vigésima Câmara Cível, Relator: Rubem Duarte, Julgado em 22/08/2001.

——. Tribunal de Justiça. Apelação Cível nº 599154093, Décima Quinta Câmara Cível, Relator: Ricardo Raupp Ruschel, Julgado em 11/08/1999.

FICHER, José Flávio Bueno; ROSA, Karin Regina Rick. *Ata notarial e novas tecnologias,* in Ata notarial, coord. Leonardo Brandelli, Porto Alegre: Instituto de Registro Imobiliário do Brasil: S.A. Fabris, 2004.

GALLINO, Julieta. *Circulacion del documento notarial y sus efectos como titulo legitimador em el trafico jurídico*, XXIII Congreso Internacional del Notariado Latino, 30 de septiembr al 5 de octubre de 2001, Atenas, Grecia, Ponencias de la delegacion argentina.

GATTARI, Carlos Nicolás. *Manual de Derecho Notarial*. Buenos Aires: Depalma, 1997.

— 11 —

A pertinência ou não da regulação da desconsideração da personalidade pelo Código de Processo Civil

LAÍS MACHADO LUCAS[1]

Sumário: 1. Introdução; 2. A pessoa jurídica; 3. A desconsideração da personalidade jurídica; 4. Desconsideração da personalidade jurídica no novo CPC: pertinência ou não?; 5. Considerações finais; Referências bibliográficas.

1. Introdução

O presente estudo tem por objetivo abordar o tema da Desconsideração da Personalidade Jurídica, impulsionado pela inovação trazida pelo novo CPC, de inserir na lei processual esta temática, anteriormente somente tratada pelos diplomas de direito material. O foco do trabalho é verificar a pertinência e a viabilidade da abordagem deste tema pelo CPC, verificando se as disposições do novo Código não contrariam ou conflitam com as normas já existentes. Para isso, será necessário analisar a motivação da criação da "pessoa jurídica" e os efeitos decorrentes de uma personalidade própria, o instituto da desconsideração da personalidade jurídica, bem como o intuito do legislador processual na inserção desta nova regra. Permeará a abordagem, análises de direito empresarial, tendo em vista a íntima, e porque não dizer inseparável, relação das pessoas jurídicas com este ramo da ciência jurídica.

2. A pessoa jurídica

O Código Civil brasileiro, a partir do artigo 40, estabelece a disciplina das pessoas jurídicas. Inicialmente as dividindo em pessoas de direito público e privado, elenca em artigos específicos quem são as pessoas

---

[1] Advogada. Doutoranda em Direito Privado na UFRGS. Mestre em Direito pela PUCRS. Professora dos cursos de Direito da UNISINOS e da PUCRS e FARGS.

jurídicas de direito público e quem são aquelas de direito privado. Pela abordagem que se pretende fazer neste estudo, foca-se a análise nas pessoas jurídicas de direito privado,[2] mais precisamente nas sociedades e nas empresas individuais de responsabilidade limitada.[3]

Muitas são as teorias que tentam explicar as origens e a natureza jurídica da "pessoa jurídica", resumindo Caio Mario[4] essas teorias em quatro grupos: (1) teoria da ficção, que considera a pessoa jurídica uma "criação" legal, sendo, portanto uma ficção da lei; (2) teoria da propriedade coletiva, que entende a pessoa jurídica como uma "massa" de bens, sob a aparência de uma pessoa civil; (3) teoria da instituição, que pondera ser a pessoa jurídica uma organização social, que se destina a cumprir determinados objetivos; e, (4) teoria realista, que preconiza ser a pessoa jurídica um ente com vontade própria, independente das vontades individuais das pessoas naturais que a compõem, o que lhe garante a faculdade de adquirir direitos e contrair obrigações, bem como de exercer seus direitos subjetivos.

Em que pese a valia das teorias expostas que tentam explicar o fenômeno da pessoa jurídica, quando se está tratando de sociedades, especialmente as com objetivo empresarial,[5] e das EIRELIs, deve-se atentar para o principal efeito da "pessoa jurídica" em relação a estes entes. A união de duas ou mais pessoas, devidamente formalizada e registrada no Registro de Comércio[6] faz com que surja uma terceira pessoa, que por

---

[2] Art. 44. São pessoas jurídicas de direito privado: I – as associações; II – as sociedades; III – as fundações. IV – as organizações religiosas; (Incluído pela Lei nº 10.825, de 22.12.2003); V – os partidos políticos. (Incluído pela Lei nº 10.825, de 22.12.2003); VI – as empresas individuais de responsabilidade limitada. (Incluído pela Lei nº 12.441, de 2011)

[3] As empresas individuais de responsabilidade limitada (EIRELI) ingressaram no ordenamento jurídico brasileiro em janeiro de 2012, quando entrou em vigor a Lei 12.441/2011, que inseriu no Código Civil o artigo 980-A e alterou os artigos 44 e 1033, do mesmo diploma. A EIRELI, em uma comparação para fins didáticos, é uma mescla de empresário em nome individual com sociedade limitada, pois admite o desenvolvimento da atividade empresária por um único indivíduo, com limitação de responsabilidade e separação patrimonial. Para que isso ocorra, a legislação impôs como requisitos que o capital social seja de pelo menos 100 (cem) salários mínimos e que este esteja devidamente integralizado.

[4] PEREIRA, Caio Mario da Silva. *Instituições de Direito Civil*: Teoria Geral do Direito Civil. v. 01, 20 ed. Rio de Janeiro: Forense, 2004, p. 301-310.

[5] Frise-se que a separação patrimonial e a limitação de responsabilidade pretendida com a criação de uma pessoa jurídica, dependerá do tipo societário escolhido pelos sócios. No entanto, estando a sociedade devidamente constituída, independentemente do tipo societário escolhido pelos sócios, vige a regra do art. 1024 do Código Civil, chamada de "benefício de ordem": "Os bens particulares dos sócios não podem ser executados por dívidas da sociedade, senão depois de executados os bens sociais".

[6] É importante referir que o Código Civil divide as sociedades no Livro do Direito da Empresa em sociedades personificadas e sociedades não personificadas. As sociedades personificadas são aquelas passíveis de aquisição de personalidade jurídica, mediante o registro dos seus atos constitutivos no órgão pertinente, que poderá ser a Junta Comercial, no caso das sociedades empresárias ou o Registro Civil das Pessoas Jurídicas, no caso das sociedades simples. O artigo 45 do Código Civil é explícito no que tange a necessidade do registro para aquisição da personalidade jurídica. Já as so-

força deste registro passa a ser autônoma em pelo menos três aspectos: autonomia negocial, autonomia processual, autonomia patrimonial.

Essas "autonomias" inerentes a esta "terceira pessoa" – a jurídica – tem o condão de separar a personalidade dos sócios (esses pessoas naturais ou outras pessoas jurídicas) da pessoa jurídica criada, tornando-se esta sujeito de direito, titular de direitos e obrigações. Assim, é conferida à pessoa jurídica a prerrogativa de agir em nome próprio, como real exercente da atividade empresária, podendo-se organizar da forma mais proveitosa a sua atividade.

Neste momento, pode surgir certa dúvida sobre a autonomia da pessoa jurídica, eis que este ente "abstrato" do ponto de vista da corporeidade, só age mediante a atuação de representantes, chamados de administradores. No entanto, não se pode olvidar que os administradores de uma sociedade, por exemplo, quando executam qualquer ato de gestão estão agindo em nome e nos interesses da pessoa jurídica, havendo, inclusive, previsão legislativa de atribuição de responsabilidade aos administradores que contrariarem esta lógica ou que ajam em desacordo com os interesses da sociedade a qual administram.[7] Assim, sendo o ato praticado de interesse da pessoa jurídica, resta clara a sua "autonomia" para lhe ser atribuída a titularidade.

Este efeito da autonomia negocial, patrimonial e processual da pessoa jurídica é de suma importância para o desenvolvimento econômico. Pela própria definição do Código Civil tem-se que a atividade empresária (realizada pelas sociedades empresárias, empresários em nome individual e EIRELIs), caracteriza-se, em seu sentido funcional, pela produção e circulação de bens e serviços, objetivando lucro. Assim, pode-se concluir que "a noção inicial de empresa advém da economia, ligada à ideia central de organização dos fatores de produção (capital, trabalho, natureza), para a realização de uma atividade econômica";[8] ou seja, a em-

---

ciedades não personificadas não detêm personalidade jurídica, seja pela ausência de registro, como é o caso da sociedade em comum (neste caso, com o registro dos atos constitutivos ainda é possível a aquisição de personalidade), seja pela própria natureza do tipo societário, como, por exemplo, a sociedade em conta de participação.

[7] Sobre a responsabilidade dos administradores, vejam-se os seguintes artigos do Código Civil, como exemplo: Art. 1.011. O administrador da sociedade deverá ter, no exercício de suas funções, o cuidado e a diligência que todo homem ativo e probo costuma empregar na administração de seus próprios negócios; Art. 1.016. Os administradores respondem solidariamente perante a sociedade e os terceiros prejudicados, por culpa no desempenho de suas funções; Art. 1.017. O administrador que, sem consentimento escrito dos sócios, aplicar créditos ou bens sociais em proveito próprio ou de terceiros, terá de restituí-los à sociedade, ou pagar o equivalente, com todos os lucros resultantes, e, se houver prejuízo, por ele também responderá. Parágrafo único. Fica sujeito às sanções o administrador que, tendo em qualquer operação interesse contrário ao da sociedade, tome parte na correspondente deliberação.

[8] TOMAZETTE, Marlon. *Curso de Direito Empresarial*. Teoria Geral e Direito Societário. v. 01. 02 ed. São Paulo: Atlas, 2009, p. 36.

presa é a protagonista das trocas que levam à geração de riqueza. Nesse sentido é relevante que os empreendedores, que se dispõem a fomentar uma atividade empresária, recebam incentivos do Estado que compensem, ou pelo menos minimizem, os riscos inerentes a qualquer atividade econômica.

É nessa linha de raciocínio que se entende a "pessoa jurídica" com um desses incentivos ao desenvolvimento empresarial, pois as autonomias conquistadas pela constituição da pessoa jurídica atestam a separação de personalidade da sociedade empresária e/ou da EIRELI da figura de seu sócio ou titular, principalmente, separa o patrimônio da pessoa física/natural/jurídica sócia do patrimônio da pessoa jurídica sociedade e/ou EIRELI.[9]

3. A desconsideração da personalidade jurídica

A teoria da desconsideração da personalidade jurídica surge quando verificado que alguns agentes estavam se aproveitando indevidamente da constituição de pessoas jurídicas para fins que não os pretendidos por essas, como, por exemplo, a prática de fraudes envolvendo o patrimônio das pessoas jurídicas e o patrimônio dos seus sócios, com intuito de lesar credores.

Refere boa parte da doutrina nacional[10] que a teoria da desconsideração da personalidade jurídica teve seu início com o caso "Salomon x Salomon Co.", na Inglaterra, em 1897. Aaron Salomon era um próspero empresário individual, que em determinado momento resolveu constituir-se em sociedade,[11] para obter os efeitos da pessoa jurídica de separação patrimonial, especialmente, a separação do passivo da pessoa jurídica. Para a constituição desta sociedade, Aaron Salomon tomou para si a propriedade de vinte mil ações, distribuindo para seus seis sócios – diga-se, todos parentes – somente uma ação para cada.

Após um ano da constituição da sociedade, esta começou a apresentar problemas financeiros que a levaram ao estado de liquidação. O liquidante nomeado, percebendo que os credores seriam lesados, pois

---

[9] Neste sentido a lição de FRANCO, Vera Helena de Mello. *Direito Empresarial I*: O empresário e seus auxiliares; o estabelecimento empresarial; as sociedade. v. 01. 03 ed. São Paulo: Revista dos Tribunais, 2009, p. 267 e seguintes. Na mesma linha de pensamento TOMAZETTE, Marlon. *Curso de Direito Empresarial*. Teoria Geral e Direito Societário. v. 01. 02 ed. São Paulo: Atlas, 2009, p. 218-219.

[10] Por exemplo, TOMAZETTE, Marlon. *Curso de Direito Empresarial*. Teoria Geral e Direito Societário. v. 01. 02 ed. São Paulo: Atlas, 2009, p. 235-236; REQUIÃO, Rubens. *Curso de Direito Comercial*. v. 01. 31 ed. São Paulo: Saraiva, 2012, p. 458-460

[11] O tipo societário utilizado por Aaron Salomon se assemelha, no direito brasileiro, a uma sociedade anônima fechada.

não havia patrimônio suficiente na sociedade para saldar todas as dívidas, entendeu que a constituição daquela sociedade, nos moldes feitos por Aaron Salomon, configurava uma fraude, pois pela divisão societária ficava claro que ele continuava a exercer faticamente seus negócios como empresário em nome individual. O liquidante propôs, então, ação com o objetivo de atingir o patrimônio pessoal de Aaron Salomon para o pagamento dos credores. Depois de várias decisões, a favor e contrárias, a Casa dos Lordes entendeu pela manutenção da autonomia e regularidade da sociedade, negando o pedido do liquidante. No entanto, estava lançado o fundamento para a doutrina da desconsideração da personalidade.[12]

Inicialmente pelos esforços da doutrina e posteriormente pelo trabalho do legislador, esta doutrina foi adotada pelo ordenamento jurídico brasileiro, estando presente hoje em vários diplomas legais. O substrato para a adoção da doutrina da desconsideração da personalidade jurídica está na própria formação e finalidade da pessoa jurídica. Como já referido, o intuito da criação da pessoa jurídica, especialmente em casos de formação de sociedades empresárias, é o de incentivar os empreendedores a assumir riscos negociais sem que esses riscos venham a ser suportados imediatamente pelo patrimônio pessoal dos sócios. Assim como o direito dá o benefício, pode retirá-lo no caso de má utilização do mesmo.

No sentido de sistematizar a teoria da desconsideração da personalidade jurídica no nosso ordenamento, a doutrina a dividiu em duas vertentes, qual seja a teoria maior e a teoria menor da desconsideração da personalidade.[13] [14] Pela teoria maior, a desconsideração da personalidade jurídica somente pode se dar quando comprovado o acontecimento de fraude ou abuso/desvio de finalidade da pessoa jurídica em questão; já a teoria menor, defende a desconsideração da personalidade jurídica sempre que esta representar um obstáculo ao ressarcimento dos credores, ou

---

[12] A doutrina da desconsideração da personalidade jurídica é conhecida no direito inglês e no direito americano como "disregard of legal entity" ou ainda como "piercing the corporate veil" (levantar o véu da noiva). Essa última expressão faz referência ao objetivo da desconsideração da personalidade jurídica que é "levantar" momentaneamente os efeitos da pessoa jurídica para o atingimento do patrimônio dos seus sócios.

[13] Muito embora Fabio Ulhoa Coelho entenda já estar ultrapassada essa classificação, adota-se a mesma neste ensaio para fins didáticos. Atualmente, o doutrinador referido entende que a desconsideração da personalidade jurídica pode ser catalogada em casos de aplicação correta e casos de aplicação incorreta. Comentando acerca da aplicação incorreta, refere Ulhoa: "Nela, adota-se o pressuposto de que o simples desatendimento de crédito titularizado perante uma sociedade, em razão de insolvabilidade ou falência desta, seria suficiente para a imputação de responsabilidade aos sócios ou acionistas. De acordo com esta distorção, se a sociedade não possui patrimônio, mas o sócio é solvente, isso basta para responsabilizá-lo por obrigação daquela. A aplicação apressada da teoria não se preocupa em distinguir a utilização fraudulenta da regular do instituto, nem indaga se houve ou não abuso de forma". (COELHO, Fabio Ulhoa. *Curso de Direito Comercial*. v. 02, 15 ed. São Paulo: Saraiva, 2011, p. 66)

[14] Marlon Tomazette, na obra já referida, segue utilizando esta classificação.

seja, autoriza a desconsideração da personalidade pelo mero inadimplemento de obrigações.

O nosso ordenamento jurídico adota ambas as teorias, sendo a teoria maior a regra e a teoria menor utilizada em casos excepcionais. Antes que se adentre especificamente na análise dos textos legais que tratam da matéria, e importante referir que a desconsideração da personalidade é medida excepcional, que deve ser utilizada com extrema cautela pelos operadores do direito, sob pena de se esvaziar toda a construção em torno da própria pessoa jurídica, como uma figura legal capaz de se tornar titular de direitos e obrigações.[15] Lembra-se, por oportuno, que a pessoa jurídica é relevante para o desenvolvimento de uma economia saudável e estável e o abalo das suas finalidades (efeitos de autonomia e separação patrimonial), causa insegurança para os agentes econômicos como um todo.

Diante disso, é que se tem a redação cautelosa do artigo 50[16] do Código Civil,[17] que consagra no seu texto os preceitos da teoria maior.[18] Por esta norma, depreende-se que a desconsideração da personalidade jurídica só pode se dar quando verificada a ocorrência de desvio de finalidade ou confusão patrimonial. Além disso, a desconsideração só pode ser decretada por medida judicial, a requerimento das partes ou do Ministério Público quando lhe couber intervir no processo. Com isso, vê-se a preocupação do legislador de passar pelo crivo do Judiciário, bem como de garantir o devido processo legal, aos casos que envolvem a desconsideração, tendo em vista que este instituto subverte a ordem de outra figura jurídica – a pessoa jurídica.

Retoma-se, mais uma vez, a análise pelo prisma econômico, reiterando-se a cautela que se deve ter ao manejar a desconsideração da personalidade, tendo em vista sua interferência direta em questões de

---

[15] No mesmo sentido, TOMAZETTE, Marlon. *Curso de Direito Empresarial*. Teoria Geral e Direito Societário. v. 01. 02 ed. São Paulo: Atlas, 2009, p. 240.

[16] Artigo 50: "Em caso de abuso de personalidade jurídica, caracterizado pelo desvio de finalidade, ou pela confusão patrimonial, pode o juiz decidir, a requerimento da parte, u do Ministério Público quando lhe couber intervir no processo, que os efeitos de certas e determinadas relações de obrigações sejam estendidos aos bens particulares dos administradores ou sócios da pessoa jurídica."

[17] Bruno Meyerhof Salama explica que a positivação da desconsideração da personalidade no Código Civil de 2002 não causou estranhamento aos operadores do direito em geral, somente organizando e sedimentando entendimento jurisprudencial construído desde os anos de 1970, no sentido da responsabilização de terceiros (no caso os sócios e/ou administradores) por dívidas da pessoa jurídica. Na opinião do autor, os critérios constantes do artigo 50, quais sejam, desvio de finalidade e confusão patrimonial, serviram como "balizadores" da jurisprudência. (SALAMA, Bruno Meyerhof. *O Fim da Responsabilidade Limitada no Brasil. História, Direito e Economia*. São Paulo: Malheiros, 2014, p. 210-211,)

[18] Fabio Ulhoa Coelho, na obra anteriormente citada, à p. 74, entende que o artigo 50 não contempla especificamente a "desconsideração da personalidade jurídica", mas sim é uma norma que contempla os mesmos pressupostos (preocupações) da doutrina da desconsideração.

macroeconomia. Exemplo disso é o chamado "Risco País", conhecido no cenário nacional por "Risco Brasil", que se configura como um índice demonstrativo do grau de segurança para investimentos estrangeiros no país. Este índice, que é calculado pelo Banco americano JP Morgan, baseia-se em critérios como risco cambial,[19] risco de conversibilidade,[20] risco político,[21] risco soberano[22] e risco regulatório.[23] Este último é o que guarda relação com a estabilidade ou não de questões jurídicas, sobre matérias relevantes aos mercados, tais como, direito de propriedade, mercado de capitais e contratos. Segundo as regras de cálculo do Risco País, os mercados (entenda-se "os países") que possuem posicionamentos claros e "pétreos" sobre propriedade e contratos costumam ter um índice de risco mais baixo, o que atrai os investimentos externos, contribuindo assim para o desenvolvimento do Estado como um todo.[24]

Por isso, a necessária observância dos requisitos impostos pelo legislador para que seja desconsiderada a personalidade de uma pessoa jurídica. No entanto, como já referido, existem casos que o legislador brasileiro entendeu que deveriam ter uma maior "facilidade" para a desconsideração de personalidade, tendo em vista o bem jurídico protegido. Para esses casos, então, adota-se a teoria menor da desconsideração, cujo único requisito para a sua aplicação é "o mero obstáculo que a pessoa jurídica possa representar para o ressarcimento dos danos ao lesado", o que vem sendo traduzido pela prática jurídica como "mero inadimplemento de uma obrigação".[25] São exemplos de positivação desta teoria o

---

[19] "Política cambial de taxas de paridade fixas ou flutuantes, sempre existe um grau de incerteza sobre a taxa de conversão entre a moeda local e a moeda de investimento inicial (geralmente o dólar) no momento da realização dos resultados". FECOMÉRCIO. Risco Soberano da Dívida: Componentes, Efeitos e Tendências. In: *Cadernos Fecomércio de Economia*. São Paulo: Federação do Comércio do Estado de São Paulo, maio 2005, p. 10.

[20] "Possibilidade de conversão entre as moedas. Alguns países operam com diversas regras de conversão que vão desde a proibição de converter moeda em moeda estrangeira para alguns investimentos até períodos de quarentena, e pedágios tributários ou mesmo de taxas penalizadas no câmbio de conversão". FECOMÉRCIO. Risco Soberano da Dívida... p. 11.

[21] "Risco de alterações significativas no ambiente político que inviabilize de alguma maneira o cumprimento de contratos anteriores". FECOMÉRCIO. Risco Soberano da Dívida...p. 11.

[22] "É a reunião de todos os riscos somados a outros aspectos idiossincráticos, que cada agente aloca a determinado investimentos". FECOMÉRCIO. Risco Soberano da Dívida... p. 11.

[23] "Diz respeito a mudanças de regras pré-estabelecidas, ainda que o ambiente político não seja alterado. Mudanças tributárias, problemas com a configuração de propriedade, modificações nos aspectos legais dos investimentos financeiros, etc." FECOMÉRCIO. Risco Soberano da Dívida... p. 11.

[24] FECOMÉRCIO. Risco Soberano da Dívida...p. 1-32.

[25] Acerca da desconsideração da personalidade com base na teoria menor, ou seja, pelo inadimplemento de obrigações, posicionou-se Marlon Tomazatte, a nosso ver, com propriedade: "(...) Conquanto a proteção do consumidor seja importante, sendo um princípio basilar do CDC, é certo que a pessoa jurídica também é importantíssima, sendo um dos mais importantes institutos do direito privado. A prevalência de tal interpretação representaria a revogação da autonomia patrimonial no âmbito do direito do consumidor, objetivo que não parece ter sido visado pelo legislador pátrio, dada a importância do instituto. Além do que, a própria forma com que foi colocada tal regra, no

Código de Defesa do Consumidor (Lei 8.078/90)[26] [27] – frise-se, primeiro diploma legislativo a positivar a desconsideração da personalidade jurídica – e a Lei de Proteção Ambiental (Lei 9.605/98).[28] [29] Também importa destacar a costumeira utilização da desconsideração da personalidade jurídica no âmbito do Direito Trabalho, para imputar aos sócios e/ou administradores as responsabilidades pecuniárias decorrentes de uma relação trabalhista entre a pessoa jurídica e determinado funcionário. Muito embora a CLT não tenha regramento específico sobre o tema, as normas já referidas neste ensaio são utilizadas de forma suprir a lacuna existente na legislação especializada.[30]

---

parágrafo quinto, não nos permite interpretá-la literalmente e, por conseguinte, ignorar o caput do referido dispositivo.". Op. cit., p. 254.

[26] Artigo 28: O juiz poderá desconsiderar a personalidade jurídica da sociedade quando, em detrimento do consumidor, houver abuso de direito, excesso de poder, infração da lei, fato ou ato ilícito ou violação dos estatutos ou contrato social. A desconsideração também será efetivada quando houver falência, estado de insolvência, encerramento ou inatividade da pessoa jurídica provocados por má administração. §5° Também poderá ser desconsiderada a pessoa jurídica sempre que sua personalidade for, de alguma forma, obstáculo ao ressarcimento de prejuízos causados aos consumidores.

[27] Neste sentido: AGRAVO DE INSTRUMENTO. RESPONSABILIDADE CIVIL. DESCONSIDERAÇÃO DA PERSONALIDADE JURÍDICA. *DISREGARD DOCTRINE*. APLICAÇÃO DA TEORIA MENOR DA DESCONSIDERAÇÃO. RELAÇÃO DE CONSUMO. ART. 28, § 5°, DO CDC. Não obstante a previsão contida no art. 50 do Código Civil e no *caput* do art. 28 da Lei Consumerista, também poderá ser desconsiderada a pessoa jurídica sempre que sua personalidade for, de alguma forma, obstáculo ao ressarcimento de prejuízos causados aos consumidores. Exegese do § 5° do art. 28 do CDC. Sob a égide da Teoria Menor da Desconsideração, consagrada pelo Eg. STJ, basta a mera prova de insolvência da pessoa jurídica para o pagamento de suas obrigações, sendo irrelevante a existência de desvio de finalidade ou de confusão patrimonial. A sua aplicação vem calcada no disposto no § 5° do art. 28 do CDC e sua incidência não está vinculada às disposições do *caput* deste dispositivo. A parte agravada não se encontra mais no local em que declarou exercer suas atividades, embora conste do seu cadastro como empresa ativa. Ainda, não possui patrimônio para saldar suas obrigações. Logo, possível a desconsideração da sua personalidade jurídica em face da insolvência para adimplir suas obrigações, sendo irrelevante a existência de desvio de finalidade ou de confusão patrimonial por parte da empresa. Requisitos legais preenchidos. Precedentes do Eg. STJ e desta Corte. AGRAVO DE INSTRUMENTO PROVIDO. (Agravo de Instrumento N° 70051959328, Décima Câmara Cível, Tribunal de Justiça do RS, Relator: Túlio de Oliveira Martins, Julgado em 06/12/2012)

[28] Art. 4° Poderá ser desconsiderada a pessoa jurídica sempre que sua personalidade for obstáculo ao ressarcimento de prejuízos causados à qualidade do meio ambiente.

[29] Importante referir que a Lei de Infrações à ordem Econômica possui regulação diferenciada sobre a matéria da desconsideração de personalidade jurídica, ao incluir no seu texto, outros atos, além do abuso/desvio de finalidade e da confusão patrimonial, como motivadores da desconsideração de personalidade. No entanto, esta lei não admite o mero inadimplemento de obrigações como motivo suficiente para a desconsideração. Veja-se: Lei 12.529/2011 Art. 34. A personalidade jurídica do responsável por infração da ordem econômica poderá ser desconsiderada quando houver da parte deste abuso de direito, excesso de poder, infração da lei, fato ou ato ilícito ou violação dos estatutos ou contrato social. Parágrafo único. A desconsideração também será efetivada quando houver falência, estado de insolvência, encerramento ou inatividade da pessoa jurídica provocados por má administração.

[30] "A sonegação dos direitos trabalhistas do empregado configura 'desvio de finalidade', conceito legal indeterminado presente no art. 50 do Código Civil Brasileiro, que permite a desconsideração da pessoa jurídica para que os efeitos de certas e determinadas relações e obrigações sejam estendidas aos bens particulares <u>dos administradores ou sócios da pessoa jurídica</u>. Destarte, a não aplicação

Bruno Salama destaca o Código de Defesa do Consumidor como o grande marco da disciplina da desconsideração da personalidade jurídica, pois este diploma legislativo alargou as "bases" de aplicação da doutrina em processo judiciais. Além das previsões de possibilidade de desconsideração em casos de abuso ou excesso de poder, infração à lei, fato ou ato ilícito ou violação dos estatutos ou contrato social, falência, estado de insolvência, encerramento ou inatividade da pessoa jurídica em razão de má administração, o CDC estabeleceu regras de responsabilidade para os grupos econômicos. No entanto, o autor refere que a mais "estrondosa" contribuição do CDC é a previsão do §5º do artigo 28, que dá ao julgador "amplíssima discricionariedade para formular os critérios e considerar as circunstâncias que justificariam a responsabilização de terceiros".[31]

Nas palavras do referido autor:

> Para entender porque, repare que os efeitos do CDC foram marcantes na jurisprudência consumerista – nela, realmente, a responsabilização de sócios e administradores passou a fazer parte do dia a dia dos tribunais. Só aqui, já há uma novidade, porque até então cada desconsideração era um fato excepcional, extraordinário. Mas o ponto mais importante é que, após a edição do CDC, responsabilizar terceiros em matéria civil deixou de ser percebido como algo extravagante e passou a ser visto como algo natural. Isso quer dizer que o CD cristalizou uma mudança que é antes de tudo cultural. E para além das discussões doutrinárias específicas sobre relações de consumo, esse é até hoje o principal legado do CDC.[32]

Feitas essas observações em relação ao CDC, impende destacar, para conclusão deste tópico que independente do caso e da teoria ser adotada – maior ou menor –, a desconsideração da personalidade jurídica não tem o objetivo de "extinguir" a pessoa jurídica, mas sim, ingressar momentânea e pontualmente no patrimônio de seus sócios para saldar dívidas não cumpridas pela pessoa jurídica.

4. Desconsideração da personalidade jurídica no novo CPC: pertinência ou não?

Conforme referido anteriormente, na atualidade a desconsideração da personalidade jurídica é tratada por diplomas de direito material. O

---

dos dispositivos legais implicitamente invocados pelo agravante encontra respaldo no cometimento de ilícito trabalhista, consubstanciado no descumprimento dos direitos legal e constitucionalmente assegurados ao empregado, conjugado com o fato de a ex-sócia contra o qual redirecionada a execução ter sido beneficiária direta dos serviços prestados pelo exequente". (Agravo de Petição 0064800-54.2007.5.04.0002 – Des. Rel. Ana Rosa Pereira Zago Sagrilo, julgado em 29/10/2009)

[31] SALAMA, Bruno Meyerhof. *O Fim da Responsabilidade Limitada no Brasil. História, Direito e Economia*. São Paulo: Malheiros, 2014, p. 200-201.

[32] Idem, p. 207.

novo CPC inova ao incluir em seu texto dispositivos que tratam da temática:

CAPÍTULO IV
DO INCIDENTE DE DESCONSIDERAÇÃO DA PERSONALIDADE JURÍDICA

Art. 133. O incidente de desconsideração de personalidade jurídica será instaurado a pedido da parte ou do Ministério Público, quando lhe couber intervir no processo.

§ 1º. O pedido de desconsideração da personalidade jurídica observará os pressupostos previstos em lei.

§ 2º Aplica-se o disposto neste capítulo à hipótese de desconsideração inversa da personalidade jurídica.

Art. 134. O incidente de desconsideração é cabível em todas as fases do processo de conhecimento, no cumprimento de sentença e na execução fundada em título executivo extrajudicial.

§ 1º. A instauração do incidente será imediatamente comunicada ao distribuidor para as anotações devidas.

§ 2º Dispensa-se a instauração do incidente se a desconsideração da personalidade jurídica for requerida na petição inicial, hipótese em que será citado o sócio ou a pessoa jurídica.

§ 3º A instauração do incidente suspenderá o processo, salvo na hipótese do § 2º.

§ 4º O requerimento deve demonstrar o preenchimento dos pressupostos legais específicos para a desconsideração da personalidade jurídica.

Art. 135. Instaurado o incidente, o sócio ou a pessoa jurídica será citado para manifestar-se e requerer as provas cabíveis no prazo de 15 (quinze) dias.

Art. 136. Concluída a instrução, se necessária, o incidente será resolvido por decisão interlocutória.

Parágrafo único. Se a decisão for proferida pelo relator, cabe agravo interno.

Art. 137. Acolhido o pedido de desconsideração, a alienação ou a oneração de bens, havida em fraude de execução, será ineficaz em relação ao requerente.

Em um primeiro momento, a inclusão da desconsideração da personalidade jurídica no diploma processual civil poderia causar certo receio nos operadores do direito e também aos envolvidos na atividade econômica, pois se poderia estar diante de uma construção rígida que pudesse priorizar a efetividade da execução, em detrimento da autonomia da pessoa jurídica.

No entanto, a ideia de Fredie Didier Júnior,[33] de que a regulamentação da desconsideração da personalidade jurídica pelo Código de Processo Civil poderia servir aos interesses das pessoas jurídicas e por fim a algumas arbitrariedades das decisões judiciais, parece ter transparecido no texto do projeto. Há de se destacar, contudo, que a ideia de uma me-

---

[33] DIDIER JR. Fredie. *Aspectos processuais da desconsideração da personalidade jurídica*. Disponível em: www.frediedidier.com.br, consultado em 10/03/2015.

lhor definição do procedimento de desconsideração da personalidade jurídica não é inédita, já tendo sido objeto de outro projeto de lei proposto pelo deputado Ricardo Fiuza (PL 2426/2003), arquivado em 2007. O projeto do deputado Fiuza propunha alteração do artigo 50 do Código Civil, justamente para disciplinar os aspectos processuais do procedimento de desconsideração.

Vê-se que a discussão – e a necessidade – sobre o "como" desconsiderar a personalidade jurídica é antiga. Fabio Ulhoa Coelho[34] alerta sobre o risco dos juízes que aplicam erroneamente a teoria da desconsideração, somente diante da insolvência da pessoa jurídica; refere o doutrinador que normalmente a desconsideração se dá por um despacho na fase de execução, determinando a penhora dos bens dos sócios e remetendo aos embargos a única possibilidade de defesa dos sócios. Ocorre que, nesta fase processual não se poderá discutir matérias já atingidas pela coisa julgada, evidenciando-se ofensa ao devido processo legal em relação a estes sócios. Complementando o raciocínio de Ulhoa, destaca-se a problemática da desconsideração da personalidade "de ofício" pelo juiz, especialmente em casos envolvendo direito do consumidor, sob a justificativa de que não há no Código de Defesa do Consumidor expressa proibição a este respeito.

É neste sentido que o novo CPC, parece tranquilizar os envolvidos com esta temática. A previsão acerca do procedimento a ser seguido e adotado em casos de desconsideração da personalidade jurídica, homenageia o princípio da segurança jurídica, mas principalmente, garante o exercício do direito constitucional de ampla defesa e contraditório, que era comumente ferido, conforme já exposto com base no pensamento de Fabio Ulhoa Coelho. O objetivo de regular o procedimento da desconsideração fica evidente com a leitura da exposição de motivos do Projeto que deu origem ao novo Código:

"O novo CPC prevê expressamente que, **antecedida de contraditório e produção de provas**, haja decisão sobre a desconsideração da pessoa jurídica, com o redirecionamento da ação, na dimensão de sua patrimonialidade, e também sobre a consideração dita inversa, nos casos em que se abusa da sociedade, para usá-la indevidamente com o fito de camuflar o patrimônio pessoal do sócio. Essa alteração está de acordo com o pensamento que, entre nós, ganhou projeção ímpar na obra de J. LAMARTINE CORRÊA DE OLIVEIRA. Com efeito, há três décadas, o brilhante civilista já advertia ser essencial o predomínio da realidade sobre a aparência, quando "em verdade [é] uma outra pessoa que está a agir, utilizando a pessoa jurídica como escudo, e se é essa utilização da pessoa jurídica, fora de sua função, que está tornando possível o resultado contrário à lei, ao contrato, ou às coordenadas axiológicas" (*A dupla crise da pessoa jurídica*. São Paulo: Saraiva, 1979, p. 613).[35] (grifo nosso)

---

[34] COELHO, Fabio Ulhoa. *Curso de Direito Comercial*. v. 02, 15 ed. São Paulo: Saraiva, 2011, p. 76.
[35] Disponível em www.senado.gov.br/senado/novocpc/pdf/Anteprojeto.pdf.

Importante destacar que o texto do novo CPC não retirou a autonomia e aplicabilidade dos demais textos legais que tratam do assunto, na medida em que deixou os pressupostos para a desconsideração a cargo de outros diplomas legislativos. Assim, a regra geral de desconsideração da personalidade, insculpida no artigo 50 do Código Civil, convive perfeitamente com o diploma processual, mantendo-se os requisitos gerais de desvio de finalidade da pessoa e confusão patrimonial como elementos embasadores para um pedido de desconsideração.

No entanto, entende-se que a grande contribuição desta previsão está na regulação do procedimento para aqueles direitos afetos à "teoria menor", quais sejam, direito do consumidor e direito ambiental, mais especialmente ao primeiro, pois mais comum às sociedades empresárias. Conforme referido, a desconsideração em casos consumeristas por vezes apresenta alguns abusos e arbitrariedades, como por exemplo, a desconsideração da personalidade sem que tenha havido pedido pelas partes. Com a existência de regramento claro e preciso sobre o procedimento, não poderão se valer os julgadores do recorrente argumento de que "não há vedação" para a desconsideração *ex oficio*, pois o direito do consumidor por valer-se do Código de Processo Civil para a sua efetivação, terá, também, de adotá-lo no que tange às regras atinentes à desconsideração.[36]

---

[36] Neste sentido: "APELAÇÃO CÍVEL. RESPONSABILIDADE CIVIL. MORTE POR AFOGAMENTO EM LAGO ARTIFICIAL EXPLORADO ECONOMICAMENTE. ACIDENTE DE CONSUMO. PRESTAÇÃO DEFEITUOSA DE SERVIÇO. FALHA NA SEGURANÇA E DEVER DE VIGILÂNCIA EM ESTABELECIMENTO COMERCIAL. RESPONSABILIDADE OBJETIVA. POSSIBILIDADE DE DESCONSIDERAÇÃO DA PERSONALIDADE JURÍDICA DE OFÍCIO COM BASE NO CDC. DANO MORAL CONFIGURADO. QUANTUM INDENIZATÓRIO MANTIDO. SENTENÇA MANTIDA. Não merece prosperar a tese dos apelantes de que a procuração outorgada pelos demandantes não se presta ao fim destinado. Isto porque o instrumento é bastante claro, individualizando, inclusive, o incidente, objeto do litígio. O simples fato de não constar especificamente os nomes dos réus, pessoas físicas, em nada prejudica os atos praticados. A requerente possui legitimidade para pleitear indenização por danos morais, em face do falecimento de seu irmão, uma vez que evidente o sofrimento causado pela morte de um irmão, sendo irrelevante se a vítima possuía descendente ou se havia relação de dependência econômica, devendo ser rejeitada a prefacial. *Quanto à alegação de que é vedado ao juiz desconsiderar a personalidade jurídica de ofício, cumpre referir que tal assertiva é verdadeira quando a desconsideração for feita com base no Código Civil, o que não é o caso dos autos, uma vez que feita com base no CDC, sendo possível sim ser realizada de ofício pelo julgador.* Envolvendo o caso relação de consumo, eventual falha na prestação do serviço impõe aos demandados o dever de reparação, posto que há responsabilidade civil objetiva, impondo-se o dever de zelar pela perfeita qualidade do serviço prestado, incluindo o dever de informação, proteção e boa-fé objetiva para com o consumidor, consoante se extrai das disposições constantes no art. 14, do Código de Proteção e Defesa do Consumidor. Os estabelecimentos comerciais, que exploram economicamente a atividade, disponibilizando lagos artificiais, mediante preço determinado, respondem objetivamente pela prestação de serviço defeituosa, decorrente na falha do dever de segurança e de vigilância, salvo se comprovar qualquer das excludentes de responsabilidade. Inteligência do artigo 14 do CDC. Ocorrida a morte do filho/irmão dos autores, a responsabilidade dos requeridos deve ser mantida. PRELIMINARES REJEITADAS. APELO DESPROVIDO". (Apelação Cível nº 70039873468, Quinta Câmara Cível, Tribunal de Justiça do RS, Relator: Romeu Marques Ribeiro Filho, Julgado em 24/08/2011) (grifo nosso).

O mesmo vale para ao direito do trabalho que expressamente prevê a possibilidade de aplicação subsidiária do Código de Processo Civil, diante de omissões da CLT. Seguindo-se o ideal deste novo regramento a desconsideração da personalidade jurídica no âmbito da justiça do trabalho também se submeteria a este novo procedimento, privilegiando a ampla defesa e o contraditório dos sócios instados a assumir obrigação das suas pessoas jurídicas. Com isso, espera o fim do "redirecionamento da execução para a pessoa do sócio", muito praticado na Justiça do Trabalho.[37]

A crítica que se faz ao texto do novo CPC, no que pertine à desconsideração da personalidade jurídica, acompanha o que era perseguido pelo deputado Ricardo Fiuza no projeto de 2003, é a não diferenciação entre sócios e administradores que praticaram atos que possam ensejar a desconsideração da personalidade jurídica daqueles que não praticaram ou contribuíram para qualquer abuso. Veja-se que no âmbito das relações empresariais é bastante comum a presença de sócios na composição das sociedades que são somente "investidores", na medida em que participam da sociedade somente com aporte de capital e com o objetivo de auferir dividendos, sem, contudo, participar da administração direta da sociedade. Muito embora haja o dever de prestar contas por parte dos administradores, podem ocorrer atos ao longo da condução da sociedade que passam despercebidos por aqueles não participam da administração diária. Ainda, deve-se observar que o novo diploma processual civil somente referiu a figura do "sócio", como destinatário para a desconsideração da personalidade jurídica, quando o artigo 50 do Código Civil refere a possibilidade de a mesma recair sobre os "administradores ou sócios da pessoa jurídica". Isso porque é possível no âmbito da administração das sociedades que os atos de gestão sejam praticados por terceiros, alheios ao capital social da sociedade.

É neste sentido que deveria ser considerada a possibilidade de, neste mesmo incidente de desconsideração, ser produzida prova de "autoria" dos atos abusivos que levaram ao pedido de desconsideração da personalidade, para que o sócio que não teve participação neles pudesse, de pronto, se eximir de uma eventual constrição patrimonial.

É importante estar sempre presente entre os operadores do direito que se depararem com uma questão envolvendo desconsideração de personalidade que a autonomia da pessoa jurídica deve ser ao máximo preservada e perseguida, para que alguns precedentes judiciais desco-

---

[37] "AGRAVO DE PETIÇÃO. REDIRECIONAMENTO DA EXECUÇÃO. A ausência de prova de que a reclamada possua bens livres e desembaraçados suficientes para garantir o pagamento da dívida trabalhista, é argumento, por si só, suficiente a autorizar o redirecionamento da execução aos seus sócios". (Agravo de Petição 0015800-87.2007.5.04.0551 AP, Redator João Alfredo Borges Antunes De Miranda, 03/06/2014).

nectados com a melhor aplicação da teoria, não venham a prejudicar o mercado como um todo. Não se deve esquecer que o direito está a serviço do ambiente econômico, para regular algumas situação, no sentido de trazer maior conforto e segurança para os agentes, e o atingimento desses objetivos só dá com uma ordem jurídica coesa, em que há assimetria entre o texto legal e as decisões emanadas pelos tribunais. De nenhuma forma deve-se entender essa coesão como "engessamento" dos julgadores, pois se sabe da imensurável importância dos intérpretes no sentido de oxigenar o texto legal, especialmente quando este já se encontra defasado em relação aos anseios sociais. No entanto, quando se trata de questões que envolvem mercados, investimentos, relações contratuais e de propriedade, etc., é relevante a busca constante pela segurança jurídica, pelos motivos já referidos anteriormente.

E é nesse sentido que se entende como positiva a iniciativa do novo CPC, no que tange à regulamentação do procedimento de desconsideração da personalidade jurídica, pois com esta inovação espera-se o fim das "criações" de formas para atingir o patrimônio dos sócios. Ainda, na mesma linha de raciocínio, importante ressaltar que a desconsideração de personalidade é medida excepcional, devendo ser utilizada somente nos casos em que restar comprovada fraude, abuso da pessoa jurídica ou confusão patrimonial, com estreita observância da lei quanto a esses requisitos, ressalvados os casos de direito do consumidor e ambiental, por força das leis especiais que regem estas matérias. E, durante a vigência deste texto de lei, almeja-se o seu integral respeito e que restem afastados deles devaneios interpretativos que possam, mais uma vez, atacar a autonomia da pessoa jurídica.

5. Considerações finais

O presente ensaio analisou a pertinência ou não da inserção do tema da desconsideração da personalidade jurídica no novo Código de Processo Civil. Antes que se chegue a qualquer conclusão é de extrema relevância o reforço da autonomia da pessoa jurídica, por ser esta um dos incentivos colocados à disposição dos empreendedores, pelo legislador, para o desenvolvimento de atividades econômicas. É através da constituição da pessoa jurídica que se consegue a separação patrimonial entre os bens que são da pessoa jurídica e os bens que são de seus sócios, observado o tipo societário a ser escolhido. Assim, a desconsideração da personalidade não pode ser utilizada sem critérios, simplesmente para que se satisfaça uma dívida; a desconsideração de personalidade irrestrita e abusiva causa danos ao mercado como um todo, na medida em que gera incerteza aos empreendedores acerca do risco que terão de suportar pelo insucesso de uma atividade. Assim, pertinente a regulamentação de um "procedimento" de desconsideração pelo novo Código de Processo Civil, desde que respeitados os objetivos constantes da exposição de motivos do mesmo, qual seja, a garantia de ampla defesa e contraditório, bem como de segurança jurídica. A economia e, por consequência, o direito empresarial, precisam de certezas... é bem-vindo o novo texto legal se ele atingir esta expectativa.

Referências bibliográficas

COELHO, Fabio Ulhoa. *Curso de Direito Comercial*. v. 02, 15 ed. São Paulo: Saraiva, 2011.

DIDIER JR. Fredie. *Aspectos processuais da desconsideração da personalidade jurídica*. Disponível em: <www.frediedidier.com.br>, consultado em 10/03/2015.

FECOMÉRCIO. Risco Soberano da Dívida: Componentes, Efeitos e Tendências. In: *Cadernos Fecomércio de Economia*. São Paulo: Federação do Comércio do Estado de São Paulo, maio 2005.

FRANCO, Vera Helena de Mello. *Direito Empresarial I*: O empresário e seus auxiliares; o estabelecimento empresarial; as sociedade. v. 01. 03 ed. São Paulo: Revista dos Tribunais, 2009

PEREIRA, Caio Mario da Silva. *Instituições de Direito Civil*: Teoria Geral do Direito Civil. v. 1. 20 ed. Rio de Janeiro: Forense, 2004.

REQUIÃO, Rubens. *Curso de Direito Comercial*. v. 01. 31 ed. São Paulo: Saraiva, 2012.

SALAMA, Bruno Meyerhof. *O Fim da Responsabilidade Limitada no Brasil*. História, Direito e Economia. São Paulo: Malheiros, 2014.

SÍTIOS. <www.planalto.gov.br>; <www.senado.gov.br>; <www.tjrs.gov.br>.

TOMAZETTE, Marlon. *Curso de Direito Empresarial*. Teoria Geral e Direito Societário. v. 01. 02 ed. São Paulo: Atlas, 2009.

Impressão:
Evangraf
Rua Waldomiro Schapke, 77 - POA/RS
Fone: (51) 3336.2466 - (51) 3336.0422
E-mail: evangraf.adm@terra.com.br